婦女人權學習手冊

在地行動與全球聯結

葉德蘭　審訂

林慈郁　譯

台大婦女研究室　編譯

Local
Action

Global
Change

Learning About the Human Rights of Women and Girls

By Julie Mertus
with Nancy Flowers
and Mallika Dutt

作者簡介

　　茱莉・莫鐸（Julie Mertus）是專精國際人權法的律師暨教授，在性別與難民方面的議題，具有廣泛田野經驗。她畢業於耶魯法學院，現為北俄亥俄大學法學教授，並為人道與人權團體擔任性別與難民議題顧問。茱莉也曾任「赫爾辛基觀察」顧問、「美國公民自由聯盟」律師、麥克阿瑟基金會研究員、傅爾伯萊特（羅馬尼亞）研究員、哈佛法學院人權研究員。她在國際人權方面著作等身，其中包括：《科索沃：神話與真相如何開啓戰端》（*Kosovo: How Myths and Truths Started a War*）（加州大學出版社，一九九九年）、《手提箱：從波士尼亞到克羅埃西亞的難民心聲》（*The Suitcase: Refugees' Voices from Bosnia and Croatia*）（加州人學出版社，一九九七年，與他人合編）。茱莉已在十多個國家進行過人權訓練，也曾在眾多大學任教，包括：愛默利大學法學院、紐約大學、塔夫茲大學、布區列司特大學、卡多索法學院、史密斯學院。讀者可透過以下電子郵件信箱聯絡上她：suitcase@igc.apc.org。

　　南西・福洛爾（Nancy Flowers）是人權運動工作者兼顧問。她曾經為國際特赦組織美國分會策畫過教育活動，也是「美國人權」創辦者之一。身為美國政府、聯合國兒童基金會、以及眾多非政府組織的顧問，南西協助設置了美國與國際育工作者交流網絡。她曾經設計過人權課程，所參與的社會運動者、專業人士、軍方與警方人員等人權訓練活動遍及世界各地，包括非洲、亞洲、東歐與中東。南西目前為《人權教育，第四個R》（*Human Rights Education, the 4th R*）的編輯，並發表了多篇與人權教育相關的著作，最近出版的幾本書為：《失根：難民與美國》（*The Uprooted: Refugees and the United States*）（獵人書屋，一九九四年）、《人權此時此地：顯揚世界人權宣言》（*Human Rights Here and Now: Celebrating the Universal Declaration of Human Rights*）（美國人權，一九九七年）。她的電子郵件信箱是：nflowers@igc.apc.org。

馬莉卡‧達特（Mallika Dutt）成長於加爾各達，在一九八〇年移民至美國。現於福特基金會新德里辦公室擔任權利與社會正義活動專員。馬莉卡曾任羅德格斯大學婦女全球領導中心之副主任；此機構主要目標為促進婦女參與各領域之決策，並藉此改變國際決策模式。馬莉卡活躍於美國婦女運動，已有十年之久。為了提升移民婦女的權利，她參與了各式組織、教育、法律工作，並且是南亞婦女團體「女朋友」創立成員之一，旨在終止侵害婦女的暴力行為。馬莉卡服務於人權觀察婦女人權委員會、家庭暴力國家資源中心、亞裔美國人太平洋島民博愛機構、姊妹基金會。她也是韓特學院的助理教授，講授婦女與法律。馬莉卡撰有數篇與婦女人權相關的文章，包括〈共享自由與正義：美國婦女人權〉（*With Liberty Justice for All: Women's Human Rights in the United States*）。她的電子郵件信箱如下：m.dutt@fordfound.org。

審訂者簡介

葉德蘭

賓州州立大學口語溝通系博士，現任教於台大外文系，兼任台大婦女研究室研究員，興趣領域包括性別與溝通、和平教育、演講及語藝。

譯者簡介

林慈郁

國立台灣大學外文所碩士，曾任台大婦女研究室助理，現就讀美國紐約州立大學水牛城分校英文系博士班。

法律名詞諮詢顧問簡介

廖福特

牛津大學法學博士，現任中央研究院法律學研究所籌備處副研究員（原歐美研究所）、台北大學法學系兼任助理教授、台灣人權促進會執行委員、外交部諮詢委員、總統府人權諮詢小組委員兼副總召集人。

社工名詞諮詢顧問簡介

余漢儀

伊利諾大學（香檳校區）社會工作學院博士，現任台灣大學社會工作學系教授。

專長領域為：社會政策與立法、社會福利、人群服務組織、兒童保護。

台大婦女研究室序

一、關於台大婦女研究室

　　一九八○年代所談論的一般人權（human rights），往往忽略婦女的特殊處境，乃至於婦女人權常遭侵犯及漠視；近十年來的婦權運動喊出「婦權即人權」的口號，顯示婦女人權逐漸得到應有的關注。

　　臺大婦女研究室自一九八五年成立以來積極推動性別平權，並持續與國際間的婦女組織保持聯繫，「婦女人權」實為長年關懷的議題之一。二○○○年初，婦女研究室主辦「婦女人身安全2000」計畫，此計畫包含兩大部分，一部分由城鄉所副教授畢恆達規畫系列結合影片、音樂及工作坊的「白絲帶運動」。該運動的概念乃由婦女研究室研究員張玨於一九九九年參與聯合國非政府組織婦女地位委員會所帶回，藉由對男性氣概、男性形象的多方凝視，鄭重邀請男性進入反對性暴力／侵害的行列；另一部分的核心為「婦女人權在地教育」，以發展台灣本土婦女人權教材為教育扎根，本書即為該計畫發展本土教材的藍本；編譯期間並與台北縣蘆荻社區大學、同志諮詢熱線、晚晴協會、台東市原住民會館、基層教師協會合作，舉辦六場涵攝教學／諮商經驗交流及案例討論的工作坊，除了測試本訓練手冊的適用性，同時培訓第一批的婦女人權教育種子，裨其可於各自的工作場域中讓婦女人權概念生根發芽。

　　二○○一年至二○○四年，婦女研究室陸續舉辦幾個系列的座談會及工作坊，包括：「罪與罰？愛與恕？──『如果我的鄰居是性犯罪』」、「性暴力／家庭暴力處遇過程之檢討與建議」、「性騷擾防治：家長成長團體」、「非自願案主的挑戰：婚暴加害者處遇的論述與實作」等等，並執行「大學性騷擾懲處過程的三級三審：制度面、法律面與人情面所產生的交互作用與爭議」研究計畫，持續以兼攝實務及理論的方式，來經驗交流及學術研究，關注性侵害／暴力陰影下的婦女人身安全；同時婦女研究

室本身亦爲一諮詢工作站，有需之士可以來電抑或上網查詢等方式接收婦女與性別研究相關資訊。

除了規畫相關活動之外，持續編輯／出版刊物及相關書籍乃是婦女研究室實踐性別關懷的重要途徑。本研究室出版品《女學學誌：婦女與性別研究》（原名《婦女與兩性研究學刊》）、《婦研縱橫》（原名《婦女與性別研究通訊》）歷年主題包括：「性暴力／家庭暴力」、「校園性騷擾」、「白絲帶運動」、「性侵害」、「婦女與人身自主」等，以專題凝聚相關知識及思考，進而增進大眾對性犯罪、婦女人身安全的理解。

二、關於本書

本書爲一九九九年婦女研究室研究員張珏赴紐約參與聯合國非政府組織婦女地位委員會所攜回。「婦權即人權」的概念除了顯示婦女人權漸獲重視，同時也產生如何進一步解釋婦女人權，甚至是擴大和修正既有人權觀念的需要，本書即因應此需求面世，共分十三章節，針對不同領域的婦女人權規畫訓練方法，透過團體帶領人與團體成員互動式的分享與練習，從而學習婦女人權的內涵與真義；內容涵括性別、歧視與基本人權概念的介紹、公／私領域婦女人權的討論等，乃一相當完整而深刻的婦女人權訓練手冊。

台大婦女研究室深知欲推廣婦女人權，除了宣導之外，一套有系統的教育方案相當重要，而關於婦女人權的教育手冊在國內卻付之闕如。因此我們選擇兼具理論與實作的本書做爲發展本土教材的藍本，以合乎本土文化爲原則，展開嚴謹、爲期數年的編譯工作。編譯工作分爲三階段：翻譯、潤稿及審訂。於譯者翻譯、專業文字工作者潤稿之後，由婦女研究室研究員、台大外文系副教授葉德蘭負責全書審訂，並請台大社工系教授余漢儀提供社工名詞諮詢、歐美所廖福特研究員提供法律名詞諮詢。

此外，爲使本書更契合台灣本土文化及社會需求，於部分暫定稿出爐後，婦女研究室便舉辦三場研習會，邀集各界專業人士參與，除從事教育工作的大學、中學教師外，晚晴協會、同志諮詢熱線、勵馨、婦援會等長期從事輔導、協助婦女的前輩團體亦紛紛派員出席，以台灣婦女人權教育

現況之急迫性、本土化、內容操作方式等進行討論，冀藉由實際的討論與演練，進一步發展適合台灣木土人權訓練之教育手冊。

婦女人權需要持續的推動與教育，所以「促進婦女人權」也應該是一個長期、不間斷的計畫，本書的編譯出版只象徵第一階段的完成：第一本婦女人權教育的中文手冊的誕生。婦女研究室期待藉由編譯此書，爲台灣婦女人權教育扎根盡一份心力，並開啓更多對話及思索的可能。

林維紅

台灣大學婦女研究室召集人

前言

夏綠蒂·邦區（Charlotte Bunch）

一九九〇年代，「婦權即人權」成為全世界婦女重要的集會口號。這不僅表示，婦女決心開口要求身為全球一半人口與生俱來的權利，也傳達出憤怒之情：如此顯而易見的主張，竟耗費了如此漫長的時間才為國際所接受。大眾對於婦女人權的認知，在過去十年間已有所增長，因此需要投注更多心力，來探討、說明婦女人權的意義。

本書針對此一需要，彙整了人權教育資料，就婦女人權議題加以解說與舉例。本書也提供活動，以探討這些議題對成年男性或女性、女孩或男孩所造成之具體影響。

婦權即人權的觀念既簡單又複雜。此觀念的力量在於，它既是普通的，也同時深具革命性。一方面，婦女本是人類，理所當然享有人權；這樣的說法是符合常識的。另一方面，此觀念徹底改造了人性與平等權，並帶來改變的力量。將婦女的生活經驗完整納入人權的概念與實踐，恰巧暴露出世界各國的失敗之處，亦即各國未能給予婦女身而為人便應得到的尊嚴與重視。人權架構也提供了工具，我們可藉此定義、分析、表達婦女的受暴經驗，並且要求國際社會修正原本認可的措施。最後，它提供了一個共同的架構，可用以彙整婦女歧異的經歷，並發展各種促成變革的策略。

人權語彙切入婦女不平等處境的核心。否認人權，便是否認構成人類的基本要件。將婦女非人化（dehumanization），適足以助長並支持對婦女的歧視與暴力，這點可證諸跨文化的戰爭強暴、經濟剝削、以文化為由限制基本自由等事例。人權原則要求終止任何不將婦女當成完整人類對待的措施。因此，人權語彙有助於辨識侵權事件與加害者、釐清責任歸屬、研擬補救方法。

《世界人權宣言》（*Universal Declaration of Human Rights*）於一九四八年聯合國大會通過，勾勒出全世界對人權的共識，全體人類就人身安全、奴隸、刑求、遷徙及言論自由、社會安全、工作、健康、教育與公民身分

等方面應享有的人權，在此皆有所著墨。第二條明文規定人人皆享有人權，「沒有諸如種族、膚色、性別、語言……等任何分別」。不過，傳統、偏見與社會、經濟以及政治利益，往往將婦女排除於這些基本人權的定義與解釋之外，而且在人權事務上貶抑婦女爲次等的以及／或「特殊利益的」身分。因此，婦女遭受人權侵犯的經驗往往不爲人所知，或被視爲特殊個案。常見的「典型」人權受害者與人權提倡者，以男性居多。往往只有當女性遭到與男性相同的侵害時，才能引起國際社會的回應；許多侵害事件的性別本質，例如，對政治犯施以性刑求，一直到近年來方爲人所知悉。

許多社會盛行將生活分割爲「公」、「私」領域，這樣的劃分使得婦女地位更形邊緣化，有時甚至成爲將此現象合理化的託詞。由於「公」領域被視爲國家公權力行使人與公民之間互動的焦點所在，這種關係的不當運作也就成爲人權運動者所關切的焦點。但是，婦女所受的人權侵害大部分出自於個別男性伴侶與／或家庭成員之手，即使於法不合，也經常爲政府所漠視。如此一來，在所謂私領域的神聖保護傘之下，包庇了許許多多以家庭、宗教、文化爲由而犯下的侵權行爲，縱容加害者規避責任。

公民身分通常也是具有排他性的。公民身分所蘊含的性別、種族、社經偏見與特權，導致大多數婦女遭到邊緣化。掌握既得利益的男性，向來就是公共、政府領域的支配者，因此，最受關注的人權議題往往就落在男性最常受害的項目——亦即公民與政治權利之侵犯，例如言論、宗教與結社自由的權利，或任意拘留、政治監禁、刑求等問題。

數十年來，一股逐漸茁壯的力量不斷對國際人權社團施壓，要求他們加強注意社會經濟權、發展權以及種族與族裔歧視之議題。我們提出關切婦女人權的要求，不僅是奠基於此潮流，並試圖將之拓展，以包含更廣泛的人權議題。婦女實踐公民與政治權利以及參與公共生活之能力，往往由於她們其他方面的人權遭受剝奪，而連帶受到影響。因此，將婦權視爲人權來理解，務須認識各項人權之間的相互關連，不可獨尊其中任何一項。

人權觀點也有助於闡明性別與身分其他面向之間的複雜關係，包括種族、階級、宗教、年齡、性傾向、殘障、文化、難民或移民身分等。婦女會受到何種形式的歧視與暴力攻擊，往往取決於性別與這些因素之間的互

動。例如，來自某族裔的貧窮婦女若被強制絕育，此一侵權行為不僅是性別歧視，也是階級與種族歧視。又例如，過去戰爭衝突中所發生的強暴事件，近年來才披露於世人眼前，而正如同這些罪行所揭示的，性別與種族／族裔因素並無法劃清界限。

以行動保護、提倡婦女人權

要為婦女人權採取行動，便得改變對人權的想法以及女性生命經驗的敘述方式。這意味著透過性別意識的角度來檢視人權架構，再進一步透過人權架構來描述婦女的生活。從婦女觀點審視人權架構就會發現，許多已被界定為人權侵犯的行為，對女性與男性所造成的影響往往不盡相同，但是目前的人權措施並未考量到此點差異。這個從婦女觀點出發的方法，並不是要否定現有人權觀念與活動之重要性，而是強調：全球人口中有一半為女性，人權觀念與活動在運用時應多注意性別敏感（gender sensitivity），方能充分涵蓋她們的經驗。

透過人權架構觀看婦女生活經驗，可以清晰而有力地檢視「婦女議題」。例如，將婦女暴力定義為人權議題的運動訴求，便是建立在《世界人權宣言》的基本前提——「任何人不得加以酷刑，或施以殘忍、不人道或侮辱性的待遇或刑罰。」——以及其他人權條約之上。人權語彙有助於定義與表達強暴、女性閹割、家庭暴力等各種婦女受暴經驗，從而提升我們對於處理人權侵犯的能力與責任之期許。我們從人權角度來理解這些暴力行為，便可確知，無論暴力發生在公領域或私領域，國家毫無疑義皆有責任介入。當政府對此類侵犯漠不關心時，如何要求政府負起責任以及需要什麼樣的機制以加速彌補受害婦女的程序，也是人權架構關切的議題。

世界各地的婦女經歷了普遍性的歧視與暴力，官方對此漠視，大眾亦不關心；而婦女人權的觀念促使社會面對這些難題。無論是運用於政治遊說、法律個案、草根動員或是大規模教育活動，婦女人權的概念跨越了眾多國界限制，廣為婦女接納，促成國際網絡與合作策略的誕生。

過去，狹隘的人權概念將婦女生活視為次要的人權議題，不過最近十多年來這個概念已開始受到來自全球各地的挑戰。一九九三年在維也納舉

行的聯合國世界人權會議，自然而然成爲宣示人權新思維、新作法的場合。該會預定議程中，原先並不包括婦女或任何與性別相關的人權面向，但由於該會旨在針對世界人權狀況進行歷史性再評估，會場便成爲「世界婦女人權運動」（Global Campaign for Women's Human Rights）凝聚眾人共識的公共舞台——「世界婦女人權運動」是一個成員廣泛，但並無嚴密組織的國際合作團體，其成立宗旨即爲推動世界人權會議將婦女議題排入議程。世界各地關於婦女地位的議題，牽涉廣泛而又彼此相似，婦女人權的概念正提供了一套利於各國合作的共同架構，同時也針對各政治、地理、經濟與文化脈絡下所獨有的種種急迫人權問題，提供了表達方式。

世界人權會議召開當時，「婦權即人權」的觀念成爲數千名來自世界各地提倡者的中心焦點，也是討論最多的「新」人權議題之一。會議發表一百七十一國政府共同簽署的《維也納宣言與行動計畫》（*Vienna Declaration and Programme of Action*），揭櫫國際社會就人權各面向所達成的共識。該文獻中明白陳述：

婦女與女童之人權，是普世人權中不可剝奪的、整體的、不可分割的一部分。國際社會的優先目標爲：使婦女在國家、區域和國際層次，能夠充分、平等參與政治、公民、經濟、社會與文化生活，並根除基於性別之各種形式的歧視。

聯合國人權委員會任命反暴力侵害婦女特別報告員，是婦女在維也納會議中的另一成就。特別報告員的職責爲針對此類暴力事件，每年向委員會進行報告，並將此種暴力視爲人權議題加以審視，向聯合國與各國政府提出應如何處理的建議。婦女也在後續各項聯合國會議中持續倡言婦女人權，並獲得廣泛認同。例如，一九九四年於開羅舉行的人口與發展國際會議，將婦女生育權明白界定爲人權。一九九五年北京第四屆世界婦女會議所發表的《行動綱領》（*Platflorm for Action*），則勾勒出婦女各項人權與實踐之條件。最近幾年，婦女人權運動者也成功地將強暴、強迫懷孕、性奴隸訂爲違反人道的罪行，並列入一九九八年設立於羅馬的國際罪犯法庭

的創始法規中。

　　婦女人權架構不僅在遊說立法、政策修改時有用，也提供了建立民間草根組織的重要工具。婦女人權的相關教育，一方面告訴我們，政府必須尊重的人權涵蓋了哪些範疇；另一方面，作為一種整體價值，可用來分析不同的性別經驗。人權架構創造出一個容許婦女生命經驗不同的詮釋空間。此架構最實用之處在於，它提供的是大原則，而非規範實質內容，所以各地可以據此發展出婦女生命經驗之另類視野。依據人權基本原則，人人皆應享有人性尊嚴；婦女由此得到一套語彙，可用以描述實踐其人權時所遭遇的侵犯與阻礙。從眾多有關人權的國際公約、協議、決議當中，婦女得到了政治力量與可行的參考點。最後，婦女人權的概念使婦女獨特的生命經驗得以定義、發聲，並提供一套語彙，讓世界上其他婦女可以分享經驗，合作努力以促成改變。

　　本書試圖展示人權語彙如何幫助我們表達、檢視、探討婦女的生命經驗，並將婦女個人經驗放在更大的架構中。人權幫助我們超越口號，起而行動。婦女之間的夢想可能彼此截然不同，也可能以不同的方式為不同的議題奔走，但使我們團結在一起的，無非就是這個基本觀點：我們為性別平等而奮鬥，就是為全人類的人權而奮鬥。的確，整體人權的未來端視我們是否尊重婦女人權。如果世界上有一半人的人權可以被輕忽、妥協，那麼人權的普世性將被侵蝕殆盡。

　　人權系統提供管道，促使政府、社區與國際機構對某些基本道德標準負起責任，而人權教育、個人對權利的認知，正是其中重要的一部分。本書的目的在於幫助人權運動者了解、認識婦女生命經驗中各方面的需求，進一步從權利認知邁向權利實踐。書中每一部分均針對社區、國家、區域與／或國際層級，提供具體組織行動之方法。當婦權運動者在國內遭受阻撓時，區域與國際文獻可以幫助她們不致感到孤立無援，並可用來佐證政府已有義務承認、尊重此類人權。我們必須持續努力，確保這些文獻與觀念不致流於紙上「官樣」文章。我們必須攜手合作，找出方法，將人權願景化為行動，促成生活與世界中有意義的變革。正如本書所試圖展現，透過在地行動，我們可以帶來全球改變。

感謝辭

《婦女人權學習手冊》集結了世界各地眾人的努力與聲音。過去數年來，本書歷經幾番草稿，在許多人慷慨支持、提供想法、貢獻心力與辛勤工作之下，終於得以發行，我們對此深表感謝。最重要的是，如果少了聯合國婦女發展基金會（UNIFEM）與羅德格斯大學婦女全球領導中心（Center for Women's Global Leadership at Rutgers University）在編輯、技術、財務、願景等各方面的支援，這項工作斷無實現的可能。如果不是夏綠蒂・邦區（Charlotte Bunch）與羅珊娜・卡利歐（Roxanna Carrillo）當初對此計畫深具信心、鼎力支持，讀者手中現在便不可能拿著這本書。

我們也感謝聯合國婦女發展基金會顧問丹妮雅拉・梵・蓋涅普（Daniella van Gennep）與珍・桑瑪（Jane Summer）閱讀我們的手稿，使本書順利付梓。羅德格斯大學婦女全球領導中心在本書的研究、改寫、準備過程中予以支援，我們向婦女全球領導中心不屈不撓的工作團隊致上謝意：迪薇・荷坎（Deevy Holcomb）、蕭娜・柴可拉瓦蒂（Shona Chakravartty）、蘇拉西・庫凱（Surabhi Kukke）、麗莎・克拉克（Lisa Clarke）、露西・維達（Luck Vidal）。

除了直接支援本計畫以外，婦女全球領導中心與聯合國婦女發展基金會促成眾多與婦女人權相關之出版品與計畫，對本書影響深遠，無可丈量。其他組織為婦女人權披荊斬棘而努力，其貢獻在本書中亦多所提及。若是少了這些先驅的成就，我們的計畫也就無法開展。謝謝你們。

我們也熱忱感謝以下人士與單位：

- 索羅斯南斯拉夫基金會（Soros Yugoslavia Foundation），尤其是索妮雅・李克特（Sonja Licht），給予茱莉・莫鐸的初稿莫大鼓勵與支持。
- 婦女領導發展研究院（Women's Instiute for Leadership Development, WILD）的克莉珊蒂・達瑪拉亞（Krishanti Dharmaraj）。她不僅引

介馬莉卡‧達特加入南西‧福洛爾的工作；並且實地試用本書各個不同版本的草稿，在美國進行婦女人權教育，不斷提供我們回饋與建議。

- 人權教育民眾世代組織（People's Decade of Human Rights Education）的蘇拉密絲‧柯尼（Shulamith Koenig）。本書為北京第四屆世界婦女會議所準備的一九九五年版草稿，多方受惠於來自她的靈感啓發與實際協助。在她的支持之下，本書作者得以在非政府組織論壇（NGO Forum）中舉辦工作坊，發表本手冊，並分發一百份英文、西班牙文與俄文版本的手冊初稿，提供世界各地婦女實作測試。

- 曾經關切一九九五年版本，並提供專業協助的人士與機構：賽芙蒂‧亞美提（Sevdie Ahmeti）、難民婦女國際工作小組（International Working Group on Refugee Women）、塔拉‧克勞斯（Tara Krause）、卡汀‧克姆勒（Katrine Kremmler）、美國國際流動組織（Mobility International USA）、左莉卡‧馬賽維（Zorica Mrsevic）、倫敦年長婦女網絡（Older Women's Network of London）、西薩‧布拉哈克（Hitha Prabhakar）、茱蒂‧波司基（Judy Persky）、黛博拉‧羅賓斯（Debra Robbins）、瑞秋‧薇爾罕（Rachel Wareham）。

- 為最後定稿提供編輯建議、貢獻卓著的人士當中，我們想要特別感謝詳細閱稿的夏綠蒂‧邦區、羅珊娜‧卡利歐以及史戴芬妮‧爾丹（Stephanie Urdang）。我們也感謝提供資訊與批評的麗茲‧費雪（Liz Fisher）、索菲亞‧葛魯斯金（Sofia Gruskin）、呂西‧拉瑪許（Lucie Lamarche）、琳‧瑞斯（Lyn Reece）、黛博拉‧羅賓斯（Debra Robbins）、丹尼爾‧瑞文專（Daniel Ravindran）。

- 我們的編輯諮詢委員會為一九九六年版提供了相當有用的批評：蘇珊娜‧傅賴（Susana Fried）、萊拉‧賀西尼（Leila Hessini）、珍寧‧希克斯（Janine Hicks）、維絲娜‧凱希克（Vesna Kesic）、莎拉菲娜‧瑪波索（Saraphina Maboso）、阿里‧米勒（Ali Miller）、貝蒂‧包爾（Betty Powell）、貝絲‧瑞契（Beth Richie）、露絲‧賽

爾文（Ruth Selwyn）、歐力娜・蘇斯洛瓦（Olena Suslova）、桃樂絲・湯瑪士（Dorothy Thomas）、梅莉艾瑪・威廉斯（Mariama Williams）、斐莉絲・亞班（Felice Yaban）。

- 與茱莉、南西共同完成最後馬拉松長跑式編輯工作的女性同仁：珍奈特・羅德（Janet Lord）、珍妮佛・佛倫斯（Jennifer Forrence）、凱西・佛倫斯（Kathy Forrence）；以及彙整書後索引的女性同仁：凱西・古恩西（Kathy Guernsey）、雪莉・史蒂爾（Shirley Steele）。
- 若無福特基金會（Ford Foundation）協助，本書便無法化為可能。尤其是福特基金會的賴瑞・考克斯（Larry Cox）與海倫・紐伯恩（Helen Neuborne），大力支持本書完成。
- 最後，本書作者想要感謝潔莉卡・陶朵西耶維克（Jelica Todosijevic）、泰德・安得森（Ted Anderson）、丹尼爾・蘇米特・歌索（Daniel Sumit Ghosal）的支持。

導讀

女權即人權：台灣女性的人權教育新頁

葉德蘭

人權就是生而為人得享的基本權利，不論性別、種族、膚色、國籍、年齡、階級、宗教，人人皆享有公民、政治、經濟、社會與文化人權，以及不受歧視的平等待遇。在聯合國人權宣言公佈五十五年後的今天，這些人權已成為普世價值，並有多項國際公約及國內法律予以保障，作為個人與群體以及人際間相互對待的基本規範及指導原則。

《世界人權宣言》（*The Universal Declaration of Human Rights*）起草之初，聯合國人權委員會即認為人權應平等地普及於男性、女性與孩童，更緣於時任人權委員會主席之艾倫諾羅斯福[1]在草稿會議中的強烈建議，將宣言名稱由"Man's"改為"Human"以更為符合宣言普遍包含所有人類的內涵（Chiarotti, 1999; Schuster et al, 1999）。或許由於女性參與了起草過程工作，《世界人權宣言》除在序言中強調男女平等權利外，第十六條及第二十五條宣言中亦載明對女性婚姻權及寡婦、母職之特別保護。雖然其中對婚姻的定位備受其後女權運動者之質疑，但宣言本身仍不失為其後許多國際上保障女性人權之公約及宣言的源頭，如一九六七年《消除對婦女歧視宣言》（*The Declaration on the Elimination of Discrimination Against Women*）及一九七九年《消除對婦女一切形式歧視公約》（*The Convention of the Eliminiation of Discrimination Against Women*）（Lytle, 2004; Schuster, 1999）。前者僅為宣言，並不具法律約束力，但後者《消除對婦女一切形

---

[1] Eleanor Roosevelt 當時為美國總統夫人，亦長期投身勞工運動與婦女運動。

式歧視公約》[2]則規範了簽約國家應立法消除歧視，實踐平權措施，二者仍屬於女性要求消除性別歧視的範圍，尚未正式與人權運動聯合。

一、女權即人權：由概念到教育

　　傳統的人權保障，多指國家（state）在公領域中對個人人權的壓迫與侵害，性別觀點並不受重視，女性人權之侵權行為常見於私領域之婚姻及家庭中，直到一九九三年才在維也納舉行的世界人權會議中，正式成為國際人權議題。此一會議之重要共識乃在於世界各國承認婦女與少女人權係普世人權不可分割的核心部分，私領域中的個人暴力及侵權行為也是違反人權，須受懲治，並視武裝戰鬥中的性侵害、強迫懷孕為人權侵害事件。該年年底的聯合國大會便通過了「消除女性受暴力侵害宣言」（The Declaration on the Elimination of Violence Against Women），正視國家保障婦女身心安全的職責，隨後展開的聯合國「人權教育十年」（UN People's Decade for Human Rights Education, 1995-2004）計畫，亦以不分性別之普世人權為宣導的目標（Chiatotti, 1999; Gearon, 2003；林心如，1997）。一九九八年羅馬國際犯罪法庭中正式將婦女遭受強暴、強迫懷孕及性奴役等列為違反人權罪行，戰爭中的婦女與少女人權也終於得到國際法律的具體保護。

　　十年來，在婦女團體的努力之下，世界各國大多承認「女權即人權」（"Women's rights are human rights."）這個觀念[3]。截至二〇〇四年十月，根據聯合國「婦女發展基金會」（United Nations Development Fund for Women, UNIFEM）之報告，已有四十五個國家立法禁止家庭暴力，另有二十一個國家正草擬相關法規中，也有超過一百一十國將婦女人權列入國家發展計畫，雖然如此，在實踐面上，仍是明顯不足。在二〇〇三年國際婦女日，當時的聯合國人權專員Sergio Vieira de Mello就直言：「全世界皆有婦女生活在恐懼與剝削之中，就只因為他們身為女性。」並認為對婦女人

---

[2]此一公約通常簡稱 CEDAW，到二〇〇四年正好是二十五週年，已有一百七十八個國家簽署，至今仍是世界上規範性別平權最具權威之標準。

[3]相關學者看法及各國實踐狀況之整理，可參見 Peters & Wolper（1995）及 國際特赦組織（The Amnesty International）各年年度報告。

權的侵害乃是結構性的普遍現象，甚至得以默許成為一項戰爭武器，而不少政府對婦女權益則是裝聾作啞，並不介入，一旦介入，常是控制婦女身體、行動之措施（de Mello, 2003）。就此，在名為「人權就是女權（Human rights are women's rights）」的文件中，國際特赦組織（The Amnesty International, AI）認為各國多以國家安全、文化習俗為藉口而打壓人權，但放諸四海皆通的衡量標準應該是「受害者怎麼想？」（What does the victim think?）（AI, ACT 77/01/95, p.5.）而非片面取決於握有政治實權的政府或團體。國際特赦組織基於多年來協助申張人權之經驗，建議透過教育及訓練，使政府與民間，團體與個人都能認知婦女之全面人權的正當性與必要性，由提升婦女人權的途徑來消除對婦女歧視不公之待遇，才是促進性別平等權利均享的完整行動方案，否則若持續過去頭痛醫頭、腳痛醫腳的救火隊方式，永遠無法徹底地消除性別歧視下產生的各種暴力，包括肢體、言語、政治、經濟、社會、教育上不斷地壓迫、剝奪了女性的生存空間和發展機會（The Amnesty International, 1995）。

隨著婦女的人權困境與需求慢慢受到國際社會的重視，九十年代中葉以降，婦女人權教育逐漸隨著聯合國及國際非政府組織的努力而進入婦女教育，成為性別平權運動的重要議題之一，內容包括認知與檢視女性的公民、政治權，如參政、參選權；經濟、社會權，如同工同酬，參加工會，享受健保及育兒等福利；文化、語言權，如重新省思宗教等固有文化及言語稱謂等；並且著重了解女性人權與婦女地位相關文獻之應用方法（Reily, 1997）。在教育目標與策略方面，綜合各家所論，皆以提升女性人權意識，認識自己的基本人權，而不容假文化傳統之名遭到否定或侵害，希望由覺醒之意識進而發展為行動力，主動參與社會服務，分擔社會責任；其次可藉對國際人權／女權發展現況之了解，來分析檢視本地婦女人權處境，透過國內外的比較，鼓勵婦女團結起來，爭取自己的權利，並以此監督國家施政及法規，是否回應了婦女當前與未來發展空間的需求。再者，提高婦女在國家政策及社區自治各個層面的決策機制參與也是重點，使能在政策法律制訂之時就考慮到不同性別的觀點，並且進而確認良法美意的落實執行。在實際施行方面，婦女人權教育不僅應在民間及正式教育體系中進行，

更要針對政府部門相關執法人員加強訓練，才能真正減少乃至消弭對於女性人權之侵害及暴力（The Amnesty International, 1995; Claude, 1997; Heyzer, 2004; Reily, 1997; Toro, 1995; White, 2004）。推動婦女人權教育的機構，國際及在地皆有，在聯合國方面，以「提高婦女地位國際研究訓練所」（United Nations International Research and Training Institute for the Advancement of Women, INSTRAW）以及「婦女發展基金會」（United Nations Development Fund for Women, UNIFEM）為主，實際資助各地婦女人權活動，開辦多項訓練，並且出版教材。各地主辦單位或與國際 NGO 合作，或依《消除對婦女一切形式歧視公約》（CEDAW）規定，自行針對婦女的在地人權需求，多有地區性活動及訓練④。

二、國內女性人權教育與實踐

這些國際女性人權教育內容、目標與策略，或多或少已在國內婦女運動及教育中隱然浮現。台灣大學婦女研究室自一九八五年成立以來，致力於性別平權教育，經常舉辦相關活動及訓練，並且長期出版刊物凝聚學界、運動界之經驗與研究成果，只是未冠「人權」二字，實質則相當接近婦女人權教育。在成立十週年時，舉辦〈婦女研究十年──婦女人權的回顧與展望〉研討會，正式將女性人權列為性別研究與推廣教育的重點。校園之外，在注重人權保障的世界潮流之下，國內的「中國人權協會」從一九九一年開始，將女性人權納入調查範圍，將之分為自由權、人身安全權、教育權、工作權、婚姻與家庭權、社會參與權等。而歷年調查結果皆顯示婦女人權不盡令人滿意，仍有很大的改善空間（王麗容，2003；陳佳慧，1998），即便婦女團體早已著手修改民法中「男尊女卑」、「丈夫權獨大」的條款，並推動制訂通過「性侵害犯罪防治法」、「家庭暴力防治法」、「兩性平等工作法」與「性別平等教育法」等重要法案，但實行方面，仍多限於個案式的救援，難以進行結構性、制度性的徹底改革（尤美女，2003）。

---

④最新資料可參見 INSTRAW、UNIFEM、PDHRE、WILPF 等網站。

而在行政院發布的二○○二年國家人權報告中，女性人權部分在全文九十七頁中，僅佔兩頁（行政院，2003，p.77-78），並且被歸屬於「少數族群與特殊權利主體」（ibid, p.93）的範疇中，這與舉世「女權即基本人權」的呼聲實在相差甚遠，可見政府部門對此一性別主流化的世界潮流，了解不夠，遠遠落在民間團體[5]之後。再者，此一國家級報告也完全忽略了教育層面的成果。兩性教育與人權教育皆已在一九九八年成為「國民教育階級九年一貫課程總綱綱領」中的六大重大議題之一，顯示政府對保障人權及性別平等之責任，已有從扎根做起的決心，可惜兩性歸兩性，人權歸人權，由各學習領域之能力指標來看，二者未有交集。兩性教育集中在多元社會及生活互動中的性別平等議題，而未觸及任何人權公約或法律政策層面，有矮化簡化之嫌；而人權教育則侷限於世界人權宣言（1948）及兒童權利宣言、公約（1989），尚未納入近年人權論由白人、資本家、男性為標準模式走向女性、原住民等弱勢群體為人權關懷主體的趨勢，其人權觀念有停留在一九八○年代之虞。推動婦女人權教育，正可將此二大議題串連起來，可以相互發現、相互支援，更能達到九年一貫教育所強調的課程統整，協助建立多觀點、多方位的思考架構，並且不致與國際現狀太過脫節。這些困境在在顯示目前國內對婦女人權教育需求的必要性與急迫性，不止在正式教育體系之中，需要重新檢討，在民間團體訓練上，也要加強國際視野的部分。

　　台大婦女研究室基於多年來推動女權及教育之經驗，深切了解要真正實踐女性人權教育，一套整體之系統性教材對於師資培育與實地施行之重要性。不過，尋求適合本地情境使用，又能兼顧國際現況介紹之教材，並非易事。婦女研究室研究員張珏一向對女性權益及國際連結著力甚深，近年皆領導國內婦女組團共赴聯合國參與婦女地位委員會（UN Commission on Women's Status）年會。她於一九九九年自紐約攜回當年出版之婦女人權

---

[5]如勵馨基金會已針對少女的人身安全、健康權、物化、商品化等問題，提出「少女人權宣言」，明白要求保障其生而為人之基本權，內容可見該會網站 http://www.goh.org.tw。

教材：《婦女人權學習手冊：在地行動與全球聯結》（*Local Action, Global Change: Learning About the Human Rights of Women and Girls*）一書，認為內容相當完備務實，便交由婦女研究室進行編譯工作，以為國內發展本土教材之藍本。

《婦女人權學習手冊：在地行動與全球聯結》原由「聯合國婦女發展基金會」（UNIFEM）及「婦女全球領導研究訓練中心」（The Center for Women's Global Leadership）共同出版，當時立刻成為世界各國婦女人權訓練之基本教材，其後國際組織雖針對不同議題（如 HIV/AIDS 防治，家庭性暴力及回教婦女權益等）發展了不同的專門教材，但若考量取材之廣泛豐富，議題之深入完整，至今仍無出其右者。加拿大人權教育學者 Lytle（2004）檢視當前性別平權與人權教育諸多教材之後，認為《婦女人權學習手冊：在地行動與全球聯結》一書，除部分內容可能較為艱澀，應有簡化版本以利(1)教育程度較淺，或(2)著重本土情境之女權團體使用之外，其舉例之國際化，著重女性個別經驗之差異與多元，活動之簡明有效，背景資料提供詳實、內容議題經整體系統性規畫，以及在與《消除對婦女一切形式歧視公約》（CEDAW）及《北京宣言及行動綱領》（*Beijing Declaration and Platform for Action*）的契合度上，皆是當前首選。

此書首先以前言敘明婦女人權在九○年代備受全球重視之原由，並指出經由本書活動與練習得以熟悉相關公約條款，以及如何使用人權語言表達、檢視個人生命故事與經歷，並顯示其於整體人權中之重要性，有如雨林中茁長之千花萬樹，在一宏觀架構下各自得以安放在對應位置之上，彼此相關，相互連結，正視女性人權與種族、階級、宗教、殘障、性取向、戰爭等各種妨害人權之其他因素之關係。在「如何使用本手冊」一章中，作者揭示了其後各章共同寫作體例與自由增刪運用之妙，並且在觀念、個人、現實及法律脈絡中，兼顧婦女人權七大原則之平衡：(1)尊嚴，(2)普世性，(3)平等、無歧視，(4)不可分性，(5)互賴共生，(6)政府責任，與(7)個人及民間組織責任。希望經由概念的啟發及意識的提升，將言語、觀念轉化為行動，以在日常生活中實踐對婦女人權的保障。

《婦女人權學習手冊：在地行動與全球聯結》全書正文分為十三章節，

依其內容主題，可概分為三部分：

1. 基本概念入門介紹：

在第一、二章篇幅內，討論性、性別、平權、歧視等概念，從而導出女性團結互助之必要與集結之力量與影響。第二章則藉由各個人權宣言公約之基本宗旨探討比較，來檢視影響人權伸張與保障的多項複雜因素之交互作用，其中包括族群、文化、殘障、性取向、階級、年齡等。

2. 私領域女性人權：

這一部分由個人最基本的生活經驗出發，探討家庭中（第三章）及自己身體健康（第四章）、生育（第五章）等的人權困境，對於女童及少女人權問題（第六章）及婦女受暴問題（第七章）則另立專章檢討。書中多處強調政府介入與立法保障婦女人權的責任，並明言政府應該採取改善措施，並仔細檢討國家及地方法規，以落實對婦女人權的保障。

3. 公領域女性人權：

由女性參政、媒體發聲（第八章）、難民移民權益（第九章）到經濟發展（第十章）、職場工作（第十一章）皆是屬於較新的女性人權範疇，特別是婦女在育兒、家庭勞動角色的重要，使得公／私領域不再截然劃分為二，而能更細緻的注意到二者間的相互牽引。全書以女性教育權為末章，並引用北京行動綱領終結，藉此延伸出保障人權乃終身學習之課題的結論，而《北京行動綱領》之前瞻性更可作為未來繼續行動的指導原則。

《婦女人權學習手冊：在地行動與全球聯結》全書每一章篇皆提供豐富的背景資料與來自世界各地的事例，並且設計許多相關的小團體實作練習活動，步驟說明清楚，道具準備簡單（通常只需紙、筆即可），使用相當方便。各個在地團體可透過互動分享個人生活經驗或看法、反應，培養性別人權觀念與意識，進而了解其內涵而訴諸立法行動，因之，每個章節最後，皆根據《消除對婦女一切形式歧視公約》（CEDAW）對應之條款，要求參與者嘗試制定新的法律規章，並檢討政府之相關措施與責任。每一章篇皆是一個針對特定人權議題，由在地實作練習中，逐步啓發改變現實的動力及實踐改革過程。

書末附錄也由務實觀點出發，提供了帶領分析人權問題，再逐項引出

可能之解決策略之分項檢視表格，以及國際人權申訴機制與管道。並且列出實作練習與工作坊之規畫原則，與相關人權公約部分或全部條款，這些資料都是實際運用本書時不可或缺的參考工具，使用時不必再自行尋找背景補充資料，相信使用起來更加方便。此外，由於原書於一九九九年出版，翻譯時已補充了最新婦女人權推展現況及相關組織，以求完善。

　　婦女研究室鑒於此書之重要性，對於編譯工作謹慎行事，前後歷經數位翻譯主筆者及文字工作者潤飾文稿，亦曾多方就教於國內學者專家，共費三年之久，方才完成，並得到原作者及出版單位之全球華文版之授權。為求翻譯內容及用語適合國內使用，在始譯之初即由張玨教授規畫一系列之試作工作坊，邀請專家、學者、民間團體⑥以及中小學老師⑦參與交流，注入在地經驗，以小團體帶領方式，針對本書第一部分主題進行研討、分享，以發展本土相關議題與資源，並且實際演練表中活動之操作結果，評估修訂譯稿。

　　《婦女人權學習手冊：在地行動與全球聯結》全書翻譯完稿之後，為了解書中不同議題章節活動運用在台灣本土情境之契合程度，婦女研究室在教育部補助下，特別邀請師資培訓機構教師，在其個別所開課程中，以融入方式教學法，帶入相關議題之本書章節，由大學教師帶領具專業素養的未來老師，透過實作練習與教學專業觀點測試本書實用性與適用性，參與試教者包括國立高雄師範大學性別教育所游美惠教授、國立台北師範大學多元文化教育所莊明貞教授、國立台灣師範大學家政系黃馨慧教授，以及國立臺灣大學張玨教授。參與的教師都覺得此一訓練方式對學生甚為有用，尤其在擴展國際視野與關懷方面，能將本地情境與他國對照、比較。本書內容之廣度與深度，皆亦符合大學課程需求，並可與目前著重國內情境之性別教育常用參考書籍（如性別教育大補帖）相輔相成，而將其中國際關懷部分轉化進入中小學教材。不過由於個別課程時間限制，大多只能

⑥於二〇〇一年二月十七、二十四、二十五日舉辦「婦女人權在地教育研習營」。
⑦於二〇〇一年四月二十一日及五月十九、二十日舉辦「無性別偏差之人權教育」種子教師培訓初階工作坊。

選擇數個章節，或每章中數個活動試行，無法全用，但已覺程序緊迫，無法充分交換意見；也發現有一些活動，與大學生日常生活，不甚貼切，較適合社區或民間團體使用，因此未予選用，或是選用時，學生受限於人生歷練，反應不若其他單元活潑熱烈，例如生產權或制定法律等活動（張珏，2002）。各個老師針對本書翻譯及修辭用語也頗多指正，特別是西方／英語之慣用語氣與本地習見口語不同之處，這些建議皆已納入修正譯文，以期正式出版後使用上更為便利順手。

三、未來展望

歷經三年的翻譯與試作；《婦女人權學習手冊：在地行動與全球聯結》終於面世，為了善加利用書中的豐富國際資訊、系統化多樣化活動練習，婦女研究室將於先前舉辦之各項實作活動的基礎上，繼續推動各種工作坊及研習會活動以促進婦女人權教育，主要方向有三：

1. 工作坊及研習會實作訓練：

由於《婦女人權學習手冊：在地行動與全球聯結》一書之每一章節及其內活動練習設計皆與《消除對婦女一切形式歧視公約》（CEDAW）、《北京宣言與行動綱領》及其他女權相關國際條約中的條文緊密扣連，因此本書除可藉以檢查條約規定之相關女性人權在各國實踐情況外，亦可作為熟悉當今國際社會性別相關公約條約的練習材料。台灣全國婦女團體聯合會目前正聯繫政府與民間組織，以推動我國簽署《消除對婦女一切形式歧視公約》[8]，將在各縣市舉辦公聽會，屆時會以《婦女人權學習手冊：在地行動與全球聯結》書中練習活動為基礎，運用工作坊或焦點團體等方式提升國內對女性人權的認知，與對此一國際公約條文功能的理解，並對照比較國內類似議題之發展現況，以了知在國際社會整體推動女性人權上，台灣與其他國家的相對位置，並訓練女性熟悉國際法條以為爭取自身人權之有利工具。

---

[8] 目前有少數國際公約不需以國家身分簽署，非聯合國會員亦可參與，CEDAW為其中之一。

2.發展本土婦女人權教材：

《婦女人權學習手冊：在地行動與全球聯結》本就是為世界各地的女性所設計的人權教材，其中使用案例、語言及活動，皆力求普世應用之可能。然在婦女研究室過去試用的經驗中，常發現與本地社會情境仍有差距之處，因此計畫依據實作情形之交流討論，以各章節主題製作補充性質的「實作小手冊」（張珏，2002），收集編纂台灣本土的相關性別資料及兼顧全球與在地情境的思考與關懷，反映實際的人權需求，並發展國內實際教案，以供進一步的深入探討本土脈絡的行動策略與方式，從之發展出適合國內實際情況的本土性別人權教材，進而希望將國際社會關注的議題，落實在自己的生活觀察與經驗裏，並且對此提出由在地出發的台灣觀點，把我們的聲音加入國際討論中，一同努力改善全球婦女人權的困境。

3.國際聯結與交流：

這些年來國內婦女團體參與國際活動之經驗顯示：我國在提倡女性人權法規方面，相較於世界大多數國家並不遜色，甚至往往是不少國家羨慕的對象。我國近年來與性別平權相關立法如「性侵害犯罪防治法」（1997）、「家庭暴力防治法」（1998）、「兩性工作平等法」（2002）及「性別平等教育法」（2004）及其他法規修訂，皆使婦女多種人權保障得到法源依據與施行法則，不過在執行面成效尚未顯著（行政院，2003，p.78），未來仍待加強。雖然我們還有相當長的路要走，但目前已有實際立法成果，尤其是包括動員、遊說、推廣等這些發展過程與實務經驗十分寶貴，許多國家的婦運人士都急於了解，以為其在自己國家推動女性人權之參考，有時候即使彼此語言受限而無法暢所欲言，但仍然討論熱烈，她／他們求知若渴的態度，不但肯定了台灣婦運界長久以來的努力，更提醒了我們：國內女性人權的推動就是在國際交流的場合上最好的分享素材，也是推動我國參與國際社會的資本。

《婦女人權學習手冊：在地行動與全球聯結》一書正可協助我們整合台灣過去推動婦女人權的作為與成果，由整體性的架構著眼，有層次地去連結國際上對這些議題已做的努力，可以更有系統地全方位呈現台灣經驗。此外，當前的通訊技術發達，網路上已可見多處以本書為內容主軸的課程

與工作坊，我們可以和世界其他地區使用此書的婦女團體或成人教育機構分享經驗，交換意見，參加運動，作較深層的長期跨國聯結，可能更有意義。而在全球化的影響下，身爲經濟強勢國家的台灣，是否可以藉著本書的國際視野的開啓，認真去了解第三世界國家婦女的貧困、難民移民等結構性人權問題，以及我們可以伸手協助的地方，這也是我們早就該做而尚未著力之處。

結語

在聯合國「人權教育十年」的最終一年，二○○四年年末，台大婦女研究室完成了翻譯《婦女人權學習手冊：在地行動與全球聯結》的工作。此書全面性的人權關懷架構與國際觀點，不飾爲婦女權益的促進及人權教育的推動，開啓了新的一頁，希望藉著融攝理論與實務，兼顧全球與本土探索的女性人權研習，讓國內成績斐然的婦女運動與教育能做更系統化的整合，並且增添利於跨國聯結的工具語言，使得台灣的觀點與經驗能有效地與全球姊妹分享。非洲諺語有云：「小孩是靠全村子養大的」（It takes a village to raise a child.）。女性人權就像一個一天天長大的孩子，正是要靠你我及來自社會各方持續地多面向地關懷、參與及對話，以彼此呵護支援、攜手拓展女性自在發展的生命空間，相信這也是性別平等教育的終極目標。

參考書目

王麗容，《2002 年台灣婦女人權指標調查報告》，中國人權協會，台北市，2003 年。
尤美女，《女性意識之興起與婦女權益之保障——台灣婦女團體之角色》，「國家人權委員會與人權的促進與保障」國際學術研討會論文，東吳大學，2001 年 1 月 2-4 日。
林心如，〈聯合國與女性人權〉，《新世記智庫論壇》，（4），頁 23~40。
行政院，《台灣婦女權益報告書》，行政院婦權會，2002 年 10 月 24 日。
行政院，《2002 年國家人權報告試行報告》，行政院人權保障推動小組，

2003 年 12 月。

張珏，《教育部「婦女人權在地教育的實做」結案報告》，2002 年 11 月 30 日。

陳佳慧，〈戰後台灣女性人權的發展──以參政權爲探討核心〉，台灣法學會「戰後台灣的人權發展」系列研討會，1998 年 11 月 21 日，台北市，陳林法學基金會。

Amnesty International. Human rights are women's right. (ACT 77/01/95. 1995) (http://www.amnesty.org/ailib/intcam/women/womeneng.txt.)

Bell, Daniel A, & Carens, Joseph H., "The ethical dilemmas of international human rights and humanitarian NGOs: Reflections on a dialogue between practitioners and theorists", *Human Rights Quarterly,* 26, 300-329. (2004).

Chiarotti, Susana., "Introduction", in Gloria Schuster, Ivana Martinez, & Julie Madore, *Between their stories and our realities: A manual for seminars and workshops on CEDAW.* (New York: People's Decade of Human Rights Education〔PDHRE〕, 1999).

Laude, Richard Pierre Claude., *The bells of freedom.* (Addis Ababa, Ethiopia: Action Professionals' Association for the People., 1996) (http://www1.umn.edu/humanrts/education/belfry.pdf)

Heyzer, Noeleen," Women's equity, development and peace: Achievements and challenges for Beijing +10". Speech delivered at the Third Committee, The 59th session of the UN General Assembly (October 12, 2004).

Gearon, Liam, *The human rights handbook: A global perspective for education* (Trent: UK: Trentham Books, 2003)

Lytle, Angela Sabrina, "Reaching for the sky: Transformative human rights education for gender equity and freedom", Paper presented at the Comparative and International Education Society Annual Conference (Utah: Salt Lake City, USA, March 9-12, 2004)

De Mello, Sergio Vieira, "Women's rights are human rights", Speech delivered at the International Women's Day Celebration, UN Commission for Human

Rights (March 8, 2003).

Peters, Julia, & Wolper, Andrew, eds.,. *Women's rights, human rights: International feminist perspectives.* (New York: Rutledge, 1995)

Reilly, Niamh. Feminist approaches to human rights education. In Niamh Reilly ed.,

Women's rights as human rights: Local and Global Perspectives. (Dublin: Irish Council for Civil Liberties Women's Committee, 1997)

(http://members.tripod.com/whr1998/documents.htm)

Schuster, Gloria, Martinez, Ivana, & Madore, Julie, *Between their stories and our realities: A manual for seminars and workshops on CEDAW* (New York: People's Decade of Human Rights Education [PDHRE], 1999).

Toro, Maria Suarez, "Popularizing women's rights at the local level: A grassroots methodology for setting the international agenda", in Julia Peters & Andrew Wolper, eds., *Women's rights, human rights: International feminist perspectives* (New York: Rutledge, 1995).

White, Robert A., "Is 'empowerment' the answer?: Current theory and research on development communication", *Gazette (Deventer),* 66(1), 7 (2004).

目錄

如何使用本手冊

為什麼是在地行動與全球聯結？

全體人類，無分女男，均應享有相同的人權。然而，國際人權法規與實踐向來忽視婦女。基於生理與社會性別差異所引起的侵權事件，在歷史上並不被視為侵犯人權的行為；即使是致力於保護人權的機構，也往往未能顧及婦女所受的侵害，或是發展出有效方法，針對基於性別之侵權行為進行調查。絕大多數婦女，對於本身應有的人權以及定義、保障這些人權的文獻與機制，亦一無所知。

我們使用「人權」這個詞彙，來強調我們所討論的主題，乃為基本的、不可分割的要求，政府應予以保護。同時，我們刻意使用「婦女人權」一詞，意在點明人權實踐不可能自外於性別。婦女的人權受侵經驗，往往與男性有所不同；處理人權議題時，婦女援用的資源亦有所差別；而婦女遭受偏見與侵害時的解決之道，務必反映出她們的需求。

一場遍及全世界的普世運動已然展開，正為了讓婦女人權能夠獲得認可與保障而努力。教育是其中的成敗關鍵。只有認識自身人權的婦女，方能採取有效行動，行使人權、推動人權。《婦女人權學習手冊：在地行動

1

與全球聯結》一書，旨在為此運動盡棉薄之力，提供一個彈性、實用的工具——藉此與各地女性、男性、機構組織，共同分享婦女人權的相關資訊，並促成策略之擬定，將這些權利化為行動，為社會帶來正面改變。

《婦女人權學習手冊：在地行動與全球聯結》適合誰使用？

人人皆須認識婦女人權，所以本書之設計盡可能顧及最多的使用者。本書結合了與婦女人權重要主題相關之資訊、活動以及策略，這些活動為婦女人權帶來具體意義，而書中策略則協助參與者採取行動，實現婦女人權的理想。進行本書活動，無需特殊器材或資源，只要參與者有時間聚會討論即可。本書亦竭盡所能，務求廣納文化、年齡、宗教、地理、經濟與政治等差異。

本書之使用者層面甚廣，舉凡男性與女性，個人與團體，識字民眾與教育程度不高、或是未曾受過正式教育的人，均包含在內。除此之外，本書也適合以下情況或對象使用：

- 政府、非政府或政府間組織，為員工舉辦訓練，讓員工認識各項議題對婦女之影響。
- 社區組織舉辦婦女人權運動者工作坊。
- 社工、衛生從業人員、青年組織工作者，致力於教育他們所服務的社群。
- 研讀婦女研究、政治學、社會學、人權等領域，或是進行相關研究之大學生或高中生。
- 衛生人員、法務助理、執法官員、社工、教師等職業養成課程之授課教師。
- 準備性別研究、時事議題或社會研究等課程之中等學校教師。
- 讀書會，每月集會並閱讀、討論相關議題。
- 難民營、受暴婦女庇護所、青年旅社（hostels）或監獄中的討論團體。

- 前往健康診所就醫或參訪識字活動的鄉村婦女。
- 在集體農場、合作社、工會中共同工作的女性與男性。
- 在青年團體、營隊、宗教組織與其他集會中共同工作的女孩與男孩。
- 有意深入認識婦女人權的個別女性或男性。

本書架構 2

夏綠蒂・邦區所撰寫的「前言」，為婦女人權這個主題提供概略介紹，並為接下來按主題分類的各章奠立基礎。第一章「入門活動」連結個人經驗與人權概念、介紹互動方法，由此展開批判分析的過程，為參與者採取行動作準備。

接下來的各章則按照主題分類，依循以下結構大綱來探討婦女人權中的個別主題：

- 本章目標
- 起點：介紹並定義本章主題
- 討論與活動：以本章主題之重要議題為焦點
- 方塊文章：穿插在正文中，提供數據與特殊資訊
- 策略與舉例：提供採取行動之參考
- 檢視：檢視《北京行動綱領》與本章主題相關的部分
- 制定自己的法律：本活動請參與者自擬法律，並提供《消除對婦女一切形式歧視公約》（CEDAW）與其他相關文獻之摘錄作為參考

附錄包含人權教育與推廣工作可用到的工具：

- 分析表格：可在工作坊中使用
- 方法學：供人權教育工作者與協作者參考
- 人權系統與機制使用指南：內含人權網站列表
- 人權文獻選輯
- 人權專業詞彙彙編

本書採用的方法學

《婦女人權學習手冊：在地行動與全球聯結》邀請讀者充分參與學習婦女人權的過程。爲了達到此目的，本書同時提供了與事實相關的資訊以及參與式的活動。有些人可能選擇自行閱讀；有些人或許會在協作者的輔助之下，與其他人共同體驗本書之內容與活動。有些人會使用整本書，也有些人可能僅專注於其中單一主題。不過，無論是在哪一種情況，婦女人權都必須放在整體脈絡中檢視。忽略任一觀點，都可能削弱了推動婦女人權的力道，或是將某些婦女族群排除在外。

概念脈絡

所有婦女人權議題，都必須從理論與具體事例二方面來理解。人權尊嚴與平等的概念，是所有婦女人權相關討論中顯而易見的特點。本書第二章「婦女人權：平等與不受歧視」，就此二者以及普世性、相互關連性、不可分割性等其他人權基本概念，進行闡述說明。此概念架構的原則深深融入各項教育活動當中，所以即使是最講求實際的運動者，也會希望以此架構爲依歸。

此外，各項人權彼此之間相互關連不可分割，所以任何議題均無法抽離整體，獨自考量。例如，婦女的教育權，與她在家庭、工作場合、經濟、公共生活等方面的權利，是無法分開的。因此，本書經常提醒使用者各章節間交互參照之處。例如，在第三章「婦女人權：家庭篇」論及反動勢力的部分，便指引讀者參考關於基本教義派的章節；與「公—私領域之分」相關的敘述，則指向第七章「婦女人權：免於暴力篇」當中的某一段落。每當協作者使用本書時，均應向參與者強調人權相互關連的特性。

個人脈絡

伊蓮娜·羅斯福（Eleanor Roosevelt）於一九四六年至一九五一年間擔任聯合國人權委員會主席。她曾說過，人權始於「離家不遠……的小地

方」。本書的每一章，也都是從離家不遠之處開始。各章由名為「起點」的章節揭開序幕，著重與各章人權主題相關的個人經驗，提供講述個人故事的機會，並藉機帶入在地文化與歷史。本書焦點不斷在客觀與主觀立場之間轉移，提供與各子題相關的背景資訊、資料以及後續活動，以引領個人思考及討論。為了創造出一個有助於參與者增權的學習環境，協作者必須在介紹外來的「專業」資訊與重視參與者第一手知識之間，建立起類似的平衡。

事實脈絡

《婦女人權學習手冊：在地行動與全球聯結》每一章均提供大量資訊，包括背景、數據以及侵權事件、成功爭取人權事件等事例，以資說明。記錄人權侵犯事件並非本書用意，但本書仍包含許多事實敘述，目的是為各議題下定義，並描述各主要子題概況。例如，第十二章「婦女人權：環境篇」所提供的資訊，論及環境危害對都市婦女、鄉村婦女、職業婦女之影響，也檢視了企業與政府應負責任、環境與發展的關係（包括土地改革、燃料與伐林、用水、殺蟲劑等）、人權與環境的交互作用。個別讀者可以透過這些事實敘述認識各議題，協作者也可以據此進行小型演說，或是編寫講義。

本書事實資訊，凡在可能之處皆取材於聯合國來源，因為聯合國資料取得容易，也為各方廣泛接受。此外，本書亦從《北京行動綱領》（*Beijing Platform for Action*）中大量取材。《行動綱領》是第四屆世界婦女會議最終定案的文獻，雖然不具法律約束力，但卻顯示出世界各地對於婦女人權已有所了解。更進一步來說，《行動綱領》或許會影響到國際條約或國際習慣法的未來發展。數千名婦女人權提倡者在草擬《行動綱領》的過程中付出心血，還有另外數千名提倡者，為了詮釋、執行《行動綱領》而努力。

法律脈絡

學習婦女人權，也必須以地方、區域、國際法為基礎。藉由認識此類文獻如何認可、保障她們的人權，所有婦女——即使是幾乎未曾受過教育、

對法律毫無認知的婦女──都能得到增權的效果。

　　本書每一章均以一項名爲「制定妳自己的法律」的活動總結。該活動強調，人權法是一套會逐漸演變的規則，不僅是由眾人共同訂立的，也是爲了眾人而訂立的。參與者在檢視過某一人權議題之各個面向後，可以自行勾勒出一份法律文件來保護婦女的權利。接下來，參與者比較她們自己對於如何落實這項權利的想法，以及《消除對婦女一切形式歧視公約》〔*Convention for the Elimination of All Forms of Discrimination Against Women*，亦以 CEDAW 簡稱之，有時亦作《婦女公約》（Women's Convention）〕與其他相關文獻中的看法。（請參照附錄三「人權系統與機制」，以獲得更多與國際法脈絡相關的資訊。）

❋❋❋❋❋❋❋❋❋❋❋❋❋❋❋❋❋❋❋❋❋❋❋❋❋❋❋❋❋❋❋❋❋❋❋❋

婦女人權七大原則

原則一：尊嚴。保護、提升人性尊嚴，乃為人權之核心基礎。

原則二：普世性。人權具有普世性質，但這並不代表所有人對於權利的體驗均相同。普世性指的是，某些道德與倫理價值放諸四海皆準，應受到政府與社群支持。

原則三：平等與不受歧視。《聯合國世界人權宣言》（*UN Universal Declaration of Human Rights,* UDHR）以及其他國際人權文獻，將相同的權利與責任平等賦予所有成年女性與男性、女孩與男孩，此乃基於他們的人性，而與其他身分、關係無涉。當婦女所遭受的侵犯未能被視為人權侵害事件時，便是貶低了全體婦女生而為人的身分。

原則四：不可分割性。婦女的權利應被視為一個不可分割的整體，涵蓋政治、社會、經濟、文化與集體權在內。這些權利並無「優先次序」之分，也不能區別出「世代」的差異（亦即，並非某些權利應比其他權利早先達成）。

原則五：相互關連性。人權議題出現在生活的各個層面──家庭、學校、職場、選舉、法院等等。各種人權侵犯事件是相互連結的；在某方面

喪失人權，可能意味著在其他方面也失去人權。同時，提振某方面的人權，對其他人權也有支持的作用。

原則六：政府責任。人權並非政府憑藉一時高興而賞賜的禮物。政府也不該拒絕人民享有人權，或是只讓一部分人享有人權，卻禁止其他人行使權利。若有此等情事，政府必須為此負責。 4

原則七：個人責任。政府並非侵犯婦女人權的唯一加害者。企業與個人亦須負起責任；矮化婦女之文化規範與社會傳統也應予以質疑。

※※※※※※※※※※※※※※※※※※※※※※※※※※※※※※※※※

行動脈絡

按主題分類的各章，均以此問題結尾：「如果要在社群裡落實這些自訂法律與／或《消除對婦女一切形式歧視公約》，需要哪些條件配合？」此安排目的在於直接強化所有人權教育的終極目標：了解並接受個人對於全體人類之人權應負起的責任。各章提供世界各地婦女為了建立、保護權利而運用過的行動策略，作為激發思考想像的範例。本書要求參與者反省政府、文化、傳統、家庭以及她們本身所做的決定，如何限制或支持社群裡的人權。本書亦鼓勵參與者思考她們可以採取哪些合理行動，以促成正面改變。參與者練習進行批判性分析、為塑造更好的人權環境擬定策略，這項活動本身便是邁向改善婦女人權的一大步。

決定因素：行動教育

大部分婦女從幼年時期，便開始經歷到系統性的性別歧視，因此萎縮的自我價值往往成為她們身分認同中基本的一部分。在一個不將婦女當成完整人類看待的社會中，婦女對於學習伸張權利可能產生兩極化反應：或認為人權教育具有強大的改變力量，或認為人權教育是一大深層威脅。有些人擁抱人權教育，將此視為經過長久等待終於到來的肯定；有些人對此強烈抗拒，聲稱宗教或文化價值將受到破壞；也有更多的人，雖然歡迎這

些有助於開拓視野的觀念，一開始卻退縮不前，不願參與改革社會的行動。然而，隨著時間改變，人權教育活動的參與者會開始重新檢視自己的生活，指認出侵害人權的行為，並為所屬社群擬定策略。每一名婦女都必須依照自己的步伐前進，以充分的時間消化新資訊、建立新態度、評估促成改革之各種可能選擇。

所有人權教育工作者，都應當了解人權願景的本質相當容易引起情緒反應，對於各個婦女不同的需求與回應，也應予以尊重。倘若少了這份敏感度，人權教育有可能淪為操縱或壓迫婦女的另一種形式。

同時，我們並非從一片空白開始。雖然個人對於人權的感受與見解應獲得承認與重視，但是國際、區域與地方所立下的協議亦不容忽略，因為目前各種可能採行的改革措施，正是由這些協議擬定的。婦權提倡者多年來努力不懈，以確保攸關婦女之特別法律條文與宣言能夠獲得通過；不僅如此，她們也費盡心血，希望將婦女納入現有的人權文獻中。因此，在訓練課程中，若有參與者否定某項已獲國家、區域與／或國際承認的人權，協作者有責任指出相關協議之存在。

本書命名為《婦女人權學習手冊：在地行動與全球聯結》，乃為了強調：女性與男性應當討論，社群需要採取哪些步驟，方能為全體謀求人權之增進。社群層級的改革並無固定方法，因為任何社群都是獨一無二的；不過，只要是合乎人權規範的改革，便可以改善我們所有人的生活。於是，透過在地行動，我們看見了全球改變。

第一章

入門活動

本章簡介

　　本章提供多種活動，介紹婦女與女孩的人權。第一節「從生活中思考」　　5
包含介紹基本人權概念的活動。第二節「為婦女人權採取行動」，則協助
婦女擬定行動策略。除此之外，章末有一節簡短的「開場與充電小活動」，
提供一些技巧，幫助小組重新聚焦、振奮精神，或是變化活動進行的步調。

　　小組不必使用到各節所有的活動，只要針對小組需求，選擇最適合的
活動即可，如有必要亦可加以修改以符所需。大部分的活動只要稍加變化，
即可供不識字或有肢體障礙的婦女使用。只有極少數的活動需要影印或是
電力。這些活動已經在世界各地使用過，即使內容活動相同，也沒有兩次
的小組表現是一模一樣的。

第一節的所有活動均可與以下各章配合進行。在每一次工作坊的尾聲，協作者應該從第二節「採取行動」中選取至少一項活動作為結束。例如，讀完「婦女人權：教育篇」之後，進行本章第二節的活動十「從分析到行動」，我們可以藉此思考如何將分析轉化為行動；或是使用活動十二「效應之輪」，有助於探討可能的解決方案。

如果妳只能進行一項入門活動，選擇活動九「平等之輪」。這個活動連結個人經驗與人權概念，並且帶領參與者探討主要的人權文件，包括《世界人權宣言》（UDHR）與《消除對婦女一切形式歧視公約》（CE-DAW）。

第一節：從生活中思考

目　標

本節活動將協助參與者達成以下目標：

- 建立參與者之間的共識
- 幫助參與者關注她們身為婦女的經驗，並予以肯定
- 討論婦女彼此之間的差異性，並認識我們對與自己不同的婦女所懷有的恐懼及刻板印象
- 探討與不同群體工作時，可能會遭遇的困難
- 探討增進與其他婦女溝通的方法，以及將所有婦女的聲音納入人權討論之重要性
- 了解生理性別與社會性別的差異
- 指認婦女與女孩日常生活中，被剝奪、隱藏、忽略的種種權利
- 討論婦女得以相互支持的方式

6

活動一：主動式傾聽

目標：強調以尊重的態度傾聽人權討論之重要性

時間：30 分鐘

器材：無

1. 主動式傾聽：

　　請參與者分成兩人一組：其中一人持續談論自己五分鐘，另一人仔細地傾聽，不打斷也不做筆記。然後「傾聽者」以兩分鐘的時間，向同伴複述她聽到了什麼。兩人交換角色再進行一遍。

2. 討論：

　　邀請參與者與小組分享她們的經驗。討論：

- 有人專心聽妳說話是什麼感覺？聽到自己的話被複述又是什麼感覺？
- 傾聽與複述別人的談話感覺如何？
- 在生活中的哪些情況裡，我們也有類似機會，可以得到完全的注意？又在哪些情況裡，我們會希望得到這樣的注意？
- 以尊重的態度傾聽，為什麼是人權討論的重要關鍵之一？

活動二：一起站著／獨自坐著

目標：探討參與者之間相異與相似的經驗，並與人權觀念相互連結

時間：30 分鐘

器材：無

1. 活動程序：

　　請參與者圍成圓圈坐下。解釋本活動目標及進行方式：任何人都可以站起來，舉出一項她所屬於的類別；其他人如果願意承認自己也屬於這個類別，就與她一起站著。向參與者強調，除非自願，沒有人會被迫

（下頁續）

第一章　入門活動　011

（續上頁）

加入這項活動。活動開始時，列舉一些妳自己所屬於的普遍類別作爲示範，例如，「排行老大」、「左撇子」。

隨著活動進行，所舉出的類別通常會愈來愈私人、敏感。當妳認爲目標已達成時，即可結束活動。

2.討論：

向參與者指出，我們都帶著多重身分來到工作坊。討論：

• 哪些類別有最多人共同屬之？哪些最少？

• 只有少數人屬於的類別中，是否有些類別令人感到驕傲？令人感到羞恥或尷尬？

• 屬於一個只有少數人的類別，感覺如何？

• 有哪些類別的婦女完全不存在本小組中？

• 小組成員間互有差異性與共同點，還有些類別完全不存在小組中。這個現象與人權有怎樣的關係呢？

7

活動三：我們的身分

目標：探索婦女的多樣性

時間：30分鐘

器材：海報紙與麥克筆，或黑板與粉筆

紙與筆（視需要而定）

1.列表／比較：

請每一位參與者列出三項個人所屬於的類別。然後兩人一組，互相解釋自己所列出的類別。

接著將小組兩兩合併，使每個小組各有四名參與者。每位參與者向其他人解釋自己夥伴所列的類別。比較各人的類別中有哪些是獨特的、哪些是普遍的。

（下頁續）

（續上頁）

2.討論：

　　將所有參與者集中爲一個小組，要求她們喊出之前所列的類別。最普遍的類別打勾，獨特的類別則圈起來。

　　有沒有人的類別裡包括了「女孩」或是「婦女」？問參與者爲什麼有，或是爲什麼沒有。

3.朗讀／討論：

　　大聲讀出這段文字：

　　婦女當然是眾多不同身分組成的綜合體。我們可能是姊妹、女兒、母親、女友與配偶；也可能身爲宗教、族裔、國家、社會、政治、文化、職業團體的一分子。我們的難民與／或公民身分、年齡、性傾向、健康情形、與／或肢體障礙，都可能定義了我們是誰。我們身爲「婦女」的那一部分往往被其他身分淹沒了。在別人眼中，我們可能是附加了其他特質的婦女（例如，貧窮婦女、難民婦女、殘障婦女、女律師、來自某個國家、氏族或村落的婦女）。但是，在這所有的類別、所有的外加標籤與自我定義之中，我們仍舊是婦女。

討論：

- 妳認爲這是重要的嗎？爲什麼？
- 我們能否辨認出一群可稱之爲「婦女」的人，同時記得婦女並無單一的樣貌？
- 定義「婦女」的特質有哪些？

活動四：機會均等？

目標：探討機會均等與人權間的關係

時間：30分鐘

器材：無

（下頁續）

（續上頁）

1. 活動程序：

　　站在空闊場地的一邊，面對參與者，讓大家手牽手在場地中央排成一列。向大家解釋，當妳喊出一個類別的時候，屬於這個類別的人便應該依照指示向前或向後跨一步。整個活動進行期間，參與者應該盡量手拉手不放開。

　　喊出用以區分參與者的類別。例如：

- 「父母受過高等教育的人，往前一步。」
- 「住在農村地區的人，往後一步。」
- 「身體健康沒有缺陷的人……」
- 「出生在這個國家的人……」
- 「屬於少數族群（如族裔、宗教等等）的人……」
- 「單身的人……」

　　當參與者四散開來無法繼續拉著手時，指向妳背後的牆，對大家說：「這是成功之牆。當我說『開始』的時候，每個人都應該向牆跑過來，碰一下牆然後背靠牆站著，守住自己的位置。」可想而知，享有優勢的人本來就離牆很近，而其他站在場地後方的人，則來不及在牆邊搶到位置。

2. 討論：

　　邀請參與者分享她們參與本活動的經驗。

- 身處小組的前方，有什麼感覺？在後方呢？
- 當妳不得不與其他小組成員鬆開手時，有什麼感覺？
- 妳碰到牆了嗎？花了多少時間？在牆邊占不到位置的感覺如何？
- 有什麼方法，可以讓大家享有更多均等的機會？
- 機會均等與人權有什麼關連？
- 是否只要人人機會均等，即可達到尊重人權的目標？

活動五：承認聽不見的聲音

目標：體會包容性的重要，與其內在的問題

時間：30 分鐘

器材：海報紙與麥克筆，或黑板與粉筆

1. 分析：

請參與者環顧小組成員並分析其組成：

- 這個小組的成員是否能代表妳所住社區的婦女？妳所在地區的婦女？妳的國家的婦女？
- 是否有某些類別的婦女不包含在小組之內？例如，小組是否缺乏屬於某些年齡層、宗教信仰、族裔、階級、行業、性傾向或有肢體障礙的婦女？將小組裡完全缺乏的婦女類別羅列成表。
- 是否有些類別的婦女在小組裡只占了極少數？如果這些婦女同意，將她們的類別加入表中。

2. 傾聽／討論：

將參與者分成數個小組，要求每一組從表中選擇一至二個類別進行討論；但是，小組若有屬於表中某一類別的婦女在場，則應避免討論該類別。

各組應進行以下各項：

- 討論並列表：如果小組成員屬於她們所選的類別，她們不希望被別人如何描述？例如，有肢體障礙的婦女，並不願意被冠上社會常使用的侮辱性稱呼；她也不願意被視為無助、沒有生產力的「社會負擔」。
- 討論她們與屬於該類別的婦女談話、共事時所感到的恐懼。
- 討論有哪些需要或權利對這樣的婦女特別重要。
- 妳也可以這樣做：以戲劇呈現這些婦女的聲音。例如，以角色扮演的方式與這樣的婦女對話，或是以獨白的方式表達她的需求與感受。

（下頁續）

（續上頁）

9

3.報告／討論：

請各組派人報告她們的討論，並／或發表她們的戲劇呈現。討論以下問題：

- 雖然沒有任何小組可以涵蓋所有類型的婦女，容納各種不同的聲音仍是一件重要的事。為什麼？
- 同時身為獨立個體與某一類別成員之一，妳如何與其他婦女溝通？
- 妳已經試著與其他婦女溝通了嗎？是否有可再改善之處？
- 改善溝通會遇到哪些障礙？破除這些障礙是否重要？為什麼？這些障礙是否有可能破除？為什麼？
- 如果某些婦女的聲音被摒除在人權討論之外，會發生什麼情況？

活動六：生理性別與社會性別

1.朗讀／討論：

大聲讀出這段文字：

想要理解與分析婦女在社會中的角色，重要觀念之一就是生理性別與社會性別的不同。「生理性別」指的是男性與女性生理上的相異之處，少數幾點稱得上是天生自然如此的差別。「社會性別」指的則是男性與女性之間的社會關係，以及社會形塑這項關係的方式。換言之，社會性別是我們自出生以後由社會塑造而成的樣貌。正如某些訓練師所解釋：「我們可將社會性別視為一組概念，經由刻板的女男社會形象而附加在我們身上。人必須先經歷與階級、文化密切相關的社會經濟過程，才能烙上這些刻板形象。」〔Sabala and Kranti, *Na Shariram Nadhi: My Body Is Mine,* ed. Mira Sadgopal (Bombay, 1995), p. 33〕

雖然生理特徵有時候可加以改變，生理性別基本上是固定的。相較之下，社會性別的定義則不斷流動以回應社經狀況的變化。舉例來說，在危

（下頁續）

（續上頁）

機時刻，婦女也可能一肩挑起一家之主、工人、士兵等等傳統上屬於男性的角色。正因為社會性別是社會所建構，而非天生注定，所以刻板的男女角色可以被挑戰。當我們說男性與女性不一樣，我們指的不僅僅是生理上的差異（生理性別差異），更是社會所創造的種種不同角色（社會性別差異）。

由於生理性別差異與社會性別差異之故，女性與男性的需求並不相同。承認社會性別差異的人權與發展概念，試圖處理這些不同的需求，以推動婦女全面參與社區與政治生活（關於生理與社會性別，詳見第三章「婦女人權：家庭篇」）。

2..性別測驗：

向小組讀出下列句子。如果句子是關於社會性別，參與者便站起來；如果是關於生理性別，參與者便坐下。當歧見發生時，請她們解釋自己的看法。也可加入符合本土情境的句子。

生理或社會性別？

- 女人會生小孩，男人不會。
- 小女孩溫和害羞；小男孩堅強、喜歡探險。
- 在許多國家，女人收入只有男人的百分之七十。
- 女人可以用乳房哺育嬰孩；男人則用奶瓶。
- 女人負責扶養孩子。
- 男人是決策者。
- 古埃及的男人待在家裡織布，女人則掌管家族事業。繼承財產的是女人而非男人。
- 男孩在青春期會變聲；女孩不會。
- 根據聯合國統計，女人承擔全世界百分之六十七的工作量，但是她們的薪資僅占全世界收入總額的百分之十。
- 女人關心子女的教育水準。

（下頁續）

（續上頁）

10

- 女人被禁止從事危險工作，例如地底採礦；男人工作則自擔風險。

3.討論：

- 是否有任何句子使妳感到訝異？
- 哪些句子引起歧見？妳能化解歧見嗎？
- 社會性別角色隨著不同的年齡、階級、種族、文化、歷史時代而產生什麼變化？
- 不同國家的婦女對權力與壓迫有何不同體驗？

活動七：我喜歡什麼／我做了什麼

目標：探討普遍的刻板印象，與其對婦女生活的影響

時間：30-60 分鐘

器材：海報紙與麥克筆，或黑板與粉筆

　　　紙與筆（視需要而定）

1. 列舉：

請每位參與者針對以下類別各舉出兩件事：

- 我實際做過、也喜歡做，且被認為是「女性活動」的事。
- 我實際做過、但不喜歡做，且被認為是「女性活動」的事。
- 不管喜不喜歡，我實際做過，且被認為是「男性活動」的事。
- 我不曾實際做過，但很想嘗試，且被認為是「男性活動」的事。

逐一詢問參與者在各類別列舉了哪些項目。記錄她們的回答，並按照以下四大標題分為四組答案：「我做過、也喜歡做的女性工作」、「我做過、但不喜歡做的女性工作」、「我做過的男性工作」、「我想嘗試的男性工作」。

2. 討論：

請小組想想這四組答案，並討論以下問題：

（下頁續）

（續上頁）

> - 從這四組答案中，針對男女性別角色可歸納出什麼特點？
> - 社會性別角色深入潛意識或被內化的程度如何？
> - 婦女內化並接受這些角色，對生活有什麼影響？
> - 妳是否曾有挑戰社會性別角色的經驗？
> - 怎麼做才能改善社會性別所決定、並指派給婦女的角色？

活動八：回憶性別歧視

11

目標：回想並分析個人遭受性別歧視的經驗

時間：30 分鐘

器材：海報紙與麥克筆，或黑板與粉筆

　　　紙與筆（視需要而定）

1. 敘述：

　　將參與者分成數個小組。請參與者敘述自己曾因生理性別而被剝奪某項權利或蒙受不公平待遇的經驗。

　　妳也可以這樣做：鼓勵參與者以圖畫或戲劇來表達她們的經驗。

　　大聲讀出下列問題，引導大家的回憶。也可以把問題寫在海報紙或黑板上，或是分發給各小組。

- 就妳記憶所及，第一次歧視經驗發生在何時？最近一次又是在何時？
- 歧視妳的人是誰？發生經過如何？
- 妳生活周遭的人，不論男女，是否皆贊同這樣的歧視並加以實踐？
- 是否有人試著為妳辯護或是安慰妳？
- 妳是否質疑或抗議這樣的待遇？
- 是否有人試著向妳解釋這樣的情形？

（下頁續）

（續上頁）

2. 報告／討論：

　　要求每一個小組選擇一則經驗，向全體參與者報告。在每則經驗報告結尾時問大家：「這個經驗與哪些人權議題有關？」將回答記錄下來。

3. 分析：

　　問類似以下的問題，幫助參與者分析她們的經驗：

- 在這些經驗中，否認婦女人權的是誰或哪個機構？（例如，家庭成員？雇主？教師？醫生？地方或中央政府？國際組織？）
- 家庭扮演怎樣的角色？是製造歧視的來源或是免於歧視的避難所？抑或兩者皆是？
- 這樣的歧視為何會發生？除了「官方」理由，是否還有隱而不宣的理由？
- 在妳的經驗中，宗教、文化與／或傳統是否扮演了某種角色？如果有，是怎樣的角色？
- 這個侵權事件發生在何處？是生活中的公領域還是私領域？妳能做出改變嗎？
- 社區是否扮演了支持或制裁歧視行為的角色？媒體呢？
- 有些女孩很早就學到，即使別人說她們與男孩同樣擁有人權，社會對於權利終究抱持著雙重標準，性別歧視也依然存在。妳也有相同的情況嗎？

12

活動九：平等之輪

目標：回憶並分析個人伸張自我權利的經驗

時間：30分鐘

器材：《世界人權宣言》與／或《消除對婦女一切形式歧視公約》影印本（完整版或簡略版）

（下頁續）

（續上頁）

海報紙與麥克筆，或黑板與粉筆

紙與筆（視需要而定）

步驟一：敘述經驗

　　將參與者分成數個小組。請參與者描述曾經為自己伸張人權或是起而護衛個人尊嚴與公平待遇等經驗。

　　妳也可以這樣做：鼓勵參與者以圖畫或戲劇來表達她們的經驗。

　　大聲讀出「敘述經驗要點」（見下）。也可以寫在海報紙或黑板上，或是影印分發給各小組。

敘述經驗要點

- 事件發生於何處？家中？工作場所？學校？地點是個重要因素嗎？
- 為什麼妳會堅持伸張自我權利？動機為何？
- 妳是否有意識地決定如此做？
- 事件發生之前、之中、之後，妳的感覺各是如何？
- 這次事件發生在私領域嗎？如果是，是否改變了妳對於自己在家中所扮演角色的看法？
- 這次事件是否與進入生活中的公領域相關？如果是，是否改變了妳對於自己在社群中所扮演角色的看法？
- 這次事件中，妳是否正視自己的需求，因而拒絕了某種傳統的女性角色？
- 這次事件中，是否有人與妳站在同一陣線？妳的行動是否獲得鼓勵與支持？
- 別人對妳的行動有何反應？
- 妳的行動產生怎樣的結果？

步驟二：分析經驗

　　每個人都說完一則自己的經驗後，要求小組分析達成伸張自我權利

（下頁續）

（續上頁）

的各種條件。請小組中的一位參與者記錄大家提到的因素。將這些因素大聲讀出、寫在海報紙或黑板上或者影印分發給各小組。大聲讀出「分析經驗要點」（見下），也可以寫在海報紙或黑板上，或是影印分發給各小組。

　　舉例來說，經濟穩定通常是個很大的因素（「一直到我負擔得起自己的住所，我才能對他說『不』。」）。對某些人而言，其他婦女的支持十分重要（「我知道母親始終站在我這邊。」或者，「要是沒有受暴婦女庇護所，我真不知道會發生什麼事。」）。也有人認為關鍵在於教育與／或自我表達的自由（「書寫我的感受，使我有了力量。」或者，「讀了其他婦女的經歷後，我才知道原來自己還有其他選擇。」）

分析經驗要點

- 是否有某人、某事或某機構幫助妳站起來，伸張自我權利？
- 妳的個性裡有哪些特質，引領妳付諸行動？
- 妳是否得到其他婦女的鼓勵與支持？任何男性的支持與鼓勵？
- 是否有其他婦女作為妳的角色典範？
- 妳的社會或經濟狀況是否有助於採取行動？
- 妳所受的教育是否有助於採取行動？
- 社區族群傳統或制度是否支持妳的行動？
- 是否有其他因素支持妳，或有助於妳採取行動？
- 妳的行動產生怎樣的結果？
- 婦女需要哪些條件，才能認知自己的需求並爭取權利？
- 通常，當婦女堅持自我權利時，她們勇於拒絕別人而肯定自己的需求。妳的情況也是如此嗎？當妳伸張自我權利時，有怎樣的感覺？

13　**步驟三：再次敘述經驗**

　　要求每個小組選擇一則經驗，向全體參與者重新敘述一次，或以戲

（下頁續）

（續上頁）

劇方式表現。參與者可以敘述她們本身的故事，或是請別人代為重述。小組的成員也可以共同演出故事的中心事件。或者，小組可以從每位成員的故事擷取素材組合成一個綜合性的故事。

以輪狀圖表呈現每個小組的故事。將伸張自我權利的行動寫在輪輻上（如「要求平等工資」、「對抗騷擾者」），輪輻間的區域則寫上幫助故事主角為自己挺身而出的因素（「自我價值」、「母親」、「角色典範」等）。參考以下圖例。

平等之輪

（下頁續）

（續上頁）

步驟四：連結經驗與人權

    1.故事表演完畢後，請小組檢視平等之輪上所記錄的內容，從中歸納出各個故事所代表的基本人權或需求（如「教育」、「經濟平等」、「免於暴力的自由」），並寫在輪緣上。（注意：現階段使用「權利或需求」這個詞，因為所提及的項目並不一定是法定的權利。）

    2.請參與者回到各個小組，參照《世界人權宣言》（或《消除對婦女一切形式歧視公約》）影印本，找出與輪緣上的需求相對應的條款。妳也可以這樣做：讓每一組使用不同的文件；或者，協作者展示《世界人權宣言》、《消除對婦女一切形式歧視公約》或其他文件簡化版，作為討論的基礎。

    3.請每一組報告她們的發現。將相關條款寫在輪緣的需求旁邊。

    4.簡短討論人權與真實生活處境之間的關係，並以此做總結。

14

第二節：為婦女人權採取行動

目　標

本節活動將協助參與者達成以下目標：

- 指認婦女經由共同力量與相互支持爭取而來的權利
- 從批判的角度，思考幫助婦女伸張自我權利的條件
- 介紹分析侵犯婦女人權案例的技巧
- 介紹擬定策略採取適當行動的技巧
- 了解侵權行為與改革行動均會引起複雜的效應
- 在行動過程中，檢視我們的差異性
- 為我們的社群開發行動策略，並擬定優先順序
- 討論我們對於將想法化為行動所感到的畏懼

活動十：從分析到行動

目標：示範如何分析侵犯人權的案例，以及如何將其化為策略

時間：60 分鐘

器材：「分析人權問題」與「實踐人權策略」表格影印本（見附錄一，
　　　第 392-393 頁）
　　　海報紙與麥克筆，或黑板與粉筆

1. 列舉：

　　請參與者列舉，在她們所屬社群內最多不超過十項婦女面臨的人權問題。請她們從中選出一項特別值得關注的侵權行為，進行以下步驟。妳也可以這樣做：將參與者分成數個小組，每一組分析一個不同的侵權行為。

2. 分析：

　　使用「分析人權問題」與「實踐人權策略」表格（第 392-393 頁）分析侵權行為。請參與者思考以下問題，並將其回答記錄在放大的表格上：

　　此案例所牽涉的侵犯人權究竟所指為何？試用一至二個句子說明。
　　侵犯者是誰？
　　侵犯者何以要為此負責？是因為做了什麼或是因為沒有做什麼而導致侵權？
　　有哪些資源可提供解決方法或補救措施？

　　在每一個分類下，列出所有可使用的策略。

　　向參與者指出，侵犯者、責任來源（因為做了某事而導致侵權或是因為沒有做某事而導致侵權）、解決與補救的資源都有可能屬於不只一個類別（見下）。在表格上標明所有可能的答案。

　　• 家庭（例如，家人所做決定可能造成家庭裡的人權侵犯）
　　• 宗教體制

（下頁續）

（續上頁）

> - 媒體
> - 商業利益（例如，跨國與國內企業、當地大小公司雇主等等）
> - 其他社會機制（例如，可能會造成侵權的傳統、醫院、學校、社團等社會體制）
> - 國家權威（例如，選舉產生或指派任命的官員、人民領袖、宗教領袖、警察、軍隊）
> - 地區權威
> - 國際權威
> - 其他（例如，游擊隊、準軍事部隊、盜匪、難民群等等）

3.腦力激盪：

列出所有妳認為可以消弭這項侵權行為的方法。將每一個方法填在表格適當的類別之下。

15

4.報告／討論：

如果參與者之前分成數個小組進行討論，請每組派人報告她們的問題並簡述其解決策略。

討論以下問題：

> - 社區中是否已有婦女在使用這些策略了？例如，當地是否已成立受暴婦女庇護所、難民婦女支持團體、鄉村婦女識字教室、婦女保健中心等組織？
> - 這些行動應如何改善才會更有效？
> - 小組成員是否聽說過任何組織（包括地方性、全國性或國際性團體），以個別婦女議題為訴求，或是以支持、提倡、保護一般婦女人權為宗旨？這些組織推行的策略有哪些？記錄小組的回答，並提出其他妳所知道的組織。問在場婦女是否有人屬於上述各團體。

活動十一：承認恐懼

目標：承認對採取行動感到疑惑與恐懼

時間：30分鐘

器材：活動十完成的表格

1.反應：

活動十所完成的「實踐婦女人權策略」表格與婦女人權工作組織列表，保留下來並貼在牆上。走到參與者之間，請每一位婦女說說她們對這些表格最初的情緒反應（例如，感到害怕？挫折？因為展開行動而興奮？因為這麼多工作有待進行而感到疲乏？）。確定每位參與者都有機會發言，且不被打斷。

2.討論：

向小組解釋，婦女要採取適當策略、推動性別平等，首先就必須承認她們的恐懼與其他情緒，都是這個過程中不可或缺的一部分。許多婦女正在為自己與其他婦女的人權而奔走，她們也會覺得沮喪疲憊。許多尚未加入行動的婦女，則會感到害怕、困惑，甚至畏懼較有經驗的行動成員，懷疑自己是否能有所貢獻。問小組以下問題：

- 這是常有的情況嗎？
- 我們該如何互相支持？
- 我們該如何由此出發，支持其他婦女？

活動十二：效應之輪

目標：針對侵犯婦女人權行為之相互關連性以及所產生的後果，進行討論並增進認知、澄清觀念

時間：30分鐘

器材：海報紙與麥克筆

　　　將「效應之輪」影印分給每一組（見下）

（下頁續）

（續上頁）

16

1. 解說：

示範「效應之輪」如何進行。提出一個關於婦女人權的普遍問題，以這樣的句型發問：「如果……，那會產生什麼效應？」（問題最好與活動十列出的某個議題相關）。將這個句子寫在「效應之輪」的中心。舉例如下：

- 「如果只有婦女可以擁有財產，那……」
- 「如果婦女在家裡享有同樣的決定權利，那……」
- 「如果女孩得到的食物與健康照顧比男孩來得少，那……」
- 「如果婦女在我們的政府裡占有一半席次，那……」
- 「如果婦女在開發計畫中擁有平等的發言權，那……」

請參與者喊出她們對句子的回應，記錄在效應之輪的第一圈。例如，針對「如果女孩得到的食物與健康照顧比男孩來得少，那……」，第一輪效應可能是：

- 「女孩會比較容易生病。」
- 「男孩會比女孩來得強壯有活力。」
- 「女嬰會比男嬰容易死亡。」
- 「女孩的身心發展會因而受阻。」

從第一輪效應中選取一或多項，繼續回應，直到填完第二輪與第三輪效應。例如，針對「男孩會比女孩來得強壯有活力」，更進一步的效應可能包括：

- 「男性積極、女性被動的傳統角色會被強化。」
- 「女孩比較不容易在學業或體育上出人頭地。」
- 「女孩可能比較沒有抱負。」

2. 完成：

將參與者分成數個小組，各小組仿照上述「如果……」句型，提出一個與婦女人權議題相關的問題，寫在各組表格中央。各組應盡可能地發

（下頁續）

（續上頁）

展出第一輪、第二輪、第三輪效應。

　　妳也可以這樣做：提供參與者現成的問句，請她們選擇。

3.討論

　　請各組發言人展示該組的效應之輪。討論其結果：

- 妳是否對某些效應感到驚訝？

- 有哪些效應對妳的社群是正面的？有哪些效應是負面的？

- 要改變負面效應，該採取什麼行動？

[Adapted from Sue Lewis and Anne Davies, *Gender Equity in Mathematics and Science,* (Canberra, Australia: Curriculum Development Center, 1988).]

效應之輪

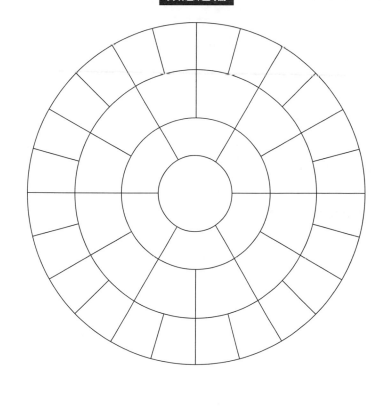

17

活動十三：該採取什麼行動？

目標：為各種不同的改革行動擬定優先順序，並檢驗擬定順序所依據的
原則

時間：60 分鐘

器材：寫在三種不同顏色紙上的陳述句若干（見下），剪成條狀發給各
小組
海報紙、膠水或膠帶供各小組使用

1.討論：

解釋程序：

　　將參與者分成數個小組，每組發給已剪成條狀的不同顏色陳述句、
膠水或膠帶、海報紙一張，上面分成「必要」、「有用」與「無關」三
欄。

(1)由一人讀出每個陳述句，不加以評論。小組依據以下問題決定每
個句子應該放在海報紙上的哪一欄：「為達成婦女的＿＿＿人權，
這個句子所陳述的內容是必要的、有用的或是無關的？」只有當
全組一致同意句子屬於哪一欄的時候，才可以將這個句子黏貼到
海報紙上。如果小組無法達成共識，句子必須先擱置一旁。

(2)將沒有爭議的陳述句都貼上海報紙之後，小組開始討論那些被擱
置的句子，試著達成共識。為求眾人意見一致，參與者可以改變
句子的措辭。

2.分析：

　　要求每一組掛起自己的表格，讓所有人有充裕時間互相比較，指認
出各組的優先順序有何不同。請各組檢視自己的表格，注意不同顏色陳
述句的歸類是否呈現某種模式。此時，向參與者說明不同顏色的意義：
粉紅色＝法律上的改變，藍色＝態度上的改變，黃色＝促成改革的行動。

（下頁續）

（續上頁）

3.討論：

　　請參與者檢視她們的決定：

- 整體而言，當妳們將這些陳述句歸類成三欄時，依循的是什麼原則？
- 小組對於三種改變策略之贊成或反對，是否有某種偏見模式隱含其中？如果有，妳認為小組為什麼會有這樣的偏見？
- 小組所建立的優先順序，是否可用來擬定一行動計畫，以處理小組所討論的人權侵犯議題？

範例

　　以下例句以婦女受暴為主題。協作者也可以針對書中任何議題設計類似的陳述句。

應該採取什麼行動以達成免於暴力的自由？

（粉紅色／法律）

- 移民法應擴大延伸，對逃離各種暴力的婦女予以政治庇護。
- 容許工作場所發生性騷擾的雇主應負法律責任。
- 政府應承認對婦女施暴乃是侵犯人權的行為，並嚴懲施暴者。
- 強暴案受害者應於法庭公開審理時到場作證。
- 色情刊物影片不應合法。
- 政府應給予家庭暴力受害者經濟援助。

（藍色／態度）

18

- 像「婦女受暴是自找的或活該的」這樣的觀念應予以駁斥。
- 兒童書籍應討論婦女家庭暴力的議題。
- 物化婦女或以受害者刻板形象描繪婦女的廣告公司應予以譴責。
- 女不如男的觀念，應隨時加以檢討。
- 除非有人生命受到威脅，警方不應介入家庭問題。

（綠色／促成改革的行動）

- 婦女應該總是相互支持。

（下頁續）

（續上頁）

> • 婦女應該聯合其他受壓迫的團體，共同採取行動消除暴力。
>
> • 時常在產品或廣告中貶抑婦女的企業應予以抵制。
>
> • 婦女應組織團體，抗議媒體的刻板描述。
>
> • 受暴婦女庇護所應同樣重視暴力事件的防範。
>
> [Adapted from David Donahue and Meg Satterthwaite, *Breaking the Classroom Silence* (Amnesty International, 1995).]

開場與充電小活動

以下活動很簡短，通常不需要使用言語。這些好玩的活動可以幫助小組重新調整活力、提振精神，創造小組成員間的向心力，而且，也很有教育意義！

錬環：參與者閉上眼睛圍成圓圈站著；協作者轉動參與者的方向，將她們的手交錯搭在對方身上以形成人結。指示參與者睜開雙眼，並且在手不可鬆開的情況下試著解開人結。

煙火：協作者指派各個小組模仿不同煙火的聲音與動作。有些是嘶嘶作響會爆開的炸彈，有些聽起來像拍手聲，有些會不斷地旋轉。各小組先輪流表演，然後再合力上演一場盛大的煙火秀。

雨林：參與者以協作者為圓心繞成一圈。當協作者經過面前時，參與者必須模仿她的動作。先是彈彈手指頭，然後拍打身體兩側、拍拍手、踩踩腳、無聲地揮揮手——聽起來就像是雨林的聲響。這個活動在寒冷的天氣特別適用！

婦女大風吹：將椅子排成一個小圓圈，協作者站在中央，並以這個句子開始遊戲：「我喜歡……的女人」（例如，戴耳環的、留長髮的、積極參與社運的）。符合描述的人必須換座位，搶不到椅子的那個人就得站在中央，說出下一輪換位的句子！

第二章

婦女人權：
平等與不受歧視

目　標

本章所包含的活動與背景資訊，將有助參與者達到下列目標：　　　　19

- 認識《世界人權宣言》（UDHR）的基本原則，並探討其應用實例
- 了解全人類沒有任何區別，均享有人權
- 檢視各種人權之間複雜的關連
- 討論婦女受歧視的經驗，如何因種族、階級、族裔、宗教、文化、
  殘障、性傾向、年齡等因素而有所不同
- 了解這些差異可能會導致歧視或偏見
- 嘗試建立一種能夠關照到所有社會群體的人權概念，使所有族群都
  能平等不受壓迫

起點：思考「平等」與「不受歧視」的真諦

所有人權都建立在「平等」與「不受歧視」的基礎之上。了解這些概念，對於任何婦女人權的討論都十分重要。

關於歧視與人權的指導原則，可見於《世界人權宣言》（UDHR）。一九四八年第二次世界大戰結束，聯合國大會旋即無異議採用《世界人權宣言》。這份原本並不具有法律約束力的宣言，自此建立國際慣例法的地位，其中所訂定的人權標準，凡聯合國會員國皆有法律義務必須加以遵守。《世界人權宣言》對人權的保護，乃基於以下原則：普世性與不可剝奪性、平等性、不受歧視、不可分割性與相互關連性。

普世性與不可剝奪性

《世界人權宣言》第一條開宗明義，昭告：「人人生而自由，在尊嚴和權利上一律平等。」我們認為人權具有普世性，因為我們每一個人，無論身處何方，都基於各自的道德價值觀而擁有人權。人權具有普世特質，並不意味其內容永恆不變，也不代表全人類的人權經驗完全相同一致，更未預視世界文化統一的遠景。普世性指的是：某些道德與倫理價值，超越了地域疆界之分，政府與社區應當戮力維護。舉例而言，奴役與屠殺不同種族或宗教的人民，無論在任何地方、任何情況，都是一件錯誤的事，此即為普世道德信念之一。人權也具有不可剝奪性，在任何情況下，任何人都不可以奪取他人的人權。

雖然我們許多人都了解，女性所掌握的權力遠不如男性，但我們往往忽略了，婦女因為社會階級、族裔、宗教、地理區域、種族或性傾向等方面的不同，所握有的權力也就各異。這種種歧異，常導致我們對某些女性或男性族群的壓迫、歧視。像這樣的權力失衡，並不僅僅發生在個人層次；而是由社會、政府、宗教體制與其他力量，針對特定族群，有系統地運作維持現狀。我們是否能得到資源、工作機會、住屋、教育、政府保護與許多其他的利益，取決於我們在社會上所掌握的權力。因此，我們在認知人

權普世性之際，也必須了解，即使是在施行普世人權時，也很可能會因為不同族群間權力的差異，而導致歧視與不平等。

普世性是個頗富爭議性的原則，而多重的人權標準使情況更趨複雜。例如，有些工業化國家雖然譴責他國侵犯人權，但對本國境內踐踏人權的行徑卻又置之不理。另一方面，有些政府侵犯本國公民人權，為了替自己辯解，轉而質疑普世性原則，宣稱在該國文化傳統、道德規範或經濟發展水準等脈絡之下，某些理應不可剝奪的人權並不適用於當地。雖然對我們而言，了解這些人權普世性的相關爭論是件重要的事，但全球各地仍有許多婦女面臨權利遭受侵犯的共同困境。援引國際性的人權標準，有助於各地婦女對她們所處社群施加壓力，要求改革。

20

❋❋❋❋❋❋❋❋❋❋❋❋❋❋❋❋❋❋❋❋❋❋❋❋❋❋❋❋❋❋❋

挑戰普世性

人權的普世性通常是在以下三種情況遭受質疑：

• 被壓迫的族群必須伸張自己的身分認同，以對抗強權宰制。主流族群往往認為，只有他們自己的人權定義才是有效的，並將其價值觀強加在弱勢族群的宗教、文化習俗上。前章已討論過，世界各地不同族群的習俗與信仰差異極大；因此，人權必須置於該社群所處之特殊脈絡下，才能加以理解。

• 政府對一般大眾或特定族群進行政治與／或經濟上的壓迫，必須為自己辯解脫罪。有些政府宣稱，由於該地不同的歷史、文化與宗教背景，人權並無法普遍地實行。雖然人權的確必須從人民生活的脈絡中理解，但是以文化或宗教之名反對人權普世性的政府，幾乎都是借用這樣的論點來限制人民基本權利，而非加以拓展。

• 政府或其他權威單位，為歧視或以暴力侵犯婦女的行為辯解。通常，當婦女伸張她們的人權時，政府便提出反對人權普世性的論點作為擋箭牌。婦女要求平等繼承權、修改家庭相關法律、在政治殿堂占有一席之地與其他種種權利，往往遭到以文化與宗教為名義的阻擋。

❋❋❋❋❋❋❋❋❋❋❋❋❋❋❋❋❋❋❋❋❋❋❋❋❋❋❋❋❋❋❋

平等性

　　人權具有普世性，屬於全人類共有。這個概念與平等性原則緊密相關。無論來自何處，所有人皆與生具有相同的人權，即使眾人實踐這些權利的能力並不一致。《世界人權宣言》第二條即言明：「人人皆得享受本宣言所載之一切權利與自由，不分種族、膚色、性別、語言、宗教、政見或他種主張、國籍或門第、財產、出生或他種身分。」

　　在人權架構中，以同樣方式對待所有人，不見得就是平等。如果人們處於不平等的狀況，以同樣方式對待他們，不公平的現象非但無法根除，反而得以複製延續。女性通常需要與男性不同的待遇，才能享受到同等的權利。例如，為了實踐其工作權，婦女可能需要托兒方面的協助；或者，婦女傳統上在家庭內所從事的勞務，必須先被認可為工作的一種。推動平等意味著採取行動，均衡男女之間的權力；最終目的在於創造一個真正公平的社會。就這一層意義而言，我們必須強調，人權不可能自外於性別議題。只有先認知社會上男女地位不平等此一事實，才能進一步探討侵權問題與其解決方案。

不受歧視

　　《世界人權宣言》第七條指出：「人人在法律上悉屬平等，且應一體享受法律之平等保護。」不受歧視的基本原則指的是：所有個人皆有權利尊嚴地、自由地生活，政府不得任意區分人民。據此，基於種族、性別、殘障、性傾向、地域或任何其他因素的種種歧視，都是違反人權的表現。

　　《世界人權宣言》中標明不應受歧視的範疇，有部分可以在其他人權條約見到更進一步的闡述。例如，《消除對婦女一切形式歧視公約》（CE-DAW）即針對性別歧視加以闡明。該公約第一條，定義「對婦女的歧視」如下：「基於性別而作的任何區別、排除或限制，其影響或其目的均足以妨礙或否認婦女，不論已婚或未婚，在男女平等的基礎上認識、享有或行使在政治、經濟、社會、文化、公民或任何其他方面的人權和基本自由。」至於許多社群因為膚色、種族而備受歧視，《消除一切形式種族歧視國際

21

公約》（CERD）則對此有所規範。

儘管人權奠基於普世性、不可剝奪性、平等性與不受歧視等基本原則之上，行使權利的能力還是取決於我們所處的個別環境。種族、性傾向、階級、性別、地域、文化等等因素，不僅左右了一個人對人權的理解，更影響到這個人可能會遭受何種方式的侵權。為人權努力奮鬥，意味著要求政府本身絕不採行任何歧視性措施，並且督促政府積極行動，以確保全民尊嚴。

人權的不可分割性與優越性

人權也是「不可分割」的。換言之，權利並沒有階級高低的分別。公民權、政治權與社會權、經濟權同等重要；而食物、住所對人們來說，就如同能夠自由信奉宗教、表達政治見解般不可或缺。

人權的優越性遠超過其他主張，任何政府或組織都無法合理化侵犯人權的行為。人權價值在全球各地已被廣為接受，是我們自我管理的準則，也是組織社會、政治、經濟互動的基礎。

人權的相互關連性

各項人權之間相互關連，這是《世界人權宣言》的另一項重要原則。人權在持續互動中相互影響，彼此強化。如果某項人權受到否定，行使其他人權的能力也會遭受衝擊。同時，倡導某項人權，對其他人權也會有正面提升的影響。舉例而言，提升婦女經濟權直接關係到婦女脫離暴力的能力，因為經濟限制正是婦女無法離開暴力環境的主要原因之一。

人權不是零和遊戲，並不因為在某個領域得到伸張，在另一個領域就會受損。一個人無須犧牲他人才能獲得實踐人權的能力。同樣的，不同種類的人權之間並無高低之分；促進婦女權益，便是促進全體人類實現一個更公正的社會。

相互關連性對於落實、詮釋人權法與相關文件，有相當重大的啟示。正如同各項人權無法單獨存在，各項人權文件的詮釋也應當相互參酌。透過持續不斷的過程，人權文件相互增強。雖然本書主要參考的是《消除對

婦女一切形式歧視公約》，以及一九九五年在北京舉行的第四屆世界婦女會議所通過採用的《北京行動綱領》，權利的完整樣貌還是只有在人權條約與實踐的整體中才能窺見。

　　人權的相互關連性，對於我們為了實踐人權而制定的策略，也多所啟發。我們的身分由多種不同成分構成，所以我們可能經歷的人權侵犯也就不只一種。問題的解決與彌補之道，必須從各個領域多方尋求。

22

活動一：檢視關連性

目標：引導參與者討論彼此之間身分的共同性與差異性

時間：90 分鐘（每個部分各 30 分鐘）

器材：海報紙與麥克筆，或黑板與粉筆

　　　　紙與筆

活動 A：圈圈相連

　　帶領參與者進行以下步驟，一步一步地給予指示。

1.畫畫看：

　　請參與者依照下列指示，個別進行以下步驟：先畫一個圓圈，中間填上自己的名字。像是在畫花朵般，在圓圈周圍畫上五到十個花瓣。每個花瓣內寫上一個自己所認同的族群。

2.比比看：

　　請參與者兩人一組，找出她們共有的花瓣，將自己的名字縮寫簽在上面。然後將小組兩兩合併，請她們找出四個人共有的花瓣並簽上自己的名字縮寫。

3.畫畫看／討論：

　　討論這些「花朵」的共同點。種族是否包括在內？階級？宗教？性傾向？國籍？家庭狀況？難民身分？

（下頁續）

（續上頁）

　　全組一起畫出一張大網。在中心的圓圈寫上「我們」，再寫出所有提及的族群。將較多人隸屬的族群寫在靠近中央的地方，較少人或只有一人屬於的族群則寫在外圍處。討論：

- 主要的共同點有哪些？主要的相異點有哪些？
- 有哪些圓圈只包括一個人？
- 關於我們的共同點與相異點，從這張大網可以看出什麼？

活動 B：歧視的複雜性

1. 朗讀／想像：

　　讀以下這個故事給小組聽：

艾蓮娜找工作

　　艾蓮娜是名殘障女性，同時也是波非利亞（Borfilia）境內的少數民族。波非利亞沒有保護殘障人士的法律；雖然有保護少數民族的法律，卻鮮少執行。工作總是優先保留給多數民族，即使在少數民族人口占大多數的地區，幾乎所有工作的重要職位也是由外地派來的多數民族擔任。波非利亞也是個父權色彩濃厚的國家。婦女雖然有工作，但她們擔任的是薪資最低的職位。艾蓮娜向費崔氏（Factrex）公司應徵工作，以她的資格，擔任這份職務綽綽有餘，但最後錄取的卻是一名資格不如她的男性。這名男性屬於多數民族，也沒有殘障。

2. 討論：

　　根據以下幾點，帶領小組進行討論：

- 費崔氏公司歧視艾蓮娜的原因何在？是因為她的性別嗎？還是殘障？少數民族身分？以上三者皆是？或是因為以上三者間複雜的互動？

3. 分析：

　　大聲讀出關於艾蓮娜處境的評論：

（下頁續）

（續上頁）

23 　有些人認為，歧視的運作方式是一種「加法」。根據這種說法，艾蓮娜之所以遭受歧視，是因為她身為女性，加上她有殘障，再加上她的少數民族身分。然而，也有些人認為歧視的運作遠比如此複雜，不是所有歧視因素相加起來、甚至相乘起來這麼簡單一回事。相反的，各個歧視因素運作時相互糾結，密不可分。艾蓮娜無法將她身為殘障人士的那一部分，從她身為婦女與少數民族的部分抽離。歧視她的人，不管有意或無意，也無法分開看待這些部分。

討論以下問題：

- 這個故事可能發生在妳所處的社會嗎？請解釋。
- 如果這個案例發生在妳所處的社會，婦女是否會有所反應？為什麼？有所反應的會是哪些婦女？

活動C：想像歧視因素間的關係

1. 畫畫看：

請參與者回頭看看在活動一時她們為自己畫的花朵。她們所認同的族群，如果可能引起別人的歧視，便在上面打個叉。請參與者畫出這些歧視因素在生活上如何彼此交互作用。

比較大家畫出的圖並討論：

- 妳的圖看起來像是交叉的道路、相連的圓圈、一張蜘蛛網還是一團線球？請解釋。

2. 腦力激盪／討論：

請參與者列舉，她們本身可能會以怎樣的方式歧視別人或是瞧不起別人。將大家舉出的方式列表並討論：

- 有哪些因素會使妳歧視別人？
- 這些因素有多少是深植於社會制度？有多少可由妳個人掌控？
- 為了改變歧視他人的行為，妳必須採取什麼行動，以改變社會與／或妳自己？

對特定族群的歧視

本章以下各節討論特定族群所受到的歧視，以及其平等問題。雖然受壓迫的對象通常被稱為「少數族群」，這其實是個誤稱，因為所謂的「少數族群」往往占了人口中的大多數。當國際社會使用「少數族群」這個詞的時候，指的是數目上的少數。相對之下，人權運動者使用這個詞，指的則是需要保護以避免強權宰制的族群。因此，「多數族群」與「少數族群」並不專指數字上的比例，而是政治、軍事或經濟力量上的強勢與弱勢。

一九九二年，聯合國大會決議採行《在民族或族裔、宗教和語言上屬於少數群體的人的權利宣言》（*Declaration on the Rights of Persons Belonging to National or Ethnic, Religious and Linguistic Minorities*）。該宣言主張所有國家都有義務允許弱勢族群延續自己的文化、信奉宗教、使用母語；並宣稱國家應以法律保障弱勢族群的權利，在制定國家政策與計畫時，也應當充分考量弱勢族群的法定利益。另外，有數份地區性或國際性的文件，也觸及少數民族的文化與語言權。部分處理特定弱勢族群需求的文獻，可見以下討論。

基於種族、族裔、民族的歧視

世界上最普遍的歧視形式之一，就是基於種族、族裔、民族的歧視。《消除一切形式種族歧視國際公約》（CERD）是討論這種歧視的主要國際文獻。該公約將種族歧視廣泛定義為：「基於種族、膚色、世系或民族或族裔起源的任何區別、排斥、限制或優惠，其目的或效果為取消或損害政治、經濟、社會、文化或公共生活任何其他方面人權及基本自由在平等地位上的承認、享受或行使。」（第一條）

該公約重要特點如下：

24

- 種族歧視包含基於民族或族裔起源的歧視，但基於宗教或國籍的歧視則不包含在內。一個人的國籍並不等同於其所屬民族。民族係指

個人祖先的出生地，而非個人目前法律上的國籍。

- 該公約明確允許各國區分公民與非公民身分。
- 該公約對於歧視的定義相當廣泛，除了刻意的歧視以外，政府政策即使無此意圖，只要造成歧視效果即屬之。
- 該公約所涵蓋的議題層面極廣，包括社會與經濟權，例如，住屋、醫療、工作等權利。
- 無論是公共部門或私人的歧視行為，該公約要求各國均應採取行動予以處理。這項條款係指，國家不僅有責任防制警察、政府雇員與任何其他公權行使人的歧視行為，也應對於任何個人的歧視行為採取行政措施或／與司法行動。
- 該公約特別允許正面歧視行為（positive discrimination，例如，雇用傳統上受歧視族群的成員，而非掌握權力族群的成員），但須受限於以下二種條件：(1)任何特別措施在預定目標達成後，不得繼續；(2)任何特別措施不得導致不同種族間權利不同的現象。換言之，特別措施不可作為賦予某一族群次等權利的藉口。

活動二：種族、族裔與民族弱勢族群的權利

目標：指認出社群與國家對各族群的權利所應擔負的責任

時間：30分鐘

器材：海報紙與麥克筆，或黑板與粉筆

1. 討論：

請參與者指出她們所處社群包含哪些種族、族裔與民族？並列出這些族群最迫切的人權需要與議題。討論：

- 國家對於這些需要負有哪些責任？
- 為了確保弱勢族群的人權，強勢族群負有哪些責任？

種族、族裔與民族各族群的人權

種族、族裔與民族各族群的部分人權需求包括：

（下頁續）

（續上頁）

- 法庭上平等待遇的權利
- 人身安全與接受國家保護，免於暴力、身體傷害的權利
- 政治權（尤其是投票權與參選權）
- 在國境內自由遷徙與居住的權利
- 離開任何國家（包括自己國家）與回國的權利
- 締結婚姻與選擇配偶的權利
- 獨自或與他人共同擁有財產的權利
- 思想、良心與宗教自由的權利
- 主張與表達自由的權利
- 和平集會與結社自由的權利
- 工作權
- 加入與組織工會的權利
- 住宅權
- 公共衛生、醫藥照顧、社會保障與社會服務的權利
- 教育與訓練的權利
- 平等參與文化活動的權利
- 免於國家種族隔離制度的權利

《消除一切形式種族歧視國際公約》中所提及的權利，亦可見於《公民及政治權利國際盟約》（*International Covenant on Civil and Political Rights,* ICCPR）、《經濟、社會、文化權利國際盟約》（*International Covenant on Social and Economic Rights,* ICSER）、《兒童權利公約》（*Convention on the Rights of the Child,* CRC）。這些文獻均明文規定，行使文獻內所提及權利，前提為不得涉及任何形式的歧視，包括種族、膚色、性別、語言、宗教、政治或其他主張、所屬民族或社會出身、財產、出生或其他地位等等。

除了以上所述，其他各種族、族裔、民族等族群所共同關切的權利尚有：

（下頁續）

25

（續上頁）

> - 使用自己的語言，並以自己的語言受教育的權利
> - 保有自己文化的權利
> - 穿著傳統服飾，舉行傳統儀式的權利

活動三：思考種族、族裔、宗教、民族等弱勢族群的問題

目標：以身為加害者或受害著的個人經驗出發，探討歧視的問題

時間：2 小時（大約）

器材：海報紙與麥克筆，或黑板與粉筆

注意：關於歧視的問題，強勢與弱勢族群的婦女彼此之間往往溝通不易。而且，許多人在某些情境屬於強勢族群，在某些情境則屬於弱勢族群。因此，本活動的討論可能十分困難，需要一名富有經驗的協作者帶領小組進行。下列的敘述句可稍加更動，以切合當地種族、族裔或宗教歧視的獨特問題。多留意強勢與弱勢族群小組成員之間的融和，使每個人都有安全感。時間分配只是大約估計而已，應該給予參與者充足的時間，處理討論中可能會引起的情緒。

1. 活動程序：

解釋活動程序：

請參與者圍成圓圈坐下。每讀出一個敘述句，符合這個情形的參與者便安靜地站起來。在活動的任何部分，任何人都可以選擇坐著不參與。將關於強勢與弱勢族群的敘述句摻雜著讀出。讀句子時，避免語調有太多變化。在讀出下一個句子之前，請站著的參與者先坐下。

關於弱勢族群的敘述：

- 妳的父母或祖父母因為種族、族裔、宗教背景的緣故，被迫搬離原居地，或是因而不得居住在某些地區。
- 妳曾經聽過別人說，妳或妳的家人應該回到妳們原來屬於的地方。

（下頁續）

（續上頁）

> - 妳曾經因為種族、族裔、宗教背景的緣故，而找不到工作。
> - 妳或妳的家人曾經因為種族、族裔、宗教背景的緣故，而遭到暴力相向。
> - 妳曾經因為種族、族裔、宗教背景的緣故，而得不到某個特定職位。
> - 妳曾經因為種族、族裔、宗教背景的緣故，受到醫生、警察、法庭、政府官員的無禮對待或漠視。
>
> **關於強勢族群的敘述**
> - 在妳成長的家庭環境裡，可以聽到貶低弱勢族群的笑話。（讀本敘述句時，不妨指明是本地情境的哪些弱勢族群。）
> - 小時候，妳曾被囑咐不可與弱勢族群的孩童一起玩耍。
> - 妳成長的家庭環境，雇有屬於弱勢族群的長工、園丁、女傭、保母等。
> - 妳曾經在這樣的公共場合吃飯：所有的顧客都來自強勢族群，而所有的服務人員都來自弱勢族群。
> - 妳曾經目睹弱勢族群的人遭受強勢族群的人欺凌。
> - 妳從未與任何來自弱勢族群的人建立密切友誼。（妳也可以這樣說：妳從未邀請任何弱勢族群的人到家中作客。）
> - 妳與某人的友誼或交往，曾因歧視弱勢族群之故而終止或產生變化。
>
> 2.討論：
>
> 　請參與者兩人一組，討論她們在本活動中得到的感受。給參與者充分的時間，可能需要半個小時左右。接著集合整個小組，討論本活動引起的相關議題。
>
> 　注意：如果小組成員同時包含了強勢與弱勢族群，協作者應該一開始便確立下列基本原則：

26

（下頁續）

（續上頁）

> - 不應期待弱勢族群成員為她們整個種族、族裔身分或宗教團體代表發言。
> - 強勢族群成員可以表達她們的懷疑、困惑、憤怒與其他情緒，且不因身為「壓迫者」而遭受排斥。
> - 強勢族群成員可以相互支持，並挑戰對方繼續為此議題而努力。
>
> 3.列表：
>
> 　　所有參與者集合成一個小組，請她們列出所有歧視他人弱勢身分的社會與政治因素。列表上可能包括：帶有歧視色彩的法律、隔離式教育制度、官方語言、政治制度的本質、殖民歷史、社會風俗等等。向參與者指出，性別與弱勢身分（或其他被剝奪人權的身分）如何相互交疊作用。
>
> 4.「大聲說」：
>
> 　　在本節活動尾聲，討論個人可以採取什麼行動，以改變發生在上述諸多領域裡的社會歧視。先進行一般性的討論，然後請每一位參與者確切指出她將採取的行動。
>
> - 為了防止歧視弱勢族群，參與者將在個人、團體或更廣泛的層次，分別採取哪些行動？
> - 強勢族群將採取哪些行動？弱勢族群將採取哪些行動？
>
> [Adapted from Allan Creighton, *Helping Teens Stop Violence: A Practical Guide for Educators, Counsellors, and Parents* (Hunter House, 1992).]

對原住民的歧視

　　對原住民的歧視與種族歧視很類似，但原住民另有數項人權主張，包括與土地、環境、文化自主、政治自決等相關的權利。這些權利通常稱為集體權。

　　原住民婦女所遭受的多項人權侵犯，彼此之間往往相互關連。舉例而

言，她們時常因爲本身或家人與政治的牽連，而被監禁或凌虐。或是因爲反抗土地、政治、社會、文化等各方面的壓迫，而被強暴或性侵害。根據國際特赦組織報告，這些侵權行爲也發生在監獄或有原住民居住的戰亂地區。

目前，原住民已經組成團體以伸張應有的人權，而他們的努力，在國際間也得到愈來愈多的注意。一九八九年，國際勞工組織（International Labour Organization, ILO）採行《有關獨立之原住民族和部落民族公約》（*Convention Concerning Indigenous and Tribal Peoples in Independent Countries*），該公約特別關切國家應負起責任，訂定有系統的整合計畫以保護原住民權益，並保證尊重其完整性。一九八二年，聯合國原住民工作組（UN Working Group on Indigenous Populations）成立，每年均集會檢討原住民人權工作的進程與標準。美洲國家組織（Organization of American States, OAS）對原住民議題亦有所回應，正在著手起草一份原住民權利相關條約。

27

雖然最後結果不盡如人意，原住民並未缺席一九九三年世界人權會議。一九九五年第四屆世界婦女會議，則有非政府組織（non-governmental organizations, NGOs）的聯合團體，強力抨擊某些國家削減原住民集體權的措施。會議上，原住民婦女組成的非政府組織更提出《北京原住民婦女宣言》（*Beijing Declaration of Indigenous Women*），強調從集體權的脈絡中檢視原住民婦女的責任與權利。（Trask, Milelani B., "First Global Human Rights Conference-Vienna." Indigenous Woman. Vol. 1, No. 4, Indigenous Woman's Network, 1993, p. 23）

❋❋❋❋❋❋❋❋❋❋❋❋❋❋❋❋❋❋❋❋❋❋❋❋❋❋❋❋❋❋❋❋❋❋❋❋❋❋❋

北京原住民婦女宣言

本宣言要求原住民應享有以下權利：

• 政治權與社會權。這些權利無論在世界性的貿易協定〔例如，北美自由貿易協定（North American Free Trade Agreement, NAFTA）〕，或是

在各國國內的貿易論壇，均備受忽視。

- 與漁獵相關的經濟、精神、文化權。法律禁止原住民的傳統漁獵方式，他們的宗教習俗亦因主流宗教團體入侵其居住地而深受威脅（例如，政府占領原住民聖地）。

- 免於暴力的權利。在原住民社區，軍力與警力可能使用過當造成侵權。

- 健康權，包括生育健康。長年的醫藥實驗、病毒傳染、強制帶走原住民子女、絕育，嚴重侵犯了原住民健康權。

- 參政權。原住民在政府或立法機關席次不足，這項權利往往因此遭到否定。

（摘自"Summary of Issues Affecting Indigenous Women: Fourth Conference on Women in Beijing, China," *Indigenous Woman,* v.2:3 1995, p.33.）

※※※※※※※※※※※※※※※※※※※※※※※※※※※※※※※※※※※※※

基於文化的歧視

文化並非一成不變的規範。社會單位乃由人民所構成，而文化正是經由人民之間不斷交流互動所表現出來的社會特徵。論及文化的定義、維護與創造，婦女都是不可或缺的一部分；的確，婦女常常被描述為文化的守護者與傳遞者。然而，婦女在社會上掌握的權力有限，因此往往受到文化某些面向的壓迫。許多人大聲疾呼人權標準應當顧及各地文化差異，但這樣的要求反而遮掩了國家、宗教等勢力，壓迫婦女從中獲利的事實。對婦女而言，真正的挑戰在於，一方面既必須維護文化之美及其整體性，另一方面又必須改變文化中以非人性方式對待婦女（或任何受壓迫群體）的部分。

在世界各地，有許多來自邊陲社群的婦女，堅持文化的多樣性應獲得承認，並以此作為對抗主流社群的策略。然而，雖然如此運用文化的方式，對這些邊陲社群而言，是增權的重要過程之一，但這些社群裡的婦女往往發現自己身上背負著雙重枷鎖。伸張文化或宗教信仰，常常更進一步鞏固了特定社群裡的壓迫模式。舉例來說，婦女在社群裡抗議家庭暴力與強暴

事件，通常被封口了事，因爲這樣的抗爭往往被看成是對社群裡的男性、甚至是對整個社群本身的威脅。

婦女組織的情況，使文化議題更形複雜。許多來自主流文化的婦女，對於她們所屬文化製造出來的壓迫模式，缺乏清楚認知，與來自弱勢文化的婦女之間因此有了隔閡。例如，主流文化婦女也許很快就能指出弱勢婦女受暴的形式，卻無法認清她們自己社群以怎樣的模式，對婦女有系統地施暴。更有甚者，弱勢族群婦女受壓迫的情形，可能被主流族群婦女視爲該文化無可避免的一部分，並將該弱勢文化貼上次等的標籤。

主張文化凌駕於人權之上的人，認爲普世性是「西方」或「基督教」的產物。根據這個觀點，他們可能會聲稱，普世人權標準不能、也不應該運用在非基督教婦女身上。然而，如果我們以同樣的標準檢視西方／基督教文化與非基督教文化，就會發現，所有的宗教其實都帶有一些壓迫婦女的文化特徵。正如馬納滋・阿夫卡米（Mahnaz Afkhami）所言，對婦女來說，能夠分辨「普世的」與「西方的」是一件重要的事，而方法之一，便是婦女應當堅持，所有政府都必須視婦女人權爲全球性責任而倡導之（Afkhami, Mahnaz, "Universality and Relativism in the *Beijing Platform for Action,*" *Association of Women in Development News,* Vol.10, No.1, March 1996）。如此一來，婦女即可建立一個涵蓋全體婦女經驗的「普世性」定義。

普世人權不應被誤解爲強制施行某個特定文化標準。相反的，普世性對於維護人性尊嚴，訂立的只是法律與道德上最低的保護標準。因此，人權必須尊重文化的多樣性與完整性，而行使文化權也不可妨礙任何人或任何族群的人權。的確，《消除對婦女一切形式歧視公約》第五條便要求：「改變男女的社會和文化行爲模式，以消除……偏見。」伸張個人人權不可妨害他人的人權，所以文化表達的權利不得作爲否定婦女基本人權的藉口。

❋❋❋❋❋❋❋❋❋❋❋❋❋❋❋❋❋❋❋❋❋❋❋❋❋❋❋❋❋❋❋❋❋

女性閹割

據估計，女性閹割（female genital mutilation, FGM）影響多達一億三千萬

名婦女，在非洲尤其盛行。可分為三類：

- 陰蒂割除：割除部分或整個陰蒂。
- 陰部切除：切除陰蒂與陰唇。
- 陰部封鎖：切除整個外生殖器並縫合陰唇，只留下一個小開口供經血與尿液流出。等女孩結婚時，縫合處才能拆開。

女性閹割是一種傷害婦女的文化習俗，侵犯了婦女在生命、身體完整、健康、性自主等方面的人權。許多婦女因為施行閹割而喪失性命，或感染多種併發症。由於接受閹割的多半是小女孩，所以也牽涉到女童人權的嚴肅問題。例如，女孩同意手術之前，是否已被充分告知相關情形等等。

不過，對某些婦女而言，閹割儀式有著重大的文化與象徵意義。閹割對她們就好比豐胸手術，可以增添女性魅力，使她們在男性眼中顯得更吸引人。有些人也視此為轉變為成年婦女的必經儀式。

雖然，多年來，在非洲國家一直有反對女性閹割的團體存在，但這個議題愈來愈受到關注，部分還是因為世界各地婦女運動發展以及國際性人權組織關懷性別議題的結果。

為了建立全球性的人權運動，來自世界各地的婦女應了解，否定婦女人權的文化習俗存在於世界每一個角落，而所有的文化裡也同時共存著解放與壓迫的習俗。婦女運動以任何文化習俗作為目標時，不管是家庭暴力、新娘因嫁妝不足而被丈夫或夫家燒死（dowry deaths）①、武裝衝突中的強暴，還是整形手術、媒妁婚姻、女性閹割，都應該由來自受該習俗影響地區的婦女擔任領導階層，並且避免評判任何文化的優劣高下。娜西德·杜碧雅（Nahid Toubia）是一位女性閹割的主要反對者，借用她的話來說：「杜絕陋俗的努力首重同理心，而非製造更大的隔閡。她們必須認識文化在生理與心理兩方面施加於婦女的各種形式操控與傷害。如果她們使用充滿優越感的語言——殖民者與奴隸主的語言——來傳達關於女性閹割的訊息與事實，一切努力都會消失殆盡。」（Toubia, Nahid, "Female Genital Mutilation: A Call for Global Ac-

29

---

①這種起因於丈夫或夫家圖謀嫁妝的謀殺事件，在印度曾經多次發生。可參考張國書〈簡介「暴力侵害婦女」此概念在國際人權規範中的內涵〉，http://www.lccncf.org.tw/ttforum/14/14-12.htm。

tion," New York: RAINBO, 1995；亦見"Intersections between Health and Human Rights: The Case for Female Genital Mutilation," RAINBO, 1995）

❋❋❋❋❋❋❋❋❋❋❋❋❋❋❋❋❋❋❋❋❋❋❋❋❋❋❋❋❋❋❋❋

活動四：分析文化

目標：檢視文化的正負兩面

時間：30分鐘

器材：海報紙與麥克筆，或黑板與粉筆

1. 列表／討論：

　　請小組列出她們所屬社群中，男女有別的文化與宗教習俗（例如，婦女必須頭戴面紗、婦女不可離婚、婦女可以進行某些女性專屬的儀式、婦女必須早婚、男性可以毆打妻子等等）。選擇幾個例子，向小組提出以下問題：

- 執行這項習俗的是誰（例如，家庭、父親、母親、政府、宗教、主流族裔或宗教團體）？
- 執行這項習俗的原因為何（例如，為了保護婦女、保護某人的經濟利益、避免某些族群爭取工作或住屋等等）？
- 從這項習俗中受益的有誰（例如，代女兒許配婚嫁的雖然是母親，但從中獲利的可能另有其人）？
- 誰是這項習俗的受害者（有些習俗可能對婦女不利，有些則是對其他社群不利。例如，印度的種姓制度，社會底層男女皆受其害）？
- 如果有人從中受害，為什麼她（他）仍舊延續這項習俗（例如，恐懼、暴力、報復、失業、遭受排擠、不知道該怎麼辦才好）？
- 這項習俗侵犯了哪些人權（例如，女性閹割可能侵犯了身體完整權、健康權、性自主權；不准工作可能侵犯了生計權；不准上學

（下頁續）

（續上頁）

可能侵犯了教育權、工作權、表達自由權；家庭暴力可能侵犯了生命權、健康權、人身安全權）？

2.列表：

請參與者指認並列出，她們的文化與婦女相關的部分中，有哪些正面的地方？檢視列表，討論這些正面的部分是否有助於支持或提升婦女人權。

- 指出有哪些文化與宗教的詮釋不會對任何族群造成壓迫？婦女可以做些什麼來提倡這些詮釋呢？列舉出若干策略。可能的策略包括：重新詮釋宗教經文、提高參政比例、直接行動、創造另類儀式等等。
- 身為婦女，妳的人權可能與宗教或文化習俗有所衝突，請指出來有哪些？妳的人權是否應該更受重視？
- 保護、促進全人類權益的普世人權標準，是否有必要存在？

3.討論：

根據以上步驟列出的文化習俗正反兩面，討論當文化習俗侵犯婦女人權時，應該由誰出面介入。

- 社區嗎？社區裡的哪些人或哪些機構？
- 政府嗎？政府裡的哪些部門或哪些個人？
- 聯合國或是國際組織嗎？

如果，負有保衛人權重責的政府本身也歧視某個族群，會是怎樣的情況？

30

文化分析策略的幾點建議

檢視一項文化習俗時，如果發現該習俗僅對婦女不利，或是加諸婦女不成比例的沈重負擔，那麼，該文化習俗的好處就必須與侵犯人權標準的代價

兩相權衡比較。分析文化，可以藉由提出下列問題開始：

- 該文化習俗的起源為何？價值何在？
- 該習俗對文化有何重要性？對社群又有何重要性？
- 該習俗侵犯了哪些應受保護的人權？
- 受侵犯的個人權利，在國際社會有何重要性？

藉由以下問題可以更進一步探討：

- 這項受到挑戰的習俗，本質為何？
- 挑戰該習俗的是誰？（社群內部的人與外來者，彼此之間相互對抗？）
- 反抗該習俗的動機為何？
- 根據反對者宣稱，該習俗的不良後果是什麼？

[Adapted from Berta Esperanza Hernandez-Truyol, "Women's Rights as Human Rights-Rules, Realities and the Role of Culture: A Formula for Reform," *Brooklyn Journal of International Law,* vol. 21 p.605 (1996).]

❀❀❀❀❀❀❀❀❀❀❀❀❀❀❀❀❀❀❀❀❀❀❀❀❀❀❀❀❀❀❀❀❀❀

基於殘障的歧視

世界上的殘障人士有極高比例是婦女，尤其在鄉村地區，殘障女性數目遠超過殘障男性。就如同本章所討論的其他婦女族群一樣，殘障婦女常被視而不見。而她們本身的殘障，又往往使得她們無法參與公眾集會，她們的心聲也就無從表達。

我們所謂的「殘障婦女」是什麼意思？

「殘障」（disabilities）這個詞在國際社會間的意涵十分廣泛。殘障婦女先天或後天生理上、心理上、精神上的種種障礙，可能需要外在環境多所調整，才能充分地、完整地參與社會。許多人選擇使用「殘障」與「功能各異」（differently abled）這兩個字眼，而捨棄「殘廢」（handicapped）不用，因為「殘廢」在英文字源裡有「手持帽子乞討」（hand in cap）之意。

在發生過武裝衝突的社會，尤其是在百姓生活空間曾被安放地雷的社會，最大挑戰便是照顧殘障者的需求。安哥拉、阿富汗、柬埔寨、克羅埃西亞等國境內的地雷，使難民婦女與孩童無法在短時間內安全地回到家園。一旦重返家園，遍布於耕地、低地畜牧區、小徑、道路、小丘頂的地雷，使得工作、休閒都備增危險。地雷造成的重大傷殘，對亟欲重返社會的鄉村婦女而言，是另一項艱鉅挑戰。

殘障婦女所經歷的歧視，「通常是一種針對生理差異，而非生理限制的反應。」正如同其他婦女面臨歧視因素之間複雜的互動，殘障婦女也無法將針對殘障的歧視從針對性別的歧視中抽離。這兩個因素——性別與殘障——會彼此強化，使偏見愈形複雜。

〔Morris, Jenny, *Pride Against Prejudice: Transforming Attitudes to Disability,* (London: The Women's Press, 1993).〕

對待殘障婦女的負面態度，通常摻雜性別因素於其中。舉例而言，對殘障婦女最常見的羞辱，多半與其生育能力、母職相關：「那個女人根本不該生小孩！」但是殘障婦女與所有婦女一樣，有權獨自決定生育與否。不幸的是，絕大多數殘障婦女缺乏足夠的醫療照顧，包括生育方面的醫療照顧；即使有，也是以強迫性的方式執行，否定了殘障婦女的尊嚴、決定權與自主性。

31

活動五：探討對待殘障婦女的態度

目標：探討殘障婦女所體驗到的歧視與人權限制

時間：45分鐘

器材：二種情境的影印本

1. 想像／角色扮演／討論：

　　將以下的背景狀況讀給小組聽。將參與者分成兩個小組，各發給一

（下頁續）

（續上頁）

種情境的影印本，請她們閱讀討論並準備角色扮演。參與者可以自行加上更多的角色，並演出數個結局。

背景狀況：自童年時代起，妳便得到一種病，肌肉與神經系統會隨著時間而逐漸萎縮。當妳還是小女孩時，可以自己走路；少女時期，妳必須拄著枴杖才能走路；而現在，成年以後，妳必須坐在輪椅上才能行動。雖然妳還可以握筆寫字，醫生警告妳，也許妳很快就要連一枝鉛筆也握不住了。

情境一：妳是某城市一家大型報社的編輯，也是自由撰稿的記者。如果妳再也無法握筆，是否必須辭職？如果藉由電腦特殊配備之助，妳仍然有能力繼續工作，妳的雇主是否有責任提供妳一台這樣的電腦？一旦妳再也無法與其他員工以同樣方式工作，他是否可以開除妳？如果妳不得不在上班時間去看醫生，雇主是否可以因為妳請了太多假而開除妳？他是否可以因為妳坐輪椅的樣子不符合報社形象而開除妳？某雜誌社編輯拒絕把某新聞交給妳採訪，因為他認為這項任務對妳來說太困難／太危險／太冒險了；他可以這樣做嗎？以上是雇主解聘殘障員工的幾項原因。設有法律保護殘障人士的地區並不多，明訂雇主應聘用殘障人士的地區就更少了。是否有必要採行法律保障殘障人士就業呢？

情境二：妳正打算結婚，建立家庭。妳去看婦科醫生，詢問生育保健的相關事項。他告訴妳應該要結紮。他說，妳有四分之一的風險會將疾病遺傳給後代，四分之三的機會生出健康的子女。妳堅持問更多的問題，進一步了解生下健康子女的機會。醫生回答說，在懷孕前三個月，超音波檢查有二分之一的機會，可以檢測出胎兒是否有此疾病。他再次告訴妳，妳應該要結紮。妳是否應該有權自由地決定要不要生小孩？如果妳決定結婚並生育子女，妳的同事／家人／鄰居會抱持怎樣的態度？

無障礙社會

打造無障礙社會必須付出高昂成本，這是反對接納殘障人士的論點之一。但研究顯示，以長期來看，接納殘障人士終將有所回報。若社會

（下頁續）

（續上頁）

不能善加利用所有的人力資源，包括殘障人士的才能在內，那麼社會便損失了這些人原本可能做出的貢獻。如果給予適當機會，殘障人士不但不是負擔，反而是資產。研究也顯示，在所有員工中，殘障人士是工作最勤奮、生產力最高的族群之一。

有關歧視的主要國際公約並未論及殘障人士，但殘障人士可以從《世界人權宣言》與其他法規中尋求保護。一九九三年，聯合國大會採行《殘疾人機會均等標準規則》（*Standard Rules on the Equalization of Opportunities for Persons with Disabilities*），作為各會員國指導方針。

32

活動六：想像一個無障礙社會

目標：計畫一個對殘障人士能夠有所回應，並將不同的生理、心理能力視為資產的虛擬社會

時間：30分鐘

器材：紙與麥克筆，或原子筆（視情況而定）

1. 想像／畫畫看：

請參與者想像：有一個社會，其設計前提為人們在生理、心理層面的能力互有相異。完美健全的人並不存在於這個社會的想像中；相反的，殘障被視為再自然不過的事。請參與者解釋，這個社會看起來會是什麼樣子？與她們所處的社會有何不同？舉出具體的例子，說明有哪些事物可能存在於這個虛擬社會中，但不存在於實際社會。或者，參與者也可以用紙筆畫出一個無障礙社會。

2. 討論／分析：

討論在這個社會中，有哪些方便殘障人士的設施？儘管許多國家經濟上可能無法負擔，但是一個真正為殘障者著想的社會，應力求實現部分以下事項：

（下頁續）

（續上頁）

- 在每個人行道邊緣、建築物大門門口設置斜坡。
- 建築物走廊、人行道寬度足以容許輪椅通過。
- 在公共場合（包括學校、政府單位、戲院、餐廳）設置坐輪椅者可使用的洗手間。
- 在公共運輸站與公共建築內設置升降梯。
- 設計方便坐輪椅與拄枴杖人士搭乘的公車、火車、地鐵。
- 如果可能，工廠裡的大量生產線應當降低高度，使作業員能夠坐著工作。
- 設置供聽障或視障人士使用的公共、私人電話，不收取額外費用。
- 所有電視節目、錄影帶、電影、戲劇、公共活動（包括政治集會與教育論壇），都必須為聽障人士提供手語或字幕服務。
- 低價供應報紙、雜誌、書籍與其他印刷品的點字版、大字版及有聲書。
- 建築物的電鈴除了有聲響，也應有亮光。
- 透過所有合理、可能的方式，將殘障兒童安置在一般公立學校的班級裡。
- 教育大眾，認識殘障人士對社會的正面貢獻。
- 在學校、工作場合、政府機關，使用電腦科技以方便殘障人士溝通。

單身婦女、不與男性同住的婦女和女同志所面臨的歧視

　　單身婦女、不與男性同住的婦女或是女同志，往往面臨歧視、暴力與其他形式的人權侵犯。只因為她們身邊沒有男性——不管理由為何——婦女在街上、在家裡、在工作場所，都可能遭受騷擾。這些婦女通常不容易找到住屋與工作。單親媽媽在社群中尤其容易被孤立，參與公眾事務的機

會也常被剝奪。不與男性同住的婦女，如果與其他婦女有親密關係，面對的歧視就更多了。（關於非婚婦女，詳見第三章「婦女人權：家庭篇」。）

婦女之間的同性親密關係所面對的敵意與暴力，不僅來自社會大環境，也來自其他婦女。同性間的情愛，亦即女同志，通常被視爲「畸形」、「怪異」，或是「具威脅性」。主流社會打擊女性主義或婦女團體的常見手法之一，就是將這些婦女貼上「女同志」的標籤。異性戀婦女通常不會與女同志往來，而且很怕被稱爲是女同志。女同志如果被「揪出來」，下場可能十分嚴重：

- 她可能會丟掉工作。
- 她可能會失去家庭與子女。
- 她可能會失去房子。
- 她可能會被朋友與社區孤立。
- 她可能會坐牢。
- 她可能會遭受家人、社群、國家的攻擊。
- 她可能會被迫與愛人分開。
- 她可能會被迫與男性結婚。
- 她可能會被迫離開組織機構，甚至是婦女團體。
- 她可能會遭受宗教組織「處罰」。
- 她可能會被逐出寺廟、教堂或清真寺。
- 她可能會被殺害。

婦女人權運動者的立場已逐漸改變，因爲她們了解到，爲了實現婦女人權，她們的運動不能排除任何婦女，包括女同志在內。與此議題相關的人權包括了生命權、免於暴力自由權、集會自由權、隱私權，以及在第四屆世界婦女會議的《北京行動綱領》獲得認可的「性自主權」。《北京行動綱領》肯定「婦女人權包含了她們掌控並自由地、負責地決定自己與性有關的事務，包括性與生育方面的健康在內，不受強迫、歧視與暴力」（第97段）。

有些國家法律也納入了與性相關的非歧視條款。例如，南非新憲法中的人權法案即明訂：「國家不可以基於一個或多個理由，包括……社會性

別、生理性別、懷孕、婚姻狀況（與）性傾向，不公平地直接或間接歧視任何人」〔South African Bill of Rights, Article 9（3）〕。

活動七：代名詞遊戲

目標：探討同性戀關係可能帶來的影響

時間：20 分鐘

器材：海報紙與麥克筆，或黑板與粉筆

1. 活動程序：

　　請三位目前正與異性伴侶同住的參與者站到小組面前。要求她們各以兩分鐘時間，描述當天早晨出門時是如何與伴侶說再見的。（她們的描述可能是像這樣：「我離開的時候，丈夫還在睡覺，我不想吵醒他，所以留給他一張字條。」或者：「我離開的時候，我男朋友已經先工作去了。在他出門前，他摟著我吻別，然後帶我們的小孩去上學。」）

　　三名參與者各自講完後，請她們重複敘述一次，注意不要使用任何可以辨別她們伴侶性別的字眼。她們的敘述現在聽起來可能是像這樣：「今天早晨我離開我的伴侶時，我的伴侶還在睡覺，我不想吵醒我的伴侶，所以留給那個人一張字條。」請注意到，她們以這種方式敘述是多麼的困難。

2. 討論：

　　與全組一起討論：愛上同性，無時無刻必須使用謹慎、中性的語言來描述這段關係，究竟是怎樣的感覺。

- 如果某人說溜了嘴，開始以「她」或「他」指稱其同性伴侶，會有怎樣的後果？在這個人的工作場所會有怎樣的影響？在社區、家庭、其子女就讀的學校裡又會有怎樣的影響？
- 如果某人被發現是同性戀者，可能會有哪些人權遭受侵犯？請列表。

34

（下頁續）

（續上頁）

> - 為什麼同性戀會引起如此極端的反應？為什麼同性戀對社會威脅如此大？有哪些人會受到威脅？
>
> 3.列表／討論：
>
> 　　列出在其他哪些方面，伸張個人性自主的婦女可能會遭遇負面後果（伸張性自主的方式可能包括了：從事婚姻之外的性行為、選擇何時生育子女、決定要與誰發生性關係、選擇單身、決定採用何種避孕方式、拒絕嫁給家人選擇的對象）。婦女實踐性自主權的行為，可能導致她們遭受暴力與壓迫。討論：
>
> - 這些行為與同性戀之間有什麼相異處與共同點？
> - 為什麼有些行為值得人權保護，有些卻被認為不值得？

基於階級的歧視

　　基於階級或經濟地位的歧視，在全世界各地都是相當普遍的問題。實行人口控制計畫、減縮福利、屬行政府簡約、刪減政府補助，貧窮婦女往往是受害最深的一群。貧窮使婦女更無力抵抗經濟剝削、性剝削、人口買賣與其他各種侵犯人權的行為（相關議題探討，詳見第十章「婦女人權：經濟篇」與第十一章「婦女人權：工作篇」）。

　　婦女之間的階級差異並不容易處理。畢竟，身為律師的職業婦女與她雇用的家庭幫傭，她們所關心的問題、擁有的權力都大相逕庭。有些來自地主或專業階層的婦女，甚至從侵犯貧窮婦女人權當中獲利。世界各地貧富差距擴大，只會使得不同婦女握有的權力日益懸殊。這樣的經濟不平等，使運動者難以創造出一個全方位的人權運動。

活動八：認識階級差異

目標：探討貧富階級之間的觀點差異

時間：45 分鐘

器材：海報紙與麥克筆，或黑板與粉筆

1. 活動程序：

在房間中央擺四張椅子。請四位自認屬於既得利益階層的參與者坐在中間，並請她們舉出，享有階級利益對她們的意義何在。例如，她們可能回答：「我以前有奶媽。」「小時候我便知道我以後會上大學。」「我從來就不需要為房租煩心。」「我總是不愁沒有漂亮衣服穿。」

這四名參與者完成之後，請四位自認為屬於非既得利益階層的參與者坐在椅子上。請她們舉出，不能享有階級利益對她們的意義何在。她們可能回答的例子包括：「我從來就不知道自己能不能繼續上學，因為我的父母親不確定他們付不付得起學費。」「我必須使用戶外廁所。」「我母親為了找工作而移民到歐洲來。」

2. 討論／列表：

討論這兩組參與者列舉的項目，引起哪些議題與感覺，並比較之。注意描述自身經驗對享有階級利益的人而言，是否比對來自貧窮或勞工階級家庭的人還要困難。

社會機構與資源以怎樣的方式，歧視來自不同階級的人們？或是從階級差異間牟利？請列表。這樣的歧視是怎樣不斷延續下去的？

討論：

- 不同階層的人，在學校、醫院、其他公共場合，是如何被區隔開的？
- 族裔或種族族群是否依循某種模式，分布在不同的階級？
- 男性與女性取得階級利益的方式，是否有相似或相異處？
- 在妳所處的社會，階級與種族、族裔、性別如何交錯互動，以建構權力運作的方式？
- 平等與非歧視的原則可以怎樣運用於階級差異的問題上？

35

基於年齡的歧視

世界各地的老年人口中，絕大多數是婦女，但她們很可能是所有婦女中最受忽略的一群。年長婦女涵蓋所有種族、族裔、宗教、性傾向、國籍，這些因素都可能使得她們所面對的問題更形複雜。

雖然在某些社會裡，老年人享有崇高地位、備受尊敬，但在大部分社會，老年人卻是最可能淪為貧窮、最缺乏決定權、最欠缺食物與醫療照顧的一群。《北京行動綱領》明白確認，婦女在生命的各個階段中均享有人權；年長婦女的人權因此受到大眾重視。

年長婦女可能面臨的問題包括：

- 無法謀得全職或兼職工作；退休金不足
- 年長婦女可能在就業前花費多年時間照顧家庭，而退休金計算方式未能顧及此點
- 負擔不起安全社區中的住屋
- 公共運輸系統使用不便
- 無法參與老年人住屋、醫療、其他照顧等計畫的決策
- 在政府以及政府與非政府組織中，缺乏代表
- 醫療照顧不足
- 街頭與家庭暴力事件層出不窮
- 在安養機構中受虐

36

活動九：回應年長婦女的需求

目標：探討年長婦女所經歷的歧視與其他問題
時間：45 分鐘
器材：海報紙與麥克筆，或黑板與粉筆

（下頁續）

（續上頁）

---

1. 列表／討論：

社區中，常用哪些字眼來指稱年長婦女？請參與者列出來。

- 這些字眼強調的是哪些特質？有哪些特質是正面的？有哪些是負面的？
- 如果妳是年長婦女，妳會不希望別人用哪些字眼稱呼妳？
- 這些字眼透露出哪些對年長婦女的偏見？

2. 朗讀／討論：

將以下摘錄讀給小組聽：

「大倫敦年長婦女協會」的一名成員如此描述：

六十歲以上的年長婦女，有百分之六十五的生活水準恰好落在貧窮界定線上，甚至在以下；……許多年長婦女有憂鬱症的情況，但是醫生很少給予治療──只開給她們鎮定劑；年長婦女必須等上很長一段時間，才能進行髖關節手術；六十四歲以上的婦女，不會被通知進行癌症篩檢；年長的女同志受到歧視，無法在庇護住宅②或安養院裡與伴侶共同生活；……成人教育機構停開年長婦女所喜歡的課程；強暴年長婦女的案例增加了，而年長婦女受到孤立的問題則日趨嚴重。

（Zelda Curtis, letter to Julie Mertus, April 18, 1995）

討論以上的敘述：

- 在妳所處的社會裡，是否也有這些問題？
- 年長婦女在妳所處的社會裡，是否還面臨其他的問題？
- 這些問題與年長婦女的人權有怎樣的關連？
- 妳所處的社會採取了哪些行動，處理年長婦女的問題？

---

② 庇護住宅（sheltered housing）：是瑞典於一九八〇年代首創的制度，「由居家照護專業團隊服務到家，使需要受照護的老人得以延長居住社區時間，大幅降低老人使用機構式服務之頻度」（詳見內政部 http:www.dgbas.gov.tw/census~n/six/lue5/socialware.doc）。

37

活動十：制定妳自己的法律

目標：制定一套保障眾人平等、不受歧視的法律

時間：60分鐘

器材：海報紙與麥克筆

《世界人權宣言》第一、二、七條影印本（也可以使用其他與不受歧視相關的人權法規，例如，《消除對婦女一切形式歧視公約》、《兒童權利公約》、《消除一切形式種族歧視國際公約》等）

步驟一：將參與者分成數個小組，擬定一套可以保障婦女平等、不受歧視的法律，並寫下來。這套法律是否應該同時適用於男性與女性，或者專門適用於女性？試著規劃一套可用於各種形式歧視的法律。這套法律應該是國際法、全國性法律、還是地方法？或者三者皆是？

　　注意：小組可以使用附錄一的「分析人權問題」與「實踐人權策略」表格（第392-393頁）來檢視這個議題。

步驟二：將《世界人權宣言》第一、二、七條影印本分發給參與者，請大家閱讀這些有關平等與不受歧視的條款。

步驟三：請小組比較她們自己制定的法律與《世界人權宣言》第一、二、七條。

- 有哪些相同之處？有哪些相異之處？
- 經過比較，小組成員是否想要更動她們自訂的法律？如果是，要怎麼改？
- 小組建議《世界人權宣言》做哪些更動或增添，以求完善？

　　妳也可以這樣做：妳也可以請小組比較她們自訂的法律，以及其他公約裡關於平等與不受歧視的條款（例如，《消除對婦女一切形式歧視公約》、《兒童權利公約》、《消除一切形式種族歧視國際公約》等）。

（下頁續）

（續上頁）

步驟四：請各小組報告她們的法律。報告中應該提出：如果要讓自訂的
法律成為社會上真正的法律，可能要付出哪些代價？為了達到此目標，
個人與社會應該採取哪些行動策略？

　　事先在海報紙上寫好下列問題，作為參與者討論的指引：

- 自定法律裡所包含的權利，目前受到政府怎樣的限制？政府需要
  做哪些改變？妳可以採取什麼行動促成這些改變？

- 政府可以用怎樣的方式，支持並執行妳的法律？

- 自定法律裡所包含的權利，目前受到宗教、文化、傳統、風俗、
  習慣怎樣的限制？這些情況需要哪些改變？妳可以採取什麼行動
  促成這些改變？

- 宗教、文化、傳統、風俗、習慣可以用怎樣的方式，支持並執行
  妳的法律？

第三章

婦女人權：
家庭篇

目　標

本章所包含的活動與背景資訊，將有助參與者達到下列目標：　　38

- 認識掌握家庭事務決策權的重要性，並了解婦女也可以擁有多樣化的選擇
- 指認出在何種情況之下，社區婦女的家庭人權會遭受侵犯
- 討論政府、社區領袖、媒體與婦女本身可以扮演怎樣的角色，以保障並增進婦女家庭人權
- 思考婦女的家庭人權是否需要與其他權利折衷均衡？如果是，在何種情況下需要如此做？
- 釐清與公／私領域之分相關的爭論，並檢視在此爭論中婦女切身相關的議題
- 研擬策略，以資促進婦女在家庭與社區中的人權

起點：思考婦女的家庭處境

　　許多人認為家庭就是由一夫一妻與子女所組成的，而丈夫便是一家之主。在實際情況中，大多數國家的政府只認可這種家庭型態，法律保障也僅及於如此定義的家庭。然而，對許多婦女而言，家庭生活的真實面與此觀點並不吻合。在世界各地許多社群裡，家庭組成方式包含了擴展家庭①、多代同堂、同性伴侶等各種變化。聯合國最近的一項調查顯示，大多數人仍會選擇婚姻之路，但結婚年齡向後延遲，這點在婦女身上尤其明顯。在開發中地區，雙方皆同意之結合與其他非正式之結合，兩者均屬常見。在已開發地區，婚姻則不若以往普遍，婚姻狀況也日趨不穩；而且許多人結婚前會先經歷一段同居生活。過去，離婚後再婚是一件自然而然的事；現在的人對再婚一事則往往望之卻步，或索性不再結婚（United Nations Development Programme, *Human Development Report 1995,* New York: Oxford University Press, 1995）。也有不少人，分別與數個不同的伴侶生下子女。

　　與女性相較，男性結婚年齡較晚，離婚後再婚率較高，且平均壽命較短。因此，多數年長男性仍處於婚姻狀態，而年長女性則多半已守寡。在亞洲與非洲，婦女經常年紀輕輕便成為寡婦。年過六十以後，婦女守寡在世界各地都是普遍現象──歐洲、北美與拉丁美洲六十歲以上的婦女有百分之四十是寡婦，亞洲與非洲則有百分之五十（United Nations, *The World's Women 1995: Trends and Statistics,* New York: United Nations, 1995）。

---

①擴展家庭（extended family）係指由二對或二對以上有旁系親屬關係的同輩夫婦及其直系親屬所共同組成之家庭。（資料來源：http://www.moi.gov.tw/W3/stat/statname/HOUSEHD1.html）

活動一：家中的婆婆媽媽

目標：辨認婦女傳統角色及其變遷

時間：60 分鐘

器材：無

討論：

　　請參與者分成數個小組，討論以下主題：

(1)依照下列問題討論妳的祖母或外祖母：

- 就妳記憶所及，她具有哪些特質？
- 這些特質是她那個世代的婦女典型嗎？那個時代期望婦女應具有哪些特質？
- 如果不符合那個時代對婦女的期望，她們會遭受怎樣的待遇？
- 如果以同樣的期望來要求妳，妳能泰然接受嗎？
- 在她的時代，有哪些常見的侵犯人權行為？

(2)依照上列問題，討論妳的母親。

(3)請小組思考下列問題：

- 妳是否受到祖母（外祖母）與母親的影響？
- 妳所屬於的世代，對婦女的言行舉止有哪些期望？妳能接受這些期望嗎？不符合這些期望的婦女，會受到怎樣的對待？
- 妳這個世代的婦女，是否比在祖母（外祖母）那個世代享有更充分的人權？和母親的世代相比又如何呢？什麼因素造成了這些改變？

(4)請整個小組一起想像，下個世代的婦女會是什麼樣子：

- 妳希望她有哪些特質？妳認為她有哪些希望？妳對她有怎樣的期許？
- 為了幫助她實現這些特質、希望與期許，妳可以採取哪些行動？
- 比較年長的世代可以做些什麼，幫助新世代婦女享有人權呢？

[Adapted from Felice Yeban, Philippines Normal University, 1996 (communication with authors).]

39

一家之主與決策權

「家庭裡的戶長與經濟支柱一定是男性」——一般人是這麼假設的，包括許多任職於發展機構、宗教團體、政府機關等單位的人士在內。這樣的預設立場，爲婦女製造了相當多問題。婦女想要取得子女監護權，有時是很困難的一件事。移民法與國籍法往往自動給予婦女與家中男性相同的身分（例如，女兒從父、婦從夫），這也有歧視婦女之嫌。社會調查與政府機構堅持這種男性家長的預設立場，婦女在家庭中扮演的角色常常因此遭受忽視或被低估。

政府規畫社會安全保險、繼承、信貸、發展計畫與其他法令時，往往依據的就是這種男性家長的立場。例如，政府或社會機構可能會假設，男性成員是家庭裡的主要經濟來源，所以比女性成員更需要社會協助；結果，導致有需要的婦女更不易獲得社會協助。

在真實情況中，其實許多婦女才是一家之主。據估計，世界各地約有三分之一的家庭是由婦女當家；在武裝衝突地區，這個比率更高達百分之八十。婦女擔任一家之主的原因包括：

- 單身，與另一名婦女同居，或是與其他家庭、社區成員共住
- 離婚
- 寡居
- 永久、長期或無限期被遺棄
- 長期遷徙，與／或經濟、軍事上的危機，使男性家庭成員不得不離家
- 因爲戰亂或經濟因素而逃難或移居

貧窮與性別之間彼此緊密相關。由於健康照護、托兒等社會服務不足，婦女又苦於缺乏就業、信貸、生產資源的管道，因此由婦女當家的生活，每每拮据貧困。來自弱勢種族與族裔的婦女尙得面對其他歧視，問題情況更形嚴重。

許多數字統計，其實都低估了婦女當家這個現象。以下列表也是如此。事實上，在官方統計數據裡，只要家庭裡尙有男性成員，婦女幾乎不可能

被列為戶長。全球各地女性戶長比例最高的區域在西歐與北美（31%）。

（The Feminization of Poverty, http://www.ilo.org/public/english/235 press/kits/womens.3.htm, Oct. 17, 1996）

❋❋❋❋❋❋❋❋❋❋❋❋❋❋❋❋❋❋❋❋❋❋❋❋❋❋❋❋❋❋

各地區女性戶長比例（%）

地區	1980	1990
非洲	20.6	18.2
亞太地區	14.9	17.2
東歐	23.0	1.0
拉丁美洲	27.6	20.8
西歐與北美	23.7	31.2

[Fact Sheet No.1 in the Press Kit for the Fourth World Conference on Women, Beijing, China, 1995; United Nations, *The World's Women 1995: Trends and Statistics.* New York: United Nations, 1995.]

❋❋❋❋❋❋❋❋❋❋❋❋❋❋❋❋❋❋❋❋❋❋❋❋❋❋❋❋❋❋

活動二：由誰做決定？

目標：辨識家庭中的決策權由誰掌握

時間：90 分鐘

器材：《消除對婦女一切形式歧視公約》第十六條(1)(d)影印本
　　　海報紙與麥克筆

1. 腦力激盪：

　　請全體小組成員回答這個問題：家庭裡，有哪些需要決定的事項？參與者只要提出她們的意見即可，無須評論。記下她們的回答。

（下頁續）

（續上頁）

　　哪些事情多由女性決定？哪些多由男性決定？用不同顏色的麥克筆分別作記號。

2.討論：

　　請小組說明，男性與女性所做的決定是否顯示任何相異處。小組所舉出的需要決定事項，若遺漏以下任何一點，請加入列表方便討論：

- 與誰同住？依照何種方式安排？
- 是否結婚？
- 與誰結婚？
- 何時結婚？
- 結婚時是否保留自己的國籍與公民身分？
- 是否生育子女？
- 何時開始生育子女？生育多少子女？
- 是否領養子女？領養多少子女？
- 是否不經領養手續，扶養他人子女？
- 是否離婚？何時離婚？離婚條件爲何？
- 是否擁有並管理家庭財產？獨自或與其他家庭成員共同擁有並管理？各個情況條件爲何？
- 是否擁有並管理個人財產？是否向外借貸？是否經營生意？
- 是否應徵工作？進入哪個行業？

　　將《消除對婦女一切形式歧視公約》第十六條(1)(d)影印本分發給參與者。向小組說明，此條款賦予男女在家庭裡平等的權利與責任。請參與者分成若干小組，或是二人一組，討論以下問題之後向全體成員報告：

- 這個條款的意義爲何？
- 我們是否應該承認，女性與男性的需求也許不盡相同？
- 妳所處的社會是否遵守這個條款？妳的家庭呢？
- 社會可以採行哪些策略，以推動、確保男女在家庭內享有平等的親權？

家庭通常被視為構成社會最重要的單位，而婦女更被譽為凝聚家庭的力量。然而，在這個結構裡，婦女很容易遭遇到幾種最惡劣的侵權行為。家庭暴力、性侵害、心理虐待等形式的暴力，在家庭裡往往受到縱容。許多婦女面臨肢體暴力，甚或生命威脅，只因為她們堅持自己擁有婚姻的決定權、住所與工作的選擇權。婦女對於土地、財產、繼承的權利，在家庭裡往往受到限制。家庭也可能阻礙了婦女的遷徙自由、參與公眾或政治事務的能力以及受教權。婦女操持家務，幫忙家裡做生意、下田，通常也不受重視。這些議題，在本書其他章節均有深入探討。

想要提升婦女在各種家庭結構內的人權，往往會受到宗教勢力或其他社會體制的頑強阻撓。當婦女嘗試修改離婚、監護、財產等相關法令時，可能會遭受宗教領袖反對，因為他們認為這麼做違背了宗教律法與風俗。在世界上仍有許多地方，如果婦女的行為踰越了宗教權威所劃定的界線，便可能遭到別人藉宗教之名施以肢體暴力。文化與傳統對婦女生活造成的影響，更勝於正式法律：

……法律或習俗（或文化）並非中立的實體。二者皆由掌權者所建構，所以往往是現狀的保存延續……（尤其是在前殖民地獨立建國後），多重律法系統同時並存：有成文法，也有約定俗成的慣例法，在某些地區還有宗教律法。這些系統有時並行不悖，有時則相互牴觸。但是在多數情況中，非正式的規範經由內化，其效力與約束力更甚於正式法律……雖然有多種律法並存，施用於婦女的往往還是最嚴苛的那一套系統（Shaheed, Farida, "On Laws, Customs and Stereotyping," *Women Living Under Muslim Laws,* Dossier No. 11/12/13, May 1993, p.4）。

《消除對婦女一切形式歧視公約》特別要求，各國應檢討並處理歧視婦女的文化習俗（詳見第二章「婦女人權：平等與不受歧視」）。

婦女與宗教基本教義派

　　爲了鞏固其政治力量，宗教勢力過去二十年來一直以婦女爲主要目標。娜瓦‧艾爾‧莎達威（Nawal El Saadawi）是一名埃及女權運動者，她是這麼說的：

　　……基本教義運動是一個普遍存在的現象。雖然在不同的宗教口號之下運作，但其實就是一種政治運動，假借神的名義合理化種種人民、國家、階級、種族、性別、膚色、信仰之間的不義與歧視，……基本教義運動扭曲了所有的宗教，因爲宗教原本是人類爲了改善生活所做的努力，……既然全人類都有信仰宗教的自由，重新詮釋各宗教的確有其必要。

　　（El Saadawi, Nawal, "Fundamentalism: A Universal Phenomenon," Women Living Under Muslim Laws, Dossier 9/ 10, p. 30）

　　爲了合理化歧視婦女的行爲與法律（尤其是在家庭的範疇裡），基本教義派分子往往故意以曲解的方式來詮釋教義與經典。例如，在某些國家，婦女沒有離婚的權利；如果被強暴，反而會被安上通姦罪名加以懲罰；或是婦女不得墮胎，無法取得生育醫療服務。因此，家庭法已成爲婦女人權運動重要的奮鬥場域。

❈❈❈❈❈❈❈❈❈❈❈❈❈❈❈❈❈❈❈❈❈❈❈❈❈❈❈❈❈❈❈❈❈

「生活在回教律法下的婦女」：採取行動

　　「生活在回教律法下的婦女」（Women Living Under Muslim Laws, WLUML）是一個成立於一九八四年的國際性網絡。回教世界有一股政治勢力，以法律、社會、行政手段鼓吹父權結構，歧視婦女；WLUML 即因應此風潮而誕生。該組織致力於向世人展示，回教的面貌並非一成不變，其實踐方式亦隨著區域、國家而有所差異。藉由網絡串連，WLUML 打破了婦女孤

立的狀態，使她們得以參與社會建構的過程，挑戰壓迫婦女的宗教詮釋與法 42
律。為了反制回教基本教義派，她們採用過以下這些策略：

- 在阿爾及利亞，婦女無視於生命威脅，反抗社會壓力，進入大學就讀、
  外出工作。

- 在伊朗，婦運人士投稿婦女雜誌（包括政府所贊助婦女雜誌）的論壇
  單元，揭發婦女承受的不公平待遇。印行真實案例的紀錄報導，並發
  表公開信，要求宗教領袖說明政府將採取哪些行動，使婦女重獲回教
  原本即應許她們的尊重。

- 在巴基斯坦戒嚴時期，婦女違反禁令，走上街頭遊行抗議、鼓吹罷工、
  張貼海報、集會討論。她們表演滑稽短劇與戲劇，以凸顯法律歧視婦
  女之荒謬性。

- 在馬來西亞，婦女經過長期努力，於一九九四年成功遊說立法委員通
  過家庭暴力法案（Domestic Violence Act 1994）。根據此法，法庭可判
  處施暴者一年內不得接近家門。

- 在馬格里布②，「集體95」（the Collectif '95，一個由摩洛哥、阿爾及利
  亞、突尼斯等國男女共組的團體）目前正以國際人權文獻為標竿，推動
  修訂家庭法規。該地區的各個國家，正在各自擬定遊說與實踐的策略中。

（"Women Laws Initiatives in the Muslim World," Discussions from the international meeting. Towards Beijing, Women, Law and Status in the Muslim World, Women Living under Muslim Laws, Lahore, Pakistan, December 11-15, 1994.）

※※※※※※※※※※※※※※※※※※※※※※※※※※※※※※※※※※※

②馬格里布（Maghreb）係指北非突尼斯、阿爾及利亞、摩洛哥三國，有時亦包括
　利比亞。

活動三：宗教、文化、家庭

目標：指認出宗教與文化中，有哪些層面會造成婦女家庭人權受侵犯

時間：60 分鐘

器材：「個案研究：遭擲石塊的努爾雅罕」短文影印本

1. 閱讀：

個案研究：遭擲石塊的努爾雅罕

努爾雅罕（Nurjahan）是一名年輕的回教婦女。年紀還很小的時候，努爾雅罕便奉父親之命成婚，後來遭到丈夫遺棄，最終以離婚收場。離婚後，她以按日計酬的勞力工作為生，並加入地方上的信用合作社。當時，一名地方上的「依瑪目」（Imam）（回教徒對宗教領袖的稱呼）想要娶努爾雅罕為妻，但是父親決定把她嫁給另外一個人。依瑪目惱羞成怒，宣布努爾雅罕的離婚手續並未正式辦妥，所以第二次婚姻違法。努爾雅罕因此蒙上重婚的罪名，被判處當眾擲石塊打死。在整個事件過程中，她完全沒有任何機會可為自己辯護。因為其他地方領袖介入之故，方使努爾雅罕的刑罰得以減為被丟擲 101 個石塊。人們在努爾雅罕家門口挖了一個坑，把她活活埋在裡面，直到腰繫的高度，公開讓眾人丟擲石塊。妮爾雅罕承受不了這樣的公眾羞辱，所以後來自殺了。之後，婦女團體提出訴訟，控告加害努爾雅罕的暴徒。這些人被判以七年徒刑。

（Testimony of Sultana Kamal in *Without Reservation: The Beijing Tribunal on Accountability for Women's Human Rights,* Niamh Reilly, ed., Center for Women's Global Leadership, New Jersey, 1996）

2. 討論：

將參與者分成若干小組，討論以下問題：

- 有哪些團體原本可以或應該為努爾雅罕辯護？這些團體應該在怎樣的時機介入？

- 以本個案所反映的現象來看，文化、宗教與婦女在家庭裡的人權

（下頁續）

（續上頁）

有怎樣的關連？本個案是否反映出宗教與文化間的差異？

- 使用第392頁的「分析人權問題」表格，指認努爾雅罕受到哪些人權侵犯？侵犯者有誰？想一想，以下這些人算不算是加害者：拿石塊丟擲努爾雅罕的人？安排擲石刑罰的人？審判努爾雅罕的人？制定這種刑罰的人？

- 在侵犯人權與保護人權兩方面，村民、宗教權威、政府各自扮演了怎樣的角色？本個案中的行為是否可稱為政治對婦女的迫害？

- 即使制定了成文法，慣用法與宗教律法仍然常常施用於婦女身上。那麼，有哪些策略可用以增強婦女在家庭裡的人權？

婦女與婚姻

43

雖然婦女是以「個人」的身分享有人權，但是傳統上國際法仍以「妻子」與「母親」的角色來界定婦女之權利與義務。因此，第一個與婦女相關的國際人權文獻即由婚姻的角度切入。《世界人權宣言》（UDHR）第十六條要求，男女雙方在締結婚約與解除婚約時應享有平等地位，在婚姻存續期間亦應獲得平等對待。第二十五條第二項則明言：「母親……有權享受特別照顧和協助。」然而，針對婦女的妻子或母親角色給予特殊保護，到頭來往往弊多於利，因為這樣的作法將婦女侷限在家庭中固定的角色，而忽略了婦女也是獨立個體，導致婦女被排除在職場與公共生活之外（詳見第十一章「婦女人權：工作篇」與第八章「婦女人權：公領域篇」）。本節以下將討論婦女在婚姻之內、之外相關的人權、社會規範與待遇等議題。

結婚年齡

有些社會允許（甚至鼓勵）女孩在年紀尚幼時便訂婚、結婚，這麼做可能會侵犯到女孩的人權。早婚為女孩與年輕婦女帶來極高的健康風險。

十來歲的小媽媽尤其容易在生產時產生併發症，例如，腸子或膀胱撕裂。十一至十三歲的女孩因生產而死亡的比例，高達二十至二十四歲婦女生產死亡比例的三倍之多。

在過於幼小的年齡結婚，或是在未經婦女同意的情況下強迫締結婚姻，這是世界各地普遍可見的現象。有鑑於此，聯合國於一九六二年採行了《關於婚姻的同意、結婚最低年齡和婚姻登記的公約》（*The Convention on Consent to Marriage, Minimum Age for Marriage and Registration of Marriages*）。這個僅有三十五國簽署的公約在序言中闡明：「所有國家……均應採取所有適當措施，廢止此類習慣、古老律法與風俗，保障……選擇配偶的完全自由，徹底廢除童婚，禁止替未達青春期的年輕女孩許配婚嫁，必要時訂定適當處罰，並建立民事或其他方式的登記制度，所有婚姻一律登記。」

該公約本身雖然並未訂立最低適婚年齡，但是明文要求簽署各國必須就此加以規範，並且嚴格執行（見《關於婚姻的同意、結婚最低年齡和婚姻登記的公約》第二條）。國際上普遍所接受的最低適婚年齡限制，可見諸一九六五年聯合國大會所做出的一項決議：該決議呼籲所有國家必須訂立一最低年齡，且不得小於十五歲。聯合國決議雖不具有法律約束力，卻影響深遠（General Assembly Resolution 10/2018 of 1 November 1965）。

活動四：婚姻習俗

目標：指認出宗教、文化與侵犯家庭人權之間的關係

時間：60 分鐘

器材：「個案研究：馬特蘭地亞的婚姻習俗」短文影印本

1. 閱讀：

個案研究：馬特蘭地亞的婚姻習俗

在馬特蘭地亞（Mattlandia）的一些小村落裡，媒妁婚姻幾百年來流傳實行至今。各個村落的實際習俗或有不同，但是大體而言，一個女孩十歲

（下頁續）

（續上頁）

的時候，父兄叔伯便會為她選定結婚對象，在青春期開始後完成婚禮，並由雙方男性親屬商論議定嫁妝數量。嫁妝包括了珠寶、家具與其他貴重物品，這些東西將陪著她度過新婚之夜。

2.分析：

44

請參與者分成若干小組，參照上述個案回答下列問題，並將各小組發現向全體參與者報告：

- 本個案所描述情形，是否有任何行為涉及侵犯女孩的人權？如果有，請列出來。
- 這些行為是否可藉傳統之名加以合理化？
- 如果這些村落能夠等待女孩到了馬特蘭地亞的最低適婚年齡，才讓她們結婚，情況是否會有任何改變？

3.討論：

- 在妳所處的社群，有哪些與婚姻、家庭、財產相關的習俗，對婦女歧視不公？
- 政府是否採取任何行動以改變、廢除這些習俗？婦女對這些習俗有何回應？
- 有哪些婚姻習俗是對婦女有利的？

限制婦女婚姻人權與政府當局的角色

有許多全國性、地方性甚至是國際性的法規，明文保護婦女在家庭裡的人權。然而，在實際情況中，包括家庭、媒體、宗教文化團體、政府等等諸多社會機構，卻是或直接、或間接地限制了婦女選擇的權利。在不同的時空背景之下，有許多國家曾經程度不等地利用婚姻與家庭機制，塑造出符合國家需求的婦女角色（Mertus, Julie, "State Discriminatory Family Law and Customary Abuses," *Women's Rights, Human Rights: International Feminist Perspectives.* Julie Peters and Andrea Wolper, New York: Routledge, 1995, pp. 135-43）。

有些政府藉由提升大家庭的福利，鼓勵婦女多生育；相反地，也有些政府削減這些福利，以推行小家庭政策。推廣節育、墮胎、性教育，或者反之加以禁止，都是政府控制家庭人口多寡的可能方法。

　　政府也有可能透過國籍法，限制婦女在婚姻或家庭中的人權。在許多國家，居民如果能夠取得「國民」的正式身分，可以享有種種額外福利，像是免費教育、健康照護等社會服務。有些國家的法律規定，婦女的身分應視其父兄所持身分而定，這違反了許多國際公約的精神，包括《消除對婦女一切形式歧視公約》第九條。該條款明示，無論女男，就國籍之取得方面應獲得公平待遇。當難民婦女或女性流動勞工試圖更改國籍時，這些條款往往成爲重要的依據。

※※※※※※※※※※※※※※※※※※※※※※※※※※※※※※※※※※※※※※

與婚姻相關的直接、間接限制

直接的限制包括：

- 以法律或風俗限制婦女與同性，或是與來自不同種族、族裔、社會族群的男性結婚。限制人口數目，要求婦女在生育某個數目的子女後必須結紮。
- 以結婚與離婚習俗，限制婦女擁有、使用、繼承土地的權利。
- 禁止婦女在沒有男性監護人簽字的情況下，獨自買賣財產、信用借貸，或是銀行開戶、求職。
- 以法律規定，嫁給外國人的婦女不得保有原先國籍。
- 以法律規定，子女之公民身分依照父親（而非母親）的國籍而定，並以法規或習俗為由，禁止某些婦女（例如，女同志、單身婦女、獨立生活不附屬於男性的婦女）領養與／或撫養子女。

間接的限制包括：

- 以福利誘使婦女做出符合政府期待的決定。例如，配合生育計畫者可享有賦稅優惠。
- 日間托育、社會福利、育嬰假、養老撫卹與其他支持措施，唯有符合

某些條件者方可享有。例如，已婚或未婚、已生育子女或未生育子女。

• 在某些地區，已婚婦女享有比單身婦女低的稅率，並且／或者購得國宅的機會也比較大。在其他某些地區，情況則恰好相反。

• 以不合於社會常規的方式組成家庭，可能會遭受暴力侵犯；而社會可能以不起訴施暴者、或袖手旁觀不加以阻止等方式，姑息此類暴力。

活動五：國籍法

目標：認識國籍法對婦女造成的影響

時間：75 分鐘

器材：「個案研究：在出生地無國籍的人」短文影印本

個案研究：在出生地無國籍的人

　　曼珠（Manju）是一名年輕的婦女，住在霍達（Hoda）這個國家。她嫁給了一名來自於塔瑞克斯坦（Tarikstan）的外國人，叫做喬瑟夫（Joseph）。兩人育有三名子女，小家庭一直住在霍達。根據霍達的法律，子女的國籍應與父親一致。曼珠一家人打算在霍達長久定居，並且希望子女能夠享有該國之國民福利，包括免費或低廉的教育、健康保險、參與國家政治事務的能力。

　　另一方面，塔瑞克斯坦的法律則規定，在國外出生的兒童並不具有該國國民身分，除非他們能夠在國內連續居住五年以上。曼珠與喬瑟夫並不希望把自己的子女送回塔瑞克斯坦居住這麼久一段時間。他們的子女因此不具有任何國籍。

1.迷你角色扮演：

　　將參與者分成若干小組。每組各自選擇一人扮演曼珠的律師。小組也可以分派組員扮演其他角色，像是政府官員、子女、父母親、律師等等。進行角色扮演時，各小組必須觸及以下議題：

（下頁續）

（續上頁）

> - 我們是否可以主張，法律侵犯了曼珠的家庭人權？
> - 霍達是否或直接、或間接地限制了曼珠的人權？
>
> 請各小組分享其角色扮演。
>
> 2.討論：
>
> 與所有參與者一起討論以下問題：
>
> - 哪一組的角色扮演提出最強而有力的論辯？
> - 爲何所有霍達婦女都應該共同關切此個案？
> - 爲何國籍是重要的議題？
> - 還有哪些權利與國籍息息相關？
> - 曼珠所處社區的婦女，可以採取哪些行動來支援她？
>
> [Adapted from Dow vs. Attorney General for Botswana (1991) LR.C. (const.) 623; Court of Appeal of Botswana, on appeal from (1991) LR.C. (const)574. It is reproduced in *Human Rights Quarterly,* Vol. 13 (1991), p. 614.]

提升婦女婚姻人權與政府當局的角色

有人認爲，只要女性擁有與男性相同的權利，便算是在婚姻與家庭裡享有平等地位了。換句話說，政府可以對婚姻與家庭設下種種限制，只要這些限制同樣適用於男女雙方即可。然而，若從比較廣義的角度來詮釋平等的意涵，僅僅是「相同」仍嫌不足：只有當各種體制、法律與行爲能夠有所改變，不再壓抑婦女在家庭內的權力，婦女才有可能在婚姻與家庭中享有平等地位。依據此觀點，單單建立男性與女性相同待遇是不夠的；還必須深入探討，究竟是怎樣的大環境，使得家庭結構與規範不斷複製延續家庭裡權力失衡的現象。因此，只要是能夠改善婦女低落家庭地位的政策，即使僅適用於婦女單方面，政府亦不妨採用。此類政策包括了由國家發給家庭主婦從事家務的補償或發給女性勞動人口托育津貼。

《消除對婦女一切形式歧視公約》即是以較廣泛的角度來定義婦女平權：

「對婦女的歧視」一詞指基於性別而作的任何區別、排斥或限制，其影響或其目的均足以妨礙或否認婦女不論已婚未婚，在男女平等的基礎上認識、享有或行使在政治、經濟、社會、文化、公民或任何其他方面的人權和基本自由。

此定義有幾項重要的特點：
- 本定義適用於故意或非故意的歧視。
- 本定義不僅尋求女性與男性應享有相同待遇，更禁止任何有意妨害婦女人權的事物或任何會造成此效果的事物。
- 本定義適用於生活的各個層面，不分公私領域。
- 本定義強調所有婦女均應享有權利，不因婚姻狀況而有所不同。
- 本定義適用於各種人權與基本自由，不僅限於公民與政治方面。

合法婚姻外的婦女

許多社會期待女性應該與男性共組家庭生活。在這樣的社會裡，婦女不管是因為單身、同性戀、離婚，或是因為任何其他理由而不與男性同住，走在街上很可能遭到公開的騷擾，還必須面對諸如教育、就業、政治、社會服務（包括居住與健康照護）等多方面的歧視。國家有時扮演了帶頭攻擊這些婦女的角色，指責她們與國家為敵，違背了社會約定俗成的生活方式，沒有盡到為國家生育子嗣的責任。（事實上，在單身婦女、女同志、離婚婦女與許許多多因為其他理由未與男性同住的婦女當中，生育子女的人並不在少數，只是這個事實多半不被承認而已。）在一些案例裡，這些婦女遭受某些私人攻擊，而國家並未加以處理（詳見第二章「婦女人權：平等與不受歧視」）。

沒有子女的單身婦女被公認為家庭負擔最輕，不需要照顧家庭，所以往往是雇主招募員工時的最後人選、裁員時的優先考慮。單身婦女也常被認為擁有較多的空閒時間，所以往往分派到較重的工作分量。女同志，還有一些自認並非同性戀者但與其他同性住在一起的婦女，可能會遇到更多

問題，例如，爭取子女監護權不易、遭到口頭恫嚇或肢體暴力、就業或找房子時受到歧視、無法取得健康照護等等。

因為單身、同性戀等各種原因而不與男性同住的婦女，她們的權利在國際公約中並未明確提及。但是，《世界人權宣言》與其他人權公約所使用的字眼相當廣泛，以「所有人民」作為各條款的對象，所以亦可解讀為涵蓋了這些婦女在內。再者，《北京行動綱領》提倡性自主權（sexual rights）的觀念，肯定「婦女人權包含了她們掌控並自由地、負責地決定自己與性有關的事務，包括性與生育方面的健康在內，不受強迫、歧視與暴力」（第 97 段，《北京行動綱領》）。

許多來自世界各國的婦女組織與人權團體──例如，菲律賓、巴西、墨西哥、荷蘭、羅馬尼亞、俄羅斯、南非、美國──持續不懈地提倡應當將「女同志」、「性少數」等詞納入國際文獻與公約。然而，即便是在某些國際性婦女集會裡，仍有參與者不願觸及與單身婦女、女同志、離婚婦女、各種不與男性同住的婦女等等相關的議題。除非有更多的團體願意就這些人權議題發聲，否則這些權利的倡導者可能會繼續受到排擠與歧視。

47   公／私領域之分與家庭人權

長久以來，人權實踐的焦點一直著重於政府可以做什麼、不可以做什麼。然而，不只是政府，個人也可能遭到挑戰，而須檢視自己對人權標準的挑戰。有時，政府會試著區分公領域與私領域，主張凡屬於公領域者──例如，政府機構與國營事業──才是人權保護的對象，而屬於「私」領域的一切──像是家族與家庭──則否。

人權運動者與學者對於公私領域的區分已有所質疑。他們認為，兩者之間的關係相互影響、密不可分。舉例而言，婦女在家庭裡地位低落，連帶使她們在生活其他方面也屈居於附屬位置。更何況，國家視其所需，透過法律與規範約束家庭生活，對私領域的確造成了影響。許多婦女在對抗家庭暴力與歧視時，需要的正是政府當局的協助。

透過地方上與全國性的推展運動，以及一連串的國際文獻、會議與協定，人權論述裡的公／私之別已經開始逐漸動搖。一九九三年召開維也納聯合國人權世界會議，與會的一百七十一名各國政府代表特別強調，對婦女施暴便是人權問題——不管發生在何處。一九九三年，聯合國大會採行《消除對婦女施暴宣言》（*Declaration on the Elimination of Violence against Women*），該宣言同樣承認公私領域的暴力均應受到重視。另外，《兒童權利公約》（*Convention on the Rights of the Child*）則用以保護兒童，免於遭受家庭暴力。父母親可以管教子女，但是不能侵犯子女的人權。虐待子女的父母親——就如同虐待妻子的丈夫一樣——不能躲在隱私權的保護傘下，逃避懲罰（詳見第七章「婦女人權：免於暴力篇」）。

一九九五年的《北京行動綱領》對此原則加以肯定，強烈譴責婦女在所謂「私人」或是家庭領域裡，必須面對種種肢體上、心理上與性方面的暴力，包括「在家中對女童毆打與性虐待、為貪圖嫁妝採取暴力行徑、婚姻強暴、女性閹割與其他對婦女有害的傳統習俗」（第 113 段 a）。

儘管一般人已經逐漸了解，人權不分公私領域一概適用，在實際情況中婦女要伸張自己在家庭裡的人權還是有相當大的困難。許多婦女擔憂會遭到秋後算帳，或是被社會所摒棄，所以不願意申訴發生在家裡的侵權傷害；何況，這些行為往往被看成是固有文化使然，或是生活理所當然的一部分。不過，當婦女開始越來越了解自己的權利時，家庭裡的侵權行為也隨之受到愈來愈大的挑戰。

活動六：私人圈圈

目標：了解公私領域裡的人權侵犯行為均須受到重視
時間：60 分鐘
器材：無

（下頁續）

（續上頁）

---

1. 討論：

　　將參與者平分為兩組，排列成兩個同心圓。內圈的人向外面對外圈的人。解釋活動程序：

(1)妳將大聲讀出一個與公私領域人權相關的描述句。

(2)每位參與者與她所面對的夥伴一起討論這個敘述句，約五分鐘。

(3)當妳宣布「移位」時，在外圈的參與者全部向右移動一個位置，面對不同的人討論下一個敘述句。以同樣的方式繼續進行。討論若干敘述句之後，請參與者提供自己的句子，繼續這個程序。

敘述句範例：

- 妻子是否能夠以工作賺取薪資，或是外出工作，應該由丈夫作主。
- 父母親應該為子女的教育問題作決定。
- 父母有權懲戒子女。
- 丈夫有權懲戒妻子。
- 警察不應介入私人之間的爭執。
- 各個家庭有自己的規矩。
- 家規效力勝於國家法規。
- 傳統！
- 父規子隨，自古皆然。
- 學校可以擔任教育孩子家庭人權的角色。
- 政府有時可能必須介入家務事。

2. 討論：

　　將參與者分成若干小組，討論以下問題：

- 家庭成員之間看似私人的決定，是否在某些情況下，也應該由政府出面干涉？
- 為何探討公／私領域之分是重要的？

請參與者報告她們的討論結果。指出各組結論裡有何相似與相異處。

財產所有權

與財產相關的法律往往與家庭法聯手，同時間接與直接地阻礙了婦女的平權之路。當事情牽涉到財產擁有權時，絕大多數婦女必須遭受雙重的歧視：她們不但是女性，而且還是已婚的女性。在某些國家，婦女一旦結了婚，她們對財產的繼承、擁有與處分權便歸屬於丈夫。在某些其他國家，已婚婦女雖然不至於失去所有的財產權利，但是在實際情況中（在某些案例裡，甚至是法律明訂），丈夫仍舊被認定爲家庭、土地、信貸所有人。許多國家的離婚法預設所有家產均屬男方所有，對男方較有利。一九九五年第四屆世界大會在北京召開，婦女非政府組織與某些政府代表爭論不休，方爭取到在《北京行動綱領》中納入條文，保障女童與婦女的「平等繼承權」（第 274 段 d）。

未婚婦女想要擁有財產，亦有許多不利之處。在某些國家，因爲法律條款明文規定之故，或是因爲傳統習俗使然，未婚婦女的財產係由父親或兄弟所掌管。銀行與其他借貸機構偏好與男性打交道，不喜歡與已婚或未婚婦女往來，這點在世界各國皆如此，幾無例外。婦女因此遠比男性不易取得借貸、租賃、合約或是其他商業交易的機會（關於財產擁有權的重要性，詳見第十章「婦女人權：經濟篇」）。

家務勞動

婦女人權提倡者也致力於促使大眾肯定婦女對家庭的正面貢獻。完全在家工作的婦女不僅沒有薪資報酬，從事其他行業者所享有的福利也付之闕如，例如，有薪休假、病假、安全的工作環境等等。

《北京行動綱領》認爲在外工作的婦女背負著「雙重負擔」，並呼籲各政府、民間企業、非政府組織應當「倡導女性與男性雙方兼顧工作與家庭責任」（策略性目標 F.6.）。

《北京行動綱領》建議企業建立有彈性的工作環境，包括兼職工作、

親職假、供在職母親使用的哺乳室在內。該綱領也要求學校教育、社區組織與媒體節目應當有所創新，以提升性別平等意識，挑戰既有的性別角色（與家務勞動相關內容，詳見第十一章「婦女人權：工作篇」）。

為婦女的家庭人權下定義

活動七：制定自己的法律

目標：研擬一部能夠保護婦女家庭人權的家庭法，並且熟悉《消除對婦女一切形式歧視公約》裡與家庭、國籍相關的章節

時間：60分鐘

器材：海報與麥克筆

《消除對婦女一切形式歧視公約》第九條、第十五條(4)、第十六條影印本

寫一寫、讀一讀、大家一起來討論討論：

步驟一：將參與者分成數個小組，寫下她們自行訂立、能夠保護婦女家庭人權的法律，條文愈具體愈好。這部法律應該是國際法律、全國性法律或地方性法規？或者三者皆是？（注意：各小組可使用第392-393頁的「分析人權問題」、「實踐人權策略」表格來檢驗這個議題。）

步驟二：將《消除對婦女一切形式歧視公約》裡有關家庭與國籍的條文影印本分發給參與者，請大家讀一讀：第九條、第十五條(4)、第十六條。

步驟三：請各小組比較她們制定的新法律與《消除對婦女一切形式歧視公約》的條文內容。

- 兩者有何相同處？有何相異處？
- 她們現在是否想要修正自訂的法律？如果是，她們將如何修改？
- 她們是否建議《消除對婦女一切形式歧視公約》做任何修改或增添？

（下頁續）

（續上頁）

步驟四：請各小組發表自訂的法律內容。討論：

• 包含在妳們自訂法律中的權利，目前受到政府何種方式的限制？
  政府需要採取哪些改變？婦女可以採取哪些行動來促成這個改變？

• 政府可以用哪些方式來支持並執行妳們的法律？

• 包含在妳們自訂法律中的權利，目前受到宗教、文化、傳統、風
  俗、習慣何種方式的限制？宗教、文化、傳統、風俗、習慣需要
  採取哪些改變？妳可以採取哪些行動來促成這個改變？

• 目前，宗教、文化、傳統、風俗、習慣以怎樣的方式來支持並執
  行妳們的法律？

• 包含在妳們自訂法律中的權利，受到妳與／或妳的家庭何種方式
  的限制？

• 妳與／或妳的家庭需要採取哪些改變？有可能達成嗎？

步驟五：如果要在社群裡落實這些自訂法律與／或《消除對婦女一切形
式歧視公約》，需要哪些條件配合？請討論。策畫個人與團體為了達成
目標可能採取的行動。列出能讓大多數人同意的策略。

第四章

婦女人權：
健康篇

本章所包含的活動與背景資訊，將有助參與者達到下列目標：

- 定義何謂健康權
- 解釋婦女健康對於婦女的平等地位有何重要性
- 了解健康權與其他人權之間的關係
- 認識提升或否定婦女健康權的方式
- 解釋多重身分何以造成婦女雙重的工作負擔以及雙重工作負擔對婦女健康造成的影響
- 提出如何兼顧對文化傳統的尊重與對婦女健康的重視
- 描述《消除對婦女一切形式歧視公約》裡與健康相關的條款

起點：思考婦女健康議題

婦女在社會上屬於次等階級，這是不爭的事實，而且對其健康造成直接與間接的雙重影響。由於女性遠比男性容易陷入貧困的處境，所以營養攝取往往較男性不足，對疾病的抵抗力也較弱。許多健康不佳的婦女，同時也缺乏相關資訊、技能、購買力與獲取健康照護的管道。社會所建構的性別角色與性別關係，往往為婦女帶來家庭與社會壓力，迫使婦女以照顧其他人為優先，卻忽略了自己。此外，暴力事件、低於標準的工作條件、惡劣的生活環境，也逐漸耗損了婦女的健康。

以下是婦女可能遭遇到與健康息息相關的問題：

- 缺乏乾淨的飲用水
- 未能提供女童足夠的疫苗接種措施
- 未能治療婦女貧血的問題
- 一般婦科照護不足
- 節育資源與性教育不足
- 安全墮胎服務不足
- 產前產後照護不足
- 生產設備衛生不佳或是數目不足
- 用藥安全可虞
- 政府對好發於女性的疾病（例如乳癌）未加以重視
- 政府所贊助的健康研究完全以男性為樣本，使婦女無法得到適當治療
- 遭受強暴、亂倫與其他形式暴力的女性受害者／存活者，未能得到適當治療
- 缺乏受過專業訓練的女性輔導員、醫生、健康照護研究人員
- 缺乏針對婦女進行的育嬰、衛生、營養以及其他與家庭健康相關的教育措施
- 未能提供下列婦女適切的健康照護方案：農村婦女，流動勞工婦女、難民婦女、被迫遷徙婦女，年長婦女，殘障婦女，女同志，屬於弱

勢族裔與種族的婦女，女性受刑人。

　　健康情形不佳，連帶阻礙了婦女實踐其他方面的人權。臥病在床的婦女通常無法充分參與社會；例如，她們可能無法就學、外出工作，或是組織、參加團體活動。

活動一：為婦女健康下定義

51

目標：為婦女健康研擬一個廣泛的定義

時間：60 分鐘

器材：海報紙與麥克筆，或黑板與粉筆

1. 腦力激盪：

　　在海報紙或黑板上畫出一個女性的輪廓。小組共同腦力激盪，想一想健康的婦女應該具備哪些特質？並列表寫在輪廓之中。除了生理方面以外，也要考慮到情緒、心理方面的健康。

　　小組接著腦力激盪，婦女如果想具有這些健康特質，有哪些因素是必要的？將這些因素列表寫在輪廓之外。舉例來說，如果小組將「精力充沛」列為健康婦女的特質之一，那麼「充足食物」或「休閒娛樂」便可能被列為必要因素。

2. 分析：

　　小組列出的必要因素中，有哪些項目是妳所處社區裡的婦女普遍缺乏的？請圈出來。討論當婦女缺乏這些因素時，會產生怎樣的問題：

- 對婦女本身影響如何？
- 對子女有何影響？對其他家庭成員又有何影響？
- 對社區有何影響？特別是在社區婦女健康普遍欠佳的情況之下？

3. 討論：

　　以上第一個步驟所畫出來的婦女輪廓，代表的是一般婦女。另外列出三、四個健康照護需求可能不同於一般婦女的次族群（例如，年輕婦

（下頁續）

（續上頁）

女、殘障婦女、難民婦女、年長婦女或女同志等等）。

　　將參與者分成若干小組，各組選擇一個次族群作爲討論主題。請參與者看看進行第一個步驟時，列在輪廓外面的必要因素：

- 爲了維護這個次族群的健康，是否還需要某些未列在圖表上的必要因素？
- 這個次族群是否普遍缺乏某些必要因素？
- 這個次族群未能享有良好健康的主要障礙爲何？

全體參與者集合，互相比較各組的發現並討論：

- 這些次族群未能享有良好健康的主要障礙有哪些？
- 這些障礙是否妨礙了她們行使人權？
- 良好健康也是人權的一種嗎？

定義健康權

　　一九九四年，國際人口與發展會議於開羅召開，會上所發表的《行動準則》（*Programme of Action*），成爲日後《北京行動綱領》對「健康」下定義的依據。《北京行動綱領》確認「健康」是：

　　一種身體的、心靈的、社會的完整良好狀態，不僅只是無病痛而已。婦女健康與其情緒、社會與身體之福祉有關，除了由生理因素決定，亦取決於婦女生活中的社會、政治與經濟環境。然而，絕大多數婦女並無法享有如此的健康與福祉〔United Nations, *The World's Women 1995: Trends and Statistics* (New York: United Nations, 1995)〕。

　　誠如一群社運人士所言，健康權必須放在一個婦女全方位發展的框架下來看。婦女若要健康，便得滿足其基本需求，包括穩定的收入、安全的工作與居家環境、充足且乾淨的食物與飲水、教育以及健康照護。除此之

外，婦女也需要平等的社會地位、公平的勞動分工方式（包括生產力、嬰幼兒托育、家務等等）以及免於暴力的自由（Sabala and Kranti, Mira Sadgopal ed., *Na Shariram Nadhi: My Body Is Mine, Bombay,* 1995, p. 47）。健康權所涵蓋的範圍遠比健康照護權要來得廣。「健康照護」的意涵僅侷限於醫院、診所、藥物、醫事人員等資源之取得。這些資源雖然也相當重要，但是對於促進整體性的健康仍嫌不足。

　　健康欠佳的原因，往往可回溯至壓迫以及人權遭受侵犯的經驗。正如同《北京行動綱領》所言：婦女之間普遍貧窮與經濟依賴的現象、遭受暴力的經驗、一般人對婦女所抱持的負面態度、種族與其他種類的歧視、許多婦女對於性與生育有限的掌控權、對於決策影響力薄弱，這些都是社會上真實存在的現象，對她們的健康造成不利影響（第 92 段）。

　　生育與性方面的健康，是健康一個相當重要的面向。《北京行動綱領》將之定義為「所有與生殖系統相關……之生理、心靈與社會全面良好狀態」（第 94 段）。但是婦女對於健康照護的需求極為廣泛，所以本章焦點集中於婦女整體性的健康需求，將生育權與性健康留待第五章「婦女人權：生育與性自主篇」。

52

活動二：健康金字塔

目標：辨認社區婦女的健康需求

時間：60 分鐘

器材：小張紙與筆、膠帶或圖釘

　　　海報紙，或是任何可將紙張固定其上的平面空間

*1.*列表／排出優先順序／比較：

　　將參與者分成若干小組，請她們進行下列步驟：

　　● 在妳的社區裡，婦女有哪些健康需求？每一個需求，請分別各用
　　　一張紙寫下來，或是畫出來亦可。

（下頁續）

（續上頁）

> - 將這些需求依照其重要性排成一個三角形；最迫切的需求置於最頂端。
> - 三角形裡，是否有哪些需求並未得到妥善處理，甚至完全未得到處理？
> 請圈出來。有哪些是女性特有的需求？請以星號標出。
> - 將妳這一小組的圖表貼在海報紙上，與其他組的圖表互相比較。
>
> 2.討論：
>
> 集合全體參與者，共同討論以下各點：
> - 各小組的三角形有哪些主要的相異處？
> - 三角形中的每一個項目，對婦女健康的重要性何在？
> - 如果其中有任何一項需求被否定了，會產生怎樣的後果？請舉例說明。
> - 被圈起來的需求未能得到妥善處理的原因為何？
> - 以星號與圓圈標記的需求，兩者之間是否有任何關連？請討論。
> - 妳所處的社區，目前是否採取任何步驟以促進婦女健康？除此之外，還可以採取哪些行動？

全體婦女的健康

　　許多婦女健康情形欠佳。無數的成年婦女與女童因為營養不良以及貧血之故，很容易感染到肺結核、霍亂、下痢、肺炎等疾病。許多婦女長期承受著暴力凌虐、工作責任或是社會限制等所引起的壓力與傷害（*Na Shariram Nadhi*, p. 42）。在工業化國家，屬於有色人種的婦女與來自弱勢族裔或種族的婦女，也比較容易產生健康上的問題。

53　　　即使是在同一個國家裡，健康需求在各個地區之間，在各個不同的社經、族裔與年齡族群之間，也有極大的差異。許多國家在主要的健康照護項目上已有顯著進展，但是在發展中國家，婦女所能得到的一般健康照護、

與生育相關的健康照護以及懷孕分娩併發症的治療，往往仍嫌不足。在工業化國家，婦女死於懷孕或相關因素的平均機率介於四千分之一與萬分之一；相比之下，在發展中國家，婦女死於懷孕或相關因素的平均機率介於十五分之一與五十分之一，孕產死比例（maternity mortality rates）則高達歐洲與北美洲的二百倍。無論是在哪一個國家，農村婦女、難民婦女、被迫遷徙婦女、流動勞工婦女、貧窮婦女、女性戶長（經濟地位多半較低）若要落實其健康權，經常必須面對巨大的障礙。

婦女肩負多重工作責任，往往危害到自己的健康。在許多社會裡，婦女挑起雙重的負擔；不僅為了家計必須外出工作，回到家還必須負責家務，照顧丈夫與子女的需求，有時連其他親戚也得一併照顧。即使並未外出工作，婦女在家裡的工作也可能十分困難，而且永無止盡。在世界各地眾多家庭裡，婦女都是最早起床、最晚入睡的人。像這樣工作過量又勞累不堪的婦女，經過制約，總是把自己的健康需求擺在最後面。在某些社會裡，婦女必須在丈夫或父親的陪同下才能看醫生。結果，女性比起男性更有可能延誤就醫，甚至完全得不到治療。除此之外，在某些家庭裡，男孩比女孩更有機會接受適當的醫療照顧。當家庭資源有限時，購買適當營養品與藥物的錢往往先花在男孩身上，留給女孩的資源則少得微不足道，甚至完全不留給女孩。

※※※※※※※※※※※※※※※※※※※※※※※※※※※※※※※※※

婦女健康面面觀

- 在發展中國家，大約有四億五千萬名正值生育年齡的成年婦女，因為童年時期營養不良而造成殘障（Sivard, Ruth L., *Women: A World Survey,* Washington, DC: World Priorities, 1995, p.27）。
- 據估計，百分之六十的南亞婦女患有貧血；在撒哈拉沙漠以南的非洲地區，比例則為百分之四十四（出處同上）。
- 暴力是育齡婦女受傷的首要原因。據報導指出，暴力所造成傷害的統計數字，比車禍、搶劫、強暴三者所造成傷害的總和還要高（同上，p. 29）。

- 在非洲，新增的愛滋感染者有百分之五十五為女性；在美國，女性愛滋感染者的數目正以每年百分之十五的速度增加中。根據世界衛生組織（World Health Organization, WHO）估計，到了西元二千年，全球將有超過一千三百萬名婦女感染，並有四百萬名婦女死於愛滋病（同上，p. 29）。①

- 無論是預防 HIV 病毒感染措施，或是「安全性行為」宣導教育，一向以使用保險套為強調重點；但是使用保險套需要男性配合。在此同時，由女性主導的保護措施在發展上卻遙遙落後（United Nations, *The World's Women 1995: Trends and Statistics,* New York: United Nations, 1995, p. 74）。

- 包括俄羅斯、泰國、烏干達、匈牙利、象牙海岸、肯亞以及美國在內等國家，婦女平均壽命停滯未再增長（同上，p. 68）。

- 癌症是已開發國家婦女六十五歲之前的頭號殺手，六十五歲之後則「較容易」受到心臟病襲擊，而且女性在心臟病發作後死亡的比例是男性的二倍。但是預防心臟疾病的相關研究（尤其是在已開發國家進行的研究）卻漠視這些事實，多半以男性受試者為關注焦點，嚴重忽略了婦女的心臟疾病（同上，pp. 72-3）。

- 女性與男性同樣可能感染熱帶疾病，但是臨床疾病治療上的性別差異，一直到最近才成為探討的議題。舉例而言，兩性感染瘧疾的機會相等，但是在某個地區就醫治療瘧疾的病人裡，婦女卻只占了百分之十六。自從引進了流動式的瘧疾診所後，婦女就醫人數則提高了百分之三十三（同上，p. 73）。

- 由於壽命較長之故，女性晚年受到失能影響的時期也比男性來得長；一般而言，年長婦女會照顧失能的丈夫，直到丈夫過世為止，然後獨自應付本

---

①本書原文出版於一九九九年，所以此處列出西元二千年的預測數字。根據二○○二年七月的《巴塞隆納報告》（*The Barcelona Report*），在二○○一年年底時，全球共有四千萬名愛滋病患，其中一千八百五十萬名感染者是婦女，三百萬名為十五歲以下的孩童；光是在這一年裡，全球便有三百萬人死於愛滋病，其中婦女與孩童所占數目分別為一百一十萬與五十八萬。（http://www.unaids.org/epidemic_update/report_july02/english/Global_estimate.html）

身的不便，如此度過餘年（同上，p. 82）。

＊＊＊＊＊＊＊＊＊＊＊＊＊＊＊＊＊＊＊＊＊＊＊＊＊＊＊＊＊＊

尊重文化與傳統

　　許多社會以宗教或文化之名，實行危害婦女健康的風俗。例如，地方風俗可能禁止婦女出遠門就醫，或是允許家庭成員以暴力懲戒婦女。某些社會盛行早婚，過早懷孕對婦女健康也危害甚鉅。婦女因為地位低下之故，往往只有在所有男性家庭成員盡情吃喝後才能用餐，造成婦女營養不良比例較高的結果。此外，有些婦女被要求多生育子女，卻又不被允許就醫檢查，往往因而在生產時死亡。還有些風俗要求婦女應該符合某種女性美的標準，導致不健康的節食、厭食症、暴食症等等嚴重的飲食失調。在某些國家，婦女的外生殖器被割除或是縫合起來，為的是確保女性的貞操、生殖能力以及「適當的女性化外表」（關於文化與傳統對健康以及人權的影響，詳見第六章「婦女人權：女孩篇」與第二章「婦女人權：平等與不受歧見」）。

活動三：婦女的生命故事

目標：認識健康對婦女生命週期的影響

時間：45分鐘

器材：無

1. 故事接龍：

　　向參與者解釋，整個小組將共同創作一個故事，由健康的觀點描述一名婦女從呱呱墜地到老年的一生。以這個句子起頭：「有一個小女娃兒誕生在這個社區裡……」然後讓參與者輪流接著說故事，每個人都要講一段這名婦女人生不同時期的經歷。替這個小女娃兒取個社區裡典型常見的名字；幫她編造的生活與健康經驗，也必須是社區裡典型常見的。

（下頁續）

（續上頁）

故事內容應提及：與健康相關的傳統習俗、健康照護資源之取得、教育、休閒、避孕、生產、媒體影響，以及社區裡其他種種對婦女健康造成影響（正面或負面）的因素。

2.討論：

請參與者針對小組所創作的故事，思考以下問題：

- 如果這個小女娃兒誕生在一個貧窮且／或位於鄉下地方的家庭，故事會有什麼改變？
- 如果誕生在一個富裕的城市家庭呢？
- 如果誕生在一個屬於弱勢宗教信仰或族裔的家庭呢？

或者小組也可以創作個別的故事，以對照不同的生活與健康史。

討論類似下列的問題，以此作為活動結尾：

- 哪些疾病與習俗對貧窮婦女影響最大？哪些疾病與習俗對處於既得利益階層的婦女影響最大？
- 童年期健康照護貧乏、營養不良，對一個人的生命週期會產生何種影響？
- 若要享有終身良好健康，需要哪些因素配合？
- 如果某個風俗習慣對婦女健康造成不良影響，是否仍有可能以其他原因來合理化該風俗習慣？
- 應該怎麼做才能保護婦女身體不受侵害，同時又不失對文化與宗教的敬意？

55

活動四：毋忘女孩

目標：認識剝奪女孩健康的可能方式

時間：45分鐘

器材：「個案研究：異卵雙胞胎」短文影印本

（下頁續）

（續上頁）

1. 閱讀：

個案研究：異卵雙胞胎

　　一名來自 H 國的女醫生回憶起下列個案：

　　「那時我正在治療一名年輕的母親，她也常帶剛出生不久的兒子來接種預防疫苗，並接受其他治療。大約有連續六個月的時間，每個月我至少都會和她見面一次。這段時期快結束時，我問她有幾個小孩，她回答：『兩個。』我問她另一個小孩年紀多大，她說：『和這個一樣大，他們是雙胞胎。』我非常地吃驚，問她為什麼我從來沒有見過另外一個孩子。『那一個是女的。』她如此回答。為了說服她把女兒也帶來接種疫苗，我編造了一套說詞。我告訴她，雙胞胎彼此之間十分親近，如果女孩生病了，男孩也會跟著生病，所以為了男孩著想，我也得看看這個女孩才好。第二天，她把女兒帶來見我。女孩體型只有雙胞胎兄弟的一半大小而已。看起來，男孩以母乳哺育的時間較長，得到的食物也比較多。」〔應該名醫生之要求，姓名與國名皆予以省略。本則個案根據茱莉・莫鐸斯（Julie Mertus）所做訪談得知。〕

2. 討論：

　　帶領小組依據以下各點進行討論：

- 當妳閱讀這個故事時，心裡有什麼感覺？
- 像這樣兒童時期的剝奪，對女孩日後的生活會產生怎樣的影響？
- 在妳的國家裡，類似這樣歧視女孩的個案是否存在？如果是，請舉例。
- 應該採取哪些行動，從家庭、社區、政府等各個層次來確保女孩的健康人權？
- 為什麼個案中的母親不帶女兒前往接種預防疫苗？可以採取哪些行動，以鼓勵父母親給予女兒適當的營養與醫藥照護？對於女孩行使其他人權的能力，營養不良會造成哪些影響？

　　（關於女孩的健康照護，詳見第五章「婦女人權：女孩篇」）

婦女與醫療機構

在今日社會裡，健康已經醫療化，婦女過去所開發使用的自然療法與健康措施幾乎不再占有一席之地；尤其是原住民婦女以及屬於「少數」文化的婦女，她們傳統的健康照護方式，格外不受重視。國家推動的健康計畫通常拒絕給付助產士以及其他傳統方式的治療者。同時，許多國家在經濟重組之際，也大刀闊斧刪除了某些社會服務。更有甚者，由於健康服務私有化之故，健康照護的花費一路向上攀升超過窮人能力所及，而婦女正是價格高漲首當其衝的受害者。

一般而言，國家醫療體系與醫學研究者並不注重婦女健康。無論是私人或國家贊助的健康照護研究，多半侷限於男性受試者與抽樣人口。即使有婦女健康的相關報告，內容也鮮少涵蓋年長婦女、殘障婦女、女同志、弱勢族裔與種族婦女對於健康照護的特定需求。舉例而言，雖然全球各地的愛滋病毒感染者有將近一半是女性，針對女性愛滋病毒傳染所做的研究卻付之闕如。有些報告包括了女性研究對象在內，但絕大部分關注的焦點在於，女性感染者如何將愛滋病毒傳染給男性與胚胎。

新的醫療科技往往在無意之間，複製延續了壓迫婦女的作法。在醫生以及媒體上的理想美女形象影響之下，婦女可能會接受風險高、價格又昂貴的整形手術。有些科技是設計來幫助婦女的，在實際使用上卻違反了原本的目的，背離婦女的利益。以羊膜穿刺術為例（請見第六章「婦女人權：女孩篇」），這個技術可能會被用來選擇性地墮掉女性胚胎。研究顯示，有些父母親選擇墮掉健康的女性胚胎，而男性胚胎即使有先天性疾病或畸形也照樣予以保留（*The Girl Child: An Investment in the Future,* UNICEF Toronto, 1994）。

56

活動五：產前性別選擇

目標：探討使用羊膜穿刺術進行產前性別選擇的涵意

時間：45 分鐘

器材：小紙條若干，上面寫著羊膜穿刺術的「檢查結果」

1. 角色扮演：

　　將參與者分成兩人一組（若小組人數為奇數，請落單的人扮演單親媽媽）。向各小組解釋，她們扮演的是一對正在期待寶寶誕生的夫妻，剛剛才透過羊膜穿刺術獲知胎兒的性別與健康情形。指派給每一對「夫妻」不同的身分，例如：

- 已經有三個兒子的夫妻
- 已經有二個女兒的夫妻
- 已經有一兒一女的夫妻
- 尚未有子女的夫妻
- 已經有四子三女的夫妻

　　每對「夫妻」從籃子裡抽一張紙條，紙條上寫的便是羊膜穿刺術的結果。舉例如下：

- 男性，健康
- 女性，健康
- 男性，患有唐氏症（心智障礙）
- 女性，心臟瓣膜有缺陷
- 男性，患有先天性疾病，可能活不過成年期
- 女性，雙胞胎

2. 討論：

　　請每對「夫妻」共同討論，她們對於即將誕生的寶寶有什麼感覺，並向小組報告她們的反應。

- 如果墮胎既安全又合法，她們是否會選擇墮胎？
- 家庭裡目前的人口數目，對於她們的態度有何影響？

婦女健康與政府當局的角色

各類人權文獻一致認爲，在全國性、區域性、國際性各層級，健康皆是人權議題：

- 聯合國的創立文獻，亦即《聯合國憲章》，呼籲聯合國應當爲國際間的健康問題尋求解決之道（第五十五條 b）。
- 《世界人權宣言》聲明，人人皆「有權享受爲維持他本人和家屬的健康和福利所需的生活水準，包括食物、衣著、住房、醫療和必要的社會服務」（第二十五條(1)）。雖然《世界人權宣言》當初並不具有法律約束力，但是數十年以來已經取得慣例法的地位。這一點意味著，全體會員國均有義務爲其國民營造健康、良好的環境。
- 一九七六年的《經濟、社會、文化權利國家盟約》（*International Covenant on Economic, Social and Cultural Rights,* ICESCR）對於健康權有更明白的宣示：「本公約締約各國承認人人有權享有可達到之最高生理與心理健康標準」（第十二條(1)）。

政府有義務不得妨礙人民之健康，也有義務積極促進人民之健康。政府不論是直接以官方身分，或是透過醫院、醫生等代理者執行健康政策，對男性與女性均不得有負面歧視的行爲。

57 政府促進人民健康的積極義務

《經濟、社會、文化權利國家公約》明確指出，各國政府有義務採取必要步驟以達成下列目標

- 降低死產率與新生兒死亡率，使兒童能夠健康發展
- 改善環境衛生與工業衛生的各個面向
- 對於傳染性、地方性、職業性與其他各種性質的疾病加以預防、治療與控制

- 創造一個病痛發生時，能夠確保提供醫療服務、照顧的環境（《經濟、社會、文化權利國家公約》第十二條 a-d）

《兒童權利公約》要求各國採取措施以達成下列目標：
- 降低嬰兒與兒童死亡率
- 確保所有兒童皆能獲得醫療協助與健康照護，並特別強調基本健康照護之發展
- 透過基本健康照護的架構，消除疾病與營養不良的情形。方法包括：運用現有可得之科技、提供充足的營養食物以及清潔飲水、考量環境污染所帶來的危害與風險等等
- 確保產婦產前、產後均享有適當的照護
- 確保社會的每一個環節（尤其是父母親與孩童）均享有充分資訊以及接受教育宣導的機會，並鼓勵民眾活用與下列各項相關的基本知識：兒童健康與營養、哺育母乳的益處、環境衛生、預防意外發生
- 發展預防性健康照護、親職輔導、家庭計畫教育與服務

（《兒童權利公約》第 24 條 a-f）

《北京行動綱領》要求各國政府與聯合國組織、醫學界、研究機構、非政府組織、媒體以及其他各單位合作，以達成下列目標：
- 擬定並執行具有性別敏感度的計畫
- 提供民眾能夠負擔的基本健康照護，且特別著重於促進健康及預防疾病
- 特別關注女童的需求
- 確保婦女能夠參與愛滋以及其他性傳染病之相關決策，並確保價格低廉的性病防治服務供應無虞
- 對婦女造成特殊影響的疾病，應鼓勵並支持研究相關之預防、治療與健康照護體系

（《北京行動綱領》第四章 C 節）

活動六：打造一個健康的世界

目標：擬定可行之策略，以促進婦女健康

時間：60 分鐘

器材：海報紙與麥克筆

1. 朗讀：

大聲讀出本章末尾之短文「健康照護與男女平等」，或是影印分發給參與者。

2. 討論／列表：

將參與者分成若干小組，請她們討論以下問題：

• 國家與地方層級的政府單位，可以採取哪些行動來促進婦女健康？

• 媒體可以採取哪些行動來促進婦女健康？

• 婦女本身可以採取哪些行動來促進婦女健康？

3. 角色扮演：

請各小組推舉一位發言人，向全體參與者以及一群「政府官員」進行五分鐘報告。發言人將代表各小組，針對婦女健康之改善提出建言。

請各小組推派一位參與者扮演「政府官員」。「政府官員」必須傾聽發言人的報告，並給予回應。她們可以提問、評論報告內容、提出反對意見或是建議。

4. 討論：

報告與回應進行完畢之後，請參與者討論關於角色扮演的感想：

• 發言人提出建言時，心裡有什麼感覺？

• 「政府官員」與其他聽眾心裡有什麼感覺？

• 是否有任何發言人從人權的角度切入討論婦女健康？將婦女健康放在人權脈絡中討論，是否有助於強化論點？

• 這些改善婦女健康的建言，在妳所處的社群裡是否可行？原因何在？

健康照護與男女平等

　　以男女平等作為提供健康照護的準則──這到底是什麼意思？這句話所指的，可不是提供男性與女性完全相同的健康設施；而是，我們應該認知男女對於健康的需求有何差異，並且針對這些不同的需求提供健康照護。提供女性產前健康服務對男性並不構成歧視，因為男性並無此需求。同樣地，只要相關單位能夠針對好發於婦女的癌症（例如乳癌）提供其他服務，那麼為男性進行前列腺癌篩檢也不能算是歧視女性。適當的婦女健康服務，必須顧及婦女特殊的健康需求。

　　舉例來說，婦女可能罹患的癌症或疾病，在男性身上極為罕見，或者根本不會發生在男性身上。相較之下，慢性疲倦、營養不良以及貧血特別容易發生在婦女身上，而這些情況也很容易對婦女的健康造成影響。婦女為了康復所需要的治療、為了維護健康狀態所需要的條件，可能相當獨特；光是成立一家新的醫院或診所，並不足以符合婦女對健康照護的需求。政府或許應該採取某些步驟，使婦女更易於取得健康照護。例如，政府可以確保各診所：

- 服務時間配合婦女方便
- 選擇在交通便利的地點開業，因為婦女往往不像男性一般擁有交通工具，出遠門比較不便
- 收費低廉；如果可能，提供免費服務給有需要的民眾
- 雇用來自適當文化背景的員工（如果可能，雇用當地健康專業人員可與民眾使用相同語言溝通；雇用女性職員，則格外有利於婦科檢查的進行）
- 為符合所需，規畫服務時應參考婦女的意見，包括鄉村婦女、難民婦女、流動勞工婦女、被迫遷徙婦女、年長婦女、女同志、殘障婦女等等在內
- 營造友善而非冷默、令人卻步的氣氛

活動七：制定自己的法律

目標：研擬一部能夠保護婦女健康人權的法律

時間：60 分鐘

器材：《消除對婦女一切形式歧視公約》第十二條影印本

步驟一：將參與者分成數個小組，寫下她們自行訂立、能夠保護婦女健康人權的法律，條文愈具體愈好。這部法律應該是國際法律、全國性法律或地方性法規？或者三者皆是？

（注意：各小組可使用第 392-393 頁的「分析人權問題」、「實踐人權策略」表格來檢驗這個議題。）

步驟二：將《消除對婦女一切形式歧視公約》第十二條影印本分發給參與者，請大家讀一讀。

步驟三：請各小組比較她們制定的新法律與《消除對婦女一切形式歧視公約》的條文內容。

- 兩者有何相同處？有何相異處？
- 她們現在是否想要修正自訂的法律？如果是，她們將如何修改？
- 她們是否建議《消除對婦女一切形式歧視公約》做任何修改或增添？

步驟四：請各小組發表自訂的法律內容。討論：

- 包含在妳們自訂法律中的權利，目前受到政府何種方式的限制？政府需要採取哪些改變？民眾可以採取哪些行動來促成這個改變？
- 政府可以用哪些方式來支持並執行妳們的法律？
- 包含在妳們自訂法律中的權利，目前受到宗教、文化、傳統、風俗、習慣何種方式的限制？宗教、文化、傳統、風俗、習慣需要

（下頁續）

（續上頁）

> 採取哪些改變？
>
> • 妳可以採取哪些行動來促成這個改變？
>
> • 目前，宗教、文化、傳統、風俗、習慣以怎樣的方式來支持並執行妳們的法律？
>
> • 包含在妳們自訂法律中的權利，受到妳與／或妳的家庭何種方式的限制？
>
> • 妳與／或妳的家庭需要採取哪些改變？有可能達成嗎？
>
> **步驟五**：如果要在社群裡落實這些自訂法律與／或《消除對婦女一切形式歧視公約》，需要哪些條件配合？請討論。策畫個人與團體爲了達成目標可能採取的行動。列出能讓大多數人同意的策略。

第五章

婦女人權：
生育與性自主篇

目　　標

60

本章所包含的活動與背景資訊，將有助參與者達到下列目標：

- 定義何謂生育與性自主權
- 認識生育與性自主權對婦女的重要性，以及與其他權利之間的關連
- 指認出危害婦女生育與性自主權的方式
- 為政府、社群領袖、媒體與婦女本身，在保護、促進婦女生育與性自主權的過程中應扮演的角色下定義
- 從批判的角度，分析人口政策與生育、性自主權之間的關係
- 從婦女人權的角度，討論生育與性健康教育的議題
- 自行設計一套以提升婦女生育與性自主權為目的之法律，並比較自訂法律與《消除對婦女一切形式歧視公約》（CEDAW）中的條款有何異同

起點：思考生育與性自主權的眞諦

　　全球約有一半的女性人口正值生育年齡（十五至四十九歲）。在接下來的二十年，這個族群還會再增加百分之三十。處於生育年齡的婦女，生活方式與健康情形均受其潛在的生育能力影響。過去二十年間，世界各地區努力降低與生育健康相關的死亡率與患病率，已有重大進展。但是，儘管如此，《北京行動綱領》仍舊指出：

　　世界上有許多人未能享有生育健康，原因包括：性知識不足，生育健康的資訊與服務內容不適當，或者品質不佳；高風險性行爲普遍；社會習俗帶有歧視意味；對婦女與女孩抱持負面態度；許多婦女與女孩對性與生育的掌控力量有限。在大多數國家裡，青少年缺乏資訊與獲取相關服務的管道，因而特別脆弱。年長女性與男性有獨特的生育與性健康議題，往往未能獲得充分處理（第95段）。

※※※※※※※※※※※※※※※※※※※※※※※※※※※※※※※※※※※※

事實會説話：正視婦女生育健康

- 每年約有五十萬名婦女因為與懷孕相關的原因而死亡；亦即每天有一千五百名婦女因此喪命。〔United Nations Population Fund. Women, Population and the Environment (New York: United Nations, 1992)〕
- 每二十三名非洲婦女中，便有一名因為懷孕與生產相關的原因而死亡。在北美洲，則是每四千名婦女中有一名因此死亡。
- 在發展中國家，百分之五十五的婦女生產時有經過訓練的醫護人員從旁照料。這個數據在工業化國家為百分之九十九。
- 在發展中國家，百分之五十九的婦女享有產前照護。這個數據在工業化國家則為百分之九十八。

• 至少有一億名婦女——亦即，在除了中國以外的發展中國家裡，每六名已婚婦女中便有一名受此困擾——想要實施家庭計畫，卻無法取得避孕器材。在這些國家，每四名新生兒中便有一名是意外懷孕的結果。

（除非另有標示，數據均取自 UNICEF, Education of the Girl Child, Her Right, Society's Gain, Report of the NGO Conference, Educational Working Group, NGO Committee on UNICEF, New York, April 21-22, 1992.）

※※※※※※※※※※※※※※※※※※※※※※※※※※ 第五章 ※※ 婦女※人權※ 生育※與性※自主篇 ※※※※

活動一：圍圈圈，討論生育權

61

目標：由討論生育權作為起點，進而與個人經驗相互聯結

時間：45 分鐘

器材：無

　　將參與者平分排列成兩個同心圓，內外圈的參與者要面向對方。向參與者解釋，當妳提出一個問題時，每位參與者必須與她所面對的夥伴一起討論這個問題，需時約四分鐘。當妳要提出下一個問題時，在外圈的參與者全部向右移動一個位置，面對不同的人。重複此過程直到所有問題討論完畢。

　　協作者注意：以下所列問題，在某些文化環境中可能不盡恰當。請自行擬定五至六道適合特定族群及其文化的問題。有些問題的措辭可能需要稍加更動，從針對個人改成詢問一般的情形（例如，不問：「妳的母親如何保護自己避免非自願性的懷孕？」而問：「妳的母親那一輩的婦女如何保護自己？」）。有些問題可能需要整個刪除。除此之外，向參與者明白解釋，每個人都有拒絕討論某個問題的自由。

建議問題：

• 當妳想到生育與性自主權時，妳想到的第一件事情是什麼？第二件事情是什麼？

（下頁續）

（續上頁）

> - 在妳的生活中，可曾做過哪些與生育、性自主相關的重大決定（例如，選擇伴侶、尋找工作、完成學業或職業訓練）？
> - 有人試過爲妳做此類決定嗎？
> - 在妳的社群裡，有哪些與生育、性自主相關的主要爭議？
> - 在妳的社群裡，組成大家庭的主要原因有哪些？組成小家庭的主要原因有哪些？哪些說法對妳影響最大？
> - 妳的母親有多少名子女？她那一輩的婦女如何保護自己，避免意外懷孕？
> - 妳已經決定是否生育子女了嗎？這是妳個人的決定嗎？妳的伴侶、家庭、社群是否對妳造成任何方式的逼迫？
> - 在妳的社群裡，主要的避孕方式爲何？妳採用的避孕方式爲何？妳個人（或者社群裡的大多數婦女）是否一向能夠自由選擇避孕方式？或是另有他人代爲決定？妳個人與／或社群裡的婦女，是透過怎樣的方式學會避孕？
> - 妳的社群裡，人們對墮胎一般抱持怎樣的態度？妳的社群裡是否有安全、合法、價格合理的墮胎服務？如果沒有，婦女是否照常墮胎？提供安全的墮胎方式與否，分別會造成怎樣的結果？

爲生育與性自主權下定義

　　一九九四年，聯合國人口與發展國際會議（UN International Conference on Population and Development, ICPD）於埃及開羅召開，有關生育權的辯論在此達到巔峰。一百八十個國家首度達成共識，認爲提升婦女地位有助於穩定人口成長、促進發展；當國家思考人口、經濟的永續成長發展時，婦女的生育與性健康應當是一項直接相關的考量。該會議所發表的《行動準則》（The ICPD *Programme for Action*）承認：認識並取得安全、有效、價

格又低廉的避孕器材以及其他健康照護服務，是不分女男共有的需求。

女童的權利在該會議中也有所提升。《行動準則》對於數項危害女童權益的行為予以譴責，例如，產前性別選擇、殺害女嬰、女性割禮、販賣女童、在娼妓市場與色情媒體中使用女童等等。此外，國際人口與發展會議呼籲男性應當對自己的性行為負起責任，可謂一大突破。

一九九五年，世界會議在北京召開，與會婦運人士對世界領袖施壓，要求他們同意婦女性自主權與生育權的定義。該會議所發表的《北京行動綱領》提供了以下定義：

- 生育健康：「是所有與生殖系統、功能、過程相關，一種身體、心靈、社會的完整良好狀態，不僅只是無病痛而已。因此，生育健康意味著人們能夠擁有滿意而且安全的性生活，具備生育能力，並享有自由，可以決定是否生育、何時生育、間隔多久生育」（第94段）。
- 生育健康照護：「定義為一套藉由預防、解決生育健康問題，進而增進生育健康以及完整良好狀態的方法、技術與服務。生育健康照護亦包括性教育在內，其目的為改善生活與人際關係，而非侷限於生育與性傳染病的相關輔導及照護」（第94段）。
- 生育權：「符合某些國家法律、國際人權文獻及其他文獻所承認的人權。要實踐這些權利，所有伴侶與個人的基本權利必須獲得認可：自由、負責地決定生育子女的數目、間隔長短與時機；取得實現生育決定所需之資訊與器材；享有最高水準的性與生育健康」（第95段）。

該綱領使用正面語言，表明婦女不僅有權免於各種形式性暴力的侵犯，性健康更是婦女享有的人權之一。事實上，《北京行動綱領》是眾多國際宣言中首次認可婦女「不僅是有生育能力的人，也是有性慾的人，享有性自主人權，不受限於諸如年齡、婚姻狀態或性傾向等任何特定條件」（Petchesky, Rosalind P., "Sexual Rights: Inventing a Concept, Mapping an International Practice," paper presented at Conference on Reconceiving Sexuality, Rio de Janeiro, April 14, 1996）。這份對婦女性自主的肯定，加上對婦女生育健康全方位的定義（如上所列），已將婦女性自主的議題強力帶入人權討論之中。

活動二：為奮鬥命名

目標：為倡導婦女生育權擬定策略
時間：60分鐘
器材：海報紙與麥克筆，或黑板與粉筆
　　　舊雜誌與膠水（選擇性）

1. 想像／討論：

　　請參與者想像自己是一個團體，想要組織宣傳活動以提升婦女的生育與性自主權、倡導婦女生育健康。請她們為此活動擬定口號。

　　問參與者以下問題，並記錄其回答：

* 這個宣導活動的名稱為何？
* 在活動中，妳們認為婦女的需求何在？
* 有些婦運人士將生育自由稱為「選擇的權利」。妳對於使用這個口號有何意見？妳能想出一個更好的口號，號召大家一起行動嗎？

2. 創作／藝廊漫遊：

　　將參與者分成若干小組，製作海報或是拼貼圖案，以表達宣導活動主題與策略的各個面向。將海報掛在房間四處，讓參與者來一趟「藝廊漫遊」，觀賞所有海報並進行非正式的討論。

63

生育與性自主人權

　　生育與性自主權奠基於許多重要原則之上，而這些原則在多項政府必須予以尊重的人權之中，普遍可見。例如：

* 人性尊嚴

- 平等與非歧視
- 身體的完整性
- 個人決定（為自己做決定的能力）
- 隱私
- 自由與人身安全
- 享有健康照護的權利，包括生育健康照護
- 孩童的權利

　　另一個思考生育權與性自主權的方式，則是由平等這個終極目標出發。既然控制生育與性生活對婦女的生存帶來極大影響，婦女必須掌握這些權利，才能以真正關照婦女需求的方式充分參與社會，而非與男性齊頭平等。婦女在生育與性生活中取得平等地位，對男性與孩童的情況也會有所裨益；當這些權利在社會上受到更多重視時，生活水準亦隨之提高，而出生率將會降低、健康照護更加完善。

生育決定

　　婦女必須做出許多與生育、性相關的決定，包括：
- 是否要取得與性相關的資訊
- 是否要從事性行為、對象是誰
- 如果可取得避孕器材，要選用哪一種避孕方式
- 是否要要求男性性伴侶（包括配偶在內）使用保險套
- 是否要生育子女
- 在懷孕期間是否要尋求醫藥協助
- 與誰共同生育子女
- 何時生育子女
- 要生育幾名子女
- 每一胎之間要間隔多久
- 要與誰共同扶養子女
- 如果意外懷孕，是否墮胎

不過，婦女的選擇往往或直接或間接地受到社會、經濟、文化因素等

限制。例如，在某些國家，婦女參與決策的機會並不多，或是政府執行的人口政策相當嚴厲，婦女便可能不得不從以下三者擇一：墮胎拿掉女性胚胎，殺害新生女嬰；忽視女兒不予以照料，直到女兒死亡為止。在許多國家，未婚懷孕的少女往往被要求偷偷生下小孩，然後將嬰兒送給已婚夫妻；少女如果不依，唯一的選擇便是在貧窮中獨自扶養這個小孩，前途黯淡。

❋❋❋❋❋❋❋❋❋❋❋❋❋❋❋❋❋❋❋❋❋❋❋❋❋❋❋❋❋❋❋❋❋

生育人權的法律依據

• 人身自由與安全的權利：《世界人權宣言》（UDHR）第三條；《公民及政治權利國際盟約》（*International Covenant on Civil and Political Rights*, ICCPR）第九條(1)。

• 健康權：《經濟、社會、文化權利國際盟約》（ICESCR）第十二條。

• 接受健康照護時，以及在家庭裡不受歧視的權利：《消除對婦女一切形式歧視公約》（CEDAW）第十二條(1)、第十六條(1)。

• 結婚與建立家庭的權利：《世界人權宣言》第十六條(1)；《消除對婦女一切形式歧視公約》第十六條(1)；《公民及政治權利國際盟約》第二十三條(2)。

• 免於強行或非法侵犯隱私、家庭、住家的權利：《公民及政治權利國際盟約》第十七條(1)。

• 享受科學進步與同意進行實驗的權利：《公民及政治權利國際盟約》第十五條(1)。

• 不受性別歧視的權利：《消除對婦女一切形式歧視公約》第一、二條；《世界人權宣言》第二條；《公民及政治權利國際盟約》第二條(1)；《經濟、社會、文化權利國際盟約》第二條(2)。

• 男性與女性站在平等基礎上，享有家庭生育計畫的權利：《消除對婦女一切形式歧視公約》第十二條(1)。

• 農村婦女享有家庭生育計畫的權利：《消除對婦女一切形式歧視公約》第十四條(2)(b)。

❋❋❋❋❋❋❋❋❋❋❋❋❋❋❋❋❋❋❋❋❋❋❋❋❋❋❋❋❋❋❋❋❋

64

活動三：由誰來決定？

目標：辨認誰是生育與性行為的決定者

時間：60 分鐘

器材：海報紙與麥克筆，或黑板與粉筆

　　　紙張與繩索，或黑板與膠帶

　　　上節「生育決定」短文影印本

1. 列表／討論：

　　將「做出生育決定」短文影印本分發給參與者，也可以將短文中的列表事先寫在海報紙上或黑板上。討論：

- 這份列表是否周詳完備？
- 還有哪些項目被忽略了？
- 如果有需要的話，妳會加上哪些項目？

2. 分析：

　　向參與者提問：在她們的社群裡，列表中有哪些項目係由婦女決定？在這些項目旁邊寫一個「女」字做記號。哪些項目由男性決定？在這些項目旁邊寫一個「男」字。如果某個項目的決定權由男女平等共享，在旁邊同時寫上「男」與「女」兩個字。討論：

- 小組成員是否一致同意這樣的分類？
- 關於標明「女」字的項目，妳的母親、祖母以及妳本人是否都做過這些決定？
- 如果上題的回答顯示情況隨著時間已經有所改變，請參與者討論造成這些改變的原因為何？

（下頁續）

（續上頁）

3.創作／藝廊漫遊：

　　在黑板或海報紙上畫一條長長的水平線，或是牽一條繩索跨越房間。向參與者解釋，這是婦女的生命線。將這條線平分成十等分，每一等分代表生命中的十年。

　　將參與者分成若干小組，請她們在紙張上，寫出或畫出婦女在人生不同階段可能面對的生育、性行為抉擇。有些可能是由婦女本人做決定，有些可能是由他人代為決定。將這些紙張黏貼或夾在生命線上適當的階段。當所有紙張都放置妥當後，請每一位參與者審視這條生命線。

4.討論：

　　向參與者提出以下這些與「生育生命線」相關的問題：

• 這些決定大多發生在人生的哪些階段？最少發生在哪些階段？

• 生命線上是否有任何決定，是妳所屬社群裡的婦女根本不可能予以考慮、或是根本無法置喙的？將這些決定從生命線上移除。現在，有多少比例的紙張還留在生命線上？有多少比例的紙張被移除了？從這兩個數字妳能得到什麼結論嗎？

• 如果妳的經濟資源增加或是減少了，妳的生命線會產生怎樣的改變？如果妳的教育資源增加或減少了，又會造成怎樣的改變？

• 如果妳出身於一個不同的種族、族裔、社會族群，妳的生命線會產生怎樣的改變？

• 當婦女無法對於生育與性行為自行決定時，會產生怎樣的後果？婦女的人權會受到怎樣的影響？

• 還有哪些因素也會對這條生命線造成影響？

政府當局的角色

　　就如同處理其他人權一樣，政府同時負有提升生育與性自主權的積極責任，以及不得干預這些權利的消極責任。舉例來說，為了讓婦女享有完

整的生育權，政府應該提供所有婦女廣泛資訊與各式健康服務；為了保障婦女自行作主的權利，必要時，政府也應該提供婦女向司法系統求援的管道。女權提倡者必須持續推動開羅《行動準則》以及《北京行動綱領》所揭示的性健康原則，原因即在此。為求包含性自由與性健康在內的人權能夠普世落實，政府與社群必須提供基本的工具，讓這些權利得以從日常生活中實踐起。

要使人人享有完整的生育健康，以下各項不可或缺：　　　　　65

- 與下列各項相關的資訊、教育與交流：生育健康、生育自由、性傳染病（sexually transmitted diseases, STDs）、人類性慾、親職責任、社會性別權力關係、性虐待、亂倫、生理性別差異、藥物對生育健康的影響。
- 安全、適當且易於取得的避孕器材，並應有多種選擇
- 倡導負責任的性行為，包括增進保險套使用
- 充分的醫藥照護，包括婦科照護以及生產前、中、後對母親的照護
- 安全與合法的墮胎手術，以及墮胎前後的完善服務
- 愛滋病以及其他各種性傳染病的預防方法與其治療
- 避免不孕的方法及其適當治療
- 認可並支持所有親職安排（parenting arrangements）
- 消除生活中的生育風險，例如，危險的環境與工作場所
- 策畫、執行、實驗與發展新的生育與避孕方式時，以及擬定提供健康照護與性教育的計畫與政策時，務必採納婦女觀點，不可排除婦女團體在外
- 充足的就業、住屋、健康照護與教育機會

上述最後一項鮮少被提及，但是已有太多個案顯示，生育健康取決於婦女的社經地位。少了教育以及取得資訊、健康照護、經濟資源的管道，婦女在做出生育與性行為的相關決定時，便無法充分自主。在充滿暴力的親密關係或是社會裡，婦女無法自行下決定、尋求醫藥照護；因此，生活在這種環境中的婦女尤其不易享有生育與性自主權。由此可見，生育與性自主權和本書所討論的其他各項權利是直接相關的；先落實其他權利，方

能實踐生育與性自主權。

　　受到社會、文化、經濟因素影響，在不同的社會裡，婦女對生育健康照護的需求也不盡相同。至於必須採取哪些步驟以滿足這些需求，更是不一而足。應該留意的是，不要試圖找出單一的方法，來解決不同環境裡的健康議題。例如，子宮帽（diaphragm）對很多人來說，使用效果可能並不好，因為婦女如果要正確使用子宮帽，自來水設施、殺精劑、就醫管道以及相關資訊等等皆不可或缺，卻不是所有婦女都具備這些條件。

活動四：採取行動

目標：為婦女的生育健康需求以及促進生育健康的策略下定義

時間：60分鐘

器材：海報紙與麥克筆，或黑板與粉筆

1. 腦力激盪：

　　如果婦女想要享有充分的生育健康，必須滿足哪些需求？請參與者列表。將所有列出的需求大聲讀出來。問參與者：列表當中，有哪些需求社群裡的婦女已可取得？將這些需求圈起來。針對沒有圈起來的項目進行討論：

- 無法滿足這些需求的原因分別為何？
- 當婦女的生育健康需求未能滿足時，會導致怎樣的後果？

2. 擬定優先順序：

　　想一想上一步驟中沒有圈起來的項目（亦即未能滿足的需求）。大聲讀出這些沒有圈起來的項目，請參與者為每一個項目緊急的程度打分數。最低一分，最高五分，愈緊急的需求分數愈高。

3. 討論：

　　針對步驟二中所擬定的優先順序，向參與者提出以下問題：

- 婦女團體與其他的非政府組織可以採取哪些行動，使婦女能夠充

66

（下頁續）

（續上頁）

> 　　分享有生育健康？
> - 妳能夠組織宣導與遊行活動，抗議不安全的避孕方法以及強迫性的生育科技嗎？
> - 妳能夠進行研究計畫，將侵犯婦女生育與性自主權的醫療措施一一記錄下來嗎？
> - 妳能夠舉辦公眾教育活動，討論家庭計畫嗎？
> - 妳能夠設立生育控制與輔導服務嗎？
> - 從上述各項策略中，選出在妳的社群裡最有可能成功實踐的兩項。

墮　胎

　　安全墮胎是許多婦女伸張其生育與性自主權時的中心訴求。在世界各地，墮胎對於婦女健康影響重大與否，要視其他生育控制方法是否可得而定。不過，有一項數據變化向來不大：在禁止婦女墮胎的地區，非法墮胎與自行墮胎造成的死亡率反而往上攀升。貧窮與「弱勢」婦女無力負擔較高品質的照護，死於非法墮胎的比例遠遠高於其他婦女。

　　世界衛生組織估計，非法、不安全的墮胎是造成產婦死亡的首要原因。在全球各地，每天約有五百名婦女死於不安全的墮胎手術，這些墮胎手術多半也是非法進行的。墮胎在已開發地區一般是合法的，安全的健康服務也較為普及，墮胎死亡率為三千七百分之一。在發展中地區，墮胎死亡率則平均為二百五十分之一。提供健康照護的相關機構已發現，降低非法墮胎死亡率的最佳方法，便是將這項手術合法化，並且擴大提供避孕與家庭計畫的資訊。

美國的診所暴力事件與基督教基本教義派

在美國，基督教基本教義派反對婦女墮胎已有二十年之久。儘管墮胎自從一九七三年以來在美國便受到憲法保護，仍舊發生了超過六千起圍堵診所事件，三百多起入侵診所事件，近二百起以縱火、投擲燃燒彈與炸彈等手段攻擊墮胎相關機構的事件（得逞與未遂案例均包含在內），以及超過七十起化學攻擊。此外，尚有一百多起墮胎從業人員遭受肢體攻擊事件，二件綁架案，二百五十起死亡威脅，十一件謀殺未遂，五件謀殺案。

帕布羅·羅迪奎斯醫師（Pablo Rodriguez）是羅德島計畫生育協會（Planned Parenthood of Rhode Island）的醫學主任。他在美國參議院作證時，如此描述：

「騷擾剛開始的時候，只是經常收到噁心信件與胚胎支解的圖片；可是，攻擊性逐漸地增強了。我開始收到一些奇怪的包裹，有的裝了洋娃娃，有的裝了槍枝、狩獵雜誌，裡面有四肢綁起來倒吊著的動物屍體圖片。然後「通緝」海報開始出現……。接著，我們診所的門、鎖有好幾次被黏住，最後還發生外人強行圍堵住診所的事件……。有（一天）……當我開車送母親到公車站時，我察覺車子很難控制方向。母親下車之後，我馬上檢查輪胎，赫然發現竟有四十五支釘子，深深插在輪胎裡——還好我發現了這件事，因為我先前在公路上開車時速達五十哩。當晚我回到家，還不明白這起破壞行為是在哪裡發生的，我的妻子倒是痛苦無比地先發現了。她一腳踩在車道上，而車道積雪之下遍布陷阱，到處是釘屋頂用的鐵釘。一想到年幼的子女也可能在同一段車道上奔跑嬉戲而受傷，這個景象便讓我不寒而慄，直到今天仍然無法釋懷……」

[Testimony of Dr. Pablo Rodriguez, Medical Director of Planned Parenthood of Rhode Island, 161 Cong. Rec. H 10063, Vol. 139 No. 161, Freedom of Access to Clinic Entrance Act of 1993 (FACE).]

67

開羅會議與墮胎爭議

一九九四年，聯合國國際人口與發展會議（International Conference on Population and Development, ICPD）在開羅召開，墮胎是會場上引起熱烈討論的中心議題之一。權力與控制乃是討論墮胎時的最終焦點所在。有些政府與宗教權威拒絕接受婦女有權終止懷孕；有些則相信，政府、醫生、丈夫與宗教領袖——而非婦女本身——有權決定墮胎與否。政府往往採取懲罰措施來控制墮胎：有些政府只懲罰施行墮胎手術的醫生，有些政府則同時懲罰醫生與墮胎婦女。雖然這場在開羅舉行的會議重申對婦女健康的承諾，倡議婦女身體自主權卻使各地許多宗教與政治團體深深感到不安，包括生育控制遊說團體在內。《行動準則》的確在一般的層面上認同婦女享有健康照護權，也承認生育健康是婦女追求平等不可或缺的 部分；但是，儘管如此，《行動準則》終究未能將墮胎權或是婦女的身體自主權，明確納入其中。

思考墮胎議題，是否應該由婦女健康的角度出發？開羅會議中的歧見，部分便是源自於此。會議召開前草擬的文件當中，呼籲各國應設置安全合法的墮胎機構，這項要求強調的是婦女健康及其福祉，而非刑法法規與懲罰措施。然而，會議代表最後所決定的《行動準則》僅表明：在墮胎並不違法的情況裡，該手術應當以安全方式進行。該準則著重的是，「藉由推廣與改善家庭計畫之實施」，減少墮胎次數。〔UN International Conference on Population and Development (ICPD) in Cairo, September 1994, paragraph 8 (24) A/CONF.171/13/REV.1〕《行動準則》中，並未承認墮胎是婦女的權利。

預設異性戀模式

一九九五年的北京世界婦女會議，認同婦女在眾多方面應享有自行作主的權利，選擇伴侶便是其中一項。不過，這項權利在許多社會往往受到

各種不同因素的限制，包括預設異性戀模式、對違反傳統社會規範的婦女懷有恐懼與偏見等等。在異性戀模式裡，已經預先設定好婦女的理想角色了（例如，打理家庭大小瑣事的賢妻良母）。這種對婦女的預設看法，對所有婦女而言都是一種束縛。

婦女、法律與發展機構（Institute for Women, Law & Development, IWLD）曾在馬來西亞舉辦了一場籌備會議，為北京世界婦女會議暖身。會中，參與者指出：「無論屬於何種性傾向的女性與男性，在性、生育、生活方面的選擇均受到異性戀模式建構的限制。」異性戀模式也「限制了婦女諸多能力，包括：在婚姻內外表達並享受性慾、選擇伴侶、決定是否以及何時生育子女、保護自己免於疾病與暴力、在各方面充分地參與經濟與社會生活」。因為有這些模式之故，「婦女往往不明白，除了經由社會化過程習得的方式之外，尚有其他理解經驗的方式，尤其是那些對她們的身體有所影響的經驗。這種建構出來的無知造成了嚴重後果，影響在性與生育方面行使決定權的能力」（IWLD, Outcome of Strategy Meeting held 24-28 October 1994）。異性戀模式對所有婦女而言都是一種束縛，但是對女同志與未婚婦女危害尤烈。無論是家庭裡、職場上，這些婦女在生活中的各個領域皆難逃暴力、騷擾以及歧視（參照第二章「婦女人權：平等與不受歧視」）。

68

活動五：強迫人人都是異性戀

目標：檢驗關於女同志的人權議題

時間：60 分鐘

器材：「個案研究：一名年輕女子的故事」短文影印本
標明「敵人」（占十分之九）或「朋友」（占十分之一）的卡片
海報紙與麥克筆，或黑板與粉筆

（下頁續）

（續上頁）

個案研究：一名年輕女子的故事

　　T.M.是一名來自非洲南部的年輕女子。自從父母親發現她是女同志之後，她的遭遇如下所述：

　　「我的父母親決定要為我找一個丈夫，所以他們帶了好幾名男孩回家與我見面。但是我絲毫不感興趣，所以最後他們硬是把一個老男人與我配成一對。他們把我鎖在房裡，每天都帶這個老男人來強暴我，目的是要讓我懷孕，然後強迫我嫁給他。他們如此對待我，直到我懷孕了才罷休。懷孕之後，他們說我想做什麼都可以，但是一定要跟這個男人在一起，不然就要將我逐出家門。他們後來真的把我給趕了出去，以為沒有工作的我無路可走，就會到這個男人家去。相反地，我選擇投靠朋友。

　　「我進行了墮胎手術，在醫院待了一個月。事後，無論何時遇見親戚，我都會想辦法閃躲。我和他們斷了聯繫約半年之久。警方在追查我的下落，所以我習慣只在夜間活動。警方最後還是找到了我，把我帶回家；家人把我鎖起來，打得我遍體鱗傷，手臂舉不起來，整個人也無法起身。

　　「我不希望他們再把那個可怕的男人帶來，所以在房間裡待了好幾個月，假裝生病。可是他們還是把那個男人帶來了，而我再次懷孕。我逃離自己的家，與我的女朋友住在一起。這回我沒有墮胎，因為我怕墮胎會要了我的命——第一次真的很痛很痛。我留下這一胎，直到後來流產，寶寶死掉為止。現在的我，無時無刻總是在逃亡。只要父母親一發現我人在何處，我馬上搬到另一個地方。他們仍然在找我。我已經大概七個月沒見過家人了。我怕這一次他們會用鍊子把我鎖起來，所以我仍在躲藏當中。」

1. 閱讀／討論：

　　將「個案研究：一名年輕女子的故事」大聲讀出來。妳也可以這樣做：選用一則發生在妳的社群裡，傳統習俗對女孩造成傷害的真實故事。討論：

　　• 在妳的社群裡，這是一個難以解決的問題嗎？原因為何？

（下頁續）

（續上頁）

> • 國家應該如何處理這個案例？
> • 本個案中，牽涉到哪些人權？請列表。

2.角色扮演：

　　　將參與者分成三個小組。請第一組推選一位成員扮演T. M.，第二組推選二名成員扮演T. M.的父母親，第三組推選一名成員扮演警察。在各個小組裡，參與者應當共同討論，幫助推選出來的成員準備她們的角色。

　　　當演員準備妥當後，請她們站在其他參與者所圍成的圓圈中央。這些參與者代表的是社區裡的民眾。分給「社區民眾」一人一張卡片；卡片上分別寫著「朋友」或是「敵人」（只有十分之一的卡片上面寫的是「朋友」）。這些卡片決定了社區民眾對T. M.的反應。參與者不可讓任何人看到自己的卡片。為角色扮演訂立基本規則，包括：T. M.有權隨時暫停角色扮演的進行；參與者不得碰觸到T. M.的身體。

　　　向參與者解釋：角色扮演一開始的時候，T. M.正試著向警察說明她的情況。其他參與者分別以「朋友」或「敵人」的身分回應T. M.，提供支持，或是質疑挑戰。事先與參與者約定角色扮演進行的時間長短，或是當妳感到活動已達到高潮，即可結束。如果拿到「朋友」卡片的參與者未能有效幫助T. M.，協作者應以「朋友」身分伸出援手。

　　　角色扮演結束後，詢問主要演員與其他參與者分別有何感想。

3.討論：

　　　提出下列問題，為活動作總結：

> • 在妳的社會裡，異性戀模式有哪些規範？
> • 未能遵從這些規範的婦女，會有怎樣的遭遇？有非婚生子女的婦女、選擇不結婚的婦女、選擇不生育子女的婦女，分別又會有怎樣的遭遇？
> • 在T. M.的故事中，涉及哪些人權議題？
> • 應該由誰挺身而出，保衛T. M.的人權？

69

人口控制

婦女的生育議題，最早是被當成「世界人口問題」的一部分，而在世界舞台上受到矚目。人口成長向來被描述成一個隨時可能引爆的定時炸彈。阿瑪提雅·森（Amartya Sen）指出：「這種災難式的形象，導致人們傾向於尋求緊急的解決之道，不把涉及（人口問題的）對象當成具有理性的人類、共同面對問題的夥伴，反而視為危害社會之源，衝動、難以控制、有待社會強力規訓。」（Sen, Amartya, "Population: Delusion and Reality," *The New York Review of Books,* 22 September 1994, p. 62）

人口成長值得關切，這有幾個正當理由。高生育率對生活品質造成損害，對婦女影響尤大。此外，高生育率往往是個信號，顯示有其他問題存在：

- 嬰兒與兒童死亡率過高，各家庭必須多多生育，方能保證至少有一名子女存活。
- 國家對老人、病患照顧不足，各家庭必須多生育，將來才有子女可照顧患病者與家中長輩。
- 教育水準低落、家庭計畫相關資訊匱乏，婦女不知道如何以安全方法節制懷孕，男性則不願了解他們在生育中扮演何種角色以及應負起哪些責任。

高生育率剝奪了婦女充分參與公私生活的自由；而降低出生率往往可以促成婦女整體地位的改善。

許多處理人口成長的計畫，在當初設計時並未考慮到婦女的利益。舉個典型的例子來說，救援機構（尤其是工業化國家在開發較遲緩的國家設置的救援機構）所提出的人口控制計畫，強化了政府對性與生育的掌控，卻犧牲了婦女的權利。他們的政策往往試圖降低全體人口的出生率，或是貧窮弱勢婦女、其他當權者眼中「麻煩」族群的生育率。

歧視與人口控制

在此同時，工業化國家的婦女雖然享有較高的生活水準，卻可能在壓力之下被迫多產。社群的文化可能讓婦女覺得，除非自己盡了當母親的責任，否則人生便不算完整。不過，這樣的教條僅施用於富裕的族群，或是主要的族裔族群。在某些國家，政府試圖限制屬於有色人種、殘障族群、低下階層的婦女生育。如此一來，人口控制的目的似乎不在於消除貧窮，反而是要消除貧窮、殘障、被拋棄無人眷顧的族群。

生育權 vs.人口控制

提倡生育與性自主權，勢必得推廣節制生育的方法。不過，這與推行人口控制大不相同。生育與性自主權假設個人有能力為自己的生活下決定，而剝奪個人這項能力，便是對人性尊嚴的一種侵犯。人口控制則假設，婦女沒有做出此類決定的能力，必須由政府與／或國際組織代勞。當政府採用強迫的方式控制生育時，婦女應當有所回應，爭取性自主與生育權。婦女可以要求擬定行動方案以增進婦女福祉，使婦女面臨改變生育模式的選擇時，也具有自主決定的能力。

生育權與人口控制的另一差異，則涉及政府政策。傳統上，人口政策只從後代繁衍者、賢妻、處於婚姻關係中的母親等有限的角色來界定婦女，對於其他身份的婦女則一概予以忽視，包括離婚、守寡或遭遺棄的婦女，以及單身、同性戀、不與男性同住的婦女等等。然而，所有婦女都有與生育權以及性健康相關的需求，而生育與性自主權的概念也應該不論身份上的差異，適用於所有婦女。

以生育與性自主權為基礎的政策，應當禁止具有強迫性質的政府法律、人口政策與社會風俗。同時，生育與性自主權政策也應推動政府與國際組織積極採用有助保障婦女獨立自主、健康、生計的社會、經濟、文化條件。「如果接受教育的機會增多（尤其是對婦女而言）、死亡率下降（尤其是對兒童而言）、經濟保障提升（尤其是對老年人而言）、婦女就業與參政更普遍，我們便能期待，那些生活直接受到上述因素影響的人，能夠透過

自主決定與行動，快速降低生育率」（Sen, Amartya, "Population: Delusion and Reality," *The New York Review of Books,* 22 September 1994, p. 71）。

人口控制政治學

活動六：都是窮人惹的禍

目標：檢驗一般大眾對於貧窮者與人口過剩所持的態度

時間：30分鐘

器材：無

1. 選擇立場／討論：

在房間前方畫一條線。向參與者解釋，線的左邊代表完全反對，中間線上代表中立，右邊則代表完全同意；當妳讀出一個敘述句時，參與者應該根據自己同意這個句子與否，選擇站立的位置。參與者針對某個敘述句選擇立場站定之後，請站在左邊的人討論她們為何持反對態度。討論結束時，詢問是否有任何參與者想要改變立場，並請她們解釋理由。

敘述句範例：

- 人口過剩肇因於貧窮。
- 貧窮的人生育過多子女。結果，他們占用了太多的食物與資源。
- 貧窮的人之所以生育太多的子女，是因為他們不識字的緣故。
- 這個世界的問題，根源在於窮人太多，增加速度又未加以控制，令人憂心。
- 窮人一輩子無法翻身，是因為他們沒有多加思考，生了孩子又養不起。

2. 討論：

對貧窮者、人口過剩該抱持怎樣的態度？向參與者提出下列相關問題：

（下頁續）

（續上頁）

> - 造成人口過剩的其他因素有哪些？
> - 政府單位爲何把責任歸咎於貧窮者？爲何一般民眾也怪罪於貧窮者？
> - 一個怪罪貧窮者的政府，可能會支持怎樣的政策？
> - 妳認爲何人或何事該爲人口過剩負責？
>
> [Adapted from Sabala and Kranti, *Na Shariram Nadhi: My Body is Mine,* Mira Sadgopal ed., (Bombay, 1995, p. 47)]

71

活動七：子宮戰爭

目標：說明婦女爲了生育承擔重大壓力，並收到相互矛盾的訊息

時間：30分鐘

器材：無

1. 角色扮演：

請一位參與者代表扮演「婦女」的角色。她可以在各組之間穿梭，聽聽各組如何準備各自的論點。將除了這名「婦女」以外的參與者分成六個小組，各組將從以下選定某個角色，並爲其擬定一套說詞：

- 鼓勵多生育的政府健康官員
- 提倡限制生育的政府健康官員
- 反對任何形式家庭計畫的傳統權威
- 鼓勵施行家庭計畫的女性主義健康工作者
- 提供食物與醫藥照護，換取民眾同意節育的政府官員
- 喜歡子孫滿堂的家族長輩，認爲多生育可以養兒防老、提振經濟，或是婦女多生育，社會地位才會高

請「婦女」坐在中央，由各組指派一名代表，說服她該做出怎樣的生育決定。各組代表陳述論點之後，「婦女」可以發問，但是不要表達

（下頁續）

（續上頁）

任何意見。

2.討論：

藉由思考部分以下問題，討論剛剛進行的角色扮演：

- 身為這名「婦女」，感受如何？是否有許多婦女像這樣接收到矛盾的訊息？
- 這名婦女承受了哪些外來的脅迫或煽動？
- 小組可以給這名婦女哪些建議或支持？
- 這些政府官員背後有哪些動機？
- 想像各組的論點，目的是要說服一名男性進行輸精管切除手術：這些論點是否有說服力？為何生育控制計畫鮮少針對男性進行？
- 與妳來自同一個社會的婦女，最有可能被哪一個論點說服？為什麼？
- 婦女真的能夠自行做出生育決定嗎？原因為何？有哪些因素介入婦女的選擇？婦女有權選擇嗎？
- 婦女是否應該對人口過剩負責？若否，人口控制計畫應該針對的對象為何？

年輕人的需求

在一九九四年開羅國際人口與發展會議上，主要的爭議之一與青少年有關。某些政府不願正視青少年也有性行為的事實，拒絕承認青少年對於生育與性方面的健康照護自有其需求。不過，該會議倒是承認，如果要滿足所有人的生育需求，男性的行為與態度必須有所改變。

促進青少年健康最主要的障礙之一，便是缺乏有效的性教育；尤其是生育控制、性傳染病的相關資訊，極少專門為女孩與男孩特別設計。後果之一，便是年輕人得到性傳染病往往未接受治療，而某些性傳染病有可能導致不孕；另一個後果則是愛滋病毒正在年輕人之間散布。此外，許多女

孩並不了解，太早懷孕對健康是一種危險；而且，面對性的邀約（特別是由年紀較長的男性提出時），女孩往往無力拒絕。

72

缺乏性健康的資訊，對於同性戀青少年、青少女負面影響尤大。這個族群自殺與罹患重度憂鬱症的比例是最高的；其原因便在於，同性戀青少年與青少女往往感到全然孤立，在人生的困境中找不到出口。

即使性教育存在，多半也僅限於解釋生育的生理機制，絕少提到生育控制，更未灌輸男孩也應當負起避孕責任的觀念。對於愛滋病，不是完全忽略不談，便是把它當成一種別人才會得到的疾病看待；而實際上，世界各地的愛滋病毒感染者數目都正在持續增加當中。青少年本身最關心的事情並非懷孕，而是愛情、交往與性。健康照護專家已經發現，有效的性教育應當從青少年真正在意、擔憂的議題著手，並且倡導正面、健康的性生活，強調自主、伴侶之間對等溝通、共同負擔生育控制的責任（參照第六章「婦女人權：女孩篇」）。

活動八：給誰的性教育？

目標：檢驗對性與生育相關資訊的需求，並且就女孩可得到的資訊，評
　　　鑑其品質

時間：60分鐘

器材：紙條若干

　　　三個籃子或袋子

1. 回憶：

　　童年的時候，參與者對性或生育是否有何疑問或誤解？發給每一位參與者三張紙條，請參與者在第一張紙條上列出一項。在第二張紙條上，列出一項參與者在青春期類似的疑問或誤解。在第三張紙條上，列出一項參與者現在的疑問。向參與者解釋，所有問題都無須署名。收集所有紙條，分別裝在三個籃子或袋子裡。

　　接著，邀請一位參與者從「童年」這個籃子裡抽出一張紙條，大聲

（下頁續）

（續上頁）

讀出上面的問題。請參與者描述，她們在童年時如何獲得該問題的解答。將資訊來源列表。從每一個籃子或袋子中，至少抽取三張紙條來討論。

　　向參與者提出下列與性知識來源有關的問題：

- 來源爲何？
- 該資訊來源是否準確、完全？
- 該資訊來源是否特別強調某些價值觀？
- 該資訊是否與婦女人權相關？可能相關嗎？應該相關嗎？

2.討論：

　　向參與者提出下列與性教育相關的問題：

- 在妳的社群裡，年輕人如何獲取與生育以及性相關的知識？
- 他們是否從學校、健康照護中心與／或其他社會機構收到任何資訊？
- 這些來源所提供的資訊是否準確、完全？
- 這些資訊來源分別強調哪些價值觀？
- 年輕人所接收到的資訊，是否提及婦女人權？這些資訊應該提及婦女人權嗎？
- 對於目前可取得之性教育資訊與材料，妳想做哪些修改？
- 如果，在妳的社群裡，生育與性自主權的相關教材仍舊付之闕如，妳是否會想要自己動手編製教材？
- 對於妳少女時期可得之性與生育資訊，妳有何評價？對於目前可取得之資訊，妳又有何評價？
- 當資訊需要改進時，贊成的是哪些人？反對改變的又是哪些人？
- 假設妳擁有資源，可以爲女孩出版任何與生育、性相關的書刊。妳會怎麼做？
- 這些書刊會在哪些場合流通？怎樣做才能在這些場合流通？
- 在妳的出版物裡，妳是否願意提供版面，教導相關資訊？
- 父母是否有權禁止子女閱讀這些書刊？

73

用行動提倡生育與性自主權

- 辛巴威：一九九五年，辛巴威國家家庭計畫委員會（Zimbabwe National Family Planning Council, ZNFPC）展開一項公共資訊與媒體宣導活動，提升大眾對避孕的認識。
- 哥斯大黎加：政府官員依據一九九四年國際人口與發展會議中的討論，重新規畫該國的人口與發展計畫，將更多的性別議題與青少年需求納入考量。
- 烏干達：烏干達女性律師公會（Association of Uganda Women Lawyers）與其他非政府組織，對於家庭計畫官員與執行者濫用職權之行徑展開監控。
- 波蘭：婦女人權中心（Women's Rights Center）、計畫生育協會（Planned Parenthood）與其他非政府組織展開媒體攻勢，宣導波蘭法律嚴格限制墮胎的危險性，並報導國內、區域性、國際性日趨強烈的遊說行動，希冀能夠促成當地法令的改變。
- 羅馬尼亞：教育與避孕協會（Society in Education and Contraception, SEC）與其他非政府組織已紛紛成立支會，設計與愛滋病、避孕以及其他生育、性健康議題相關的教材。

為婦女的生育與性自主人權下定義

活動九：制定自己的法律

目標：制定一套保障婦女生育與性自主人權的法律

時間：60分鐘

器材：海報紙與麥克筆

《消除對婦女一切形式歧視公約》第十六條(1)(e)影印本

（下頁續）

（續上頁）

寫一寫，讀一讀，大家一起來回顧：

步驟一：將參與者分成數個小組，擬定一套可以保障婦女生育與性自主人權的法律，並寫下來。自訂的法律應當盡可能的詳細。這套法律應該是國際法、全國性法律、還是地方法規？或者三者皆是？

　　注意：小組可以使用附錄一的「分析人權問題」與「實踐人權策略」表格（第 392-393 頁）來檢視這個議題。

步驟二：將《消除對婦女一切形式歧視公約》第十六條(1)(e)影印本分發給參與者，請大家閱讀。本條款是該公約中唯一確切提及生育與性自主權之處。

步驟三：請小組比較她們自己制定的法律與《消除對婦女一切形式歧視公約》第十六條(1)(e)。

- 有哪些相同之處？有哪些相異之處？
- 經過比較，小組成員是否想要更動她們自訂的法律？如果是，要怎麼改？
- 小組建議《消除對婦女一切形式歧視公約》做哪些更動或增添，以求完善？

步驟四：請各小組報告她們的法律。討論：

- 自訂法律中所包含的權利，目前受到政府哪些限制？政府有哪些地方需要改變？婦女該如何促成這些改變？
- 政府可以怎麼做，以支持、執行妳的法律？
- 自訂法律中所包含的權利，目前受到宗教、文化、傳統、風俗習慣哪些限制？宗教、文化、傳統、風俗習慣有哪些地方需要改變？妳該如何促成這些改變？
- 宗教、文化、傳統、風俗習慣目前以怎樣的方式，支持並執行妳的法律？
- 自訂法律中所包含的權利，受到妳本身或是妳的家人哪些限制？

（下頁續）

（續上頁）

> • 妳本身或是妳的家人有哪些地方需要改變？這些改變有可能實現嗎？
>
> **步驟五**：如果要在社群裡落實這些自訂法律與／或《消除對婦女一切形式歧視公約》的條款，需要哪些條件配合？請討論。爲個人與團體擬定可能的行動策略。將多數參與者所同意的策略列表寫下。

第六章

婦女人權：
女孩篇

目　標

74

本章所包含的活動與背景資訊，將有助參與者達到下列目標：

- 辨別男孩與女孩之間的生理性差異，以及由社會建構出來的差異
- 指認出家庭裡「重男輕女」對女孩造成的影響，並討論之
- 認識對女孩可能造成傷害的傳統習俗
- 指認出施加在女孩身上各種形式的暴力，並了解暴力對受害者造成哪些影響
- 獲得青少年性行為的相關資訊，了解提升女孩健康照護權、隱私權、平等權的各種方法
- 了解女孩的勞力在家庭裡、正式與非正式工作環境裡，遭受哪些方式的剝削
- 討論政府當局是否複製延續了對女孩人權的侵犯，抑或對此侵權行為加以打擊
- 擬定策略，使個人、組織與政府當局可據此改善女孩人權

起點：思考女孩的童年社會化過程

在許多文化裡，女孩從小就被教導應該要安靜、被動、順從。哈佛婦女心理學研究計畫（Harvard Project on Women's Psychology）將女孩的發展劃分爲數個階段，其中發現，女孩到了十歲左右的年紀，開始把自己塑造成一個「完美女孩」。「完美女孩」是一種集體形象，綜合了女孩從觀察中發現能夠贏得父母與教師讚賞的特質：淑女、文靜、服從、功課表現優異、無時無刻都乖巧討人喜歡（Ms. Foundation for Women Report, citing Lyn Brown, "Narratives of Relationship: The Development of the Care Voice in Girls Age 7-16." Ph.D. diss., Harvard, 1989; eds. Gilligan, C., A. Rogers, and D. Jolman, *Women, Girls, and Psychotherapy: Reframing Resistance,* New York: Hayworth Press, 1991）。

父母與教師往往強化了「完美女孩」的形象。這個形象雖然隨著各個不同文化而有所差異，但是在世界各地幾乎都會以某種形式存在著。此一社會化過程對於女孩發揮潛能、行使人權的能力，有相當長遠的影響。《北京行動綱領》指出：「女孩往往獲得次等待遇，並且透過社會化過程，學會凡事把自己擺在最後，因而削弱了她們的自尊。童年時期受到歧視與忽略，足可引發主流社會對女孩的剝削與排擠，終其一生每下愈況。」（第260段）（關於女孩的社會化過程，詳見第十三章「婦女人權：教育篇」）

由此可知，男孩與女孩在家庭裡、社會上地位有所不同，主要導因在於態度上，而非生理上的差異。重視男孩甚於女孩的教育體系（包括正式與非正式的教育體系在內）往往更進一步延續了這些差異。妮拉·庫克賈·索和尼（Neera Kuckreja Sohoni）是一位學者，在許多國家進行研究，探討女孩必須承受的負擔。正如同她所觀察指出的：「真正的性別差異在於態度，而且性別差異就像種族歧視一樣，造成難以估計的傷害。和膚色一樣，（生理性別）只是出生時的意外，權利卻是人爲制定的。加諸在女孩及其生存發展上的，是一套大不相同、充滿歧視的價值觀與期望。男孩與成年男性一樣，享有較寬敞的空間、較崇高的價值：透過對女孩有形與無

形的忽略，這類差異因而得以延續。」（Kuckreja Sohoni, Neera, *The Burden of Childhood: A Global Inquiry into the Status of Girls,* Oakland, CA: Third Party Publishers, 1995, p. 13）（關於性別角色，請參照第一章「入門活動」的活動六）

75

活動一：淑女行為之花

目標：為合於社會規範的女孩行為下定義

時間：40分鐘

器材：每一小組各需三張海報紙與麥克筆數枝

以下問題的影印本（非必要）

1. 畫圖／列表：

在活動開始之前，將各組的三張海報紙並排懸掛在牆上或架子上。將參與者分成若干小組。（如果參與者當中包括男性在內，男女應該各自分組，並將問題稍做修改以涵蓋成年男性與男孩的經驗。）請參與者在三張海報紙上寫下她們對下列問題的回答。從中間那一張海報紙開始。

中間海報紙：

- 人們會說哪些話來提醒妳，身為一名成年女性／女孩行為舉止應該如何才算恰當？
- 在妳的成長過程中，妳是否學到該怎麼做才能被當成是「好女孩」？
- 社會傳達出哪些訊息，告訴妳行為舉止應該如何才算是「淑女」？

將答案表列在中間的海報紙上，沿著答案外圍畫上花瓣，並標明「淑女行為」。向參與者解釋，這是一朵「淑女行為之花」。女孩的行為舉止如果與這朵花不符合，往往會被人們用難聽的字眼中傷，在壓力下被迫不得不遵循社會規範。

（下頁續）

（續上頁）

右邊海報紙：

> • 人們會用哪些字眼來中傷不符合這朵花的女孩？將這些字眼寫在右邊海報紙上。（注意：這類字眼大部分與外表或性行為相關。）

左邊海報紙：

> • 踰越「淑女行為之花」的女孩，在社會上可能遭受哪些不良後果？可能受到哪些肢體上的傷害？將答案寫在左邊海報紙上。

2. 討論：

討論以下問題：

> • 左右兩張海報紙上的列表，與中間的「淑女行為之花」有什麼關連？
>
> • 「淑女行為之花」所傳達的訊息，如何導致人們對女孩的歧視？
>
> • 這些訊息又如何導致人們對女孩施以暴力？
>
> • 如果「強暴」被列為左邊海報紙上的不良後果之一，向參與者強調：無論遵循「淑女行為之花」的規範與否，任何婦女都可能遭受強暴。

[Adapted from Allan Creighton with Paul Kiver, *Helping Teens Stop Violence: A Practical Guide for Educators, Counsellors, and Parents* (Hunter House, 1992).]

76

活動二：童年的迷思

目標：了解社會採用微妙的方式，促進性別角色的延續

時間：60分鐘

器材：海報紙與麥克筆

1. 表演：

將參與者分成若干小組。參與者在童年時期，是否聽過哪些反映出

（下頁續）

（續上頁）

男女性別角色的民間傳說、當代故事、歌曲、遊戲、諺語、童謠？請舉例列表，並回應下列問題：

- 在妳小時候，這些例子裡有哪些對妳是非常重要的？有哪些是妳特別喜歡、或是特別討厭的？
- 這些例子透露出哪些與男女性別角色相關的訊息？有哪些例子傳達了對男孩的偏好？哪些例子顯示，女孩在家的角色中較受侷限、無足輕重？

請各小組選擇一個最引人注意的例子，向全體參與者報告。

2.討論：

請參與者討論以下問題，並將答案寫在海報紙上（小組成員如果性別一致，問題應稍做修改以符合需要）：

- 這些故事、歌謠如何強化了有關男孩與女孩、男性與女性的迷思？
- 妳是否曾因身為女孩而受到讚美？讚美妳的是誰？妳當時有何感受？
- 這些故事、歌謠如何強化了男孩與女孩在家庭裡受到的待遇？
- 在妳的家庭或社區裡，是否有重男輕女的觀念？如果有，從哪些方面可以看出來？在妳年幼的時候，如何得知家庭與社區偏好男孩？當時妳對此有何感受？
- 當時，妳是否說了什麼或做了什麼，以表達對重男輕女的抗議？現在的妳，是否希望自己當年說了哪些話？
- 自從妳的童年期以來，女孩的處境是否已有所改變？
- （針對已有子女的參與者）妳自己對待女孩與男孩的態度是否不同？

問參與者以下問題，作為本活動總結：

- 婦女可以採取哪些行動，來面對家庭與社區對自己的歧視？

生男偏好（son preference）與生存權

生存權是最基本的人權之一，但是卻有爲數不少的女孩，從呱呱墜地的那一刻起便得爲生存而奮戰，終其一生，不斷掙扎。

全球人口中，總共短少了超過六千萬名女童（UNICEF, *Progress of Nations,* New York, 1997）。在婦女待遇較爲平等的地區，男女比例爲每一百名男性便相對有一百零六名女性左右。在性別歧視盛行的地區，這項男女性別比的數字則被顛倒過來；例如，在中國、南亞、西亞等地，人口中每一百名男性，相對只有九十四名女性（United Nations Development Programme, *Human Development Report 1995,* New York: Oxford University Press, 1995, p. 35）。

濫用羊膜穿刺術與選擇性墮胎

那麼，這些短少的女性人口芳蹤何在？有些女性胚胎，一旦其性別確定之後，馬上慘遭墮胎。無論是在已開發國家或發展中國家，都有父母使用羊膜穿刺術或其他的技術來進行性別選擇（sex selection）。利用羊膜穿刺術，醫生得以分析環繞著胚胎的羊水。這項技術原本是用以偵測胚胎異常與其他懷孕的問題，但是也可以偵測出胎兒的性別。研究指出，即使羊膜穿刺術發現胚胎有異常現象，婦女也鮮少拿掉男性胎兒。例如，一項在印度醫院進行的羊膜穿刺術使用研究顯示，當父母在已知胎兒性別的情況下墮胎時，每八千個胚胎當中，只有一個是男性（*The Girl Child: An Investment in the Future,* Toronto: UNICEF, 1994）。（關於產前性別選擇的討論與活動，請參照第四章「婦女人權：健康篇」）

77　　　　偏好生男的傾向，在已經育有女兒的夫妻身上更是明顯。已經有了一個女兒之後，夫妻比較不願再接受另一個女兒的到來（United Nations, *The World's Women 1995: Trends and Statistics,* New York: United Nations, 1995）。舉韓國的例子來說，每一百名女嬰出生，就有一百一十四名男嬰出生。到了產婦的第四胎，這個數字更升高到每一百名女嬰出生，便有二百名男嬰

出生（Chai Bin Park and Nam-Hoon Cho, "Consequences of Son Preference in a Low-Fertility Society: Imbalance of Sex Ratio at Birth in Korea," *Population and Development Review,* Vol.21, No. 1, March 1995）。

殺害女嬰

一般咸信，殺嬰是某些開發中國家女嬰比例偏低的原因。聯合國反暴力侵害婦女特別報告員瑞迪卡・庫馬拉斯瓦米（Radhika Coomaraswamy, the United Nations Special Rapporteur on Violence Against Women）觀察指出：「在高度重男輕女的文化裡，殺害女嬰成了婦女在缺乏羊膜穿刺術、超音波、墮胎手術時的另一個選擇，令人擔憂。」（Report for the United Nations Special Rapporteur on Violence Against Women, 5 February 1996, E/CN. 4/1996/53, p.26）例如，一項在印度南部偏遠地區所進行的研究顯示，高達百分之五十八的女嬰死亡原因是慘遭殺害，而且通常發生在她們出生後七天之內（See UNICEF/UNIFEM press kit on CEDAW, fact sheet on Girls' Rights）。至於在中國大陸地區，女嬰被溺斃、遺棄的比例如此之高，使得社會學家們預測，再過二十年，中國男性想要找到婚配對象恐有困難（Amnesty International, Women in China, Al Index ASA 17/29/95, London, 1995, p.2; UNICEF, "*Education of the Girl Child, Her Right, Society's Gain,*" Report of the NGO Conference, Educational Working Group, NGO Committee on UNICEF, New York, 21-22 April 1992.）

死亡率與罹病率

一旦出生之後，女嬰與女孩仍得面對遠比男孩來得高的死亡率，這在世界上許多地方皆是如此。例如，在哥倫比亞，每一百名女孩死亡的同時，僅有七十五名男孩死亡；在海地，每一千名二至五歲的兒童當中，有六十一名女童與四十八名男童死亡〔*Looking Back Moving Forward: Second Review and Appraisal of the Implementation Strategies of the Nairobi Forward-Looking Strategies for the Advancement of Women* (13 February 1995).〕。

女孩死亡率較高，是因為她們遭受忽視之故。男孩接受疫苗注射的機

會較大，也獲得較好的營養與健康照護；而女孩生病卻往往必須等上較長一段時間，才由父母帶去看醫生。聯合國兒童基金會（United Nations International Children's Emergency Fund, UNICEF）指出，每年有超過一百萬名女孩因為營養不良、成人疏於照顧或是遭受凌虐而死；如果她們生為男兒身，便不致有此遭遇（UNICEF, *Girls and Women: A UNICEF Development Priority,* 1993）。據估計，約有四百五十萬名開發中國家的婦女，因為幼時缺乏蛋白質，營養不良而發育不完全。（關於對女孩的忽視，請參考第四章「婦女人權：健康篇」的活動四「毋忘女孩」，第 100 頁。）

女孩的死亡率與她們受到肢體凌虐、性侵害的高比例也有關係。多國研究均顯示，女孩承擔的壓力比男孩要來得大。當男孩靠打架發洩時，女孩卻將憤怒藏入心中，轉化成「自我毀滅」的力量。美國的一項研究顯示，在明尼蘇達州，女孩「似乎處於比男孩要大的壓力之下，並且把問題擱在心裡，以此作為應付問題之道」。女孩嘗試自殺的比例也比較高（National Girls' Institute, *Programmed Neglect: Not Seen, Not Heard: Report on Girl Programming in the United States,* Ms. Foundation for Women, p. 9）。

檢視生男偏好的觀念

經濟考量對於重男輕女的觀念提供了部分解釋。雖然女孩工作時數往往比男孩長，也較為努力，但是女孩多半在家中幫忙而沒有收入，男孩則出外工作賺取報酬。也許是因為如此，家庭重視兒子的貢獻遠勝於女兒非薪資式的貢獻。這個現象在農業與以物易物的經濟制度中格外明顯，在已經城市化與工業化的社會裡則不盡如此；因為在城市化以及工業化的社會裡，許多婦女也加入了有薪給的勞動力之列。然而，無論是鄉村或城市，家庭仍舊普遍對兒子有所偏好。對此的種種解釋包括：宗教儀式的重要性、對男性較有利的繼承法、男性在有給勞動力中的地位等等。還有傳統的觀念，認為「嫁出去的女兒是潑出去的水」，結了婚便成為男方家庭的財產。

家庭裡重男輕女的觀念，與許多人權侵犯的議題息息相關。在最嚴重的情況中，甚至可能導致生命權被侵犯〔International Covenant on Economic,

Social and Cultural Rights (ICESR) in *Human Rights: A Compilation of International Instruments* (ST/HR/1/Rev.5, Vol. 1. Pt. 1)〕。此外，如同《北京行動綱領》所指出，當「女孩在經濟與社會資源分配遭受歧視時，……這便是直接侵犯了她們的經濟、社會與文化權」（第 220 段；亦見《經濟、社會、文化權利國際公約》）。在許多情況裡，對兒子與女兒厚此薄彼的不公平待遇，也違反了《消除對婦女一切形式歧視公約》與《兒童權利公約》的條款（見下）。

78

《兒童權利公約》

一九五九年，聯合國發布了《兒童權利宣言》（*Declaration on the Rights of Children*），明示青少年與兒童享有獲得充足營養、免費教育、醫療保健的權利，也有免於遭受剝削歧視的權利。兒童權利在一九八〇年代逐漸受到支持，因而有了一九八九年所簽訂的《兒童權利公約》（*Convention on the Rights of the Child*, CRC），這是一份具有法律約束力的協定（該公約摘要請見附錄四）。這也是最多聯合國會員國參與簽署的一份公約；各會員國同意針對執行公約的進展定期提交報告。僅有二個會員國未簽署：索馬利亞與美國。

所有權利適用於所有兒童，「不因兒童或其父母或法定監護人的種族、膚色、性別、語言、宗教、政治或其他見解、民族、族裔信仰或社會出身、財產、傷殘、出生或其他身分而有任何差別」（第二條）。國家負有責任，保護兒童「不受基於兒童父母、法定監護人或家庭成員的身分、活動、所表達的觀點或信仰而加諸的一切形式的歧視或懲罰」（第二條）。

《兒童權利公約》訂立了所謂的「兒童最大利益」準則：

關於兒童的一切行動，不論是由公私社會福利機構、法院、行政當局或立法機構執行，均應以兒童的最大利益為一種首要考慮。[第三條(1)]

這項準則指的是：無論何時做出對兒童有所影響的決定，都必須將兒

童的利益視爲首要考量。此外，兒童的意見也必須受到尊重。那麼，兒童到了幾歲才有能力提出個人意見？儘管大部分的社群將生命週期區分爲兒童期與成人期，但是何時兒童期結束、成人期開始，在各社群間卻難有定論。

事實上，兒童並非完全地依賴成人。有的時候，反而是成人依賴兒童。舉例而言，兒童（特別是女童）可能會照顧殘障、臥病、年老的家庭成員，甚至爲家庭賺取可觀的收入。

最重要的一點在於，成人應當了解兒童的利益何在，並予以尊重。《兒童權利公約》清楚指出，所有兒童均享有人權。思考女孩的人權議題時，政府有必要聽取女孩的想法，以她們的最佳利益爲著眼點採取行動。閱讀《兒童權利公約》時，應當參照《消除對婦女一切形式歧視公約》以及其他各項保護青少女權益的區域性、國際性協定。

除了近年所制定的《兒童權利公約》以外，其他國際協定也對兒童的權利予以肯定。例如，《世界人權宣言》認爲兒童有權得到特別照顧與協助。《公民及政治權利國際盟約》（*International Covenant on Civil and Political Rights,* ICCPR）與《經濟、社會、文化權利國際盟約》（*International Covenant on Economic, Social and Cultural Rights,* ICESCR）則提供兒童特別保護，將之視爲家庭權利的一部分。《國際勞工組織目標宣言》（*Declaration Concerning the Aims and Purposes of the International Labour Organization*）指示國際勞工組織（International Labour Organization, ILO）應以「提供兒童福利」爲目標之一，發展國際性的活動。許多區域性的文獻則鼓勵社會保障未成年人的工作與生活環境，例如，《非洲人權與民族權利憲章》（*African Charter on Human and Peoples' Rights*）、《美洲人權公約》（*American Convention on Human Rights*）、《歐洲社會憲章》（*European Social Charter*）等等。

79

全球女孩現狀：面對事實

- 女孩在世界人口中所占數目較少，而且女孩對男孩的比例正在持續下降中（United Nations, *The World's Women 1995: Trends and Statistics,* New York: United Nations, 1995.）。

- 世界各地的兒童中，至少有百分之四十以上出身於貧窮，面臨營養攝取不足的困境。在許多國家，家庭裡的食物往往優先分配給男性與男孩，而婦女與女孩分得的食物在質與量方面均顯不足（Kuckreja Sohoni, Neera, *The Burden of Childhood: A Global Inquiry into the Status of Girls,* Oakland, CA: Third Party Publisher, 1995, pp.9-12.）。

- 雖然結婚年齡在世界各地均已提高，但根據估計：亞洲有百分之十八的婚姻是在女孩十五歲或更早之前發生的，非洲的比例是百分之十六，拉丁美洲則是百分之八。相比之下，男孩的結婚年齡明顯大了許多。十五至十九歲的女孩結婚比例，即使在同一個區域裡，也呈現極大差異：東歐是百分之十，西歐與北美是百分之三，東亞是百分之三，南亞是百分之四十，北非是百分之十，在撒哈拉沙漠以南的非洲地區則是百分之二十九（出處同上）。

- 早婚造成小孩生小孩的結果。有生育經驗的女孩除了比較容易產生健康問題之外，接受教育或求職的機會也大為降低（United Nations, *The World's Women 1995: Trends and Statistics,* New York: United Nations, 1995）。

- 雖然女孩的教育程度在今日已普遍提高，但是一項一九九三年的數據顯示，在一億三千萬名六至十一歲未就學的兒童當中，女孩占了大約百分之六十的比例。區域間對此議題仍存有差異；非洲與南亞對女孩受教育的需求，便鮮有積極回應（UNICEF, "Education of the Girl Child, Her Right, Society's Gain," Report of the NGO Conference, Educational Working Group, NGO Committee on UNICEF, New York, April 21-22, 1992）。

- 在拉丁美洲與迦勒比海地區，有百分之五十六的女孩接受中等教育，男孩

則僅有百分之五十二（*The Progress of Nations* 1998, UNICEF, New York, 1998）。

• 幾乎在所有的國家裡，女孩的工作負擔皆比男孩來得沈重，但是她們以勞力換取報酬的機會卻更小（United Nations, *1994 World Survey on the Role of Women in Development,* "Work Burden of a Girl Child in Nepal," Ministry of Labour and Social Welfare, Katmandu, Nepal, 1990）。

※※※※※※※※※※※※※※※※※※※※※※※※※※※※※※※※※※

有害的傳統習俗

　　父母親與地方上的領導者可能要求女孩必須遵循某些傳統習俗，而這些傳統習俗可能會傷害女孩健康，侵犯女孩的人權。在這種情況之下，女孩往往別無選擇；即使她們拒絕遵循有害的傳統，失去了社會的認同與支持亦難以生存。不願「贊同」這類習俗的女孩被認為是一種羞恥，在某些情況裡甚至會遭到監禁或是殺害。

　　女權倡導者所談及的「傳統習俗」，往往並非婦女自身的文化或傳統。女權倡導者常常舉女性閹割（female genital mutilation, FGM）為例，說明傳統習俗可能對女孩造成的傷害。的確，女性閹割對生理與心理均造成極大傷害；根據聯合國估計，每年至少有二百萬名女孩施行閹割。不過，女性閹割只是對女孩有害的傳統習俗之一而已（關於女性閹割，詳見第二章「婦女人權：平等與不受歧視」）。

　　對於行為舉止不符合「性別模式」的女孩，不同社會各有不同懲罰的方式。在絕大多數文化裡，均可見到訂婚、結婚的相關傳統以某種形式存在，而這些傳統尤其最常被強行施加在女孩身上。女孩若是反抗這些傳統，或是拒絕與某一名男性配對，可能會遭到極度嚴厲的懲罰。在美國、巴西、俄國、印度與辛巴威這些看似完全不同的國家裡，都有女孩被送入療養院所施以電擊療法、藥物治療，為的是迫使她們接受符合性別模式的角色，甚至是強迫她們屈從，與某個指定的對象結婚。

　　社會文化要求婦女打扮美麗、保持「吸引力」，長久以來導致各種威

脅健康的行為產生，像是纏足、使用不安全的眼影或是會致癌的美白產品等等。在某些地區，體態豐盈是女性美感與吸引力的丈量標準，這裡的青少女可能會被餵以過量食物，或是被強迫進食。在工業化國家，瘦得像竹竿才能符合美女的定義，所以青少女常以危險的方式節食，甚至導致厭食症與暴食症發生（Smyke, Patricia, *Women and Health,* London: Zed Books, Ltd., 1991, p. 52）。在這些工業化社會中，大約每一百至二百名青少女當中便有一名患有厭食症。厭食症是一種心理疾病，患者強迫自己挨餓，有時會導致死亡（UNICEF/ UNIFEM Information Kit on CEDAW; Fact Sheet on Girls' Rights）。

80

全球有上百萬的青少女，因為早婚而不得不犧牲了健康與自主權。國家也許訂有法律禁止過早結婚，但是執法單位睜一隻眼、閉一隻眼，傳統習俗因此得以延續。早婚的青少女往往中斷學業、提早嚐到當母親的滋味，幾無例外。根據世界衛生組織表示，十至十四歲的青少女生產死亡率比二十至二十四歲成年女性高出五倍之多（出處同上）。

上述提及的各種傳統習俗侵犯了多項人權，例如，生命權、隱私權、自由交往權、表達權、不受歧視權以及免於暴力與折磨的權利。某些有害的傳統習俗已遭到國家性、區域性、國際性的法律禁止，像是《消除對婦女一切形式歧視公約》與《兒童權利公約》等等。的確，《消除對婦女一切形式歧視公約》最有力的訓令之一，便是要求各國「改變男女的社會與文化行為模式，以消除基於性別而分尊卑觀念或基於男女定型任務的偏見、習俗和一切其他作法」（第五條 a）。

活動三：傳統習俗

目標：指認出與有害傳統習俗相關的人權，並擬定青少女可用以抵擋此
　　　類有害習俗的策略

時間：60 分鐘

器材：上節「有害的傳統習俗」短文影印本

（下頁續）

（續上頁）

---

1. 角色扮演：

將參與者分成若干小組。請各小組從「有害的傳統習俗」短文影印本中選擇一項習俗（例如，早婚及其後果、審美觀與厭食症），或是選擇一項參與者所屬社群中的實例，作爲發展角色扮演的主題。

角色扮演中，主角設定爲一名想要反抗傳統的女孩。請各小組成員分配角色，扮演這名女孩以及她生活上重要的人物，例如，父母親、家中長輩、姊妹、朋友、學校教師或是宗教領袖等等。讓女主角與每一個角色接觸，討論她想要脫離傳統的願望。

2. 討論：

各組表演完畢之後，討論以下問題：

- 每一位參與者在角色扮演時有何感受？描述這些感覺。
- 各組選擇作爲角色扮演主題的傳統習俗，侵犯了哪些人權？在各組的情況中，加害者是誰？
- 有哪些策略可用以解決這個情況？家庭可以採取哪些行動？社區與國家又可以採取哪些行動？
- 執行這些權利的保護措施，是否可行？

如有需要，可以使用第 392 頁的「分析人權問題」表格，有助於發展出解決這些議題的行動策略。

女孩遭受之暴力侵犯

有些傳統與風俗習慣——例如，割除女性生殖器官、早婚、強迫結婚——其實是一種施加於女孩的暴力行徑。除此之外，「由於年輕、社會壓力、缺乏法律保護或是法律執行成效不彰等等因素，女孩特別容易遭受暴力侵犯，尤其是性暴力，包括強暴、性虐待、性剝削、人口販賣（有可能是販賣其身體器官與組織）與強迫勞動等等」（《北京行動綱領》第 269 段）。

81

性暴力

　　來自世界各地的女孩，在家庭、學校、街頭同樣面臨著性騷擾與性暴力的問題，而絕大多數國家的司法系統不是沒有權力，便是缺乏政治意願來防範此類侵犯。校園裡，男孩騷擾女孩的行爲模式從粗魯、羞辱性的語言，到動手捏捏抓抓，再到更嚴重的肢體攻擊與強暴，不一而足。以美國大學婦女協會（the American Association of University Women, AAUW）最近一項調查爲例，百分之八十五的受訪美國女孩表示曾在學校遭遇過性騷擾事件。這項數據在各個族裔與種族背景的受訪女孩之間，差距並不大（"Hostile Hallways, The AAUW Survey on Sexual Harassment in America's Schools," AAUW, Washington D.C., June 1993）。

　　各地女孩都有被強暴的可能，但特別容易發生在具有二種特點的社會：一是強暴罪刑輕微，甚至根本不加以執行；二是受害者必須負起舉證責任，承受公眾羞辱。

　　在愛滋病毒感染盛行的地區，強暴女孩的案例也大爲增加，原因是許多成年男性相信與青少女（尤其是處女）性交可以降低感染愛滋病毒的機率。基於相同的原因，市場上對於愈來愈年幼的童妓需求逐漸增加。結果，女孩感染愛滋病毒之後又傳染給下一代，這樣的例子愈來愈普遍。

童妓

　　對兒童性剝削是長久存在的老問題，但是近年來卻日趨全球化、組織化。趁現代通訊、貿易、旅遊之便，童妓已被轉化爲跨國事業。透過綁架、僞造文件、假結婚等手段，很容易便可以將兒童與性交易客戶送出邊界，而且不只是到鄰近國家，甚至可能跨過大半個地球。有愈來愈多的犯罪集團份子，藉由提供、仲介童妓，從中賺取利潤。

　　來自貧窮家庭與發展中國家的兒童，特別容易被招募進入性產業。《一九九四年人類發展報告》（*1994 Human Development Report*）指出，菲律賓、斯里蘭卡與泰國的童妓人數，根據保守估計約在五十萬之譜。有些女孩被自己的家庭賣身從娼；有些則是被誘騙離家，以爲大城市裡有高薪工

作在等著。有時，社會面臨劇烈變遷、經濟危機，父母親從鄉村轉入都市地區或其他國家尋找餬口之道，也使得童妓問題更形複雜。

與兒童發生性行為，是某些社會傳統習俗的一部分。例如，有些兒童被送到寺廟，成為廟妓（cult prostitutes）；或是因為成人迷信與兒童接觸有助於壯陽回春，所以強迫兒童與年長的男性發生關係。

許多兒童不堪家人虐待而逃家，卻因此身陷色情行業。一項在玻利維亞進行的研究發現，有百分之七十九的從娼少女原先在家中便是強暴或亂倫的受害者，離家出走之後才成為娼妓（Muntarbhorn, Vitit, "International Perspectives on Child Prostitution in Asia," in *Forced Labor: The Prostitution of Children,* US Dept. of Labor, 1996, p. 9, 10-11）。童妓也可能造成其他形式的剝削與人權侵犯，例如，肉體或精神上的折磨，甚至是死亡。雖然大多數國家均明訂法律保護兒童免於性剝削，但執行情況往往未臻理想（出處同上，p. 13）。

家庭暴力與亂倫

女孩在家中尚得面對暴力的處境。聯合國反暴力侵害婦女特別報告員發現，在兒童期目睹並親身經驗家庭暴力，與成年期表現出暴力行為，二者之間有密切關聯（Report of the Special Rapporteur on Violence Against Women, 5 February 1996, E/ CN.4/ 1996/ 53, p. 26, citing D.G. Fischer, "Family Relationship Variables and Programs Influencing Juvenile Delinquency," Ottawa, 1985, p. 4）。雖然大多數國家均有一般刑法或是特別制定的法規可用以防制家庭暴力，卻鮮少強力執行。

亂倫（此指發生在家庭中，施加於兒童的性虐待）是一項特別針對兒童的家庭暴力型式。亂倫受害者必須同時承受劇烈的心理創傷與生理病痛：像是肛門與陰道撕裂、膀胱失控、性傳染病、年齡過幼懷孕等等。心理方面的效應往往顯現於長期的行為問題，以及嚴重的憂鬱症狀。社會鮮少針對亂倫受害者提供服務，即使有也並不普遍。

82

《兒童權利公約》第十九條要求各簽約國「應採取一切適當的立法、行政、社會和教育措施，保護兒童……不致受到任何形式的身心摧殘、傷

害或凌辱，忽視或照料不周，虐待或剝削，包括性侵犯。」幾乎每一個國家的法律都將亂倫視為犯罪行為，但因此遭到起訴的案例並不多。發生亂倫事件的家庭通常試著隱瞞事實。成年的加害者往往威脅兒童不得張揚，說出真相的兒童則往往被認為是在說謊。警方與檢察官通常表示無法「干涉」別人家庭隱私，所以不願意提出告訴。即使提出了告訴，兒童的權利在司法系統中也鮮少受到保護。在審判過程中，兒童可能被迫花上極長的時間提供證詞，在作證之前、之後，卻沒有任何的輔導或支持措施，因而再三地重複受創。由於司法系統與社會服務的諸多缺失，亂倫一直是曝光率最低、記錄追蹤最不易的一種家庭暴力。

❋❋❋❋❋❋❋❋❋❋❋❋❋❋❋❋❋❋❋❋❋❋❋❋❋❋❋❋❋❋❋❋❋❋❋

為兒童受虐下定義

兒童受虐可分為四大類別：

情緒虐待：（這一類的虐待可能是以語言傷害、精神傷害、心理虐待等形式表現）包括因為父母親或照顧者的行動（或是因為他們未能採取某些行動）所造成的兒童行為、認知、情緒、心理等方面嚴重失調。

疏忽照料：未能提供兒童生理、教育、情緒方面的基本需求。生理方面的疏忽包括未能達到以下要求：供應充足的飲食或衣物、提供應有的醫療照護、適當保護兒童免於風雨等自然力的傷害。遺棄也算是疏忽生理需求的一種。教育方面的疏忽包括：未能提供適當的學校教育或滿足特殊教育需求，以及任由兒童曠課逃學。心理方面的疏忽包括：缺乏愛與情感支持，未能保護兒童不受侵害，例如，放任兒童濫用藥物與酒精等等。

肢體虐待：對兒童造成身體上的傷害，包括：以燒、打、搥、搖、踢、搂等各種方式傷害兒童。無論成人是否故意造成傷害，均已構成虐待。例如，對兒童施行不適合其年齡的過度嚴厲管教或體罰，即有可能造成傷害。

性虐待：與兒童進行不當的性行為。包括：撫弄兒童的生殖器官、要求兒童撫摸成人的生殖器官、性交、亂倫、強暴、雞姦、暴露生殖器官與性剝削等。性虐待亦即強制、詐騙、利誘、威脅或壓迫兒童進行性行為，或引發

其性意識（sexual awareness）。當一名年紀較長或見識較廣的兒童，或是一名成年人利用另一名兒童以獲取性快感時，便構成性虐待。性虐待發生，可說是較年長者濫用他們對兒童所握有的權力，侵犯了兒童擁有正常、健康、可信賴之人際關係的權利。

※※※※※※※※※※※※※※※※※※※※※※※※※※※※※※※※※※※※

弱勢女孩族群

殘障兒童往往淪為性暴力的攻擊對象，但是兒童保護措施對於他們的需求卻少有著墨。事實上，許多社會服務將他們貶為「特殊」或「有待援助」的對象，反而使得虐待殘障兒童的現象不斷持續發生。馬格麗特‧甘迺迪（Margaret Kennedy）觀察指出：

法律將殘障兒童視為能力較差的族群，必須另外歸納成一個項目（「特殊需求兒童」）。這樣的看法將負面的訊息傳送給社會、父母與兒童，甚至施虐者。這種看法無法表達出「殘障兒童是有力的（powerful）、有價值的」，反而暗示殘障兒童是脆弱的、無法獨立的；兒童一旦被診斷為有所缺陷，便自動成為「有特殊需求」的一員。殘障兒童被教導，要成為乖巧的受害者（Margaret Kennedy, "Rights for Children Who Are Disabled," in *The Handbook of Children's Rights,* ed. Bob Franklin, London: Routledge, 1995, p. 149）。

除了殘障以外，其他特別容易受虐的女孩還包括「遭受遺棄、無家可歸、流離失所的兒童；街頭遊童；戰亂地區兒童；以及因為身屬弱勢族裔或種族族群而遭受歧視的兒童」（《北京行動綱領》，第 171 段）。

83

活動四：採取行動

目標：宣導反性騷擾與／或性暴力

時間：60 分鐘

器材：紙張與繪畫工具

如果方便取得，可提供與性騷擾、性暴力相關的宣傳手冊、廣告、海報、公共服務文宣等等

1. 設計：

將參與者分成若干小組，請她們設計一則廣播或電視廣告，或是一份宣傳手冊，宣導終止對於社群中某一特定年齡層女孩的性騷擾或性暴力。

提出以下各組工作過程中應注意的重點：

- 內容宜簡單扼要。
- 辨認文宣中有哪些主要訴求，特別強調：哪些內容適合經由這份出版品／廣告傳達給大眾？哪些內容不適合？
- 這份文宣有哪些流通管道？是否實際可行？

2. 評論：

集合所有參與者，請各組報告討論成果。請參與者針對各組的設計成品，提出問題並給予意見。

如果有任何現成的相關文宣手冊、廣播或電視廣告，可以將樣品發給大家傳閱，請參與者就其內容與效果加以評論。

你也可以這樣做：依照同樣的指示，以執法人員為對象，製作一份與女孩受暴力侵犯相關的文宣小冊子。

街頭遊童

都市裡無家可歸的兒童，亦即所謂的「街頭遊童」，必須面對許多不同的難題。根據保守估計，全球約有八千萬名街頭遊童，他們的身影幾乎

遍布世界各國。在美國，無家可歸的兒童人數估計超過一百萬（流落街頭的婦女與兒童之中，有百分之五十是爲了逃離家庭暴力）。無家可歸的兒童在美國較少引起注意，因爲相關單位多半將他們安置在暫時的住所或庇護機構。所有在街頭流浪的兒童都是性剝削與藥物濫用的高風險族群。爲了生存，他們必須從事最糟糕的工作：販毒、色情、性交易、乞討、偷竊、撿破爛、行騙等等。

雖然統計數據指出情況並非如此，但是街頭遊童往往被認爲是大多數街頭犯罪的禍首。一位研究者便表示：「國家對街頭遊童所做的安排，主要是爲了將他們逐出街道，而不是爲他們的最佳利益著想。這在世界各國幾無例外。」（Ennew, Judith, "Outside Childhood: Street Children's Rights" in *The Handbook of Children's Rights,* ed. Bob Franklin, London: Routledge, 1995, p. 206）

青少女性行爲與人權

在世界各地，青少女開始性生活的年齡都有逐漸降低的現象。對於如何保護自己免於意外懷孕、感染性病，大部分女孩並沒有充足的資訊。此外，許多女孩發生性關係的對象是年紀較大的男孩或是成年男性，與性伴侶之間的權力落差往往使得女孩空有相關知識，卻無法真正「自由」地做決定。

84　　十來歲的青少女懷孕，相關因素有很多種，包括早婚、性教育不足、缺乏專供年輕婦女使用的避孕措施等等。公共資訊不足、免費或價格低廉的婦科健康照護匱乏，首當其衝受害最深的，便是經濟情況不佳的青少女。健康照護專家的研究結果一致顯示，想要降低青少女墮胎與生產的比例，最好的方法莫過於使墮胎與避孕合法化，讓女孩與婦女能夠方便接受性教育、避孕與墮胎的服務。墮胎與青少女懷孕比例最低的國家，例如，北歐各國便是採取此項策略（有關青少女性行爲與生育的議題，詳見第五章「婦女人權：生育與性自主篇」）。

另一個青少女懷孕的因素，與社會不重視女孩有關。有些女孩渴求多

位性伴侶，其實是在尋找生命中他處所無法提供的接納、肯定與關愛。女孩如果發現自己只有被當成玩物時才會受到重視，那麼她們便會將自己表現得像是玩物一般。社會如果重視女孩的獨特人格、聰明才智、創造力與技巧，並且積極推展婦女人權，那麼女孩便能受到鼓勵，表現出不同的行為。

《兒童權利公約》特別指出，兒童有權獲得健康照護。實際上，許多青少女並無法得到婦科保健服務，包括產前保健、避孕、墮胎等等。選擇保留胎兒的青少女，還得面對其他與懷孕相關的併發症，例如，妊娠毒血症、貧血、早產、分娩時間過長等等（"The World's Youth 1994: A Special Focus on Reproductive Health," Population Reference Bureau and Center for Population Options, Washington D.C., March 1994）。此外，青少女所生下的嬰兒，在出生後第一年便死亡的機率，至少是其他嬰兒的兩倍（"Adolescent Reproductive Behaviour: Evidence from Developing Countries," Population Studies, No. 19. United Nations, Sales No. E.89.xlll. 10 92-1151184-4 Vol. 11, 1989, p. 99）。

對許多青少女來說，過早懷孕往往終止了她們的正式教育，也限制了她們就業的機會。在某些國家與社群裡，懷孕的女孩會被學校開除；在某些地方，青少女未婚生子則會遭到社會與法律的懲罰（"The Health of Youth, Facts for Action: Youth and Reproductive Health," A42/ Technical Discussions/ 5, World Health Organization, Geneva, 1989）（關於女孩與教育的議題，詳見第十三章「婦女人權：教育篇」）。

❋❋❋❋❋❋❋❋❋❋❋❋❋❋❋❋❋❋❋❋❋❋❋❋❋❋❋❋❋❋❋❋❋❋❋❋

屬於高危險群的青少女

• 每年有超過一千五百萬名十五至十九歲的青少女生產（Sadik, N., "The State of the World Population 1994," UNFPA, 1994）。

• 在某些國家，因為墮胎併發症而住院治療的婦女當中，有百分之六十是青少女（"The World's Youth 1994: A Special Focus on Reproductive Health," Population Reference Bureau and Center for Population Options, Washington D.C., March 1994）。

• 在全球各地，每二十名青少年中便有一名感染了性傳染病（P. Senanayake and M. Ladjali, "Adolescent Health: Changing Needs," *International Journal of Gynaecology & Obstetrics,* Vol. 46, No. 2, August 1994）。

• 在許多發展中國家，超過百分之六十的愛滋病毒新感染者年齡介於十五至二十四歲之間（"Bridging the Gaps: The WHO World Health Report," World Health Organization, Geneva, 1995）。

• 在某些國家，經過報警處理的強暴案中，有百分之四十至四十七的攻擊對象是十六歲以下的青少女；有百分之十八的攻擊對象是九歲以下的女孩（Senderowitz, J., "Adolescent Health: Reassessing the Passage to Adulthood," World Bank Discussion Paper 272, January 1995）。

• 根據一份在美國華盛頓特區所進行的研究顯示：五百三十五名曾在青少女時期懷孕的受訪婦女當中，三分之二經歷過性虐待；百分之五十五有被騷擾經驗；百分之四十二是強暴未遂的受害者；百分之四十四則被強暴得逞（Debra Boyer and David Fine, "Sexual Abuse as a Factor in Adolescent Pregnancy and Child Maltreatment, "*Family Planning Perspectives* 24, Jan/Feb 1992, pp. 4-12）。

• 國際勞工組織（International Labour Organization, ILO）在烏干達針對家庭僱傭進行調查，發現其中百分之三十四在十四歲時便已開始工作。一般而言，這些僱傭薪資極其微薄，有些甚至僅有食宿而不支薪；她們接受教育與參與社會活動的機會往往被剝奪，而且容易受到身體虐待與性虐待。

�✶✶✶✶✶✶✶✶✶✶✶✶✶✶✶✶✶✶✶✶✶✶✶✶✶✶✶✶✶✶✶✶✶✶✶✶✶✶✶

85　　　　　　　　　　　　　　童　工

　　不管是在家庭裡或是工作場所，女童的勞力往往是被剝削的對象。聯合國兒童基金會（UNICEF）與聯合國婦女發展基金會（UNIFEM）觀察指

出：「在工業化國家裡，使用童工的事實通常隱而不見，因為，就如同其他地方一樣，童工被當作是基本文化的一部分。例如，當母親出外工作養家，或是進修以增進謀生能力時，女孩往往便成為年幼弟妹的全職照顧者。」（UNICEF/UNIFEM Information Kit on CEDAW. Fact sheet on Girls' Rights）遍及世界各地的家庭與社群，對女孩的休閒權均有所限制；無論年齡與文化，男孩總是擁有較多時間，可以遊玩、學習、運動、思考以及發展個人特質。

在某些國家，由於貧窮與風俗習慣使然，造成兒童幫傭的興起——女孩被送往都市的家庭，擔任女傭的工作。聯合國兒童基金會估計，光是在新德里一地便有四十萬名兒童擔任家庭僱傭，其中絕大多數是女孩（出處同上）。

✳✳✳✳✳✳✳✳✳✳✳✳✳✳✳✳✳✳✳✳✳✳✳✳✳✳✳✳✳✳✳✳✳✳

童工面面觀

- 在發展中國家，有二億五千萬名五至十四歲的兒童與青少年為了賺取薪資而工作。其中一億二千萬人做的是全職工作（Kebebew, Ashagric, "Statistics on Working Children and Hazardous Child Labour in Brief," ILO, Geneva, 1998）。
- 就學兒童中，有百分之三十三的男孩與百分之四十二的女孩，從事兼職經濟活動（出處同上）。
- 就同樣的工作而言，女孩平均工作時數較男孩來得長，薪水也比較低（出處同上）。
- 女孩往往為了工作養家而輟學；教育私營化後，家庭面臨應供給兒子或女兒求學的選擇，此時得以繼續接受學校教育的往往是兒子（出處同上）。
- 女孩參與勞動力比例最高的地區，在撒哈拉沙漠以南的非洲地區、東非、大洋洲，高達百分之二十；其次是南亞，百分之十二。不過，由於工作性質之故，女性的經濟活動容易被低估：照顧孩童、挑煤打水、料理食物並不被認為是「工作」，而是「女人家分內的事」。女孩從事的工作集中於

農、漁、林、製造（例如，織地毯）、社會與私人服務（例如，家務管理）等行業（United Nations, *The World's Women 1995: Trends and Statistics,* New York: United Nations, 1995, p.117）。

• 許多被誘騙賣身的青少女，一開始是在壓榨勞工血汗的工廠工作，或是擔任酒吧女郎、家庭幫傭，這些是皮條客最容易招募色情行業新人的來源。這些女孩通常是難民或流動勞工，也是最孤立無援的一群。

❈❈❈❈❈❈❈❈❈❈❈❈❈❈❈❈❈❈❈❈❈❈❈❈❈❈❈❈❈❈❈❈❈

活動五：一個女孩的故事

目標：認識童工議題

時間：60 分鐘

器材：「個案研究：克麗絲汀娜被騷擾」短文影印本

海報紙或白報紙，上面事先寫好討論問題

「分析人權問題」表格影印本，本書第 392 頁（可選擇性採用）

個案研究：克麗絲汀娜被騷擾

克麗絲汀娜（Cristina）是一名十八歲的哥斯大黎加少女，住在聖荷西（San Jose）城郊。她是家裡十二個小孩中最年幼的。家裡的七個女孩、五個男孩之中，男孩多半從事農業勞動，女孩則是忙著家務，也有幾個在工廠裡做工。克麗絲汀娜五歲與七歲的時候，二度受到性侵害：第一次是叔父下的毒手，第二次是兩名較年長的親戚所為。當她九歲開始上學時，已經學會怎麼做家事、撿咖啡豆。十五歲那一年，她從小學畢業，開始接受中學教育，但是過不了多久，她便覺得「沒意思」。從此以後，克麗絲汀娜便一直工作至今。

她的第一份工作是在成衣工廠找到的。「他們讓我當學徒。在這之前我從來也沒有碰過縫紉機，……我達不到他們要求的生產量。」這份工作維持了十五天。接著，她在另一間工廠工作了一年，直到工廠倒閉為止。

86

（下頁續）

（續上頁）

這時的克麗絲汀娜已經有了一些經驗，多少「懂得行規」。她到一間皮革工廠工作，不過還未滿一個月便被開除了：「因為我有件很重要的私事非得處理不可，……但是三個月的試用期還沒到，他們連一天假也不讓我請。」

之後，克麗絲汀娜在一家成衣工廠找到包裝貨品的差事。「我很快便發現工廠的詭計，……我們這些工人都還未成年。工廠要我們做很多用砂紙磨光的工作。做了一整天之後，妳看起來就像是全身撲滿痱子粉的樣子，頭上、臉上、鼻子上、……嘴巴裡、全身上下到處都是，……我知道這些人耍的是什麼骯髒把戲。我們平常工作沒有面罩可戴，但是只要（勞工）部派人來檢查，我們便得戴上面罩。勞工部的督察一走，我們又得把面罩交回去。」克麗絲汀娜又補充說：「這樣工作根本不合法。……我和老闆也有些問題，……他派我去做最低下的工作，因為我不肯讓他碰我。另一個女孩讓他為所欲為，所以所有的好差事都是她的。」克麗絲汀娜受不了騷擾，最後還是離開了這間工廠。

之後，她來到一間釀酒工廠。工頭試圖侵犯克麗絲汀娜，拒絕順從的結果是在老闆面前被控脫光衣服引誘對方，當下即被開除。克麗絲汀娜的平均月薪是一百一十一元美金左右。她目前正在尋覓下一份新工作。

[Adapted from Our Words, Our Voices: Young Women for Change! A report for the project "A Young Woman's Portrait Beyond Beijing '95." UNICEF, UNFPA, WEDO, 1996, p. 24.]

1. 閱讀／討論：

將參與者分成若干小組，並將個案研究短文影印本分發給大家。請參與者一邊閱讀短文，一邊思考以下問題，然後由所有參與者一起進行討論：

- 克麗絲汀娜的遭遇，涉及哪些人權？怎麼做才能保障這些人權？
- 克麗絲汀娜的遭遇，如何反映出下列各議題？

（下頁續）

（續上頁）

> ——性騷擾與性侵害在工作環境的權力結構中，以系統化的方式運作。
> ——工作條件日趨惡化。
> ——婦女在工作場所中被指派的角色。
> • 分別就短期與長期而論，應該如何協助克麗絲汀娜及其家庭？
> • 應該如何教育父母親、雇主、政府機構，以防止濫用童工並幫助與克麗絲汀娜處境類似的女孩？
>
> 2.角色扮演：
>
> 請各小組依據上述問題發展劇情，分配扮演個案研究中的角色。
>
> 3.分析：
>
> 使用 392 頁的「分析人權問題」表格來分析克麗絲汀娜的故事，並擬定策略，保護女孩不成為虐待勞工的受害者。

相關單位的角色

所有的聯合國會員國，除了二個國家以外，全部簽署了《兒童權利公約》，因此各國政府的首要任務便在於履行承諾，落實公約中的條款。政府、社會相關單位以及媒體透過扮演間接或直接的角色，可能對女孩的權利大力支持，也可能適得其反加以阻礙之。在這些情況當中，政府無論是否採取行動，均應負起責任。

當非國家行為者（non-state actors）干預女孩的人權時，國家必須盡「應有的努力」，處理此問題。換句話說，國家應當依據當地法律，採取積極行動以保護女孩的權利，並起訴、懲處涉及侵權的私行為者（private actors）。

為了支持女孩的人權，政府應當廢止女性閹割（FGM）、強迫婚配以及其他種種對女孩造成傷害的傳統習俗。政府亦可評估本國教育系統的內容、提倡性別平等教育，增加女孩參與運動、選擇職技課程的機會。在此

87

同時，政府可以採取行動確保街頭治安、消除學校與各機構裡對女孩性騷擾的現象。社會上的領導者與媒體，則可以帶頭鼓勵這些行動。

活動六：把米娜帶回妳的社群

目標：為一項倡導女孩正面形象的活動擬定策略

時間：60 分鐘

器材：海報紙與麥克筆

1. 設計：

以下敘述，是聯合國兒童發展基金會一項宣導活動的介紹。請大聲讀出來：

聯合國兒童發展基金會在南亞各地，發起一項運用多媒體的宣導活動，主題是一名叫米娜（Meena）的小女孩所經歷的種種正面故事。基金會為米娜的歷險記推出錄影帶、漫畫書與海報，每一則歷險記分別對一項女孩的重要人權有所闡述。該計畫目標在於改變女孩的負面形象，進而促進女孩的平等地位。米娜教導男女老少：女孩也可以扮演正面的角色。如此一來，米娜提供了青少女人權的學習典範。

將參與者分成若干小組。請各小組擬定策略，針對自己所屬的社群，發起一項類似米娜的宣導活動。

設計媒體策略時，各小組應該考慮以下各點：

• 米娜若身處當地社群，會發生哪些故事？

• 如果小組要透過米娜傳達一項訊息，這項訊息會是什麼？

• 小組的宣導活動，首先鎖定哪些觀眾為對象？

• 接觸這些觀眾的最佳管道為何？

2. 報告／表演：

請各小組選取一份樣本，展示她們所設計的媒體策略。可以把為米娜設計的圖表釘在牆上，或是演出為米娜設計的廣播、電視宣傳片段。參與者應該針對各組宣導活動所傳達的首要訊息，加以批判評論。

促進女孩人權的正面行動

- 截至一九九八年四月為止，共有一百九十一個國家簽署了《兒童福利公約》。聯合國會員國中，僅有索馬利亞與美國未簽署。

- 印度已經依據一九九四年的規範與預防濫用法案（1994 Regulation and Prevention of Misuse Bill）正式禁止為性別選擇進行基因測試，中國亦於一九九五年一月起跟進。

- 南亞區域合作組織（South Asian Association for Regional Cooperation）的七個會員國將一九九一至二千年訂為「屬於女童的十年」（Decade of the Girl Child），計畫提高結婚年齡，並提供女童健康照護等服務。

- 透過非洲統一組織（Organization of African Unity），非洲各國於一九九一年採行了《非洲兒童權利與福利憲章》（African Charter on the Rights and Welfare of the Child），該憲章對女孩尤其關切。

- 一九九六年，一個名為 ANA 的羅馬尼亞婦女團體展開運動，倡導國家發行的教科書內容不應具有性別歧視。

- 自一九九二年起，一份由女孩寫給女孩看的國際性雜誌開始發行，名為《新月》（*New Moon*）。這份雜誌引發了「新月運動」，以推廣女孩的正面形象為宗旨。

- 為了響應聯合國制定之「婦女的十年」（Decade for Women），北歐各國資助了一項為期三年的計畫，在學校從事研究並發展性別平等計畫。

- 三個聯合國組織——聯合國兒童基金會、世界衛生組織、聯合國教科文組織——與超過三百個非政府組織建立夥伴關係，共同推動一項名為「生命真相」（Facts for Life）的大型公共教育計畫，提倡兒童健康（Smyke, Patricia, *Women and Health,* London: Zed Books, Ltd., p. 148）。

　　（除非另外標明，以上取材自"The Girl Child," Fact Sheet 8, United Nations Press Kit for the Fourth World Conference on Women, Beijing, China, 1995.）

88

活動七：制定自己的法律

目標：發展一套保護女孩人權的法律，並熟悉《兒童權利公約》中與女
　　　孩切身相關的條款

時間：60分鐘

器材：海報紙與麥克筆

　　　《兒童權利公約》第二條與第六條影印本

寫一寫，讀一讀，大家一起來討論：

步驟一：將參與者分成若干小組，請她們自訂保護女孩人權的法律，並
寫下來。自訂的法律應該盡可能的詳細。這套法律應該是國際法嗎？還
是全國性或地方性的法規？或者三者皆是？

　　　注意：各小組可以使用「分析人權問題」與「實踐人權策略」表格
（第392-393頁）來檢驗本議題。

步驟二：將《兒童權利公約》影印本發給各小組閱讀，請參與者特別留
意與女孩相關的第二條與第六條。

步驟三：請各小組比較自行制定的法律與《兒童權利公約》的條款。

* 兩者有何相同之處？有何相異之處？
* 各小組現在是否有意修改自訂的法律？如果是，如何修改？
* 各小組是否建議《兒童權利公約》做任何修改或增添？

步驟四：請各小組發表自訂的法律。討論：

* 自訂法律中所包含的權利，目前受到政府哪些限制？政府有哪些
  地方需要改變？婦女該如何促成這些改變？
* 政府可以怎麼做，以支持、執行妳的法律？
* 自訂法律中所包含的權利，目前受到宗教、文化、傳統、風俗習
  慣哪些限制？宗教、文化、傳統、風俗習慣有哪些地方需要改變？
  妳該如何促成這些改變？
* 宗教、文化、傳統、風俗習慣目前以怎樣的方式，支持並執行妳

（下頁續）

（續上頁）

> 的法律？
> - 自訂法律中所包含的權利，受到妳本身或是妳的家人哪些限制？
> - 妳本身或是妳的家人有哪些地方需要改變？這些改變有可能實現嗎？
>
> **步驟五**：如果要在社群裡落實這些自訂法律與／或《兒童權利宣言》，需要哪些條件配合？請討論。為個人與團體擬定可能的行動策略。將多數參與者所同意的策略列表寫下。

第七章

婦女人權：
免於暴力篇

89

目　標

本章所包含的活動與背景資訊，將有助參與者達到下列**目標**：

- 認識各種以暴力侵害婦女的形式，並定義之
- 了解各種以暴力侵害婦女的形式均屬於侵犯人權的行為，無論發生在武裝衝突、街頭、家庭、工作場所、拘留所、監獄或其他機構
- 認識政府、聯合國人權機構、社群領袖、媒體與婦女本身，在消除婦女受暴事件中分別扮演的角色
- 應用、了解聯合國《消除對婦女暴力宣言》中的條款
- 探討武裝衝突對婦女造成的影響，並指出婦女在戰亂中遭受暴力侵害有哪些因應之道
- 討論應如何預防社群中的婦女遭受暴力侵害

起點：正視婦女受暴

　　婦女在整個生命週期當中，不斷經驗到各種形式的暴力。只因為生長在重男輕女的社會裡，女嬰可能慘遭殺害或是無法攝取足夠的養分。稍長，女孩可能會遭受性侵害。許多社群更是在女孩生理發展未臻成熟時，便強迫她們結婚生育，而對女孩的身體造成嚴重傷害。婦女與女孩則可能遇到強暴、家庭暴力、性騷擾。懷孕期間遭到暴力相向，已經成為孕婦流產與新生兒體重不足的主因（與對女孩施加暴力有關的詳細資訊，請見第六章「婦女人權：女孩篇」）。

　　婦女不僅可能在人生的不同階段遭受暴力侵害，她們的受暴經驗更是隨著階級、職業、種族、宗教或其他身分等因素而異。舉例來說，妓女因為社會地位卑微，無日不籠罩在暴力陰影之下。流動勞工婦女身為社會邊緣人，容易受到伴侶或雇主的暴力侵犯。貧窮婦女與原住民婦女容易遭到警察、政府官員或是來自主流社群的男性欺侮。殘障婦女、年長婦女與女同志者，也往往是暴力行為所針對的目標。

　　傳統習俗亦可能對婦女構成暴力侵犯。女性閹割即是一項在某些社群行之有年的習俗，對婦女的健康往往造成莫大傷害；諸如此類的習俗，已違反了婦女的健康人權（見第二章「婦女人權：平等與不受歧視」、第四章「婦女人權：健康篇」）。在某些國家裡，與嫁妝相關的虐待事件時有所聞（婦女伴嫁的金錢或物品如果不能讓丈夫感到滿意，可能會遭到傷害，甚至謀殺）（見第三章「婦女人權：家庭篇」）。

　　貧窮是一種結構暴力（structural violence）。換言之，貧窮的情況──包括缺乏健康照護以及充足食物養分在內──構成惡性循環，使一個壓迫人的制度得以延續。相較於男性，婦女與兒童更容易陷入貧窮；由此之故，婦女與兒童也就更容易成為這種結構式暴力之下的受害者。

　　婦女無論居住在何處、地位如何，都有可能受到暴力的威脅。例如，來自各種背景的婦女都可能在家庭裡遭到男性親屬的暴力侵犯。在武裝衝突的情境裡，婦女往往被各方男性強暴、毆打，或是以其他方式性侵害。

90

在某些地區，執政的政府或黨派常對異議人士、弱勢族群份子加以騷擾、逮捕、毆打、嚴刑拷問，當地的婦女也可能同樣淪為受害者（見第八章「婦女人權：公領域篇」）。在監獄、其他拘禁場所或是醫院等公共機構裡，婦女遭到某些形式的虐待，至少有部分是因為其性別所引起的。

《北京行動綱領》（第 112 段）承認：「對婦女施暴，嚴重侵犯、損害甚至剝奪了婦女的人權與基本自由。」每一種暴力行為對婦女都是一大障礙，使她們無法充分參與社會、就業，不易得到其他賺取收益的機會；使她們加入政治與選舉活動困難重重，行使公民權的能力因此受阻；更使她們接受教育的機會減少，難以充分發展個人才能與人格。

❋❋❋❋❋❋❋❋❋❋❋❋❋❋❋❋❋❋❋❋❋❋❋❋❋❋❋❋❋❋❋

全球各地的暴力形式

- 毆打是造成美國婦女受傷最大的原因。因為被毆打而到急診室就醫的婦女每年超過一百萬人次，比遇到車禍、行兇搶劫、強暴而緊急就醫的婦女人數全部加起來還多。
- 在巴布亞紐幾內亞，百分之六十七的鄉村婦女與百分之五十六的城市婦女曾經是家庭暴力受害者。
- 一項在埃及亞歷山卓（Alexandria）進行，為期三個月的調查顯示，家庭暴力是導致婦女受傷的首要原因。因外傷而就醫的婦女當中，有百分之二十七‧九便是因為家庭暴力而受傷。
- 一項在挪威特隆赫姆（Trondheim）進行的調查，隨機抽樣一百五十名婦女的結果顯示，其中百分之二十五曾經遭受伴侶肢體上或性方面的虐待。
- 在秘魯利馬（Lima）的一家產科醫院裡，十二歲至十六歲之間的產婦中，有百分之九十曾被親生父親、繼父或男性近親強暴。
- 在巴貝多（Barbados）①進行的一項調查顯示，當地婦女每三名便有一名曾在兒童時期或青少女時期遭受性虐待。

---

①位於西印度群島最東端的島國。

- 在孟加拉，對婦女潑硫酸毀容的事件層出不窮，該國刑法裡甚至為此設有專門章節（Charlotte Bunch, "The Intolerable Status Quo: Violence Against Women and Girls" in UNICEF, *The Progress of Nations* 1997, New York: 1997, p. 41）。

- 在印度，一九九四年發生了六千二百起「嫁妝死亡」事件（dowry deaths）；亦即，平均每天有十七名已婚婦女，由於娘家無法付給夫家嫁妝禮金，而慘遭殺害（Moore, M., "Consumerism Fuels Dowry Death Wave," *The Washington Post, 17* March 1995）。

- 在加拿大，遭謀殺的婦女當中，有百分之六十二死於親密男性伴侶手下。

- 在哥斯大黎加，一群八十名遭受毆打的婦女當中，百分之四十九曾在懷孕期間被打，百分之七‧九曾經流產。

- 婦女比男性更有可能成為虐待老年人的受害者。在美國，每年有超過一百萬名六十五歲以上的婦女受到虐待（Policy Research Inc., calculated from National Center on Elder Abuse, 1994）。

（Unless otherwise noted, data gathered from fact sheet compiled by Heise, Lori, et. al. "Violence Against Women: A Neglected Public Health Issue in Less Developed Countries," Soc. Sci. Med Vol. 39, No. 9, 1994, pp. 1165-1179; Carrillo, Roxanna, *Battered Dreams: Violence Against Women as an Obstacle to Development.* NY: UNIFEM, 1992; see also Heise, L., et. al. *Violence Against Women: The Hidden Health Burden,* Washington, DC: World Bank,1994）

※※※※※※※※※※※※※※※※※※※※※※※※※※※※※※※※※※※※

聯合國《消除對婦女暴力宣言》

一九九三年，聯合國大會採行了《消除對婦女暴力宣言》（*Declaration on the Elimination of Violence Against Women,* General Assembly Resolution 48/104 of 20 December 1993）。這份文獻為對女性施暴下了廣泛的定義：

第一條：……「對婦女的暴力行為」一詞是指任何基於性別，在生理、性或心理方面對婦女造成（或是可能造成）傷害或痛苦的暴力行為，包括威脅採取此類行為、強迫、任意剝奪自由等，無論發生在公開場合或私生活均屬之。」

第二條：對婦女的暴力行為應被理解為包含以下各項目，但並非僅限於以下各項目：(1)發生在家庭裡的生理、性、心理暴力，包括毆打、對家庭裡的女童性虐待、與嫁妝相關的暴力、婚姻強暴、女性割禮與其他對婦女造成傷害的習俗、以及非配偶間的剝削暴力；(2)發生在一般社區裡的生理、性、心理暴力，包括發生在工作地點、教育機構與其他場所的強暴、性虐待、性騷擾與恫嚇，以及買賣婦女、強迫賣春；(3)無論發生在何處，由國家進行或縱容之生理、性、心理暴力。（換言之，國家有可能因為採取某些行為，或是因為未能採取某些行為，而必須對暴力事件負責）（粗體字為作者所加）

*1.*該宣言勾勒出以下幾項重點：
- 「對婦女的暴力行為」之清楚完整的定義
- 與消除所有暴力侵犯婦女行為相關的人權原則
- 國家對其相關責任應有的承諾
- 國際社會對於消除婦女受暴應有的承諾

*2.*該宣言對暴力的定義極為廣泛，將威脅使用暴力手段也涵蓋在內，並列舉出發生在公私領域的各種暴力形式。

*3.*該宣言明確要求政府負起責任，採取所有可能的適當措施，以消除所有侵犯婦女的暴力行為。這意味著國家責任可分為二種：(1)為國家機構本身犯下的暴力罪行負責；(2)任何人犯下暴力罪行，而國家機構未能適當處置時，國家亦須負起責任。

*4.*該宣言提醒各國政府，不得因為傳統、宗教與其他信仰等因素，而疏於處理婦女受暴事件。

*5.*該宣言特別要求各國政府，應當編列足夠的預算，用於消除婦女受暴。

*6.*該宣言也建議聯合國各會員國考慮發展全國性的計畫，以行動保護婦女

免於暴力傷害；或是在現有的計畫中加入相關條款。國家在進行此類計畫時，應當廣納非政府組織的經驗，尤其是從事反對婦女受暴運動的婦女組織。國家在規畫預防方案時，應謹慎避免採用不具性別敏感度的法律與措施，使婦女不致遭受二度傷害。

7. 該宣言鼓勵國家機構舉辦性別敏感訓練，由深具反婦女受暴經驗的婦女帶領主持，並要求凡是業務與婦女受暴之預防、調查、犯罪手法及懲處等相關的辦事人員，一律參加訓練。

8. 該宣言呼籲各國政府應在各級公立學校規畫相關課程，以改變男女行為模式、消除家庭與街頭暴力行為。

92

活動一：定義「對婦女暴力侵害」

目標：指認出「對婦女的暴力行為」之構成要素，並將聯合國「對婦女的暴力行為」定義應用於實際生活經驗

時間：60 分鐘

器材：海報紙與麥克筆，或黑板與粉筆

《消除對婦女暴力宣言》第一條與第二條摘錄影印本（見上文），或事先將內容抄寫在海報紙上

傳播媒體上關於婦女受暴的故事（可選擇性使用）

1. 列表：

將參與者分成若干小組。施加於婦女身上的暴力侵害，有哪些不同類型？請各小組條列成表，寫在海報紙上。將發生在她們社群裡的範例，以星號註明。

2. 定義：

請各小組以她們的列表，作為進行下列步驟的基礎：

- 在列表上的每一個項目旁邊，將該暴力行為所違反的主要人權一一寫下。

（下頁續）

（續上頁）

> ● 爲「對婦女的暴力行爲」下定義，並寫在列表的尾端。
>
> 請各小組展示她們的列表與定義。
>
> 3.比較：
>
> 　　將《消除對婦女暴力宣言》第一條與第二條摘錄影印本分發給參與者，或是事先將內容抄寫在海報紙上，張貼掛示。請參與者比較該宣言的定義，以及在步驟一中她們自己所列出的暴力類型。討論她們舉出的範例是否涵蓋以下各項：
>
> ● 生理方面的傷害或痛苦？
> ● 性方面的傷害或痛苦？
> ● 心理方面的傷害或痛苦？
> ● 威脅施以生理、性、心理方面的傷害或痛苦？
> ● 強迫？
> ● 任意剝奪自由？
> ● 發生在公開場合與私人生活中的行爲？
> ● 發生在家庭裡的暴力行爲？
> ● 發生在公眾社區中的暴力行爲？
> ● 由政府所進行或縱容的暴力行爲？
>
> 4.討論：
>
> ● 各小組所擬的定義是否完備？
> ● 參與者是否希望將自己的定義，增列到聯合國的定義中？
> ● 依據各小組所擬的定義，是否還有其他的暴力類型可以增添到原先的列表中？
> ● 是否有其他對婦女暴力侵犯的類型，未能涵蓋在此定義之下？
> ● 妳個人如何定義免於暴力的自由？
>
> 5.藝廊漫遊：
>
> 　　事先從報章雜誌與其他來源蒐集有關婦女遭受暴力侵犯的報導，並

（下頁續）

（續上頁）

> 張貼在活動場地的牆上。請參與者在活動場地四處走走，瀏覽這些報導，思考聯合國的定義是否適用於這些案例，而這些案例如果發生在參與者的社群裡，正義是否可能得以伸張。請參與者討論她們對於這些案例的反應。

93

婦女與戰亂衝突

　　戰爭中侵犯、阻撓人權的方式，包括「刑求以及殘忍、不人道、屈辱的對待或懲罰，草率或任意的處決，失蹤，任意拘留，各種形式的種族主義與種族歧視，外國勢力占領與支配，仇視外族，貧窮、飢餓與剝奪其他經濟、社會、文化權利，宗教上的不寬容，恐怖主義，歧視婦女，以及缺乏法治」（《北京行動綱領》第113段）。不管是國際性戰爭或內戰也好，在國家資助或縱容之下侵犯弱勢族群人權的行動也好（包括政治、種族、族裔、國籍或宗教上的弱勢族群），平民百姓（特別是婦女與兒童）、年長者與殘障人士往往成為暴力衝突的犧牲品。

　　政府、準軍事部隊與其他組織常常以婦女作為箭靶，究其原因，除去婦女本身族裔、國籍、宗教、種族與／或政治上的歸屬認同以外，性別也是一個重要的因素。婦女在戰亂衝突中所遭受的虐待、承擔的苦果，和男性的遭遇往往不盡相同。舉例來說，在古今歷史中，士兵強暴婦女向來是戰爭裡的一部分。集體強暴婦女的事件層出不窮，近年來在許多不同國家均留下記錄，例如，波士尼亞、柬埔寨、海地、祕魯、索馬利亞與烏干達等等。雖然在戰亂中男性也可能遭受強暴與性暴力，婦女卻是暴行針對的目標，而且強暴婦女的目的往往在於羞辱、打擊該社群的男性。個別士兵的行為未必經過事先策畫，但是通常獲得上級縱容默許；除此之外，強暴與性暴力也可能是既定戰略的一部分，以達到恫嚇對方的效果。另外，無論是在戰爭或承平時期，婦女在接受審問或囚禁時所遭到的刑求，往往是屬於性方面的虐待。

除了直接施加於她們本身的暴力以外，婦女還得面對加諸其摯愛親友、丈夫、父母與子女身上的暴力。當男性遭受攻擊或監禁時，往往留下婦女獨自照顧家庭，獨自尋求救援，使監禁中的男性親屬能夠獲得釋放。對於暴力的恐懼，也在婦女身上產生直接、特殊的影響。例如，婦女可能因為害怕遭到強暴、擔心在流彈中遭受波及等顧慮，而不得不躲在家中，或前往他處藏匿。婦女對暴力的恐懼感，大大限制了她們外出的能力。包括出門上班、在田裡從事農務、到市場購物、排隊領取人道救援物資等日常活動，均受到影響。因為恐懼暴力之故，帶有孩子的婦女在壓力之下，更是必須無時無刻注意子女的舉動；有時甚至得限制子女待在室內，或是帶著子女躲藏起來。

婦女在戰爭動亂中所遭受的家庭暴力，程度可能更形嚴重。有些政權之所以能夠施展權力，靠的是破壞民眾自尊與自我表達能力的手段；這樣的政權，往往鼓勵基於性別、階級、族裔差異的支配統治（Judy El Bushra and Eugenia Pia Lopes, "The Gender Dimensions of Armed Conflict" in *Development and Conflict: The GenderDimension,* Oxford, 1994, pp.18-28）。對婦女而言，出面申訴家庭暴力一向不是件容易的事；在戰亂中，其他的社會禁忌可能使得婦女格外不願意挺身而出。當男性加害者本身即是族裔暴力受害者時，戰亂中的社會往往對家庭暴力採取睜一隻眼、閉一隻眼的態度。

戰亂衝突中的婦女人權，包括免於性暴力的權利在內，應該透過全國性、區域性以及國際性的法律加以執行。例如：

- 一九四九年《日內瓦公約》（*Geneva Conventions*）裡關於戰時保護平民的部分（Protection of Civilian Persons in Time of War）及其附加條款
- 《消除酷刑與殘忍不尋常的懲罰國際公約》（*International Convention on the Elimination of Torture and Cruel and Unusual Punishment*）
- 國際慣例法，以及前南斯拉夫與盧安達國際戰爭罪刑法庭之司法命令；後者特別核認「侵犯人性的犯罪行為」為戰爭罪刑之一
- 聯合國難民事務高級專員辦事處（United Nations High Commissioner for Refugees, UNHCR）針對難民婦女待遇，尤其是侵犯婦女的暴力

行為，已提出處理的指導原則。

「慰安婦」

　　在第二次世界大戰期間，大約有十萬至二十萬婦女在有計畫的徵召或綁架之下，被迫為日本士兵提供性服務，亦即所謂的「慰安婦」。百分之八十的慰安婦來自當時仍為日本殖民地的韓國，但是也有部分來自於日本、菲律賓、中國、印尼與歐洲。慰安婦平均每人每天要接待約三十名士兵，而她們僅能獲得微薄的薪資，甚至毫無報酬。[2]

　　在韓國、菲律賓、中國與印尼，過去身為「慰安婦」的受害婦女與她們的支持者一起挺身而出，提供強而有力的證詞，展現組織動員的力量；就像是催化劑一般，她們促使當地社群、政府出面，要求日本為這群過去的「慰安婦」道歉賠償。

　　在一九九三年，日本政府改變了超過五十年來一貫的否認態度，正式向這些婦女道歉，並予以賠償。賠償的形式，一是與前「慰安婦」的母國加強研究交流；二是提供醫藥與社會補助經費。儘管國際上要求日本政府賠償個別受害者的聲浪未曾停歇，但是日方的回應，對於前「慰安婦」的努力與堅毅精神，以及國際婦女人權組織共同合作所展現的力量，不啻為一種致敬（Asian Women's Human Rights Council, *Primer on Filipino "Comfort Women": Questions and Answers,* Philippines: 1992）。[3]

---

[2] 因為日軍在戰敗後刻意銷毀資料記錄，慰安婦的實際人數僅能靠少數存留下來的文件推算。根據保守估計，台籍慰安婦人數至少超過一千人（李國生，〈性與戰爭：殖民政府對台籍慰安婦的動員〉，《台灣慰安婦報告》，台北：婦女救援基金會，一九九九年。頁 45-62）。

[3] 我國與國際間針對慰安婦議題向日本求償的交涉過程，可以參考婦女救援基金會主編的《台灣慰安婦報告》一書。總括來說，日本政府在一九九〇年代初仍堅持慰安婦與日軍完全無關，純屬民間自發商業行為，因此日本政府無須謝罪；直到相關史料出現，在無法否認的情況下，方由政府官員出面道歉。但是日方仍舊試圖透過民間性質的「亞洲女性和平國民基金」發放賠償，藉此規避國家應負的責任。各國慰安婦尋求正義與真理，仍有一段漫長的路要走。

經由婦女奔波努力，世人開始關注「慰安婦」的議題。成果之一，便是聯合國反暴力侵害婦女特別報告員於一九九五年造訪日本，隨後並向聯合國人權委員會發表一份報告，譴責「慰安婦」這種違反人權的悲劇。

活動二：武裝衝突對婦女生活造成的影響

目標：認識武裝衝突對婦女生活所造成的影響，及其侵犯婦女人權的情形
時間：45 分鐘
器材：「個案研究：X 國的婦女與戰爭」短文影印本
個案研究：X 國的婦女與戰爭

　　過去二十年，X 國經歷了一連串的內戰以及數個集權政府的統治，而這些衝突終於在最近結束了。在戰亂開始以前，X 國的性別關係特點為男女分工十分清楚，雙方個別擁有的資源也根據分工而清楚劃分，例如，家畜、穀類、農具與金錢等等。總言之，男性掌控了大部分的資源。

　　男性人口中有極高的比例在戰爭中死去，而死於戰爭的女性人口比例雖然較低，但人數也頗為可觀。存活下來的男性當中，有許多成為流動勞工，到鄰國去工作。存活下來的女性承擔了社區中大部分的工作份量，不過能掌握的資源仍舊有限。

　　有些存活下來的婦女，曾在戰爭中遭到士兵強暴。在這些婦女當中，有不少人試圖自行墮胎，結果造成長期的健康受損。遭強暴而懷孕的婦女如果選擇生下小孩，則會遭到鄰里的蔑視。

　　自從戰亂衝突結束後，X 國的暴力事件便與日俱增。竊賊以獨行婦女為掠奪的目標；男性家庭成員對家中婦女施暴，比例之高令人膽顫心驚；戰爭時期遺留下來的槍枝，在街頭即可任意買賣；青少年幫派日趨茁壯，母親們無不擔心自己的子女涉足其間。在部分地區，出現了「逐軍營而居」的婦女；這些婦女缺乏謀生技能，只能跟隨著僅存的軍營遷徙，靠著提供士兵性服務維生。

（下頁續）

（續上頁）

話說回來，和平時期還是為婦女帶來了一些正面的改變。婦女參與社區事務的機會增加了不少。過去男性所獨占的職位，現在由女性來遞補。現在，婦女在地方政府的影響力增加了，婦女團體在社群裡所扮演的角色，也更加吃重。

1. 閱讀／討論：

將個案研究短文影印本分發給參與者，或是大聲讀出來。根據以下問題，帶領小組進行討論：

- 妳可以從這個故事裡指認出侵犯人權的例子嗎？
- 妳可以從這個故事裡指認出戰爭、習俗、醫療照護疏失對婦女造成的侵犯嗎？
- 在這些侵犯人權的事例中，哪些與戰爭有直接關連？哪些與戰爭有間接關連？哪些事例無論戰爭發生與否，都一樣可能會發生？
- 這些侵犯人權的事例，對該社會未來將產生何種影響？
- 在妳的社區裡，婦女可以採取哪些行動，幫助戰亂中的婦女受害者與生存者？
- 哪些因素促使婦女提供此類協助？哪些因素則會阻礙她們的努力？

[Adapted from Activity 60, *Oxfam Gender Training Manual,* Oxford, UK: Oxfam, 1994]

95

婦女與和平

自從一九七五年以來，已有超過二千五百萬人因為戰爭的緣故而喪生。在現代的戰爭當中，百分之九十的罹難者乃是平民身分，婦女與兒童更是占了其中百分之七十（Fetherston, A.B., "UN Peacekeepers and Cultures of Violence," *Cultural Survival,* Spring 1995）。雖然上戰場打仗的多半是男性，婦女與兒童卻是難民群的主要組成份子；同時，淪為難民的婦女與兒童被迫遷徙或是遭到殺害的機率，也比男性來得高（見第九章「婦女人權：流

離失所篇」）。

在戰亂期間，婦女面臨謀殺、強暴、刑求、性虐待、剝奪財產、被迫遷徙與心裡創傷等威脅，往往難有抵抗反擊的能力。但是，國家、區域與國際組織在宣戰或進行和平協商時，婦女往往未能參與決策過程。在軍隊或維和部隊中，婦女鮮少能夠位居要津；在聯合國安全理事會，或者是在區域性的防衛組織裡（例如，北大西洋公約組織），更是罕見婦女加入。不過，儘管如此，「在武裝衝突、社群崩解的時期，婦女扮演的角色至為關鍵，……婦女在家庭、社會上擔任和平教育者，貢獻極為重要，但時常未能獲得認同」（《北京行動綱領》第140段）。

活動三：婦女是和平的使者

目標：檢視將婦女排除在和平、戰爭決策過程所帶來的影響

時間：45分鐘

器材：無

1. 討論：

　　帶領小組進行婦女與衝突戰亂的相關討論，以下列二個問題作為討論焦點：

- 當婦女被排除在戰事的決策過程之外時，會造成哪些影響？婦女是否能為戰爭帶來任何不同？理由為何？婦女可以帶來哪些不同之處？

- 對於戰爭、大規模毀滅性武器或是國家對婦女的暴力侵害，妳所處社群裡的婦女是否曾經採取任何回應行動？

2. 想像：

大聲讀出以下情節：

　　時間是西元二〇九〇年。世界上有一半的國家，由婦女擔任領導人；各國內閣成員、領袖以及民選官員，也有半數是婦女。在教育與健康兩方

（下頁續）

（續上頁）

> 面，已經達到性別平等的目標。
>
> - 這個世界處於怎樣的狀態？是否必定更加和平？
> - 比較男性與女性領導的社會：和平與衝突的情況是否相同？如果相同，原因何在？如果不同，差別又在哪裡？
> - 無論是男是女，領導人對於促進世界和平可以做出怎樣的貢獻？

監獄中的婦女

國際人權法長期以來，一向注意囚犯所遭受的待遇。在人權團體與監獄管理當局眼中，典型的囚犯一般均為男性；世界各地男性受到監禁的比例，的確也比女性高出許多。然而，女性囚犯確實存在著，數目往往也不可小覷。在世界上大多數地區的監獄人口中，增加速度最快的類別正是婦女。將目光狹隘地集中在男性囚犯身上，無疑是對女性囚犯特殊需求的一種漠視與疏忽。

女性囚犯多半出身貧窮或是勞動階級，也可能來自於某個在社會上勢力薄弱的階層、族裔、種族等族群。研究顯示，女性囚犯曾經遭受性暴力與／或其他形式家庭暴力的比例，高出其他女性許多。某些婦女正是因為試圖阻止伴侶、男友或丈夫繼續傷害她們或她們的子女，所以才會觸法入獄。

96

不管女性囚犯入獄的原因為何，她們與男性囚犯同樣享有人權，必須得到尊重。國際性準則要求各國政府應以合乎人道的方式對待囚犯：確保囚犯不會遭到酷刑或者其他殘忍、不人道、有辱人格的對待或處罰；供給囚犯充分的生活條件；並且不得基於性別或任何其他理由，加以歧視。

關於監獄的國際準則

在下列文獻中，可以找到關於囚犯人權的國際準則：

- 《世界人權宣言》，一九四九年。
- 《聯合國囚犯待遇最低限度標準》（*United Nations Standard of Minimum Rules for the Treatment of Prisoners*），一九五五年。
- 《公民與政治權利國際盟約》，一九六六年。
- 《禁止酷刑和其他殘忍、不人道或有辱人格的待遇或處罰公約》（*Convention Against Torture and Other Cruel, Inhumane or Degrading Treatment or Punishment*），一九八四年。
- 《囚犯待遇基本原則》（*UN Basic Principles for the Treatment of Prisoners*），一九九○年。〕

有些地區性公約也提及囚犯應享有人權。另外，尚有眾多國際性文獻處理了囚犯所面臨的特殊議題，例如，愛滋病毒在監獄裡傳染擴散的情形、對待青少年犯的方式、如何保護患有精神疾病，或是正在絕食抗議中的囚犯。然而，在這些國際文獻當中，沒有任何一項專門處理女性囚犯的權利。

囚犯的權利尚未從國際婦女組織得到應有的注意。《消除對婦女一切形式歧視公約》並未將女性囚犯包含在內；女性囚犯服刑期滿出獄後鮮少獲邀至婦女會議中發言，她們的支持者也一樣不受重視。結果，女性囚犯仍舊是一群大家看不見的隱形人，她們的聲音也沒有人聽得見。

席亞・杜寶（Thea DuBow）是一名美國女性，因為殺死了對她施暴的丈夫而入獄服刑。她在監獄中成立了一個支持團體，協助那些曾經遭受家人施暴的婦女。杜寶出席北京婦女人權責任歸屬仲裁法庭（Beijing Tribunal on Accountability for Women's Human Rights）並提供證詞時，傳達了這些婦女的心聲：

我們是母親也是姊妹，是愛人也是女兒。我們是女人，不只是觸犯法網、入監服刑的囚犯而已。我們並非天生就是罪犯。而且我們也絕對跟你想像中的不一樣——我們既不冷血，也不惡毒。

我們就是妳，而妳正是妳想像中的我們。我們有感情、有愛心、善良又甜美可人（有時候）。我們都有一顆心，也有道德良知，而我們害怕社會，就如同社會也害怕我們。但是我們迫切地需要妳將我們當成獨立個體看待——而不是當成一個群體，或是一個刻板角色。

成長過程中，我們在家庭、在生活的各個層面裡，都彷彿身處監獄。沒有人願意聆聽；當我們說出自己的想法時，反而遭到敵視。沒有人可以信賴，沒有人可以傾吐秘密，也沒有人關心。我們是熬過這一切的倖存者。我們從鐵鍊、皮帶、拳頭與其他更惡劣的待遇中生存下來。從二歲、三歲、四歲、五歲、六歲、七歲、八歲一直到二十八歲，我們走過性侵害與任人片片撕裂的煎熬。生活在無時不刻的恐懼中，我們存活下來了……（Reilly, N. ed., *Without Reservation: The Beijing Tribunal on Accountability for Women's Human Rights,* NJ: Center for Women's Global Leadership, 1996, p. 57）。

97

活動四：監獄中的婦女

目標：說明女性囚犯之人權容易受到侵犯

時間：30分鐘

器材：海報紙與麥克筆，或黑板與粉筆

「個案研究：西妲與菈倫在監獄中」短文影印本（如下）

1. 閱讀／分析：

大聲讀出以下的個案研究，或是影印分發參與者亦可。請參與者列出西妲與菈倫所面臨的人權議題。

參與者的列表應包括以下大部分的議題：

（下頁續）

（續上頁）

- 警衛與牢友施以性虐待；對於女性囚犯受虐的申訴以及她們所遭受的威脅，監獄官員未能嚴肅看待
- 儘管目前已有部分監獄允許女性囚犯在獄中照顧嬰兒，個案中的監獄仍缺乏處理母職議題的能力
- 與男性囚犯相比，女性囚犯顯然受到歧視；例如，婦女可使用的設施不足（缺乏戶外運動場地、無法使用圖書室、教育設施匱乏等等）
- 在同一件罪行當中，女性必須入獄，男性則否（例如，賣淫）
- 婦女的心理與生理健康照護服務不足——監獄是否提供充分的婦科照護、衛生棉、性傳染病治療以及其他婦女所需的服務
- 性方面的虐待，例如，監獄警衛或其他人所施加的酷刑與傷害

個案研究：西妲與菈倫在監獄中

西妲（Zeeda）在年紀還很小的時候就遭到叔父強暴，後來又被父親性騷擾。為了逃離他們的魔掌，西妲還沒唸完書便離家出走了。為了養活自己，她開始從事娼妓工作。警方多次以賣淫的罪名逮捕她；第五次被捕之後，她被送進了監獄（然而，為她招攬生意的皮條客依據法律不得判刑入獄，只須罰款了事）。西妲被關在萬塔克斯（Wantox）監獄的女囚區。這裡的女囚區，其實就是在男囚重度戒備區後方蓋了十間一排的牢房，各式各樣的女性囚犯都關在一起，從殺人魔到小扒手都有。在萬塔克斯，女囚不能跟男囚一樣使用監獄的庭院，因為庭院時常都有男性囚犯在使用。女囚也不准使用圖書室，或是參加教育性活動。典獄長在接獲抱怨之後的回答是：「反正這裡的女性囚犯人數那麼少。」因為西妲賣淫的罪名為他人所知，所以監獄守衛不斷地作弄她、威脅要強暴她。某天，一個警衛真的強暴了西妲。當西妲申訴時，她被關進了個別禁閉室。

菈倫（Laron）則是因為組織遊行而被逮捕。她也被送進了萬塔克斯。因為性別及政治信念的緣故，菈倫與西妲一樣常常受到騷擾。菈倫有一個尚在襁褓中的孩子；整整三年關在牢裡的時間，菈倫都不得與孩子會面。儘管她懇求守衛讓她養育自己的女兒，這個請求還是遭到拒絕了。

家庭暴力

　　婦女在家庭之外遭受到各種形式的暴力：包括工作場合性騷擾（請見第十一章「婦女人權：工作篇」）；監獄警衛虐待；在公共場合、馬路或公車上遇到攻擊；街頭上惡意的言語輕薄，讓獨行或沒有男伴陪同的婦女感到不安，甚至不敢行經某些特定區域；攻擊女性旅行者；毆打、強暴、謀殺妓女；以及在住宅或公共場合裡攻擊殘障婦女與年長婦女等等。但是，婦女最常遭到攻擊的地點還是在家庭裡，最常遇到的加害者則是自己本來就認識的人：伴侶、男友或丈夫；過去的伴侶、男友或丈夫；父親、繼父、丈夫的父親、兄弟、兒子，或其他親屬。

98　　發生在家庭成員之間的暴力行為，即所謂的家庭暴力。在這些案例中，加害者藉由身體上或情感上的脅迫取得權力。家庭裡的每個成員都可能成為家庭暴力受害者，但還是以發生在婦女身上居多。某些國家的刑法已明文禁止家庭暴力，不過大多數國家的刑法裡，對此仍然隻字未提。

　　家庭暴力同時涉及肢體暴力、性暴力與侵犯生育權。研究顯示，婦女與有暴力傾向的伴侶住在一起，極有可能遭到婚姻強暴（即使在一個不曾發生過暴力衝突的關係中，婚姻強暴也可能發生）。家庭暴力也包括心理虐待在內，例如，強迫對方與外界隔離、羞辱、拒絕給予支持、威脅施以暴力與傷害等等。根據輔導家庭暴力受害者的社工人員報告，婦女往往認為心理虐待的殺傷力比身體上的攻擊來得更大。

　　婦女受暴調查雖然是極重要的指標，但是統計已經報備在案的暴力事件，難免低估了事件發生的次數與嚴重性。家庭暴力案例尤其最是如此。「婦女往往因為自責、羞愧、對加害者仍保有忠誠、感到恐懼等等，而不願意揭露暴力事件。此外，在許多文化中，婦女經由社會化過程的教導，接受丈夫享有婚姻特權的想法，認為丈夫可以對她們施以身體與情感上的懲戒，這點使得婦女往往並不認為自己受到了虐待。」（Heise, L. et al. 1994, pp. 1165, 1168）

活動五：關於家庭暴力的迷思與事實

目標：指出有關家庭暴力的誤解

時間：45 分鐘

器材：「關於家庭暴力的迷思與事實」短文影印本（見下）

討論：

　　請一位自願者讀出短文中一則有關家庭暴力的「迷思」，全體針對這則迷思進行三分鐘討論。接著請另一位自願者讀出對應這則迷思的「事實」。再由全體參與者共同思考：在她們的社群裡，這組「迷思」與「事實」是否可以成立？

　　讀完各組迷思與事實之後，討論下列問題：

- 這種迷思與事實的分類，在妳的社群裡是否可以成立？
- 部分迷思是否模稜兩可，或有誤導之嫌？是或不是的原因為何？
- 關於這份迷思與事實的列表，妳能再加以補充嗎？

關於家庭暴力的迷思與事實

迷思一：

　　與家人爭吵、毆打與打架，是下列這些人的專屬特徵：教育水準低落的窮人、社會下層階級成員、弱勢種族與族裔以及貧民窟居民。經濟、文化或教育水準較高的人，較少做出這樣的事情。

事實一：

　　以暴力侵犯婦女的事件，並不因經濟、族裔或階級而有任何區分。在社會各階層與各族群，都有可能發生。

迷思二：

　　家庭暴力是一種新興現象，導因包括：現代生活裡經濟與社會變遷、生活節奏快速、新增社會壓力等等。

事實二：

　　自從有婚姻制度以來，毆打妻子的風俗便一直存在著。在某些例子

99

（下頁續）

（續上頁）

裡，這個風俗甚至受到公開鼓勵與法律支持。同樣地，大部分施加在婦女身上的暴力行為均已歷史久遠。

迷思三：

家庭暴力在今日相當罕見。家庭暴力是過去才會發生的事情，因為以前的人比較暴力，而且認為女性是男性的財產。

事實三：

家庭暴力事件在今日發生頻繁。許多國家的法律專家與女權工作者皆認為，家庭暴力是報案比例最低的犯罪行為之一。

迷思四：

女性的態度或行為常會挑起一頓毆打。她們被打是應該的，因為她們違逆了丈夫，或者做了錯事。

事實四：

這則普遍的迷思說明了一件事：受虐婦女所面臨的問題是社會性的，而且深深根植於男性與女性社會化的過程當中。此外，這種想法也顯示了社會如何將婚姻與財產、所有權、性以及暴力連結在一起。事實上，任何人都不應該被毆打；不管被害者做了什麼或是沒有做什麼，加害者總能為自己的行為找到藉口。

迷思五：

婦女如果想要逃離暴力，她們自然會離開。如果她們選擇留下來，一定是因為她們遭受毆打時可以感受到某種被虐的快感。

事實五：

婦女之所以不離開的原因有很多，包括：羞於承認、害怕未來繼續遭到毆打、擔心對方暴力行徑會更加嚴重、經濟依賴、缺乏財務或情感上的支持、無處可去──更可能的是，以上因素同時兼有。

迷思六：

法律對家庭暴力的受害婦女提供了充裕的保護。

（下頁續）

（續上頁）

事實六：

　　這方面的法律向來薄弱。世界各地的警察都不願意介入他們所謂的「家庭糾紛」、「私人關係」。許多國家的刑法並未針對家庭暴力受害婦女提供保護。大多數的法律體系將此問題視為一種競爭，而競爭的雙方勢均力敵；事實上，情況並非如此——男性加害者在社會、經濟、生理條件、甚至法律等各方面，往往擁有較多的力量。婚姻強暴在許多國家裡根本不被當成是一種犯罪行為。也有許多法官認為，毆妻是家庭生活中自然而然的一部分。

迷思七：

　　受虐婦女教育程度低，缺乏職業技能。

事實七：

　　受虐婦女可能是工廠作業員、全職家庭主婦，也可能是成功的職業婦女。伴侶施暴與否，並非她們的職業所能決定。

迷思八：

　　施暴的男性有精神方面的疾病，或是酗酒的問題。

事實八：

　　施暴的男性鮮少患有精神疾病。他們認為自己有權支配女性，而他們只是在行使這份權利罷了。酒精可以使得一個人對婦女的暴力行為更加嚴重，但是酒精並非造成暴力行為的導因。有酗酒問題的男性加害者，無論是喝醉或清醒，都會虐待自己的伴侶。

預防家庭暴力

100

　　以暴力侵害婦女，「是歷史上男女間權力不平等的表現，導致了男性對女性的統治與歧視，也阻止了女性全面的提升」（《北京行動綱領》第118 段）。權力失衡、文化信念與社會結構深藏在暴力行為之下，造成暴力事件一再上演；因此，任何處理婦女受暴議題以及提升婦女人權的行動

策略，均必須對此予以正視。

　　婦女是否可能遭受家庭暴力，可從四個因素來判斷：(1)男女之間經濟能力不平等；(2)使用暴力解決衝突的行為模式；(3)男性在家中占有權威地位與決策權；以及(4)社會接受大權在握與強勢的男性理想形象。

　　另一方面，也有四個因素可以降低婦女受暴的機率：(1)婦女享有在家庭以外的力量，包括經濟與政治權力；(2)社區主動關懷暴力議題；(3)組成純女性的聯絡網或團結組織；以及(4)提供遠離暴力的避難場所，例如庇護機構與朋友親戚的家。

　　選擇離開的婦女為數確實不少，但是還有更多的婦女，仍舊長年生活在暴力之下。這當中的原因十分複雜。首先，不管是哪一種形式的暴力受害者，一般人對她們的反應往往帶有敵意，而且傾向於將責任歸咎於受害者。受害者可能讓人們感到不自在、有罪惡感、害怕、困惑與不確定。此外，大多數的婦女缺乏謀生管道，無法在經濟上、社會上支持自己與子女。庇護機構多半已經收容額滿，或是不敷使用。通常，家庭與相關單位也寧可避開此類問題而不解決。

※※※※※※※※※※※※※※※※※※※※※※※※※※※※※※※※※※※※

強化性別暴力的因素

文化上　　針對性別而異的社會化過程
　　　　　性別角色的文化定義
　　　　　兩性關係中對角色的期望
　　　　　相信男性天生較為優越
　　　　　男性有權擁有女性的價值觀
　　　　　家庭為私領域且由男性管轄的觀念
　　　　　婚姻習俗（出價購買新娘／新娘必須備有嫁妝等等）
　　　　　接受暴力為解決衝突的方法
經濟上　　女性對男性的經濟依賴
　　　　　女性不易取得現金或累積信用

關於繼承、財產權、公有土地使用、離婚或守寡後的生活費等方
　　面，法律對婦女歧視不公

在正式與非正式的領域，求職機會均受限制

婦女接受教育與訓練的機會受到限制

法律上　　在法律明文規定中或是實際慣例中，婦女法律地位較低

　　　　　關於離婚、子女監護權、贍養費與繼承權的法律

　　　　　法律對於強暴與家庭虐待的定義

　　　　　婦女的法律知識水準低落

　　　　　警方與司法以粗魯方式對待婦女

政治上　　權力、政治、媒體與法律、醫學各界，缺乏婦女參與

　　　　　輕忽家庭暴力

　　　　　家庭屬於私領域，不受國家管束的觀念

　　　　　挑戰現狀／宗教律法須負的風險

　　　　　婦女組織參政的機會受限

　　　　　在組織性的政治制度中，婦女參與機會受到限制

（Heise, L. et al., "Violence Against Women: A Neglected Public Health Issue in Less
Developed Countries," *Social Science Medicine,* Vol. 39, No. 9, 1994, pp.1165, 1170）

❋❋❋❋❋❋❋❋❋❋❋❋❋❋❋❋❋❋❋❋❋❋❋❋❋❋❋❋❋❋❋❋❋❋❋❋

活動六：難以逃離的暴力

101

目標：認識阻止婦女逃離家庭暴力的因素，以及可能支持她們逃離的機會

時間：75 分鐘

器材：「強化性別暴力的因素」影印本（見上）

　　　紙張（A4 或信紙大小）、麥克筆、膠帶

1. 報告：

　　將「強化性別暴力的因素」影印本分發給大家。與參與者一起瀏覽

（下頁續）

（續上頁）

標題，並選擇某些因素特別予以強調。邀請參與者發表意見。

2.角色扮演：

解釋下列的情境：

妳的朋友不斷試著離開會毆打她的丈夫，但最後總是又回到丈夫身邊。

- 為何她總是回到丈夫身邊？
- 妳對這種行為模式有何看法？

請一位自願者坐在場地中央，扮演「妳的朋友」。請其他參與者大聲說出這個朋友無法脫離暴力的原因。將每一個全組皆同意的理由寫在紙張上，再將紙張貼在這名自願者的身上（例如，一張紙上面寫的是經濟依賴，另一張紙寫的是當地社群的態度，再另外一張紙寫的是缺乏獨立購屋機會，諸如此類）。

當所有的理由都列出來以後，請參與者指出有哪些因素可以幫助婦女脫離這個情況（例如，庇護機構、托育服務、親朋好友的支持鼓勵），然後將自願者身上與這些因素相關的紙張一一撕下。持續進行直到幾乎所有紙張均已移除為止。請自願者站起來，象徵她擁有選擇的能力。

3.討論：

帶領小組進行討論：

- 我們該如何正視自己的恐懼？
- 我們該如何避免責怪受害者？
- 該怎麼做才能消除那些使婦女無法逃離暴力的因素？
- 妳可以採取哪些行動來幫助別人？

性侵害

性侵害包括強暴以及其他形式與性相關的身體攻擊。就如同其他侵犯婦女的暴力行為一樣，性侵害的加害者極有可能是受害者原本即認識的人。例如，世界銀行在數個國家進行研究，從司法數據與強暴危機處理中心的

資料中發現，百分之六十至七十的強暴案件受害者認識侵犯她們的加害者（Heise, L., et al., *Violence Against Women: The Hidden Health Burden,* Washington DC.: World Bank, 1994, p.29）。

幾乎每個國家都制定了制裁性侵害的法律，但是下列議題仍舊時常引起爭端：

- 這項罪刑的範圍，亦即性侵害包括了哪些行為在內。許多法律狹隘地將強暴定義為陰莖強行插入陰道。這個狹隘的定義將許多其他形式的性侵害排除在外，例如，插入異物、強迫口交、肛交等等。
- 婚姻中的性侵害是否為犯罪行為。依據許多國家刑法的規定，已婚婦女不得控告丈夫強暴。
- 受害者是否應該負起舉證責任，證明自己並未同意進行性行為。大部分與強暴、性侵犯相關的法律均要求婦女自行提出她們並未同意的證明；其實，在部分案例裡，從當時情況便可推知事情發生乃出於脅迫。除了強暴以外，沒有其他犯罪行為在審訊嫌犯時還會將受害者同意與否列入相關考量。斯里蘭卡律師瑞迪卡·庫馬拉斯瓦米（Radhika Coomaraswamy）（現為聯合國反暴力侵害婦女特別報告員）便指出，審判強暴案件的通用法則正是：沒有受傷，就不算強暴（Coomaraswamy, "Of Kali Born: Violence and the Law in Sri Lanka," in *Freedom from Violence: Women's Strategies from Around the World,* ed. Margaret Schuler, UNIFEM, 1992）。
- 強暴應視為性犯罪、暴力犯罪，或二者皆是。有些婦女運動者認為，將強暴視為性犯罪會導致其嚴重性大大遭受輕忽。強暴是一種暴力犯罪，而且是所有可能加諸婦女的身體與心理傷害中，最惡劣的一種（Jilani, Hina. "Whose Laws? Human Rights and Violence," in *Freedom from Violence: Women's Strategies from Around the World,* ed. Margaret Schuler, UNIFEM, 1992, p.71）。

女權運動者向來大力倡導司法體系改革，以確保婦女在法庭上能夠獲得公平待遇，警方、檢察官與法庭對於強暴申訴能夠認真看待。某些地區已經規定，檢察官不得舉出受害者過去的性愛記錄，來佐證被強暴的受害

者本身應負起責任（例如，試圖指出她有濫交的習慣，所以被強暴活該；或者她濫交的行為挑起了對方性攻擊的動機）。不過，強暴與其他形式的性攻擊仍舊是世界各地報案率最低的犯罪行為，最主要的原因便在於，過去的先例使得婦女相信，面對警察與司法程序必須忍受的煎熬，比起完全不報案還要更痛苦。

活動七：婦女受暴與人權

目標：認識婦女受暴與人權二者之間的關係
時間：60 分鐘
器材：海報紙與麥克筆，或黑板與粉筆

1.腦力激盪／列表：

張貼四張海報紙，上面分別標明：

(1)對婦女生活的影響

(2)因為暴力而喪失的權力

(3)遠離暴力後可得到的益處

(4)如何遠離暴力

請參與者腦力激盪思考以下問題，將結果表列在海報紙適當的分類之下：

(1)暴力威脅在公共與家庭雙方面，如何影響到婦女的生活

(2)婦女在暴力陰影下會喪失哪些權利

(3)婦女遠離暴力陰影後可以獲得哪些權利

(4)有哪些方式可以幫助婦女遠離暴力

帶領小組討論這四張列表彼此之間有何關連。

• 列表之間是否有相互循環關係？

• 列表之間是否有交互相關的地方？

（下頁續）

（續上頁）

2.討論：

　　將一張列有以下各項人權的海報紙張貼起來。向參與者提問：這些
人權可以從哪些方面，幫助婦女帶領自己與他人走出暴力？

- 生存權
- 平等權
- 人身自由與安全權
- 平等法律保護權
- 保護免於各種歧視權
- 健康權
- 工作場所平等權
- 不受酷刑或其他非人道、殘忍、羞辱之待遇及懲罰的權利

　　從以上列表選擇二個權利，討論這二個權利與婦女受暴的關係。

　　妳也可以這樣做：在場如有熟稔法律的參與者，請她們在步驟一的
四張海報紙上圈出可在該國落實執行的權利。討論這些權利可執行的原
因、該如何執行、執行這些權利對婦女的意義何在。

相關單位的角色：政府　　　103

　　至今仍有不少人反對將婦女受暴視爲人權問題。反對者認爲，人權關
注的是國家與個人之間的關係，因此人們在私生活中的行爲並不包含在內。
對這些人而言，保護民衆不在戰亂衝突或政府監禁中遭受暴力侵犯，或許
算是人權的表現；但是家庭暴力卻非人權議題，受暴婦女控訴的對象是加
害於她的那個人，而非國家。

　　另一方面，將家庭暴力視爲人權侵犯的人則指出，政府與其他相關單
位的確有責任介入私人間的暴力行爲。如果國家塑造出來的環境容許男性
加害者躲過懲罰，如果國家不能嚴肅回應婦女提出的性攻擊申訴，如果國
家贊助不把婦女需求認真當一回事處理的機構——那麼國家便間接地造成

暴力行為發生。

有些政府已經開始肩負起消除性別暴力、預防暴力發生的責任。這些行動包括了改變警察、檢察官與法官的訓練方式，以增進他們對家庭暴力的了解，促使他們願意認真處理婦女受暴的案件。預防暴力的方式，則包括透過學校教育糾正男性有權虐待女性的觀念。其他預防方法還包括：由國家贊助成立受暴婦女庇護機構與輔導服務；以及加強執法人員、社會服務機構、護理工作者、暴力倖存者輔導團體之間的協商合作。

部分政府近來通過立法，懲罰各種以暴力侵犯婦女的行為。雖然法律是打擊暴力的重要手段，我們應該理解暴力事件並非純為法律議題。除了性虐待以外，大多數國家的法律並不會明確提及家庭暴力或者其他侵犯婦女的暴力行為。這意味著婦女必須求助於一般性的法律條文；而這些條文原本便不是為了處理受暴婦女的情況訂立的。即使法律的確針對各種施加於婦女的暴力行為明訂條文，往往也是將各項不同的暴力行為分散處理，讓人無法看出這些行為彼此之間其實互有結構上的關連。換言之，法律通常並未觸及婦女受暴、歧視婦女、婦女附屬於男性等三個現象之間的關係。有關婦女受暴的法律條款，其發展過程往往因此流於片斷（Connors, Jane, "Government Measures to Confront Violence Against Women," *Women and Violence,* ed. Miranda Davies, London: Zed Books, Ltd., 1994, 182-3）。

針對家庭暴力制定的法律，一般均設有保護令的規定。申請保護令有一定的程序。婦女必須先上法院，向法院提出主張，要求施虐者停止其惡行，且不得接近受害者。之後，施虐者如果違反了保護令，警方便有權加以逮捕。然而，即使有了保護令這種法律上的補救措施，警方、檢察官與法官不見得會認真看待婦女的申訴，甚至有可能阻礙、恫嚇婦女，使其不得安寧。

相關單位的角色：媒體與社群領袖

將家庭暴力罪刑化以及改革法律制度儘管十分重要，卻不足以帶來全方位系統化的改變；由於男性暴力行為奠基於一般人的想法與態度之上，

所以也有必要擬定策略，改變這些想法與態度。光是監禁施虐者並不能解決問題，因為有些婦女並不希望自己的丈夫坐牢，而且有些婦女在丈夫坐牢之後，全家生活可能陷入無以為繼的窘境。

宗教與社群領袖、教師、媒體等有可能扮演負面的角色，造成婦女受暴事件一再發生。但是，他們也有可能成為寶貴的資源，協助處理解決暴力侵犯婦女的問題。畢竟，在問題發生的時候，婦女通常會先尋求家庭成員、社群領袖、健康照護專業人員與社會工作者的協助，法律制度則是最後的選擇。

在世界各地，許多婦女已經展開了教育宣導、工作坊、請願以及諸如「大聲說出心聲」之類的活動，希望藉此改變可能導致暴力行為的社會態度。此外，婦女運動者也站在第一線，提供輔導、庇護等服務以幫助受暴婦女。

104

消除暴力侵害婦女的策略：法律制度之外

- 在印度，婦女組成團體，力促訂立新的法律條文以遏止性暴力以及與嫁妝相關的騷擾事件，並致力於教育年輕人認識相關問題。印度婦女也曾在施暴者的工作場所示威。
- 在克羅埃西亞與塞爾維亞，一群婦女為受暴婦女組成「求救熱線」（SOS Hotline）並提供庇護場所；該庇護所自行經營一家二手服飾店及養雞場，以求自給自足。
- 在墨西哥，「消除對婦女施暴全國聯盟」（Red Nacional contra la Violencia hacia la Mujer）舉辦了一場「全國性犯罪論壇」，遞交給墨西哥國會共八十八篇與強暴、家庭暴力相關的論文及證詞。
- 在德國，一家博物館配合國際性的「十六天反性別暴力運動」（"16 Days of Activism Against Gendered Violence"），以流動勞工婦女與性別暴力的關係為主題舉行展覽。
- 在辛巴威，「目沙薩計畫」（Musassa project）與地方上的警察及檢察官合

作，以增進他們對於家庭暴力、強暴等議題的認識。

- 在牙買加，藝術團體「姊妹」（Sistren）以互動工作坊及街頭劇場的形式，引發關於家庭暴力與強暴等議題的討論。「婦女媒體觀察」（Women's Media Watch）抗議媒體對婦女的描繪充滿可議之處；「青少年行動」（Teens in Action）則是藉由戲劇演出，鼓勵年輕人討論男女關係與暴力的議題。

- 在秘魯利瑪，婦女組成鄰里守望相助委員會；她們隨身配戴哨子，一旦有事發生，即可吹哨子通知其他婦女前來幫忙。

- 在菲律賓，婦女成立了一個強暴急難中心，從女性主義的角度為受害者進行輔導，使受害者能夠得到更多的力量，面對自己的處境。

- 二個國際性的婦女組織，「亞洲婦女人權議會」（Asian Women's Human Rights Council）以及「生活在回教律法下的婦女」（Women Living Under Muslin Laws），共同組織了「婦女救援莎拉任務」（Women's Mission for Sarah）。莎拉‧巴拉巴貢（Sarah Balabagon）是一名年輕的菲傭，她在沙烏地阿拉伯大公國工作時遭到強暴，後因預謀殺害強暴她的雇主而在該國入獄。「婦女救援莎拉任務」促使國際關注本案，是巴拉巴貢得以減輕判刑並離開該國的原因之一。

※※

國際上的認可

一九八〇年與一九八五年，世界婦女會議分別於哥本哈根（Copenhagen）及奈洛比（Nairobi）召開，這是聯合國觸及婦女受暴議題的開端。聯合國之所以認可婦女受暴應納入人權關懷的範疇，完全是因為婦女非政府組織對各國政府以及國際性、地區性人權團體大力施壓的結果。

- 一九九二年，消除對婦女一切形式歧視委員會（亦即負責監督該公約執行情況之單位）再次肯定，無論在公私領域以暴力侵犯婦女，均屬於侵犯人權的行為。該委員會提出之「第十九條建議」則確立婦女受暴與性別歧視二者間的關係：

以暴力侵犯婦女，既是公私領域制度性歧視婦女所造成的後果，也是束縛婦女權利的手段。婦女容易受到傷害，正是因爲她們在經濟、社會、文化與政治生活的能力受到限制，她們在法律上理應享有的權利也因爲暴力而無法充分行使。

- 一九九三年，維也納世界人權會議發表的《維也納宣言與行動計畫》（*Vienna Declaration and Programme of Action*），將發生在公私領域的暴力侵犯婦女行爲一併列入考量。這是來自世界各地超過九百個婦女團體共同推動的成果。儘管該宣言並不具有法律效力，卻獲得與會一百七十一個國家的認可，代表各國政府已經在文字上承諾，將把婦女受暴視爲人權侵犯事件並予以處理。

105

- 一九九三年，聯合國大會通過《消除對婦女暴力宣言》。雖然該宣言亦不具法律效力，但彰顯出聯合國承認婦女受暴爲重要的人權議題，並且條列出各國政府應當正視並介入處理的暴力爲範疇。

- 一九九四年，人權委員會任命斯里蘭卡律師瑞迪卡·庫馬拉斯瓦米（Radhika Coomaraswamy）擔任聯合國反暴力侵害婦女特別報告員（亦即特別調查員），於該年四月就職。她的職權除了調查個別案件以外，也必須調查造成虐待發生的潛在原因及其後果。特別調查員必須每年向人權委員會提交報告。

- 一九九四年，前南斯拉夫國際犯罪法庭成立。該法庭特別將強暴視爲違反人權的犯罪行爲，並予以調查起訴。就承認戰爭中對婦女的暴力罪行而言，這是一大突破。一九九五年與一九九六年起，審判陸續開庭，指控罪名包括強暴以及其他形式的性暴力。

- 一九九五年，《美洲防止、處罰及消除對婦女的暴力公約》（*Inter-American Convention on the Prevention, Punishment and Eradication of Violence Against Women*）正式生效。美洲地區的暴力受害婦女，因此得以向本已存在的地區性機制尋求協助，例如，美洲法院（Inter-American Court）、美洲人權委員會（Inter-American Commission of Human Rights）以及美洲婦女委員會（Inter-American Commission for

Women）等等。同樣地，歐洲議會稍早幾年所發表的一份宣言——一九九一年的《消除性暴力重大宣言》（*Solemn Declaration on the Elimination of Sexual Violence*）——將暴力侵犯婦女視同侵犯人權。

• 另外，一九九五年的《北京行動綱領》將暴力侵犯婦女列為其策略性關注的領域之一：

承認暴力為人權問題，可以賦予婦女力量，督促國家政府與國際組織負起責任，還可以拆穿施暴者的藉口，剝奪他們的權力。如今，婦女可以說她們擁有免於暴力的權利；如今，婦女所說的話，比起過往更能鞭策政府行動。政府必須回應婦女希望免於暴力的要求，付諸行動防止暴力發生，並採取措施懲罰侵犯婦女人權的加害者。國家與施暴者再也不能推稱婦女受暴只是私人問題而已。聯合國及其會員國，還有各個區域性、國際性的組織，都有義務將婦女受暴視為人權議題，並加以嚴正處理（第 112 段）

《北京行動綱領》要求各國政府「當反暴力侵害婦女特別報告員執行命令時，應予以合作與協助，提供所需資料」〔第 124(r) 段〕。這意味著，婦女不但可以要求特別報告員前來調查發生在她們國家裡的暴力事件，也可以鼓勵、協助該國政府提供相關資料給特別報告員。自從《北京行動綱領》發布之後，世界各地許多國家均已採取積極措施，處理婦女受暴的議題。

活動八：寫信給反暴力侵害婦女特別報告員

目標：探索消除婦女受暴的行動策略之一；寫信寄給給反暴力侵害婦女
　　　特別報告員
時間：60 分鐘
器材：紙筆
　　　「分析人權問題」表格影印本，第 392 頁（可選擇性採用）

（下頁續）

（續上頁）

---

1. 寫一封信：

請參與者寫一封信給聯合國反暴力侵害婦女特別報告員。可以讓每位參與者各自寫一封信，也可以二人或多人共同寫一封。請參與者描述她們的社群中有哪些問題，越具體越好。利用392頁的「分析人權問題」表格，來分析參與者提出的問題。

2. 討論：

由全體參與者共同討論她們信裡的內容。請她們就下列幾點做出決定：

- 假設特別報告員前來與妳們國家的政府進行會談，而妳與／或妳的團體將有機會與她見面，妳會跟她談哪些與社群裡婦女受暴相關的事？
- 妳希望她建議妳們國家的政府採取哪些行動，以預防婦女受暴呢？列出三項。為了將妳們的建議交給特別報告員，妳與社群裡或團體裡的其他婦女，要如何串連起來共同合作？
- 妳是否打算將所有或部分的信件寄給特別報告員？或是一封也不寄？寄信之前，妳是否打算根據剛剛的討論，或是額外新添的資訊，稍微修改信件內容？妳需要哪些資訊？設計一個可以幫助妳找到所需資訊的方法。（特別報告員的地址，請見本書附錄三）

106

對抗性別暴力的行動

「十六天反性別暴力運動」是一項一年一度的宣導活動，在每年的十一月二十五號國際反對暴力侵犯婦女日登場——此日宣布於一九八一年，紀念慘遭多明尼加共和國特魯西友（Trujillo）獨裁政權謀殺的米拉拔爾（Mirabal）姊妹二人——持續進行到十二月十號國際人權日為止。「十六天反性別暴力運動」期間也橫跨了十二月六號蒙特婁屠殺紀念日與十二月一號世界愛滋日。在蒙特婁屠殺事件中，一名男子持槍射殺了十四名就讀工程科系的女學生；根據報導，該名男子不滿這些學生身為「女性主義

者」，因而行兇。

這個國際性的活動由婦女全球領導中心（Center of Women's Global Leadership）與眾多女權組織合力協辦，幾年來一直持續蓬勃發展。世界各地投入參與的團體規畫了各式各樣的活動，目的在於提升社群裡對婦女受暴與婦女人權的認知。活動包括了請願、審判作證、示威抗議、廣播電視節目、街頭劇場、文化節慶、座談以及製作胸章、T恤與海報等等。

一項於一九九一年「十六天反性別暴力運動」期間發起的請願運動，成為後來女權運動者師法的典範。在一九九三年維也納世界人權會議、一九九五年北京第四屆世界婦女會議中，婦女們均效法此次請願活動的經驗，利用機會將婦女人權議題推上舞台中央。

首先，這場請願呼籲聯合國將「女權即人權」列入維也納會議議程，並將以暴力侵犯婦女的行為視為對人權的侵犯。來自一百二十四個國家的婦女蒐集了成千上萬的簽名連署，遞交給維也納世界人權會議正式程序委員會。一九九五年北京第四屆世界婦女會議承續以上請願，要求聯合國針對在維也納所應允的承諾，發表執行報告。這項請願，則是在會場上遞交給聯合國前任最高人權專員荷西‧阿亞拉—拉索（José Ayala-Lasso）。女權提倡者正在摸索中，未來將以請願與其他方式，繼續為婦女免於暴力的人權而努力。

✳✳✳✳✳✳✳✳✳✳✳✳✳✳✳✳✳✳✳✳✳✳✳✳✳✳✳✳✳✳✳✳✳✳✳✳✳✳✳

利用「維也納法庭」錄影帶
教導妳的社群認識暴力侵害婦女！

一九九三年維也納世界人權會議中的非政府組織論壇，特別召開了全球侵犯婦女人權法庭，由來自世界各地的婦女出席，在一群德高望重的法官面前提出證詞。「維也納法庭：女權即人權」這支影片，記錄的便是這些婦女的個人故事。影片中介紹了在維也納進行的全球女權運動，也提出了何謂婦女人權的議題。

• 籌畫一場工作坊，讓參與者觀看並討論這支影片，引導參與者針對社群裡的侵犯婦女人權事件進行對話。

- 鼓勵教師在課堂上放映這支影片，與學生討論該片以及《世界人權宣言》二者之間的關係。
- 舉辦電影節活動——放映「維也納法庭」以及其他與婦女人權相關影片——可以進行公開宣傳，擬定打動人心的宣傳詞，並收取小額進場費在事後捐贈給某個婦女團體。
- 效法「維也納法庭」籌辦一場聽證會，喚起大眾對於社群裡侵犯婦女人權事件的注意。想要提升大眾對於侵犯婦女人權的認識，並且要求加害者擔負起責任，辦理聽證會是個極有效的方法。聽證會也可以要求政府建立機制，有效提升、保護婦女人權。

107

「維也納法庭：女權即人權」由奧古斯塔製片公司（Augusta Productions）的潔芮・羅傑斯（Gerry Rogers）與加拿大國家電影局、婦女全球領導中心合作完成。片長四十八分鐘。

在美國地區訂購或索取目錄，
請聯絡：

Women Make Movies
462 Broadway, 5th Floor
NY, NY 10013 USA
電話：1-212-925-0606
傳真：1-212-925-2052

在美國以外地區訂購，請聯絡：
Augusta Productions
54 Mullock Street
St. John's NFLD
Canada A1C2RB
電話：1-709-753-1861
傳真：1-709-579-8090

訂購西班牙文版本，請聯絡：
SERPAJ-Mexico
Ignacio Mariscal 132
Colonia Tabacalera
Mexico D.F. 06030
電話：52-5-566-4963
傳真：52-5-705-0771

婦女全球領導中心
Rutgers, The State University of New Jersey
160 Ryders Lane
New Brunswick, NJ 08901-8555 USA
傳真：1-732-932-1180
電子郵件：cwgl@igc.org
網址：www.cwgl.rutgers.edu

活動九：制定自己的法律

目標：設計一套法律，保障婦女免於暴力的人權

時間：60分鐘

器材：海報紙與麥克筆，或黑板與粉筆

　　　《消除對婦女暴力宣言》影印本

寫一寫，讀一讀，大家一起來討論：

步驟一：將參與者分成若干小組，請她們自訂法律保護婦女免於暴力的人權，並寫下來。自訂的法律應該盡可能的詳細。這套法律應該是國際法嗎？還是全國性或地方性的法規？或者三者皆是？

　　注意：各小組可以使用「分析人權問題」與「實踐人權策略」表格（第392-393頁）來檢驗本議題。

步驟二：將《消除對婦女暴力宣言》影印本發給各小組閱讀。該宣言係於一九九三年經由聯合國大會通過採用。

步驟三：請各小組比較自行制定的法律與《消除對婦女暴力宣言》的條款。

- 兩者有何相同之處？有何相異之處？
- 各小組現在是否有意修改自訂的法律？如果是，如何修改？
- 各小組是否建議該宣言做任何修改或增添？

步驟四：請各小組發表自訂的法律。討論：

- 自訂法律中所包含的權利，目前受到政府哪些限制？政府有哪些地方需要改變？人們該如何促成這些改變？
- 政府可以怎麼做，以支持、執行妳的法律？
- 自訂法律中所包含的權利，目前受到宗教、文化、傳統、風俗習慣哪些限制？宗教、文化、傳統、風俗習慣有哪些地方需要改變？
- 妳該如何促成這些改變？

（下頁續）

（續上頁）

> - 宗教、文化、傳統、風俗習慣目前以怎樣的方式，支持並執行妳的法律？
> - 自訂法律中所包含的權利，受到妳本身或是妳的家人哪些限制？
> - 妳本身或是妳的家人有哪些地方需要改變？這些改變有可能實現嗎？
>
> 步驟五：如果要在社群裡落實這些自訂法律與／或《消除對婦女暴力宣言》，需要哪些條件配合？請討論。為個人與團體擬定可能的行動策略。將多數參與者所同意的策略列表寫下。

婦女人權：公領域篇

（政治、公共生活、媒體）

目　標

本章所包含的活動與背景資訊，將有助參與者達到下列目標：

- 認識參與政治以及公共生活的益處，並指認出有哪些不同的參與方式
- 了解與參與政治相關的各種人權
- 舉例說明婦女在社群參與政治所面臨的障礙
- 探討政府、社群領袖、媒體以及婦女本身，分別可以採取哪些行動以促進婦女參與公共生活
- 了解媒體如何強化性別刻板角色
- 解釋《消除對婦女一切形式歧視公約》中與婦女參與政治、公共生活相關的條款

起點：思考政治、公共生活與媒體中的婦女參與

　　維護、提升婦女人權的政策與法律，必須仰賴婦女參與政治、公共生活與媒體的運作，方能確保通過與執行。自從二十世紀以來，婦女在每一個民主選舉的國家裡，幾乎均已爭取到投票與參選公職的權利。然而，無論是經由選舉產生或其他方式任命的公職，由婦女擔任者仍是極度罕見。

　　婦女在政治決策過程中缺席，對社會造成嚴重後果：

- 剝奪婦女身為公民的重要權利與責任
- 將婦女的觀點排除在政策與立法之外
- 阻止婦女對國家預算與資源分配的貢獻
- 剝奪婦女的技能、知識與觀點對社會之貢獻

　　儘管聯合國經濟及社會理事會（Economic and Social Council, ECOSOC）曾經訂下目標，期望一九九五年時婦女在各國政府決策層級能夠占有百分之三十的席次，但是在現實情況中，這個數字仍舊低於百分之十。只有在極少數的國家裡——主要是斯堪地那維亞半島上的國家——女男參與決策的比例才是約略相等的（United Nations, Department of Public Information, *The Advancement of Women: Notes for Speakers,* January 1995）。事實上，在部分國家，包括某些經歷了重大政治、社經變革的國家在內，立法機構中婦女所占的席次甚至是大幅滑落（United nations, *The Impact of Economic and Political Reform on the Status of Women in Eastern Europe: Proceedings of a United Nations Regional Seminar:* United Nations, E/92/IV/4; Centre for Social Development and Humanitarian Affairs, *Women in Politics and Decision-Making in the Late Twentieth Century,* New York: United Nations 1992）。

　　婦女競選政治職位的能力，與她們是否隸屬於政黨、在政黨中權力大小，有著直接關連。舉例來說，南非的選舉政治近年來施行民主改革，在一九九五年的地方政府選舉中，獨立參選的婦女僅取得百分之十點九的席次，而代表政黨參選的婦女，透過政黨先贏得席次再分配給個別參選人的機制，則是取得百分之二十七點八（Harvey Chan, "Women at the Periphery of Power: A Brief Look at Why Women are Underrepresented in South Africa's Premier Democratic Local Elections," Johannesburg *IDASA/LOGIC,* 1996）。這些數字顯示出，婦女以政黨成員的身分參選勝算較大；因此，增進政黨內部的性別意識，便成為提升婦女政治力量的當務之急。

根據一名南非婦權運動者表示，若要促成真正改變，使女性享有與男性平等的參政人權，必須依賴以下條件配合：(1)透過選舉，使婦女進入政府機關；(2)政府雇用婦女，擔任公務員；(3)政府機關能夠普遍理解婦女平等與性別角色等概念；以及(4)民間社會的婦女必須予以增權（empowered），使她們能夠以個人、非政府組織成員、民間遊說團體成員等身分，參與正式政府組織的運作（"Women in Local Government: Breaking Barriers," *Proceedings of the Women in Local Government: Breaking Barriers Conference,* IDASA/LOGIC, Johannesburg, South Africa, June 17-18, 1996）。

❋❋❋❋❋❋❋❋❋❋❋❋❋❋❋❋❋❋❋❋❋❋❋❋❋❋❋❋❋❋❋❋❋❋

婦女在政治圈：壞消息

- 在一九九八年，全球僅有十個國家由婦女擔任元首（Contemporary Women Leaders @http:// web.jet.es/ziaorarr/00women.htm, 7/19/98）。

- 截至一九九四年為止，二十世紀僅有二十四名婦女當選國家元首，而且其中有一半集中在一九九〇年代。

- 在一九九八年，全球內閣首長當中，僅有百分之十二點七由婦女擔任（Women in Parliaments from the Inter-Parliamentary Union Web Site http://www.ipu.orglwmn-e/world.htm, 7/15/98）。

- 截至一九九八年三月為止，聯合國秘書處的高層管理人員中，婦女所占比例為百分之二十八點七（Focal Point for Women in the Secretariat, "Gender Distribution of Staff in the United Nations Secretariat," New York: United Nations, March 1998）。

- 婦女在國際組織中擔任高階職位的比例低於百分之五，包括聯合國與歐盟在內均是如此。

- 一九九三年底時，聯合國秘書處的高層管理人員中，婦女僅占百分之十三。
- 即使婦女得以派任高階職位，她們所擔任的工作多半與教育、健康、社會福利等「婦女議題」相關。
- 雖然婦女在世界各地政治革命中貢獻不少，經由她們奮戰所產生的新政府卻鮮少指派她們擔任政治職務（以上各項取材自 United Nations Fact Sheets, Press Kit for the Fourth World Conference on Women, Beijing, China, 1995）。
- 一九九三年，荷蘭的右翼新教政黨 SGP 禁止婦女入黨，因為該黨成員相信《聖經》禁止婦女從事政治活動（Newssheet, Women Living Under Muslim Laws, Vol. VI, No. 2, 1994, p. 28, France, Women Living Under Muslim Laws）。
- 東歐婦女加入內閣的機會大幅降低——從一九八七年的百分之二十二跌至一九九三年的百分之六點五（United Nations, Department of Public Information, *The Advancement of Women: Notes for Speakers,* January 1995）。

❈❈❈❈❈❈❈❈❈❈❈❈❈❈❈❈❈❈❈❈❈❈❈❈❈❈❈❈❈❈❈❈❈❈❈❈

活動一：政治的成功配方

目標：思考婦女必須具備哪些特質，方能成為有效的領導人

時間：45 分鐘

器材：海報紙，上面事先寫好二位領導人的引文

　　　海報紙與麥克筆，或黑板與粉筆

1. 讀一讀：

　　請自願者讀出以下引文。事先將這二段引文寫在海報紙上張貼展示。

　　如果妳對自己不是感到完全地確定，對自己選擇的方向不是感到完全地確定，妳很快就會放棄了。對於別人的意見，妳必須完全置之不理，……除非走過險惡的政治之路，不然妳不可能成為一國的領導者。這條路很險惡。噢，根本就是危機重重。

　　　　　　　　　　尤金妮雅・查爾斯（Eugenia Charles），前多米尼克總理

（下頁續）

（續上頁）

我們都知道，任何事情婦女都得比男性做得好一些，……當男性犯了錯，我們都是如此地寬容，但是我不知道有哪個社會，當婦女犯錯時也能寬大為懷，……人們習慣說：嗯，她是女人嘛。你從來不會說：嗯，他是男人嘛。男人就是會犯錯……

薇格蒂斯・芬寶嘉多蒂（Vigdis Finnbogadottir），前冰島總統

（Liswood, Laura A. *Women World Leaders.* New York: Pandora, September 1995）

2.列表：

請參與者討論以下各項並列表：

- 婦女在政壇成功所需特質有哪些？
- 在妳所屬社群、地區或國家裡，競選成功或接受指派而擔任公職的婦女有哪些？
- 這些擔任公職的婦女，背景、經驗或人格是否有何相似之處？將妳所觀察到的任何其他特質，加入列表。

3.討論：

瀏覽妳所列出的成功特質與擔任公職婦女名單。將具有這些特質的公職婦女打勾做記號。哪些特質最常出現？

在妳的社群裡，典型的政壇女將是怎樣的人？利用以上資料擬出一份描述。完成之後，針對這份描述進行討論。

- 這份婦女領導者的描述，在區域與國家二個層次是否有何不同？
- 理想中，妳希望婦女政治領袖還能具備哪些其他特質？這樣的婦女會帶來怎樣的領導風格？請描述。
- 在妳的社群裡，參與政治有哪些優缺點？特別是對婦女而言？
- 一名婦女如果缺乏妳所描述的女性領導者特質，她是否有可能成為一名政治領袖？她的領導風格會是怎樣？婦女可以採取怎樣的行動，帶領更多背景、經驗迥異的婦女踏入政治領域？

阻撓婦女參與政治與公共生活的障礙

婦女在參與政治與公共生活的過程中,面臨了許多的障礙。其中包括:

- 歧視性的態度與行事方式
- 家庭中女男間不平等的權力關係
- 家庭與子女照護責任
- 婦女所關心的事物被排除在政治議程之外
- 教育程度不夠
- 缺乏參與公共事務的經驗
- 少有掌握權力的婦女可作為角色典範,缺乏來自此類婦女的支持
- 害怕暴力、騷擾與批評,擔心丈夫要求離婚
- 貧窮
- 尋求擔任公職所需的龐大經費
- 針對各種弱勢婦女的歧視
- 輸贏分明的政治鬥爭文化
- 在社會、經濟、政治等各方面的事務,男性均被視為「一家之主」,
- 自尊低落

家庭、文化與宗教:婦女參與的障礙

許多阻撓婦女參與政治與公共生活的障礙,其實從婦女在家庭中扮演的角色即可窺見。婦女是否可以外出、受教育、求職、參加聚會、甚至是與人見面,往往掌握在男性家庭成員手中。在許多例子裡,婦女必須投票給丈夫或父親所支持的候選人,否則根本不准投票。婦女如果試圖在公共生活中貢獻己力,可能會被趕出家門,或是遭到遺棄、虐待與嘲諷(關於

這些婦女政治參與所涉及的層面，詳見第三章「婦女人權：家庭篇」、第十一章「婦女人權：工作篇」、第十三章「婦女人權：教育篇」）。

文化以及宗教信仰，與家庭裡的性別角色有著密不可分的關係，也可能對婦女的公共、政治參與造成障礙。某些文化、宗教因素一向強化著婦女應以賢妻良母爲主要職責的觀念，而近年來宗教基本教義派興起，更進一步束縛了婦女政治參與的能力。

此外，宗教基本教義派還發起政治運動，試圖將一套嚴格的身分認同、文化與宗教等概念施加在人民身上，其目的是爲了增進社會裡特定男性組織的政治權力。在大多數的宗教基本教義派運動者眼中，婦女是文化、宗教遺產的守護者與象徵；因此，控制婦女、將婦女侷限於狹隘定義下的傳統角色，便成爲基本教義派政治不可或缺的一環。

111

婦女如果未能遵守其定義下的性別角色，基本教義派勢力不僅會予以譴責，往往還訴諸暴力、強迫的手段，迫使婦女屈從。由於基本教義派的威嚇，某些社會的婦女如果想要參與政治，必須面對包括死亡威脅等更多的障礙（關於文化與歧視，請參照第二章「婦女人權：平等與不受歧視」）。

活動二：參與公共生活的障礙

目標：指認出婦女參與公共生活會遇到哪些障礙

時間：60分鐘

器材：「阻撓婦女參與政治與公共生活的障礙」短文影印本（見前文）
　　　海報紙與麥克筆，或黑板與粉筆

1. 討論：

　　將參與者分成若干小組，請她們思考以下問題：

- 在妳的社群裡，婦女是否參與公共生活中的決策過程？答案若是否定的，原因爲何？

- 婦女無法與男性平等參與公共生活的障礙爲何？一名想在社群裡

（下頁續）

（續上頁）

> 　　促成改變的婦女，可能會有怎樣的經驗？可能會遇到哪些阻撓？
> 妳可以用繪畫或戲劇表演的方式表現出來。
>
> 2.分析：
>
> 　　向參與者讀出「阻撓婦女參與政治與公共生活的障礙」列表（見前
> 文），或是影印分發給參與者。請參與者補充任何她們認爲與此列表相
> 關的障礙，並將符合她們社群情況的障礙圈出來。
>
> 　　請各小組討論：
>
> - 可以採取哪些行動來克服這些障礙？
> - 妳所處社群裡的婦女，是否已經展開行動試圖克服這些障礙？
> - 婦女採取了哪些其他途徑，發揮她們對決策的影響力？
> - 社群裡是否有哪些草根性運動，以提升婦女利益爲宗旨？
> - 有哪些非政府組織支持婦女議題？
>
> 3.評量：
>
> 　　請各小組從以上挑出三點，報告她們的回應。將這些意見列成表。
> 將社區可以採取哪些正面步驟以支持婦女領導地位，總結概述一番。

國家對婦女的暴力侵犯

　　透過代理人或官員的暴力行徑，政府本身往往阻礙或制止了婦女的政治參與。婦女因爲各種原因遭到監禁、刑求、強暴或殺害：抗議政府政策、撰寫政治文章、參加政黨、在教學中觸及某些議題、爲異議或受害人士做法律辯護、組織婦女或其他團體、或是參加全國性的革命運動等等（請見第七章「婦女人權：免於暴力篇」）。

　　拘留或監禁中的婦女遭受虐待，這是一個全球性的嚴重人權問題。婦女入監服刑的原因有許多，包括法律帶有歧視性質，或是以歧視的態度引用法律（在通姦或強暴的案例中尤其如此），也可能是因爲婦女所屬的族裔、社會族群，恰好是強勢團體視爲攻擊目標的弱勢團體。有時候，男性

家屬因為政治牽連遭到國家通緝，婦女則因此被視為人質囚禁或刑求。

　　雖然男性與女性囚犯同樣可能在監牢裡遭到暴力相向，但是施加於婦x女身上的虐待方式往往與其性別有關。例如，強暴、集體強暴與其他形式的性攻擊，在監獄裡是普遍可見的。女性囚犯可能在眾目睽睽之下被剝光衣物，或是赤裸著身子被關進男性囚犯的牢房，任由男性囚犯羞辱她們。懷孕女性囚犯的腹部可能遭到拳打腳踢，而且無法獲得基本的健康照護。

x

112

❋❋❋❋❋❋❋❋❋❋❋❋❋❋❋❋❋❋❋❋❋❋❋❋❋❋❋❋❋❋❋❋❋❋❋

婦女、暴力與政治參與

　　自從一九八〇年代初期以來，已有不少婦女慘遭阿爾及利亞基本教義派分子謀殺，原因是她們選擇了與傳統相忤的職業，像是建築師、醫師、學校校長、教授、記者、運動員等等。尤其是企圖組織抗議法律性別歧視的婦女，更成了基本教義派分子眼中的目標。

　　在阿根廷，一個名為「五月廣場的母親們」（Madres de Plaza de Mayo）的團體採取行動，以輿論壓力迫使政府出面，調查數千名民眾在軍事統治時期失去蹤影的原因。這群婦女都是失蹤者的母親，她們長期沈默地佇立在公共廣場上，要求政府回應。

　　塔哈妮・蘇雷曼・阿布・達卡（Tahani Sulayman Abu Daqqa）因為參與巴勒斯坦婦女行動委員會聯盟，而遭到以色列政府行政拘留。該組織提供巴勒斯坦婦女與孩童醫藥以及其他方面的協助。

　　阿富汗婦女在就業、教育、醫院照護等方面處處受到限制。她們在公共場合如果沒有穿上「布爾卡」（burka，一種包裹全身的斗蓬），便會遭到痛毆。在拘留所或公共場合，婦女若是違反了塔利班政權（Taliban）的法律，便會遭到塔利班警衛毆打、強暴、殺害。[1]

　　印度的部落婦女組成團體反對興建納馬達水壩（Narmada Dam），因為

---

[1]塔利班政權已於二〇〇一年遭到推翻，阿富汗臨時政府並於該年十二月二十二日成立。在新政府統治下的阿富汗婦女處境如何，尚待觀察。

第八章　婦女人權：公領域篇（政治、公共生活、媒體）　215

該水壩一旦興建完成，將會摧毀她們的家庭與村落。然而，這些婦女卻時常遭到當地警方強暴、毆打與騷擾〔*Indian NGO's Report on The Convention on the Elimination of All Forms of Discrimination Against Women* (CEDAW), Coordination Unit for the World Conference on Women-Beijing '95, New Delhi, India, pp. 127-28, (1995)〕。

（前四例來源：Jan Bauer, "Only Silence Will Protect You: Women, Freedom of Expression and the Language of Human Rights Essays on Human Rights and Democratic Development," Paper No. 6, Montreal: International Center for Human Rights and Democratic Development, 1996, pp. 81-83.）

※※

113

活動三：對婦女政治迫害

目標：指認出政治迫害中有哪些婦女人權議題
時間：75 分鐘
器材：個案研究 A 與 B 影印本（如下）
　　　「分析人權問題」表格影印本（第 392 頁）
個案研究 A：
安琪的故事

　　姬登・安琪・提克姆（Guidem Ange Tekam）是一名來自喀麥隆的大學生，她是學校裡學生報紙的編輯。長久以來，只要報紙刊登任何對政府語帶批評的文章，政府便會禁止該期發行，或是騷擾報社工作人員。安琪同時也是學生與全國政治的領袖之一；她時常為此遭到人身攻擊，即使在課堂上也無法倖免。有一天，士兵在校園裡將安琪團團圍住，剝光她身上的衣服，野蠻地將她痛打一頓，還向前來救援的其他學生開槍、施放催淚瓦斯。這個事件引發了長達三天的暴動，遭到士兵逮捕、刑求的學生最後超過一千三百人。

（下頁續）

（續上頁）

安琪在一間小屋裡遭到刑求，經過一夜之後，被丟進監牢裡。這間牢房沒有窗戶，面積只有六平方公尺大小，卻關了十五名以上的男性囚犯。她被關在這裡長達二個星期，而且不准與訪客會面。幸運的是，安琪的牢友很保護她，還給她衣服遮蔽身體。安琪在二個星期後獲釋，卻沒有得到任何說明或解釋；只有監獄守衛告訴她，萬一她又在大學裡惹上麻煩，「什麼也救不了妳。」她一出獄，馬上被大學開除了。不過，她仍舊活躍於政治運動，持續對抗政府的壓迫（Reilly, N. ed., *Without Reservation: The Beijing Tribunal on Accountability for Women's Human Rights,* NJ: Center for Women's Global Leadership, 1996, p. 116）。

個案研究 B：

依麗雅娜的故事

依麗雅娜‧寶蒂嘉拉‧利瑪‧桑多士（Eliane Potiguara Lima dos Santos）有原住民血統。當她首次造訪位於巴西東北部帕拉伊巴州（Paraiba）的家族世居地時，方才了解到，她祖父那一輩的原住民如何被迫離開村落，或是被迫在外國人擁有的莊園、工廠裡，出賣勞力。依麗雅娜開始熱中參與原住民運動，並於一九八六年創立了 GRUMIN（原住民婦女教育團體）。

當她以原住民運動者的身分逐漸活躍於全國與國際性的舞台時，一連串迫害、污衊事件也衝著她而來。地主與右翼政治家在報刊上攻擊她，因為他們不希望印地安原住民的問題被揭露，尤其是不想讓關於土地控制與經營的紛爭曝光。有些人宣稱，她只是冒充印地安人罷了；有些人則說她是賊、是妓女。警方開始傳喚她加以盤查。匿名電話嚇壞了依麗雅娜與她的子女，還有陌生人跟蹤她們，打擾她們的家庭生活。

依麗雅娜過了很長一段申訴無門的日子。幸虧有帕拉伊巴州總檢察長、國際非政府組織、原住民婦女團體等多方支持，這場迫害總算是結束了。現在，依麗雅娜正致力於國家立法，讓原住民婦女也有能力要求政府為她們在國家法律、國際法律之下應享有的人權，負起責任（出處同上，pp. 122-125）。

（下頁續）

（續上頁）

1. 列表：

　　將參與者分成若干小組，並分發個案研究影印本給各小組閱讀。在個案研究中，婦女參與公共生活遇到哪些阻礙？請參與者列表。試圖阻止她們的人或機構是誰？原因爲何？

2. 討論：

　　請各小組報告她們的列表結果。接著，使用「分析人權問題」表格（第 392 頁）來討論以下問題。

- 在這二個案例中，有哪些人權遭受侵犯？
- 她們所遭遇到的迫害，有哪些方面與性別特別相關？
- 她們有哪些盟友？這些盟友所給予的支持，有哪些方面與身爲婦女特別相關？
- 在妳的社群裡，活躍於公共領域的婦女也有遭到類似攻擊的例子嗎？攻擊的手段與動機是否相似？這些婦女也能找到盟友支持嗎？

114 　　　　　　　**促進婦女參與政治的策略**

　　促進婦女在政治圈的參與及領導地位，可以透過數方面進行：藉由教育與資訊推廣鼓勵婦女選民投票；婦女可以參加訓練課程，磨練政治、公開演說、領導能力等方面的技巧；針對參選公職的婦女候選人，提供經費與競選上的協助。

　　優惠待遇（affirmative action）是促進婦女政治參與的常用策略。政府、教育機構、商業與其他等團體採取某些措施，以求消弭現有的歧視、及時彌補過去的歧視行爲、並預防未來發生歧視不公的事件，此即所謂優惠待遇。施行優惠待遇之目的，在於使有志於角逐公職或其他決策地位的女性與男性，能夠享有平等的機會。

　　從某些例子可以看到，有些政府在部分政治領域明確規定了婦女保障名額（quotas）。例如，印度憲法規定，在農村地方政府層級，必須將三分

之一的職位保留給婦女。不過，這項策略究竟能否有效提升婦女在政治上的力量，還是有些不同的看法。許多人指出，儘管東歐國家在近年轉向資本主義與民主之前便已施行保障名額制度，當地婦女對政策的影響力，卻不見得比得上其他無保障名額制度國家的婦女。然而，也有人認為，如果婦女代表名額能夠達到關鍵性的百分之三十，則足以促使決策機構將婦女的需求與觀點納入考量。因此，保障名額制度的利弊並無定論：婦女可能被派任次要職位當成宣傳樣板，而無法真正融入主流政治；但也有可能提高女性參政人數，發揮關鍵性的影響力，確實拓展婦女尋求政治力量的途徑。

在選舉制度中加入性別比例代表制（proportional gender representation），似乎能夠比較有效地增加國會中的婦女代表。此設計鼓勵各政黨，在其行政部門與參選人名單中，均應維持某一比例的女性代表。瑞典、丹麥、法國、挪威等國，以及波士尼亞在一九九八年的選舉中，均為婦女設有此類的名額限制（United Nations, Department of Public Information, *The Advancement of Women: Notes for Speakers,* January 1995）。

※※※※※※※※※※※※※※※※※※※※※※※※※※※※※※※※※※※※※※※

各國施行優惠待遇現狀

- 蘇丹已經規定，在地方、城市、國家等各層級政府之所有職位，均須為婦女保留至少百分之十的名額。
- 在一九九二年，坦尚尼亞通過一項法律，要求國會所有議員中必須包含至少百分之十五的女性成員。
- 安提瓜和巴布達（Antigua and Barbuda）立下目標，一九九九年國會選舉將至少選出七名女性議員。[2]

---

[2]安提瓜和巴布達為位於加勒比海小安地列斯群島北方之島國，主要由安提瓜島以及巴布達島組成，一九八一年脫離英國殖民獨立，目前為英聯邦成員國。該國國會分成參議會與眾議會，各由十七名成員組成，目前參議長與眾議長均由女性擔任（詳見 http://www.twbm.com/window/travel/countries/ac.htm）。

- 一九九三年，阿根廷開始實行一項法律，規定各政黨名單應設立保障名額，以確保婦女參政至少能夠達到百分之三十。
- 孟加拉將該國女性公務人員增加的現象，歸因於實施保障名額成功。該國秘書處女性職員的比例由一九八七年的百分之十七，提升至一九九一年的百分之二十六；各局處的女性職員比例，則由一九八七年的百分之七，增加到一九九一年的百分之二十。

   （以上各參考資料取自 United Nations, Department of Public Information, *Women and Power: Where Women Stand Today. The Advancement of Women: Notes for Speakers*, January 1995.）

- 匈牙利曾經實行優惠待遇長達四十年之久。一九九〇年廢除此措施後，婦女在議會中的席次便由百分之三十下降至百分之七（Inter-Parliamentary Union, *Men and Women in Politics: Democracy Still in the Making-A Comparative Study*, Geneva: IPU, 1997）。

❋❋

傳統政治之外

   婦女增權（empowerment）取決於婦女參與各層面決策過程的能力：正式決策論壇（例如，聯合國與地方政府）、宗教組織、社區團體、非政府組織、正式經濟體系以及非正式勞動人口。借用《北京行動綱領》的話來說：「婦女增權，並且站在平等基礎上充分參與社會各個領域，包括參與決策過程、追求權力在內，對於成就平等、發展與和平而言，是至為重要的。」（第 13 段）儘管遭到系統性地排擠，無法進入追求權力的傳統管道，各地婦女仍舊孜孜矻矻，另闢新徑，為了自身與社群的增權而努力。特別是透過非政府組織（non-governmental organizations, NGOs）與草根團體，婦女將她們所關懷的議題帶入公共領域，對排擠婦女參與的決策部門造成影響。婦女團體——包括識字課程、受暴婦女熱線、健康照護團體、兒童托育提倡團體、法律團體、農民合作組織——在公領域扮演了極活躍

的角色。

　　由南非當地非政府組織所組成的「婦女工作團體」（Working Group on Women），便是一例。在此團體施壓之下，南非首屆民主選舉產生的國會（女性議員比例首次高達百分之二十五）於一九九五年簽署了《消除對婦女一切形式歧視公約》。該公約要求會員國必須針對該國人權狀況撰寫正式報告，南非各婦女非政府組織在此發揮了嶄新的影響力。

　　為了影響重要的國家、公共策略，「婦女工作團體」採用了多項策略。其中包括：

- 編纂一份文件，釐清政府各部門對於各項婦女議題應負之責任。
- 編寫一份問卷，請所有政府部門提出計畫，說明如何達成《消除對婦女一切形式歧視公約》的要求。雖然部分單位並無回應，但也有許多部門，為了回答此問卷而費心準備。
- 結合各婦女非政府組織，成立一個合作性質的資訊網絡，分享集體知識與專長，改善南非婦女的真實處境。

(Correspondence between Boogie Khutsoane, National Institute for Public Interest Law and Research, Pretoria, South Africa, and Deevy Holcomb, IDASA-Gender Unit, Johannesburg, South Africa, 1996.)

活動四：蛻變為公眾人物

目標：認識如何採取公共行動，以促成社群層次改變的方法，並了解婦女參與公共生活的重要性

時間：60 分鐘

器材：「個案研究：第一部分」與「個案研究：第二部分」短文影印本（如下）

個案研究：第一部分

　　安娜與三個孩子住在一個小村莊裡。自從丈夫二年前過世之後，她與親戚們一直為了管理她的房屋、土地而爭吵不休。丈夫的兄弟主張他們有

（下頁續）

（續上頁）

權繼承這些遺產，但是安娜認為土地是屬於她的。雖然安娜在法律上站得住腳，風俗習慣卻支持叔伯的説法。安娜試圖找律師在法庭上代理這個案子，可是沒有人把她當作一回事。接著，安娜試著向銀行貸款，想要購買牽引機好耕作土地，但是沒有男性親屬共同簽名，銀行不願意借錢給她。

1.閱讀／討論：

將「個案研究：第一部分」短文影印本分發給參與者，或者大聲朗讀出來。請參與者分成若干小組討論以下問題：

- 安娜在這個故事中，可以算是公眾人物嗎？
- 安娜如果想成爲公眾人物，必須有哪些條件配合？
- 她可以在何處尋求支持？
- 哪些因素可以提高她成功的機會？識字？處理公共事務的經驗？了解法律？社區裡的盟伴？
- 律師輕率看待安娜案例的原因爲何？在妳的社群裡，律師、法官與其他的法庭執事人員等等，是否能以審慎的態度對待婦女？尤其是當婦女提出強暴、家庭暴力的控告時？
- 財產擁有權何以對安娜如此重要？對妳所屬社群裡的婦女呢？

2.閱讀：

將「個案研究：第二部分」短文影印本分發給參與者，或者大聲朗讀出來。

個案研究：第二部分

當叔伯們還是不死心，想要將她的土地據爲己有的時候，安娜向娘家長輩尋求建議：外祖母、姨婆、母親、阿姨等等。她們建議安娜也跟夫家的長輩談談。但是，和丈夫的母親、祖母等人談過之後，安娜清楚看到，她們還是比較偏袒自己的兒孫。

叔伯們愈來愈不耐煩，開始威脅安娜與她的孩子。安娜見了警察局長，局長則是保證，她手下的警官一定會爲安娜加強安全監控。

（下頁續）

（續上頁）

　　接著，安娜決定找一名女律師商量。這名律師在當地以擅長處理財產訴訟而聞名。在她的協助之下，安娜不僅對叔伯提出控告，也決定與律師共同採取行動，試圖釐清地方法律裡繼承權的相關規定。

　　因為她們必須先取得村議會的支持，所以她們拜訪了許多村裡的婦女，共同討論這些議題。有些婦女相當主動地表態支持她們的努力。其中一名同意，將在下次議會開議時，提出安娜的律師所草擬之新法規。市長也表明，將會贊成這項措施。

　　令安娜驚訝的是，當這項新提案在村議會中提出時，所有的婦女都投票贊成。新的法規因此開始生效。當安娜的案子在地方法院開庭審理時，法官宣布，根據她對新法律的詮釋，安娜對她的財產所持有之權利，是毋庸置疑的。

　　關於這項新法律的消息，很快地便傳播到鄰近村莊。這些村莊也採用立法的方式，來保障婦女所繼承的財產。透過關於安娜與其律師的新聞報導，州長對於這場立法運動也有所耳聞，並派遣她的秘書與安娜、安娜的律師會面。州長邀請她們加入一個委員會，為全州起草類似的法律。

　　安娜在委員會中工作，因此認識了不少本州的議員。這些婦女為安娜建立了良好的角色典範。現在，她夢想著在社群裡扮演更重要的角色。

3.討論：

　　請全體參與者共同討論以下問題：

- 妳對此故事過程中的哪些部分，產生情緒上的反應？妳的感覺如何？

- 當然，這只是一個虛構的故事。不過，故事中的部分情節，是否可能發生在妳的社群裡？有哪些部分絕對不可能發生？

- 故事中所描述的社會，是一個婦女所嚮往的社會嗎？原因為何？在這個虛構的故事中，怎樣的環境鼓勵了安娜逐步參與公共生活？

（關於婦女的繼承權，詳見第三章「婦女人權：家庭篇」）

婦女的從政風格

　　如果女性與男性平等共享政治權力，我們的生活是否會因此有所改變？有些人覺得，女性掌控權力的方式與男性並無兩樣；有些人則認為，女性行使權力的方式與男性大不相同。對許多人來說，婦女可以為陳年的老問題帶來清新、充滿創意的處理方法，而且婦女所倡行的計畫，往往有助於推動社會向前邁步。

　　前愛爾蘭總統瑪麗・羅賓森（Mary Robinson）為現任的聯合國人權高級專員（UN High Commissioner for Human Rights）。她觀察指出：「當婦女擔任領導者時，她們便改變了（傳統的）領導（作風）；當婦女參與組織時，她們便改變了組織方式，……在我看來，當婦女站上領導地位、表明其目標時，她們攜手合作，並不強調個人身分，而是以一種正面的方式，強調社群與網絡連結的意識，……婦女擁有清新、充滿創意的技巧，利於進行對話，並開創一種更開放、更有彈性、更富同情心的領導風格。」（Mary Robinson in a speech at the Global Forum of Women, 1992）

117

活動五：婦女缺席的決策過程

目標：分析社群所做決策對婦女造成之影響

時間：60 分鐘

器材：海報紙與麥克筆

1. 列表：

　　過去幾年來，參與者所屬的社群、地區、國家做了哪些重要決策，影響到整體居民？請參與者列出五或六項（例如，設置新學校、開通新道路、提高公車票價、削減社會服務等等）。

（下頁續）

（續上頁）

> 2.分析：
>
> 　　將參與者分成若干小組，從以上列出的決策中，指定各組針對一或多個進行分析：
>
> - 這些決策帶有哪些性別意涵在內？這些決策是否對女性特別造成影響？對男性又有何不同影響？
> - 在列表上每一項決策旁邊，寫下做出此決策的機關團體名稱，以及該機關團體中婦女所占的大略比例。
> - 假使該機關團體的成員中有百分之三十是婦女，這項決策會受到怎樣的影響？
>
> 3.討論：
>
> 　　請各小組分別選派一人，報告該組所發現的結果。有哪些策略，可以影響社群未來所做的決策？請參與者討論並提出建議。

※※※※※※※※※※※※※※※※※※※※※※※※※※※※※※※※※※

婦女在政治圈：好消息

- 印度通過一項憲法修正案，規定地方政府各單位必須保留三分之一的職位給婦女。卡納塔克邦（Karnataka）率先實施這項修正案，已有數千名婦女經由選舉任職於地方政府。一九九五年四月，一項名為「婦女觀察選民覺醒」（Women's Watch Voter Awareness）的宣導活動正式開始，呼籲卡納塔克邦各地婦女重視自己手中的選票（"Women Towards Beijing: Voices from India," Lokayan Bulletin 12, 1/2, July-October '95, Coordination Unit for the World Conference on Women-New Delhi, India, p. 57）。

- 「未來之絲」（Hlomelikusasa）是位於南非的一個婦女人權團體③，該團體

---

③ Hlomelikusasa 是祖魯語中「未來之絲」（silk for the future）之意。該團體另有一英文名稱，叫做「婦女增權」（Empowering Women）（請參考 http://www.clmission.org/displayer.asp?oType=project&oID=27）。

鼓勵農村婦女參與各層級的決策過程，尤其是地方政府。未來之絲支持一群婦女組織合法立案政黨，並協助八名成員贏得選舉，進入地方政府（Hicks, Janine, "From the Ballot Box to the Global Village," Women and Local Democracies: Logical Steps, IDASA/LOGIC, July 1996, p.5）。

• 挪威是全世界最早給予婦女投票權的國家之一。該國內閣成員有百分之四十為婦女。挪威在立法提升、保護婦女人權方面雖然未臻完美，但已是世界各國中的佼佼者（United Nations Development Programme, *Human Development Report 1995,* New York: Oxford University Press, 1995, p. 35）。

• 在瑞典，來自政府體制內外的婦女共同阻止了該國加入核武競賽，並阻止繼續使用核能發電（Kelber, Mim, "Women and Government : New Ways to Political Power," Women USA Fund Study, 1994）。

※※※※※※※※※※※※※※※※※※※※※※※※※※※※※※※※※※※※※※

媒體的角色

資訊科技快速進展，已經造就超越國家疆界限制的全球性通訊網絡，舉凡公共政策、個人態度（尤其是兒童）之形塑，均受其影響。然而，「大多數國家的平面媒體與電子媒體，並未就婦女之多樣面貌及其社會貢獻，提供平衡報導」（《北京行動綱領》，第 236 段）。相反地，媒體對婦女的經驗往往輕描淡寫，強化其傳統角色，並創造出「一種風氣，使廣告與商業訊息通常將婦女描繪成消費者」（出處同上）。

在媒體的鏡頭之下，社會角色與職業角色幾乎完全是依照性別劃分的。當婦女難得有機會登上媒體時——婦女在各式媒體情境中出現的機會之少，已經是世界各地不少研究記錄的題材——出現的背景往往限制在家庭裡，而且鮮少被描繪成理性、主動、果決的個性。正如同《北京行動綱領》所指出的，媒體這樣的刻板印象只會「強化了政治決策屬於男性領域的看法」（第 183 段）（Gallagher, Margaret, in collaboration with My von Evler, *An Unfinished Story: Gender Perspectives on Media Employment,* Paris: UNESCO,

118

1995）。

電視節目往往將暴力描繪成一種正常的生活方式，從而強化了大眾對於婦女受暴的錯誤觀念。在電視連續劇中，可以看到丈夫或男朋友毆打、強暴妻子的畫面。從賣摩托車到賣酒，電視廣告常常利用女性及其身體來銷售商品。至於流行歌曲與音樂錄影帶，則是將婦女塑造成心甘情願地被利用、甚至濫用的性玩物，。

這種設計對婦女是一種貶抑。追究其背後動機，顯然並不在於利用媒體表達出婦女利益所在，而是因為贊助廠商希望藉此將產品銷售給男性顧客。婦女本身是媒體主要的閱聽人，但是她們的偏好與男性並不相同。聯合國教科文組織（United States Educational, Scientific and Cultural Organization, UNESCO）最近在九個國家中進行了一項電視收看模式的研究，發現女性收看電視的時間平均比男性多出百分之十二。男性觀眾喜歡運動、新聞及以動作為主的節目，而女性則傾向選擇戲劇、音樂、舞蹈及其他娛樂性的節目。這項對比似乎反映出，不管從節目中所出現的情境、角色、議題來評量，男女在看電視時都偏好可以彰顯其性別的節目。

《北京行動綱領》與媒體

《北京行動綱領》不僅提到了媒體對婦女造成的負面影響，也提到了媒體幫助婦女增權的可能性。該綱領呼籲「提升婦女參與、擴大婦女參與，使婦女在媒體與新的傳播科技裡，或者是透過媒體與新的傳播科技，能夠表達意見、享有決策權」（策略目標，J.1）。簽署該綱領的各國政府，同意除了要檢討媒體政策之外，還要增加由婦女為婦女製作的節目，並且「提倡媒體以平衡、多元的方式，呈現婦女的樣貌」（出處同上）。

此外，《北京行動綱領》鼓勵各國政府立法，禁止媒體傳播婦女與兒童受暴等情事，並鼓勵婦女學習如何運用媒體。該綱領也鼓勵媒體建立專業準則、擬定辦法，對於婦女形象的描繪應當有所自我約束，對於非主流媒體，或是任何支持婦女需求的傳播方式，應當予以支持及經費援助。

※※

婦女在媒體圈：壞消息

- 平均而言，只有不到百分之三十的媒體工作者是女性，在高薪資的技術部門裡，婦女的比例更是僅占百分之四到百分之九。

- 在廣播與電視方面，女性從業人員集中在部分特定工作（播音員、主持人、製作助理），鮮少晉升到管理職位。

- 雖然世界各國出現越來越多的女性記者，接受採訪的人當中卻只有百分之十七是婦女。

- 一個名為「女・男・媒體」（Women, Men and Media）的組織，每年均會進行一項稱為「現場之外」（Slipping from the Scene）的調查，檢視該年度對婦女的新聞報導以及由婦女製作的新聞報導。該調查顯示，自從一九八九年以來，婦女出現在頭版文字或照片的次數，已出現大幅下滑的情況。

- 在三十個國家進行的研究顯示，超過二百個媒體機構中，只有七個由婦女擔任最高主管，還有另外七個由婦女擔任副主管。這些有婦女擔任主管的媒體，多半是小型的廣播公司或新聞雜誌。

（From Gallagher, Margaret, "Women and the Media," UN International Authors Series: Focus on Women, DPI/1656/WOM New York: United Nations, March 1995）

※※

119

活動六：檢視媒體

目標：分析媒體中的婦女形象
時間：75 分鐘
方式：小組合作

（下頁續）

（續上頁）

器材：各式各樣不同種類的舊雜誌

海報紙與麥克筆

第一部分：分析

　　從下列活動擇一進行，或者將參與者分成若干小組，各組進行不同活動。

活動 A：雜誌

1. 翻閱數份雜誌，觀察婦女在廣告中的形象。

2. 分析這些廣告：

* 這些廣告鎖定的對象是男讀者還是女讀者？鎖定對象不同時，廣告中的婦女形象是否也因此有所不同？

* 廣告中的婦女在進行哪些活動？請列表。這項因素對媒體中的婦女形象有何影響？

* 這些廣告反映了哪些傳統的女性美觀念？

* 廣告中的婦女形象，假如是來自不同的文化，是否會以不同的手法呈現？

* 每一則廣告中只有一名婦女而已嗎？如果不只一名，這些婦女彼此間的關係看起來如何？廣告中也有男性嗎？這些女性與男性之間看起來是怎樣的關係？

活動 B：電視

1. 當地各種型態的電視節目裡，最受歡迎的有哪些？請列表。

2. 在這些節目中，婦女扮演的是怎樣的角色？請分析。媒體所重視的女性特質有哪些？

　　妳也可以這樣做：播放一段某電視節目的錄影給全體參與者觀看，然後請參與者分成若干小組討論同樣的問題。

活動 C：電視新聞、報紙、新聞雜誌

1. 思考以下各點：

（下頁續）

（續上頁）

> - 哪些類型的婦女最常出現在這些媒體？這些婦女有哪些特質，使她們「值得報導」？
> - 這些婦女除了本身美貌、與男性重要人物有關係以外，是否還有其他值得讚揚的特質？除了外表長相，媒體是否還對哪些特質感興趣？
>
> 2. 請參與者瀏覽本週的報紙，並思考以下各點：
>
> - 體育、政治、商業、藝術各領域中的婦女，分別得到多少的注意？
> - 是否有任何婦女登上頭版？是否有任何由婦女所執筆的報導或社論？
>
> ## 活動 D：公共藝術
>
> 1. 在妳所居住的地方，公共場所裡是否有任何人物的雕塑或藝術作品？請列表。
>
> 2. 考慮以下各點：
>
> - 這些作品中，描繪男性的有多少件？描繪女性的有多少件？
> - 在男性塑像當中，有多少件代表的是真實生活中的男性？有多少件代表的是經過理想化、象徵某種價值的男性（例如，勇氣、無名士兵）？有多少件男性塑像穿著衣服？
> - 以同樣的問題來思考女性塑像。答案是否不同？妳如何解釋其中差異？
>
> ## 第二部分：討論
>
> 1. 就第一部分分析的結果，討論以下問題：
>
> - 這些雜誌、電視、新聞、藝術作品中的女性形象，對婦女在該領域造成怎樣的影響？
> - 這些形象對婦女參與公領域造成怎樣的影響？
> - 婦女對自己外表的看法，受到這些形象怎樣的影響？
> - 婦女對消費產品的慾望，受到這些形象怎樣的影響？

（下頁續）

（續上頁）

> - 婦女的受暴經驗，受到這些形象怎樣的影響？
> - 這些形象如何影響了他人對婦女所抱持的性期待？
> - 婦女在地方上可以採取哪些行動，來反制或遏止媒體中的負面女性形象？在區域性、全國性的層級可以採取哪些行動？
> - 如何才能說服決策者在媒體中傳達正面的婦女形象，尊重婦女的人權、才藝、技能以及多元化個人特質？

進入媒體圈工作

120

　　婦女能否進入媒體圈工作，牽涉到許多重要的議題：權力運作、決定在媒體上發布何種資訊、傳達何種形象以及傳達這些資訊形象的方式等等。在英國一項一九九四年進行的調查中，大部分婦女表示，希望能在電視上看到更多的女性記者與女性專家，因為她們可以「成為其他婦女的重要角色典範，激起婦女對公共議題的興趣，而且她們——或許——也會為婦女的利益喉舌。」

　　聯合國教科文組織的資料顯示，近年來，已經有愈來愈多的婦女接受了傳播工作的養成教育。然而，從事媒體工作的男性與女性，人數仍然相差甚遠。媒體界的行政、製作、編輯等職務，超過百分之七十以上都是由男性所擔任。女性記者與播報員，必須承受與男同事不一樣的評量標準。「主要電視網想看到的，是一個（最好長得還滿賞心悅目的）女人穿著防彈衣，向大家報告前線發生了什麼事」（Miller, Peter, *The Times* (of London), 21 August 1992 quoted in Gallagher, Margaret, "Women and the Media," *UN International Authors Series: Focus on Women,* DP1/1656/WOM New York: United Nations, March 1995）。

　　技術層面的工作講究能力，薪資高，而且往往是晉升為節目製作、高階經理的管道。擔任技術工作的婦女，卻是寥寥無幾（約占百分之四—八）。儘管新聞刊物給予婦女較佳的就業機會，但是總編一職卻鮮少由婦

女擔任。在廣播、電視方面，婦女多半擔任播報員、主持人、製作助理等不易進一步發展的職位。

另類傳播方式

從另一方面來說，電子媒體——尤其是電子郵件——使得婦女得以超越一般的藩籬障礙。隨著相關科技普及，大眾愈來愈容易負擔得起，電子郵件加強了婦女團體取得資訊、發布消息的能力，使她們能夠在相距遙遠、科技不發達，甚至相互衝突的地區，創造出跨越文化的虛擬社群。

此外，婦女也展現巧思，致力發展其他另類的傳播方式。在許多地方，婦女團體採用「漫畫書」形式的出版物，向識字不多的婦女宣導她們應有的權利。一個印度婦女團體沿用街頭劇場的傳統，藉此呼籲大眾反對「嫁妝死亡」（dowry deaths）或焚燒新娘事件。這些婦女在戶外進行演出，有一次甚至刻意挑選在警察局前面表演，藉此督促警方採取行動。她們並非依照正式劇本演出，而是從小組討論、個人經驗、真實生活故事當中，發展出戲劇情節（Chhachhi, Amrita, "Media as a Political Statement," in *Women and Media: Analysis, Alternatives and Action,* eds. K. Bhasin and Bina Agarwal, ISIS International and PAWF, 1984, pp. 95-98）。

在巴基斯坦，「婦女行動論壇」（Women's Action Forum）採用一種廣受歡迎的傳播方式，稱為「賈薩斯」（jalsas）。這是一種節慶式的活動，結合了演說、諷刺短劇、詩歌，結尾並提供解決衝突的方式。幽默是其中的重要成分，用在諷刺短劇中，尤其可以凸顯出法律對婦女的限制是何其荒謬。「諷刺短劇與詩都是南亞文化的一部分，所以（讓當地人感到）很親切；諷刺短劇與詩組合成的非正式架構，保證可以引起高度共鳴與理解。」（Shaheed, Farida, "Creating One's Own Media," in *Women and Media: Analysis, Alternatives and Action,* eds. K. Bhasin and Bina Agarwal, ISIS International and PAWF, 1984, pp. 82-88）

活動七：婦女的另類傳播方式

目標：發展運用另類傳播方式來組織婦女的策略

時間：60分鐘

器材：紙張與彩色筆（選擇性）

*1.*討論：

　　將參與者分成若干小組，請她們腦力激盪，討論如何運用傳統表達方式來組織社區裡的婦女（例如，歌唱、舞蹈戲劇、木偶戲、喜劇等等）。除了傳統方式以外，任何適於該文化情境的方式亦可。

　　請參與者決定，這些方式可以傳達哪些訊息？觀眾的接受度如何？這些訊息能夠傳達到婦女嗎？

*2.*創作：

　　請各小組針對適當議題，運用適合該社群的傳播方式，以另類手法表現出來。特別要留意的是，如何有效接觸被排除在主流媒體之外的婦女，例如，不識字婦女、殘障婦女、農村婦女或女性遊民等等。

　　請各小組表演其討論的成果，然後提出以下問題，進行更進一步的討論。

　　妳如何運用這些技巧來：

- 接觸社群裡的婦女？
- 教導婦女認識她們的權利？
- 動員婦女，為某議題採取行動？

媒體與婦女人權教育

- 聯合國兒童基金會創造了一個名叫「米娜」的卡通角色。米娜是一個活潑可愛、來自南亞的六歲小女孩，已經出現在許多漫畫、海報、英國國家廣播公司節目等當中，而且即將登上電視卡通節目的舞台（見第165頁）。

米娜在全球各地成為課堂裡的教材，用以提升學童對於女孩地位的認知（"Children of the Future," 75 Percent Global Newsletter, Geneva: Women's World Summit Foundation, No. 4, Fall 95/ Spring 96, p.17）。

- 在一九九〇年代，來自坦尚尼亞、哥斯大黎加、菲律賓等世界各地的許多婦女團體，紛紛針對侵犯婦女人權事件召開聽證會與法庭審判，藉此吸引媒體對此議題之注意。全球婦女領導中心（The Center for Women's Global Leadership）即利用聯合國在維也納、開羅、哥本哈根與北京召開世界會議的時機，策畫了四場聽證會。「維也納法庭：婦權即人權」這支錄影帶，常被各團體用來引導參與者討論該議題（關於全球婦女領導中心，請參照本書之書目部分）。

- 一九九〇年，聯合國資訊中心與阿特尼歐人權中心（Ateneo Human Rights Center）合作，在每週播出的「聯合國時間」電視節目中，播出一個單元名為「教導我的權利」。此單元以個案研究的方式，檢驗菲律賓當地的人權機制。

- 聯合國婦女基金會（United Nations Fund for Women, UNIFEM）在巴基斯坦贊助一齣每週播出的家庭影集。這個電視節目告訴偏遠地區的婦女，遇到問題時，可以求助哪些科技、應該到何處尋求幫忙。該節目並提供人力，傾聽觀眾的煩惱。這個計畫利用媒體向廣大的女性文盲人口招手，並提供她們使用科技的機會，藉此強化婦女在社區裡的地位（"UNIFEM in Beijing & Beyond: Celebrating the IV World Conference on Women," New York: UN-IFEM, 1996, p. 49）。

- 《新月》（*New Moon*）雜誌從一九九二年開始在美國發行，由全球各地的女孩為女孩撰寫，目的在於提升年輕女性的正面形象，並討論其人權議題。

※※※※※※※※※※※※※※※※※※※※※※※※※※※※※※※※※※※※※

活動八：制定自己的法律

目標：設計一套法律，提升婦女在公領域（包括政治、公共生活、媒體）
　　　的人權，並且評論《消除對婦女一切形式歧視公約》當中與政治
　　　參與相關的條款。

時間：90 分鐘

器材：海報紙與麥克筆，或黑板與粉筆

　　　《消除對婦女一切形式歧視公約》第七、十三、十四條影印本

　　　「國際之政治參與人權條款：幾點觀察」短文影印本（如下）

寫一寫，讀一讀，大家一起來討論：

步驟一：將參與者分成若干小組，請她們自訂法律，保護婦女參與公共
生活與媒體運作的人權，並將自訂法律寫下來。自訂的法律應該盡可能
的詳細。這套法律應該是國際法嗎？還是全國性或地方性的法規？或者
三者皆是？

　　注意：各小組可以使用「分析人權問題」與「實踐人權策略」表格
（第 392-393 頁）來檢驗本議題。

步驟二：將《消除對婦女一切形式歧視公約》第七、十三、十四條影印
本，以及「觀察國際之政治參與人權條款」短文影印本發給各小組閱讀。

步驟三：請各小組比較自行制定的法律與《消除對婦女一切形式歧視公
約》、《公民權與政治權國際公約》（*International Covenant on Civil and
Political Rights,* ICCPR）的條款。

- 三者有何相同之處？有何相異之處？
- 各小組現在是否有意修改自訂的法律？如果是，如何修改？
- 各小組是否建議該《消除對婦女一切形式歧視公約》做任何修改
　或增添？

（下頁續）

（續上頁）

步驟四：請各小組發表自訂的法律。討論：

- 自訂法律中所包含的權利，目前受到政府哪些限制？政府有哪些地方需要改變？人們該如何影響這些改變？
- 政府可以怎麼做，以支持、執行妳的法律？
- 自訂法律中所包含的權利，目前受到宗教、文化、傳統、風俗習慣哪些限制？宗教、文化、傳統、風俗習慣有哪些地方需要改變？
- 妳該如何影響這些改變？
- 宗教、文化、傳統、風俗習慣目前以怎樣的方式，支持並執行妳的法律？
- 自訂法律中所包含的權利，受到妳本身或是妳的家人哪些限制？
- 妳本身或是妳的家人有哪些地方需要改變？這些改變有可能實現嗎？

步驟五：如果要在社群裡落實這些自訂法律與／或《消除對婦女一切形式歧視公約》，需要哪些條件配合？請討論。為個人與團體擬定可能的行動策略。將多數參與者所同意的策略列表寫下。

123

國際之政治參與人權條款：幾點觀察

- 這些條款只賦予了民眾表面上的平等。這些條款雖然允許婦女投票，卻未規定政府應盡一切努力，確保婦女能夠投票（例如，實施選民宣導教育），亦未要求政府應當採取行動，糾正長久以來在政治領域對婦女的歧視行為。

- 《消除對婦女一切形式歧視公約》第七條特別提及婦女有權參與非政府組織，無異於肯定非政府組織的努力，是極有意義的政治參與行動。不過，第七條所建議的措施只是建議而已；政府也許會發現還有其他必要措施，有助於消除政治與公共生活方面的歧視。

- 《消除對婦女一切形式歧視公約》第十三條規定：「締約各國應採取一切

適當措施，消除在經濟和社會生活的其他方面對婦女的歧視，以保證她們在男女平等的基礎上有相同權利，特別是：(1)領取家屬津貼的權利；(2)銀行貸款、抵押和其他形式的金融信貸的權利。」

• 《消除對婦女一切形式歧視公約》第十四條特別保證，農村婦女有機會獲得農業信貸、銷售設施、適當技術，並在土地、農業改革與土地墾殖計畫方面享有平等待遇。

• 《公民權與政治權國際公約》闡明了所有人均應享有的公民權與政治權。在這份重要的文件中特別規定，男性與女性應該在平等的基礎上享有政治權利。而且每一位公民均享有以下權利，不應受到不合理的限制：

　　——以直接或透過自由選擇代表的方式，參與公共事務之管理。

　　——在真正定期舉辦、且所有公民均享有平等投票權的選舉中，自由投票或參選。

※※※※※※※※※※※※※※※※※※※※※※※※※※※※※※※※※

第九章

婦女人權：流離失所篇
（難民婦女、遷徙婦女、流動勞工婦女）

本章所包含的活動與背景資訊，將有助參與者達到下列**目標**：

- 了解「難民婦女」、「遷徙婦女」、「流動勞工婦女」三者之間的
  差別
- 解釋為何婦女與兒童較為容易成為遷徙人口，以及為何難民婦女、
  遷徙婦女與流動勞工婦女的人權特別容易受到侵害
- 認識難民婦女、遷徙婦女與流動勞工婦女應有的權利，並了解國際
  保護這些權利、約束地主國與原籍國的重要性
- 發展非政府組織與其他社會機構可用以協助流離失所之婦女的策略
- 認識難民婦女、遷徙婦女參與人道救援方案設計與執行之重要性
- 描述經濟力量與剝削流動勞工婦女二者之間的關連

起點：思考婦女流離失所的問題

　　流離失所的處境可能降臨在任何人身上，但是對婦女危害尤烈。人們之所以離開自己的家園，原因包括了：

- 戰爭與其他形式的暴力、政治動亂、社會不穩定：以索馬利亞為例，自從一九九一年內戰爆發以來，該國約有四分之一的人口逃離境內；其中三十萬名難民逃至肯亞躲避危險。位於肯亞東北方省分的難民營裡，有數百名索馬利亞婦女慘遭強暴（*Human Rights Watch Global Report on Women's Human Rights,* New York: Human Rights Watch, 1995, p. 120）。

- 人權遭受侵犯：婦女遭受虐待或是為人權運動奔走，可能面臨威脅與暴力，所以不得不逃離家園保全自己的生命。例如，政府對家庭暴力議題置若罔聞，婦女為了躲避家人毆打，可能逃往其他國家；或者，婦女不願接受有害生命健康的社群習俗，也可能逃走。這些習俗包括了女性閹割、孩童新娘、電擊療法、虐待女同志等等。

- 經濟情況不佳與／或好工作難求：就全球的現象來說，流動勞工以婦女為大宗，她們必須離開自己的國家尋找就業機會。

- 市場無法提供持續發展的機會：位於中歐以及東歐地區新近獨立的國家，在經歷巨變之後，從保證就業的控制式共產主義制度，轉型成為自由市場、不受外力控管的經濟。許多婦女勞工儘管技術嫻熟、受過教育，卻無法找到薪水可供溫飽的工作；而且，在國家縱容之下，必須面對職場上的性別歧視。

- 對家庭成員的嚴重歧視、迫害：例如，婦女人權運動者可能會選擇逃亡，以免政府逮捕或者騷擾她們的家人；或者，婦女可能因為與政治運動者有所牽連而遭到暴力威脅，所以選擇逃亡。

- 基於宗教、種族、族裔、政治見解的迫害：此類例子包括在前蘇聯地區，反猶太人暴力事件愈演愈烈；在中東歐，有反吉普賽人的風潮；在緬甸，回教徒遭到迫害；在蘇丹，則是反對基督教徒。在某

些國家，歧視、虐待婦女是政府政策的一部分；為此逃往他國的婦女，可能會將自己逃亡的理由歸因於政治見解不同。

• 自然災害：例如，洪水、地震與其他災害等等，往往迫使百萬民眾遷徙，以尋求庇護、安全及工作機會。

為難民、內部遷徙人口、流動勞工下定義 125

國際法與國際組織對於流動勞工（migrants）、難民（refugees）、內部遷徙人口（internally displaced people）有所區分。

難民指的是由於某些特定因素擔心遭到迫害，而不得不離開母國的人。以下將會針對這些特定因素，詳加探討。

遷徙人口指的是為躲避迫害而逃離家園的人，但是他們逃離的範圍仍在母國境內。

流動勞工指的是為了經濟因素，或是其他不符合「難民」定義之理由，而離開母國的人。

屬於不同類別的婦女可能會體驗到某些共同的問題，例如，歧視、缺乏法律上的自主性等等。不過，三者身分在幾個重要的方面仍有所區分。首先，流動勞工婦女在母國享有法律屏障，難民婦女與遷徙婦女則否。其次，與難民相關的國際公約儘管不夠周全，對於難民而言仍不失為一種保護，相較之下，與流動勞工相關之國際公約，參與簽署的國家卻寥寥無幾；保護遷徙人口的公約則根本不存在。更有甚者，在內部遷徙人口的案例中，必須負起主要責任來保護他們的政府，往往便是原先迫使他們遷徙的元兇。

本章首先探討與難民婦女、內部遷徙婦女相關的人權議題，再將焦點轉向流動勞工婦女的人權議題（關於武裝衝突中的婦女，詳見第七章「婦女人權：免於暴力篇」；關於全球化經濟中的流動勞工婦女，請見第十章「婦女人權：經濟篇」）。

關懷難民婦女人權

　　全世界的難民中，超過百分之八十是婦女與孩童。根據目前推測，全球各地逃往他國的難民人口約在一千五百萬至二千萬人左右；另外尚有二千萬人之譜，離開家園遷徙至國內他處。在一九八五年，各國人口統計所登錄的移民人數超過一億六百萬，其中移民至已開發國家者婦女約占半數，移民至開發中國家者婦女則占百分之四十四。但是，人口流動的實際數字應當遠遠不止於此（United Nations, *The World's Women 1995: Trends and Statistics,* UN.DOC.ST/ESA/STAT/SER.K/12, New York: United Nations, 1995, p. 45）。

　　《北京行動綱領》呼籲，各國應對難民婦女之需求予以關注。難民婦女的家庭負擔日漸沈重，部分是因為「戰亂的結果」，使她們「毫無預期地成為家中唯一的經營者、單親、年長親戚的看護者」（第 133 段）。在逃難或跨越邊界的過程中，婦女往往無力抵抗基於性別的人權侵犯，包括單一發生的強暴事件以及有系統的大規模強暴；也就是說，敵方勢力可能以強暴作為手段，進行預先計畫好的恐怖、毀滅性活動（第 135 段）。婦女因為與性別相關的迫害而逃難，在庇護國中往往不易取得難民身分（第 136 段）。

　　難民婦女在顛沛流離的過程中，展現出堅毅與韌性的精神，卻往往未能獲得認可。與婦女息息相關的政策決定，應當容納婦女的聲音在內。例如，在衝突爆發導致整個社群必須逃離之前，婦女應該有權參與決策過程，防止衝突發生（第 137 段）。

活動一：打包行李

目標：思考逃亡的情境，並了解獲得政治庇護的條件爲何

時間：30 分鐘

器材：海報紙與麥克筆，或黑板與粉筆（可選擇性使用）

1.讀一讀：

　　將下列段落讀給參與者聽。

　　妳是 L 國的一名教師。妳的伴侶「失蹤」了，可能是因為他想要組織工會的緣故。在接下來的幾個月裡，妳接到數通語帶威脅的電話，而且名字出現在報上所刊載的可疑顛覆分子名單中。今晚，當妳從學校下班回到家的時候，妳發現一封未署名的信，威脅要取妳性命。妳決定要馬上離開，到他處尋求政治庇護。

2.列表：

　　請參與者「打包行李」：將她們逃亡時會攜帶的物品，一一列表。她們只能帶走當時屋內既有的物品，而且必須自己提得動才可以。每人限帶八類物品。

3.討論：

　　請每位參與者大聲讀出她的列表。當一位參與者讀完其列表之後，根據她所選擇攜帶的物品，宣布「拒絕庇護」或是「給予庇護」。向參與者提問：她們認爲給予庇護與否是如何決定的？

　　接著，讀出一九五一年《關於難民地位的公約》（*Refugee Convention*）中對難民的定義（見下文），或是將此定義寫在海報紙上。向參與者解釋，根據此定義，只有攜帶前述之新聞剪報或威脅信函，才可能證明個人具有「擔心遭受迫害之充分理由」，而這正是取得難民身分的條件。

難民公約

　　政府對於難民應負有的責任，可見諸主要的國際難民公約，亦即一九

五一年之《關於難民地位的公約》（*Convention Concerning the Status of Refugees*），以及該公約一九六七年的《議定書》（*Protocol*）。根據這項公約的定義，難民必須符合以下條件：

- 已離開其原籍國
- 具有擔心遭受迫害之充分理由
- 因為以下原因擔心遭迫害：種族、宗教、國籍、隸屬於某社會團體或政治見解

這項定義是許多國家、組織處理難民的依據，因此十分重要。能夠證明自己符合此三要件的難民——一般通稱為「公約難民」（Convention Refugees）——往往可以根據國際法，獲得較多的福利、較完善的保護。雖然該公約並未將性別明確列為原因之一，但是婦女運動者正在設法，將該公約運用於受暴婦女以及其他性別迫害的案例當中。

聯合國難民事務高級專員辦事處（United Nations High Commissioner for Refugees, UNHCR）是在聯合國各單位中，專責保護、促進難民權利的機構。雖然難民事務高級專員署原先的職責僅限於公約難民，在實際執行上，該單位協助的對象愈來愈廣泛；所有受到戰亂影響的人們，無論是否符合《難民公約》的定義，均為其服務對象。

127　難民身分認定程序

步驟一：離開原籍國

這是最簡單的一個步驟。申請難民身分的人，必須表明他或她已經離開了國界。如果她離開了自己的家，但是仍在國境之內，那麼她便不能算是難民，而是「遷徙人口」。由於遷徙人口的權利缺乏國際公約保護，所以離開國家邊界的難民在國際法下可以享有較佳地位。

步驟二：具有擔心遭迫害之充分理由

1. 提出遭受「迫害」

怎樣的行為才會構成「迫害」，其實並沒有普遍一致的定義。申請難民身分者，必須說明本身遭到哪些迫害，或是援引他人在類似情況中的經驗，表明自己有擔心遭受迫害的正當理由。究竟何種程度的惡劣待遇方足以構成「迫害」，必須由處理難民事務的官員或判決者決定。

為迫害下定義並非易事。酷刑當然算是迫害的一種。《禁止酷刑和其他殘忍、不人道或有辱人格的待遇或處罰公約》（*Convention Against Torture and Other Cruel, Inhumane or Degrading Treatment or Punishment*）禁止執行國家公權力者施行酷刑。發生在戰亂中的強暴事件可被定義為酷刑的一種，所以也算是迫害。同樣地，強迫懷孕可被視同為迫害，甚至是一種奴役的行為。嚴重的性別歧視也可能被視為迫害。根據聯合國難民事務高級專員辦事處手冊，歧視如果導致「相關者遭受極具偏見性質的後果」，也可能構成迫害。這項定義，為性別歧視可構成迫害的主張敞開大門。

2. 提出與國家的關係

由國家或是國家公權力執行者所犯的行為，方可算是迫害。如果是私人造成的傷害，除非妳可以指出此人與國家之間具有強力的關連，否則便無法構成難民定義下的迫害。舉例來說，假設一群平民百姓對一名不願與男性同住的婦女擲以石塊，這項暴力行為若要構成難民定義下的「迫害」，必須符合以下二種情況之一：這群暴民丟擲石塊係出於政府命令；或者，政府對暴民的計畫知情，卻未採取阻止行動。根據聯合國難民事務高級專員辦事處的原則，如果平民對平民施加傷害，而政府不願意或無力加以阻止，便可認定國家參與了此行動。

步驟三：迫害的理由

光是提出擔心遭受迫害是不夠的；擔心的原因，還必須符合明確規範下的「迫害理由」。這點意味著迫害必須與下列理由相關：種族、宗教、國籍、隸屬於某社會團體或政治見解。依據公約規定，其他理由並不包含在內。

請注意，性別因素被排除在規定的理由之外。有些婦女運動人士正在設法，希望將性別明確列入構成迫害的原因之一。有些人則認為這樣的作

法是多此一舉，因為婦女依據目前既有的理由，往往便可以獲得難民身分。除此之外尚有另一見解，主張目前的難民定義經由延伸詮釋，即可涵蓋性別因素在內；例如，可以將婦女視爲「社會團體」的一種。

✺✺✺✺✺✺✺✺✺✺✺✺✺✺✺✺✺✺✺✺✺✺✺✺✺✺✺✺✺✺✺✺✺✺✺✺✺✺✺

逃離暴力的婦女

一九八八年，當瑪莉亞‧歐莉雅（Maria Olea）遭到嚴重的家庭暴力傷害時，她選擇帶著二名年幼的孩子，離開智利逃到美國，因為智利當時的獨裁政府對於受暴婦女並不予以支持或保護。然而，缺乏合法的移民文件，使得她無法也不敢向社會服務求助。對於家庭暴力倖存者及其子女來說，能否取得這些服務卻是攸關重大。一九九三年聯合國在維也納召開人權會議，瑪莉亞出席全球反侵犯婦女人權法庭作證。她建議聯合國應接受家庭暴力為庇護的原因之一。她說：「如此一來，我們將可拯救許多婦女與孩童的生命。」

（Reilly Niamh, ed., *Without Reservation: The Beijing Tribunal on Accountability for Women's Human Rights*. New Brunswick: Center for Women's Global Leadership, 1994, p. 68）

128　　一九九〇年，一名來自馬利共和國首都巴馬科（Bamako, Mali）的二十二歲女孩，阿米娜塔‧蒂歐波（Aminata Diop），為了躲避女性閹割而逃往法國。女性閹割是一項痛苦、危險的切割手術，盛行於非洲與中東等地。阿米娜塔如此描述眾人對她的排擠：「我不能再回到村子裡，因為我違背了父母。沒有人敢正眼看著我。我到一個朋友家裡去，她的姊姊很同情我的困境，所以幫助我前往法國。（在那裡）我覺得非常孤單。每個人都排斥我。」（出處同上，p.23）

✺✺✺✺✺✺✺✺✺✺✺✺✺✺✺✺✺✺✺✺✺✺✺✺✺✺✺✺✺✺✺✺✺✺✺✺✺✺✺

活動二：她是難民嗎？

目標：說明取得難民身分的資格

時間：60分鐘

器材：海報紙與麥克筆，或黑板與粉筆

　　　「個案研究：馬藍迪亞的迫害」短文影印本

個案研究：馬藍迪亞的迫害

　　馬藍迪亞（Marlandia）國內並無戰事發生，但是對婦女的嚴重歧視卻普遍存在著。婦女如果選擇不與男性同住，會遭到丟擲石塊的處罰。根據法律規定，婦女在公共場合必須戴上黑色長面紗，而且不准開車。習俗上，如果沒有男性陪伴同行，婦女便不得旅行或出現在公開場合。違反這項規矩的婦女可能會遭到性攻擊，而且遭到強暴或是騷擾的婦女會被以通姦罪名起訴，並予以監禁。雇主鮮少雇用女性員工，為了拔擢任用男性職員而開除女性員工的事情，卻屢屢發生。婦女如果遭到丈夫強暴，在馬藍迪亞的法律中並不算是犯罪行為。

　　一名馬藍迪亞婦女，因為遭到丈夫強暴與毆打，已經逃離該國，前往他處尋求庇護。

1. 角色扮演：

　　將個案研究短文大聲讀出來，或是將短文影印本分發給參與者亦可。請一位參與者扮演這名婦女的角色，另一位參與者擔任審理庇護案件的官員。在角色扮演的過程中，其他參與者可以輕拍演員的肩膀，接手扮演這個角色。如此一來，可以減輕演員的負擔，也可以讓更多名參與者加入扮演。

　　請另一名參與者擔任紀錄。活動過程中，當婦女提出各項可以證明其難民身分的聲明時，請紀錄一一寫下。最好是在整個小組前方張貼一張大海報紙，以供紀錄使用。

　　準備就緒後，由婦女向官員提出她的案例。

（下頁續）

（續上頁）

2.討論：

請參與者就這名婦女提出的各項聲明，檢視她認為自己應獲得難民身分的理由。這場討論應包含以下大部分的重點。

- 婦女因為不與男性同住，可能會遭到擲石致死。需要哪些證據才能顯示這項迫害的確存在？這名婦女必須舉證她本人已經遭到擲石處罰了嗎？她必須等到自己已經遭到擲石處罰，才能採取行動嗎？這項迫害的原因為何？是基於性別之故嗎？如果把婦女當成一個社會團體看待的話，應該可以算是。是基於政治見解之故嗎？如果妳認為不願與男性同住是一種政治見解的話，也許可以算是。但如果拿石頭丟擲她的，不是國家官員，而是她自己的家人、宗教團體成員呢？如果國家對此事知情，卻未採取任何阻止行動，這對此名婦女難民身分的判定是否會有所影響？

- 婦女被迫穿戴黑色長面紗，不得開車、投票或擁有財產。這些禁令均為法律明文規定，所以與國家之間的關連可說至為明顯。但是，這些規定的嚴重程度似乎不足以構成迫害。妳認為這些規定是迫害嗎？如果是，這些規定構成迫害的原因為何？是因為性別之故？抑或政治見解之故？

- 習俗上，婦女不得獨自上街，如果獨自走在街頭會遭到暴民性攻擊；被攻擊的婦女，則會被判通姦並處以嚴厲懲罰。這算是「國家的行為」（state action）嗎？國家與此暴行有何關連？婦女不得獨自上街，這是風俗習慣使然，而非法律所要求，因此與國家行為並無關係。但是，一旦婦女被告以通姦罪名，便牽涉到國家的行為了。任何法庭程序均屬國家行為。這名婦女是否能夠成功取得難民身分？受理本案的仲裁官員可能會考慮以下幾點因素：此虐待行為是否為一種模式，抑或偶發的獨立事件？這名婦女是否親身遭到這樣的虐待？性別是否可認定為社會團體的一種？是否可

（下頁續）

（續上頁）

從性別觀點來詮釋政治見解？

- **雇主不願雇用婦女**。就業歧視是否嚴重到足以構成歧視？雇主不願意雇用女性員工，這可能會被當成「純經濟因素」使然，而不被視為歧視行為。

- **遭受丈夫攻擊**。丈夫強暴妻子或是以其他方式加以攻擊，是否構成迫害？妳能提出「國家行為」與此類事件有何關連嗎？妳需要哪些額外的資訊，來支持這樣的主張？國家可能會將婚姻強暴與家庭虐待視為政府無權管轄的「私人」事件，而非公共事件。難民法就如同其他法律一樣，很難釐清公共／私人的界線。不過，在家裡遭到丈夫強暴時，大多數婦女心裡所冀求的，當然是國家介入阻止，而非國家漠視不顧。國家在婚姻強暴案例中未採取任何行動（inaction），亦可視為行動的一種（見第三章「婦女人權：家庭篇」。）

❀❀❀❀❀❀❀❀❀❀❀❀❀❀❀❀❀❀❀❀❀❀❀❀❀❀❀❀❀❀❀❀❀

加拿大的難民庇護

加拿大的移民與難民局（Immigration and Refugee Board，IRB）在處理基於性別因素的難民申請案時，會依據以下幾點考量來決定是否給予庇護：

- 是否有何特殊情況發生，使得申請者擔心遭受迫害？
- 在申請者的原籍國裡，一般普遍的情形為何？該國壓迫婦女的法律性質為何？
- 申請者若回到原籍國，是否將受到嚴重的後果？
- 她擔心遭受迫害的理由，是否符合一或多項《關於難民地位的公約》之難民定義裡所規定的理由？
- 如果她回到原籍國，是否可受到充分的保護？
- 基於以上各項情況，她是否有充分的理由擔心遭受迫害？

加拿大移民與難民局根據這些考量，曾在一九九三年給予一名保加利亞婦女庇護。這名婦女長期受到分居丈夫嚴重的虐待，而她的丈夫過去曾就職於該國內政部，後來轉為警方工作。移民與難民局也曾經給予一名年輕的巴基斯坦婦女難民身分——這名婦女遭到敵對政黨的黨工強暴而懷孕。移民與難民局庇護她的原因在於，如果她繼續留在巴基斯坦，只有二種可能的下場：一是父親殺害她以維護家族榮譽，二是警方對她提起通姦告訴；因為在巴基斯坦，除非加害者自白認罪，性攻擊的主張是不成立的。

　　但是，一名來自馬來西亞信奉印度教的淡米爾（Tamil）婦女便沒有如此幸運了。她無法自由選擇丈夫，並且備受騷擾，因此選擇逃離馬來西亞。移民與難民局判定，該婦女雖然遭到歧視與騷擾，但仍不足以構成迫害，所以拒絕給予庇護。

　　　　　（From a speech delivered by Nurjehan Mawani, Chair, Immigration and Refuee Board of Canada, March 9, 1994.）

※※※※※※※※※※※※※※※※※※※※※※※※※※※※※※※※※※※※※※

婦女的難民經驗

難民婦女與遷徙婦女的經驗中，有以下幾個值得關注的焦點：

- 沮喪、消沈、無力感。無論是為了何種原因而逃離家園，婦女往往並未預料到自己將長久離開。隨著時間一天天拖延下去，許多婦女會感到愈來愈沮喪，卻鮮少有社會服務或輔導措施來幫助她們（Mertus, Julie, et al, *The Suitcase: Refugees' Voices from Bosnia and Croatia*, University of California Press, 1997）。

- 人際關係斷絕。流離失所的婦女往往與自己的社群、家庭成員（尤其是男性）失去聯繫。她們可能無法尋獲與自己最親近的人，或是無法與他們保持聯絡。她們可能有些男性親屬，在戰爭、逃難當中「消失」了。她們也許知道某些朋友、家人的下落，卻礙於實際情形或經濟理由而無法與其聯絡。

- 地主國或地區對婦女的敵意、暴力與歧視。包括種族主義、經濟歧視、性騷擾、性暴力與其他各種虐待在內。這些因素可能會限制了 130 婦女的能力，使她們無法搬離暫時的居所、供養家庭、謀職等等。例如，緬甸難民在泰國依規定不得將子女送往學校就讀，一般泰國屋主也不太願意將房間、屋子出租給緬甸難民（Marin, Leni and Blandina Lansang-de Mesa, eds., *Women on the Move: Proceedings of Workshop on Human Rights Abuses Against Immigrant & Refugee Women,* Family Violence Prevention Fund, 1993, p. 12）。

- 保護婦女免於暴力與其他虐待、剝削的措施不足。流離失所的婦女，特別容易受到恫嚇、性虐待與其他形式的身體剝削。她們在各個階段——逃亡途中、在他國避難時、回到原籍國時——都很可能遭到侵犯。無人結伴同行的婦女格外容易遭到性攻擊，而且加害者往往來自於原本應當保護她們的單位。長期居住在難民營的婦女，經常被誘從娼，或是必須以性服務來交換食物、庇護聽證會等好處。根據人權團體記錄的個案顯示，曾有難民婦女或流動勞工婦女遭到邊界警衛、安全部隊強暴或性攻擊（*Human Rights Are Women's Right.* London: Amnesty International, 1995, pp. 25-6; *Human Rights Watch Global Report on Women's Human Rights,* New York: Human Rights Watch, 1995, p. 183）。

- 無法從事有意義的工作。有些國家並不允許難民合法工作。即使在允許難民合法工作的國家裡，婦女通常也沒有所需的法律文件。有些國家並不鼓勵難民就業；或者，他們所提供的就業機會並無法充分利用婦女的技能。在這種情況之下，難民婦女與遷徙婦女往往從事薪資極其低微的工作，任由雇主利用其非法身份加以剝削。例如，在克羅埃西亞當地三十八萬名難民當中，有百分之八十是婦女，她們依法不得工作，「難民婦女因此完全受制於貧乏的人道援助」（" Status of Women's Rights in Croatia," Zagreb: B.a.B.e., Autumn 1994, p. 2）。

- 流離失所造成家庭關係之改變。在許多情況中，難民婦女與家庭裡

的成年男性處於分居狀態。即使家庭裡的男性成員尚在，家庭仍然保持完整，婦女往往還是得處理男女角色改變所帶來的問題。通常，男性是過去負責在外工作的人，現在卻無法就業，導致其在家中的傳統角色低落。但是婦女依然照舊煮飯、打掃、照顧子女，有時甚至必須提供全家大小所需。當家中長輩愈來愈依賴婦女照顧時，婦女肩上的負擔更是增加了數倍。親子關係也可能發生變化。在新的國家，孩童的語言能力往往優於成人，因此他們時常擔起成人的責任，例如，與政府機關、人道救援團體、庇護官員協商等等。在這種情況發生時，父母親可能會感到自己喪失了控制權、能力不足。

• **缺乏日常生活的必須用品。**為家庭準備食物、衣著，往往成為婦女的重大負擔。此外，人道救援物資通常未顧及婦女的需求，例如，婦科照護、褲襪、化妝品等等。實際參與婦女救助工作的團體指出，這些物品並非奢侈品；如果有所選擇的話，難民婦女對這些物品的需求其實還優先於其他物資（"Meeting the Health Care Needs of Women Survivors of the Balkan Conflict," The Center for Reproductive Law and Policy, 1993）。

• **缺乏健康照護與其他服務。**與生育健康相關的照護以及避孕器材，對婦女的健康而言是十分重要的。然而，在大多數的難民營裡，這些服務與器材皆十分罕見，甚至是付之闕如。例如，一九九三年十月，一個團體前往薩拉耶佛（Sarajevo）考察現狀，團員們便發現，「薩拉耶佛婦女過去已習於實施家庭計畫及服用避孕藥，但是二者目前均無法取得」，因此當地墮胎率極高，而且往往是由資格不符的人員在不安全的環境下執行手術（Pippa Scott and May Anne Schwalbe, "A Living Wall: Former Yugoslavia: Zagreb, Slavonski Brod & Sarajevo, October 3-18, 1993," Report to the Women's Commission for Refugee Women & Children, New York, p. 8）。

• **無法證明難民身分；難民聽證會對婦女處境缺乏性別敏感度。**婦女如果因為性別而遭受迫害，要證明其難民身分往往極為不易。除此之外，軍事攻擊的受害婦女，可能很難證明自己的確遭到迫害，而

不僅只是零星個別暴力事件下的受害者。儘管戰爭中的強暴已被視為侵犯了國際人權法，部分庇護官仍舊認為強暴、性暴力屬於偶發的侵犯事件，所以婦女若被士兵強暴而提出難民申請，可能仍會被認定資格不符。庇護官往往認為，婦女在戰亂衝突中的遭遇「不夠嚴重」，不足以構成迫害。例如，有些國家以集中營與政府酷刑的倖存者為核准難民身分之優先對象，而符合這二項分類者以男性居多。結果，雖然大部分難民為女性，能夠獲得庇護的人卻多半是男性。

131

- 婦女不被承認為具有完全法律能力的獨立個體。有時候，男性戶長可能是家庭裡首先移居或最早得到庇護的人。當婦女隨後加入丈夫時，她們的移民或難民身分是依附於丈夫之下的。萬一家庭因故破碎，婦女可能會被驅逐出境。這項規定，使得遭受丈夫暴力侵犯的難民婦女，處境格外艱難。因為害怕被驅除出境，或是因為其他語言文化的障礙，她們往往不願向執法官員尋求協助。

強制遣返

自一九九二年起的十年間，聯合國難民事務高級專員辦事處總共將一千萬名難民遣返回其原籍國，其中多為婦女與孩童。如同希瑪·瓦力（Sima Wali）在維也納人權會議上所言，這項行動對難民婦女的意涵在於：「難民婦女……並未有所準備，便挑起令人望之卻步的重大任務，不僅要重新打造她們破碎的人生，還得參與戰火蹂躪後的社會重建。」

許多婦女一旦被遣返歸國，便得面對酷刑與迫害；如果曾遭到敵方士兵強暴，還得忍受污名責難。除此之外，這些婦女如果成為寡婦，子女可能會被丈夫的家庭帶走，以確保男方家屬可以繼續持有財產、土地。回到安全堪虞的國家，婦女往往無法獲得保護，也往往無法參與新政府的決策過程（Afkhami, Mahnaz, *Women in Exile,* Charlottesville, VA: University of Virginia Press, 1994）。

活動三：幫助難民婦女的積極方法

目標：擬定可用以援助難民婦女的行動方案

時間：60分鐘

器材：海報紙與麥克筆

「希望行動」短文影印本（如下）

1. 想像／畫出來：

請參與者以一位難民婦女為主角，合編一則故事。故事從這名婦女跨越祖國邊境開始。可以由全體參與者合力編出一則故事，也可以分成若干小組，個別進行。以下為故事範例：

一名年輕婦女隻身來到難民營。一名守衛提議幫她找份「好差事」；為了得以溫飽，她接受了這份工作。結果，所謂「好差事」原來是在妓院從娼，而且妓院還不准她保留工資。她不能向警方申訴，因為警察與業者根本是同謀。大部分的顧客都不願意使用保險套。最後，她感染了性傳染病。

當故事大綱定案後，請小組成員從故事中選取幾個不同的場景，在海報紙上畫出來。請各組發表她們的故事。

2. 討論：

在故事的不同階段，有哪些行動或社會服務可以介入，幫助女主角逃離惡性循環？請各小組列表。例如：「當女主角到達難民營時，她可以與別人的小本生意合夥賺錢以換取食物，或者她也可以與其他婦女合作，自己做生意。」又例如：「在妓院的時候，一個非政府組織正在舉辦公共衛生訓練工作坊，這個組織可以教導她如何自我保護，或是協助她逃離娼妓行業。」

在討論的結尾，為各組故事以及參與者所建議的行動方案做一簡短摘要，並予以評論。婦女可以採取怎樣的行動，來幫助自己，也幫助別人？以下文章提出了幾點建議，妳可以用來補充參與者的討論。

讓明天會更好：行動方案舉例

132

各國政府可以藉由以下方式來提升難民婦女的人權：

- 任何與難民相關之政策活動，其設計與執行均應延攬難民婦女參與。

- 雇用女性保護官、女性社區社會工作者來執行以下三種任務：處理所有難民婦女之個案；提供安全環境，使難民婦女可以安心地彼此交談；為受害於暴力之難民婦女，提供補救措施。

- 為難民婦女所提供之輔導，應顧及性別敏感與文化適當性。輔導工作應由訓練有素、經驗豐富之輔導人員進行，若能與難民具有相同文化、社群背景尤佳。

- 支持難民婦女求救熱線、安全庇護所等之經營。如有可能，應雇難民婦女為工作人員，並聘請與難民具有相同文化、社群背景之女性輔導人員。

- 難民婦女如遭受虐待，應緊急重新分配其住所。

- 建立有效機制，嚴格執行法律規範，以確保加害者可被指認並獲起訴。

- 確保難民婦女不會被強迫長期安置於封閉的難民營、拘留中心；在這些場所，難民婦女十分容易遭到暴力傷害。

- 所有依據難民政策執行的教育性活動，均應包含與難民婦女相關之資訊；這些資訊最好是由難民婦女執筆，或是與難民婦女合作共同撰寫。此外，可透過公共媒體宣導，傳遞流離失所婦女之相關訊息，藉此減少對難民婦女的虐待與歧視。

- 為下列人員提供性別敏感訓練：地主國邊境衛兵、警察、軍事單位、庇護所官員、救援人員，以及其他與難民、遷徙人口有所接觸者。

- 依據難民婦女的需求，改善難民營之設計，為婦女提供更安全的環境。可行措施包括：改善燈光照明；安全巡邏；為單身婦女、與家人同行之女性戶長、獨行之未成年人等等，特別設計住宿環境。

- 在下列各地點設置受過性別意識訓練之國家工作人員：婦女抵達庇護國必經之邊界地區、收容所、難民營、安置處。

流動勞工婦女的人權

典型的流動勞工婦女具有以下特徵：年紀介於二十至四十之間，已婚，在母國育有子女；爲了改善家庭生計而遠赴國外工作。研究發現，流動勞工婦女的教育程度往往比留在母國的婦女來得高，但是她們卻無法找到與其技能、教育程度相符合的工作（"Young and Older Women Migrate," *Popline,* vol. 18, May-June, 1996）。

隨著經濟發展日益全球化，資金、貨品、人力的流動愈來愈便利，世人也更加關注流動勞工的議題。流動勞工尋找的是更好的工作機會、更高的收入；某些國家強大的經濟力便吸引了流動勞工前往定居、工作。許多國家積極招募廉價、技術不熟練的勞動力，來從事本國民眾認爲骯髒、危險、不體面的工作。一直到最近幾年，絕大多數的流動勞工都是男性，但是現在女性流動勞工人數已超越男性了。

大多數婦女勞工所從事的行業有二種：一是「傳統的」婦女工作，例如，打理家務、照顧孩童；二是身陷急速成長、高利潤的婦女人口買賣，成爲性產業或色情出版業的一分子。也有爲數不少的婦女，從事製造業、紡織業、農業中薪資低廉、不需高技術的工作。菲律賓婦女角色國家委員會（National Commission on the Role of Filipino Women）的主席，派翠西亞‧力庫安南博士（Dr. Patricia Licuanan）曾經探討過流動家庭幫傭對母國與工作國所造成的影響。根據她的研究：「流動家庭雇傭對工作國的益處勝於母國，而且她們所帶來的益處多傾向於經濟層面，但耗損的成本卻主要是社會層面的。」（Licuanan, Patricia, *The Trade in Domestic Workers: Causes, Mechanisms, and Consequences of International Migration,* Atlantic Highlands, NJ: Zed Books, 1994, pp. 103-15）（關於流動勞工更多的討論，請見第十章「婦女人權：經濟篇」）

婦女爲什麼要離家工作？

某些壓力迫使婦女不得不離開家園、祖國，出外爲個人與家庭謀生計。

這些壓力包括：

- **婦女的工作地位低下。**在許多地方，婦女仍舊遭到歧視，只能從事薪資微薄、地位也不高的工作，例如，家庭雇傭、娼妓、色情出版品、「郵購新娘」、「慰安婦」等等。

- **勞動市場全球化。**勞動分層的體系已然形成，高度工業化的國家往往將製造部門轉移到勞動成本較低的國家，或者是輸入技術較差、薪資較低的外國勞工，來從事本國勞工不屑一顧的工作。 133

- **文化與家庭中的性別角色。**研究顯示，流動勞工婦女成為家中主要的收入來源，因此在家庭裡獲得新的影響力與地位；但是她們對於薪資的支配方式，並無掌控能力。亞洲婦女「順從」、「富有異國情調」的刻板印象，使得她們對外國雇主、性交易販子與顧客格外具有吸引力，也使得她們在郵購新娘市場上大受歡迎。在東歐，前共黨國家解體之後，女性往往成為新近私營化的企業首先開除的對象；她們別無選擇，只能出國跑單幫、當流動勞工或娼妓。俄羅斯與烏克蘭婦女——社會大眾一般蔑稱為「娜塔莎」（Natashas）——時常往返土耳其，從事性交易。

　　流動勞工的母國與工作國扮演了極重要的角色。有些母國政府以積極的態度，招募、鼓勵該國勞工前往國外工作。這些政府不僅訂立收費規範，並從仲介費用、稅金以及勞工寄回家的匯款中賺取利潤；藉由這樣的作法，政府規避了其對國民需求原本應負有的責任。舉例來說，菲律賓政府為了賺取強勢貨幣支付外債利息，自從一九七〇年代以來便大力鼓吹、協助勞工出口至中東、歐洲、日本與美國等地。目前約有五十萬名菲律賓人在國外工作，每年匯款回國金額高達二十億美金。這些勞工是該國經濟獲利最大的輸出品。政府為了進一步勸誘國民到國外工作，規定第一年匯款回家的金額得享免課稅優待。想要出國工作的婦女必須繳納費用，金額高得離譜，而且往往是非法的；私人與政府仲介單位便居中獲利。

　　廉價勞工湧入，工作國政府也從中獲得利益。在某些國家，因為有了外籍流動勞工分攤家務，受過教育的女性國民得以從家庭抽身，加入勞動生產（指准許婦女工作的國家而言），政府無須建立兒童照護體系，並可

帶來稅收進帳。以新加坡為例，雇主必須月付三百元美金給政府，方可雇用外籍家庭幫傭（Villalba, May-an, "Understanding Asian Women in Migration: Towards a Theoretical Framework," *Women in Action,* Isis International, vol. 2&3, 1993, Manila, Phillippines, pp. 9-23; see also United Nations, *Internal Migration of Women in Developing Countries,* Sales No. E.94.xiii. 392-1-151260-3）。

活動四：推—拉因素

目標：認識促使流動勞工盛行的原因

時間：30 分鐘

器材：海報紙與麥克筆

1. 列表：

　　將一張海報紙畫成兩半，一邊上方寫著「拉因素」，另一邊上方寫者「推因素」。婦女為何需要到其他國家謀職？工作國為何需要她們的勞力？請參與者大聲說出理由。理由可能包括以下各項：

推

- 失業率高
- 受過教育的婦女無法找到好工作
- 家庭需要經濟支援
- 想要購買消費品
- 政府需要外匯
- 在國外工作／旅行的吸引力

拉

- 外國政府需要廉價勞工
- 需要會說英語的勞工
- 擁有「女傭」是某種階級的象徵
- 招募業者的勸誘
- 招募業者強力保證高薪工作

2. 討論：

- 為什麼女性流動勞工多於男性？
- 在此現象之下，母國與工作國各有何經濟政策與預設立場？他們是否因為婦女勞力價格低廉，所以才大量依賴婦女流動勞工？
- 以上所列出的各項因素，是否有違反婦女人權之處？

從受害者蛻變為人權運動者：一名流動勞工的故事

泰瑞西塔・柯依蓉（Teresita Cuizon）是一名喪夫的單親媽媽，靠著裁縫手藝在菲律賓扶養二個孩子。因為當裁縫的收入不足以收支平衡，所以她加入流動勞工的行列，到波斯灣地區某國擔任女傭。當初約定好的薪水是每個月四百美金，但是當她抵達開始工作之後，每個月只能領到一百零八元美金。更糟的是，雇主扣留了她的護照，藉此控制她的行動；沒有雇主陪同，她哪裡也去不了。她的工作時數很長，中間沒有休息時間，而且只能吃殘羹剩肴。男雇主不斷地騷擾她。她向雇主的女兒抱怨，要求回家，結果反而被送到雇主的女兒家去工作。情況絲毫沒有改善。

當波灣戰爭爆發的時候，雇主一家人搬到倫敦，也把她　起帶去。儘管雇主一家人仍有能力大肆採購，她卻有六個月領不到薪水。她在公園裡遇到一名婦女，靠著這名婦女與警方的協助，她終於逃離了雇主一家人。隨後，她加入了一個名為「瓦林—瓦林」（Walin-Waling）的團體，這個組織專門幫助英國境內未持有文件證明的家庭雇傭（Testimony of Teresita Cuizon in *Without Reservation: The Beijing Tribunal on Accountability for Women's Human Rights,* Reilly, Niamh ed., Center for Women's Global Leadership, NJ, 1996）。

家庭雇傭

許多婦女一抵達外國，便發現自己遭到非人道的待遇。法律以保護本國國民為主，外籍家庭雇傭往往不受其庇護；但是她們行事仍得遵循工作國的文化，否則便得面對後果。例如，許多基督徒在中亞被禁止上教堂禮拜；在新加坡，「外籍家庭工作者」（foreign household workers, FHWs）不得與當地人結婚，而且每三個月必須做一次健康檢查，萬一懷孕了或是感染了性傳染病，便會遭到驅除出境。家庭雇傭慘遭雇主殺害或者絕望自

殺的案例可說是不勝枚舉。在極端罕見的案例中，也有雇傭殺害其雇主
（「奴隸主」）的事情發生。

造成流動勞工婦女人權侵犯的因素

所有流動勞工婦女都可能遭到人權侵犯。以下是導致人權侵犯事件發
生的因素：

- 仇視外國人的風氣、種族主義日漸盛行
- 發生在家庭、工作場合、街頭的暴力事件
- 無法得到當地法令的保護，或是當地法律執行不力，以至於無法避
  免家庭暴力發生
- 移民法規容許加害者或雇主以遣返出境為由，脅迫婦女
- 無力掌控生活與工作環境
- 法律帶有歧視色彩，阻止流動勞工與家人團聚
- 薪資低，工時長且不固定，食物不足，缺乏隱私，休息時間短，無
  法帶薪休假，不包含在健康保險內
- 護照遭到非法扣留，沒有出境簽證或雇主允許不得離開工作國
- 欠雇主或仲介業者錢；或是向家鄉當地的高利貸業者舉債，以付清
  旅費
- 對工作國的語言、風俗、法律不熟悉
- 鮮少有更佳的就業機會
- 政府現有的福利政策（住屋、健康照護等等）僅部分適用於流動勞
  工，或者完全不適用於流動勞工
- 與其他婦女團體、社會團體缺乏密切聯繫
- 母國與工作國雙方均採行剝削性的經濟政策

從這些因素可看出，各項人權之間是相互關連的。想要提升流動勞工
婦女的人權，勢必連帶討論到其他各項人權議題。

《北京行動綱領》與流動勞工婦女

流動勞工婦女曾組織團體，遊說《北京行動綱領》將她們的人權包含

在內。由於她們的努力，《北京行動綱領》的確提到了某些流動勞工婦女所面臨的重要議題，雖然還有些其他議題遭到了忽略。

該綱領呼籲各國政府，應當確保「充分實踐包括流動勞工婦女在內之女性移民的人權，並保護她們免於暴力與剝削」。不過，該綱領呼籲採取 135 增權措施的對象僅限於持有文件之婦女流動勞工，未持有文件的勞工則不在保障之列（第 58k 段）。

該綱領承認流動勞工婦女特別容易受到暴力侵犯，並建議流動勞工婦女、遷徙婦女、難民婦女應當清楚認識自己的人權，並了解有哪些機制可協助她們（第 116 段）。該綱領也承認，流動勞工婦女的合法地位係由雇主所操控，使得她們格外容易遭受剝削（第 55c 段）。

活動五：採取行動

目標：設計可提升流動勞工婦女人權之策略

時間：60 分鐘

器材：海報紙與麥克筆，或黑板與粉筆

「提升流動勞工婦女人權的策略」短文影印本（如下，可選擇性使用）

1. 列表：

將參與者分成若干小組，請她們爲流動勞工婦女組織與運動者設計策略，遊說政府改善遠赴國外工作婦女之處境。將各組策略分成三類，寫在海報紙上：「在國際間」、「在母國」、「在工作國」。參與者也許會希望將「在工作國」這個類別進一步區分爲流動勞工婦女團體與本地婦女團體二項。

2. 討論：

請各小組報告她們的列表內容，以及爲何選用這些策略的原因。將參與者認爲成效最佳的策略圈起來。讀出以下短文所列的策略，並將參與者所贊同的策略加上。

提升流動勞工婦女人權的策略

在國際上

- 創立家管工作者國際工會。為了保護、提升所有家庭雇傭的地位，這樣的工會將採行怎樣的目標與策略呢？這樣的工會對妳的國家（母國或工作國）將帶來怎樣的影響？在國際上，它將扮演怎樣的角色？創立這樣的組織，可能遇到哪些障礙？

- 督促更多國家簽署並執行《聯合國保護流動勞工人權公約》（*UN Convention to Protect the Rights of Migrant Workers*）。該公約於一九七五年通過，雖然內容係以男性流動勞工之模式為基礎，但是對男女勞工的保護仍堪稱全面。然而，參與簽署該公約之國家數目極少。非政府組織可以採行哪些策略以強制政府實施該公約，並督促更多政府加入簽署？該公約應如何落實？

- 擴充《難民婦女公約》，將流動勞工婦女納入適用範圍。

- 要求國際勞工組織（**International Labour Organization, ILO**）追蹤流動勞工婦女的資料，並擔任交換相關訊息的角色。

在母國

- 將招募過程標準化，並予以監督。

- 提供婦女勞工訓練與輔導；確定其家人清楚她將前往的地點以及雇主名稱。

- 遊說政府透過與工作國進行雙邊協商，保護並協助海外國民；並要求大使館內設置勞工交流辦公室，藉此監管當地情形。

- 提供借貸方案，協助勞工負擔交通費用，避免勞工向高利貸、仲介業者或雇主借貸。

- 建立匯款儲蓄方案，避免勞工婦女匯回國內的款項完全用於家人消費；訓練歸國勞工使用所存薪資從事投資或其他增加收入的管道。

136

- 督促政府重新檢討結構調整政策，是否更加惡化了當初迫使婦女遠赴國外謀生的情況。

在工作國

本地婦女團體可採行的策略：

- 設立多國語言機構，聘用第一代與第二代移民爲流動勞工婦女翻譯、提供應有的文化認知，藉此建立流動勞工婦女對本地人之信任，並爲其需求提供服務。
- 使用非書面的傳播方式，例如，廣播節目、錄影帶、街頭劇場、歌曲等等，作爲移民社群之聯繫、教育管道。
- 與其他團體合作，例如，學生、教會等等，藉此爭取社區支持，共同爲流動勞工婦女提供服務。
- 與仲介業者、律師以及其他不分地理、階級、種族與宗教之移民團體合作，從國家政策的層面改善現狀。例如，在美國，經由一個全國性的聯盟成功遊說，已通過法律，允許受虐流動勞工婦女援引一九九四年之《反婦女受暴法案》（Violence Against Women Act, VAWA）申請移民身分。

（Adapted from *Hear Our Voices: Resource Directory of Immigrant & Refugee Women's Projects,* American Friends Service Committee, 1995.）

流動勞工婦女團體可採行的策略：

- 遊說工作國政府保護流動勞工，訂立最低薪資與工作環境標準，並要求雇主與員工簽訂制式契約。
- 遊說工作國政府准許具有特定技能之流動勞工改變身分，從事專業領域的工作。
- 遊說工作國政府特赦，開放無證明文件之流動勞工居民取得合法工作證。

（Adapted from Heyzer, Noeleen, et al., eds. *The Trade in Domestic Workers: Causes, Mechanisms and Consequences of International Migration,* London: Zed Books, 1994.）

婦女流動勞工：行動策略舉例

母國可以採取行動，為流動勞工爭取較佳條件：一九八七年，菲律賓為了與新加坡、馬來西亞等國重新協商工資，遂下令禁止輸出家庭雇傭。經過多次政府協商，菲律賓女傭得到比過去更高的薪資（Noeleen Heyzer et al., supra at pp. 136 and 65.）。

非政府組織發起活動，成立家庭雇傭團體：「沙祈」（Sakhi）是美國一個草根性的運動團體，其目標為消弭南亞裔社區裡的婦女受暴事件。隨著有愈來愈多的南亞婦女被南亞裔雇主帶到美國當傭人，該團體於一九九三年開始幫助這些婦女組織，進行活動。其中包括了：

- 幫助一名來自印度的家庭幫傭控告雇主遲發薪資並對她施予虐待，協助她取回護照，並警告其雇主將在公共宣導中揭露其惡行，昭告社區民衆。
- 在社區報紙中進行宣導，強調雇主應負之責任，以及家庭雇傭應有之權利。
- 提供免費英語課程，幫助勞工融入組織，並提供資訊，使勞工對自己的權利有所認識。

家庭雇傭本身成立組織：「瓦林—瓦林」是一個位於英國的團體，由非法家庭雇傭組成。該團體名稱來自於一種只能在菲律賓山區找到的罕見的蘭花。瓦林—瓦林的成員與菲律賓團體「卡拉揚」（Kalayaan）密切合作。雙方成員參加訓練課程認識自己應有的權利，參與社會活動，必要時互相為對方募款，並規畫活動以改善家庭雇傭之人權。

137

為流動勞工婦女、難民婦女、遷徙婦女的權利下定義

活動六：制定自己的法律

目標：設計一套法律，為流動勞工婦女、難民婦女、遷徙婦女的權利下定義，並且評論維也納工作小組（Vienna Working Group）所擬定的人權列表

時間：60 分鐘

器材：維也納工作小組所擬定之難民婦女、流動勞工婦女、遷徙婦女人權列表影印本（如下）

寫一寫，讀一讀，大家一起來討論：

步驟一：將參與者分成若干小組，請她們自訂法律，保護難民婦女、流動勞工婦女、遷徙婦女的人權，並將自訂法律寫下來。自訂的法律應該盡可能的詳細。這套法律應該是國際法嗎？還是全國性或地方性的法規？或者三者皆是？

注意：各小組可以使用「分析人權問題」與「實踐人權策略」表格（第 392-393 頁）來檢驗本議題。

步驟二：以下人權列表，係由超過七十個關切流動勞工婦女、難民婦女、遷徙婦女議題之歐洲非政府組織，於一九九三年十月維也納開會時擬定的。會議中，許多參與者本身便是來自世界各地的流動勞工婦女、難民婦女或遷徙婦女，包括阿爾及利亞、克羅埃西亞、賽浦勒斯、伊朗、愛爾蘭、菲律賓、西藏、土耳其、塞爾維亞、薩伊等等。

將列表影印本發給各小組閱讀。請各小組思考以下問題：

• 妳認為這張列表的內容合理嗎？

• 妳是否認為應該額外增加某些項目？

（續上頁）

> • 妳是否認爲應該刪除其中某些項目？

難民婦女、流動勞工婦女、遷徙婦女的人權

1. **婦女有與家人團聚，但同時仍保持其自主性的權利。**婦女與其他難民一樣，應該有權與居住在其他國家的家人團聚。然而，當她們與家人團聚時，婦女應該繼續被視爲具有完全法律能力的獨立個人。沒有人可以代替她們做決定，即使是居住在新國家的男性親屬或丈夫也沒有這項權利。婚姻狀態若有所改變，不應造成婦女法律地位之連帶改變。例如，假使一名難民婦女在新國家辦理離婚，她所提出的難民身分申請仍應獨立審查，與丈夫的身分無關。

2. **婦女有安全返家的權利。**所有難民都應享有安全返家的權利，但是難民婦女與遷徙婦女格外容易遭到強暴、性攻擊與其他形式的虐待，所以這項權利在她們的案例中更應受到保護。

3. **婦女有免於暴力的權利——在逃亡途中、在庇護國時、在返家途中與返抵母國時。**「公私生活中各種對婦女的暴力侵犯，對流動勞工婦女、難民婦女與遷徙婦女均造成影響，無論其個別身分或處境。傳統支持體系瓦解，缺乏符合文化語言背景的服務措施，導致婦女受暴的情況更加惡化。」（維也納工作小組）

4. **婦女有接受公平、適當、性別敏感之庇護程序的權利。**相關單位應雇用婦女擔任面談、翻譯的工作，尤其當申請庇護的婦女曾遭到性攻擊或暴力時。難民婦女應有選擇私人秘密面談的機會。

5. **婦女有免於種族偏見、歧視、騷擾的權利。**流動勞工婦女、移民婦女、難民婦女與遷徙婦女時常面臨種族偏見、歧視與騷擾。流動勞工特別容易成爲經濟問題的代罪羔羊。政府應當採行法律措施，消除各種形式的種族歧視、仇外情結與恐同心態，包括種種

（下頁續）

（續上頁）

> 已經制度化，成為法規一部分的種族歧視措施。政府亦應開闢管
> 道，作為舉發、調查、起訴此類犯行者之用。
>
> *6.婦女有在安全環境中工作，免於經濟或性剝削的權利。* 流離失所　138
> 的婦女應當有權充分參與勞工市場，並得到法律平等對待。
>
> 步驟三：請各小組比較自行制定的法律與維也納工作小組所定義的人權
> - 三者有何相同之處？有何相異之處？
> - 各小組現在是否有意修改自訂的法律？如果是，如何修改？
> - 各小組是否建議維也納工作小組所定義的人權做任何修改或增添？
>
> 步驟四：請各小組發表自訂的法律。討論：
> - 自訂法律中所包含的權利，目前受到政府哪些限制？政府有哪些
>   地方需要改變？婦女該如何促成這些改變？
> - 政府可以怎麼做，以支持、執行妳的法律？
> - 自訂法律中所包含的權利，目前受到宗教、文化、傳統、風俗習
>   慣哪些限制？宗教、文化、傳統、風俗習慣有哪些地方需要改變？
>   妳該如何促成這些改變？
> - 宗教、文化、傳統、風俗習慣目前以怎樣的方式，支持並執行妳
>   的法律？
> - 自訂法律中所包含的權利，受到妳本身或是妳的家人哪些限制？
> - 妳本身或是妳的家人有哪些地方需要改變？這些改變有可能實現
>   嗎？
>
> 步驟五：如果要在社群裡落實這些自訂法律與／或維也納工作小組所定
> 義的人權，需要哪些條件配合？請討論。為個人與團體擬定可能的行動
> 策略。將多數參與者所同意的策略列表寫下。

第十章

婦女人權：
經濟篇

目標

本章所包含的活動與背景資訊，將有助參與者達到下列**目標**：

- 為「經濟」下定義，並思考婦女與地方、全球經濟之間的關係
- 檢驗貧窮對婦女生活造成的束縛，以及貧窮與人權之間的關係
- 了解發展與婦女人權之間的關係
- 探討全球化與全球經濟趨勢對婦女的影響
- 為「結構調整」下定義，了解外債、國際金融組織與地方經濟問題之間的關連
- 認識政府、社群領袖、媒體與婦女本身，在改造經濟、提升婦女人權方面所扮演的角色

起點：思考婦女的經濟處境

本章探討婦女在經濟方面應享有的人權。這個主題涵蓋了地方性與全球性的經濟體制以及經濟力量，包括的範圍極廣；因此，本章與其他幾個章節的主題互有交集，請參照使用。第十一章「婦女人權：工作篇」特別著重婦女在工作場合的人權。第十二章「婦女人權：環境篇」處理經濟政策與環境惡化二者之間的相互關連。流動勞工在經濟中扮演的角色，則在第九章「婦女人權：流離失所篇」當中，已有詳細討論。

貿易、經濟援助、市場、公司、商業、金融機構等等，總稱為經濟結構，與婦女的生活息息相關。經濟結構是貨品、服務流通之制度與過程的一部分。理想中，經濟結構的運作方式應以滿足每個人的物質需求為目的；但是在實際情況裡，經濟結構往往達到相反的效果，損害某些人取得食物、庇護、謀生計的基本人權，對全球各地貧窮婦女所造成的負面影響，危害尤烈。

《北京行動綱領》觀察指出：

雖然許多婦女在經濟結構中的地位已有所提升，但是對絕大多數婦女而言，尤其是對那些尚得面對其他限制的婦女而言，障礙仍舊持續存在，損及她們爭取經濟自主以及為自己與眷屬謀生計的能力。從受薪勞動（wage labour）、自給性農業（subsistence farming）、漁業（fishing）到非正式部門（informal sector），婦女活躍於眾多經濟領域，往往身兼多項工作。然而，婦女的經濟發展卻受到各種因素阻撓，包括：法律與習俗阻止婦女擁有或取得土地、自然資源、資金、信貸、科技與其他生產方式，以及薪資差異等等（第 156 段）。

婦女在經濟領域的人權，與她們其他方面的人權息息相關，包括：政治參與、免於暴力、教育、健康、就業、良好工作環境，以及眾多其他人權。

140

婦女與經濟：事實面面觀

- 女性平均薪資僅有男性的百分七十四‧九。
- 婦女在全球受薪勞動力中占百分之三十九‧五，但她們僅擁有百分之二十六的全球收入以及百分之一的財產。
- 雖然全球各地接受高等教育的婦女人數已經有所增加，但是職場中的經理與管理職務仍然僅有百分之十四由婦女擔任。
- 在非洲，百分之八十的食物製造者是女性，但是農場管理人僅有百分之七為婦女。
- 婦女所從事的工作，主要集中在非正式部門、臨時或兼職工作、料理家務。這些工作共同的特點在於‧薪資低、福利微薄、工作穩定性差、工作環境惡劣。
- 正式信貸機關放款的對象當中，僅有極少數為婦女。多國間銀行所提供的農業貸款，借貸給婦女的金額只有其中百分之五。
- 據估計，全球約有十三億貧窮人口，其中百分之七十為女性。
- 婦女工作時數較長，手邊同時進行的工作項目也較多。平均而言，婦女承擔了工業化國家百分之五十一的工作負擔、開發中國家百分之五十三的工作負擔。
- 許多婦女所從事的工作，不是無薪給，便是工資過低。這些工作的價值估算起來，金額可高達十一兆美金，而全球總產值不過為十六兆美金。

（Source: United Nations, *The World's Women 1995: Trends and Statistics,* New York: United Nations, 1995; Sivard, Ruth L, *Women: A World Survey,* Washington D.C.: World Priorities, 1995.）

活動一：經濟與我們的生活

目標：爲「經濟」以及婦女與經濟之間的關係下定義

時間：60 分鐘

器材：海報紙與麥克筆，或黑板與粉筆

　　　膠帶、彩色紙

　　　繩子（可選擇性使用）

1. 討論：

　　大聲讀出以下方塊文章中的「經濟」定義。也可以將定義寫在海報紙上。討論：

- 何謂經濟？其目的爲何？所造成的效果爲何？經濟的定義、目的、效果對眾人而言都是相同的嗎？
- 本社群的婦女與經濟之間關係如何？她們是否出外工作，並／或自行經商？
- 本社群的婦女所面臨的問題有哪些？

2. 畫一畫／展現創意：

　　請參與者依照以下指示，在海報紙或黑板上畫出一條生命時間線；也可以用曬衣繩代替。參與者可以個別進行，也可以分成若干小組進行，或是由全體參與者共同完成本活動亦可。

- 在生命時間線上做記號，每十年分成一段。
- 使用彩色筆或彩色紙片，在生命時間線上標明人生各階段可能會遭遇到的人權議題（例如，參與政治、接受教育、享有健康、免於暴力等權利）。
- 標明她們從事過的所有經濟活動，以及經濟狀況對她們的生活所造成之各種影響（例如，第一份領到薪資的工作，一段經濟情況特別好或特別糟糕的時期，參與者本人、父母或伴侶的失業經驗）。

將時間線留著，供本章稍後的活動使用。

141

經濟詞彙與概念

經濟是一整套的結構與相互關係，引導金融與物資資源之流通分配。經濟代表了個人與團體互動以使用、交換資源的方式，包括商品、服務、金錢在內。經濟與人類生理需求相關，例如，庇護、食物、乾淨飲水或健康照護等等。分配收入與財富、規範工作、調整薪資所依據的模式，均屬於經濟的一部分；哪些人的工作可獲得認同、怎樣的工作算是有價值、資源應該如何分配，也受到經濟模式的影響。

經濟的非正式部門（informal sector）涵蓋範圍極廣，凡未受法律規範之經濟活動皆屬之。在非正式部門，工作所得往往並非以薪資的形式發給，就業條件也不受地方或國家政府管束。在非正式部門裡，不僅企業與國家的關係是「非正式」的，雇主與員工（多為雇主家庭成員）、買方與賣方之間的關係也是如此。這種非正式的關係，正是此類商品與服務之製造程序、分配過程與模式的一大特點。（Fried, Susana, "Women's Experiences as Small Scale Entrepreneurs," in Nelly Stromquist, ed., *Women in the Third World: An Encyclopedia of Contemporary Issues,* NY, Garland Publishing, 1998.）

國內生產毛額（Gross Domestic Product, GDP）是一國所生產之商品與服務的總額。國民生產毛額與國內生產毛額不同之處在於：國民生產毛額包含了本國國民在外地的投資與生產，但是必須扣除外國人在本地所賺取的收入。傳統上，二者均未將婦女無薪給的勞力付出（例如，管理家務）以及非正式部門的貢獻納入計算，而從事非正式部門工作的人當中，婦女為數眾多，在低開發國家（less developed countries, LDC）尤其如此。人類發展指標（Human Development Index, HDI）將健康、識字率與生活水準納入考量，可以較為準確地衡量出國家整體發展的情形。性別發展指標（Gender Development Index, GDI）同樣是測量國家在健康、識字率與生活水準各方面的成就，但是特別強調這些領域所呈現的男女不平等狀況。

國際金融機構（International Financial Institutions, IFI）：一九四五年，在

第二次世界大戰即將結束之際，美國及其盟國共同創立了國際重建與發展銀行〔International Bank for Reconciliation and Development，即世界銀行（World Bank）〕與國際貨幣基金（International Monetary Fund, IMF），藉此資助歐洲重振經濟。這二個組織誕生於布列敦森林會議（Bretton Woods Conference），故有「布列敦森林機構」（Bretton Woods Institutions）之稱，其宗旨為：以貨品與資金之「自由流通」為本，促進世界經濟「開放」。

設立世界銀行，最初目的在於經援歐洲，使其能從戰後凋蔽的景況中重新建設起來。一九五○年代，世界銀行轉變營運方針，改為資助開發中國家的發展計畫。世界銀行除了挹注本身的資金以外，也鼓勵外國資金辦理貸款保證（loan guarantees）進行投資。批評者認為，世界銀行的作法，是運用金融資源來支持對北方各國（即已開發之工業大國）、跨國企業、經濟菁英有利的計畫與政策。

國際貨幣基金在世界貿易中扮演極為重要的角色。為了使國際貿易更為順暢，國際貨幣基金監督各國貨幣匯率，並要求會員國降低外幣管制。當會員國發生短期國際收支問題時，國際貨幣基金亦會動用準備金予以協助，避免該國貿易活動中斷。一九八二年起，國際貨幣基金開始提出貸款的附加條件：會員國必須採行結構調整計畫，嚴密控制該國經濟，務求達到增加出口、降低赤字的目標，方可獲得國際貨幣基金的貸款。

這些國際金融機構雖然也是聯合國組織的一部分，但其運作方式並不民主。會員國的投票效力視該國投挹資金多寡而加權計算，因此美國在世界銀行與國際貨幣基金分別控制了約百分之二十與百分之十八的投票數，居各國之冠。無法在商業市場募得資金的國家，可向國際貨幣基金申請低利率信貸，但是必須接受特定「條款」，改變其貨幣與金融政策（Women's International League for Peace and Freedom, International Institute for Human Rights, Environment and Development, *Justice Denied: Human Rights and the International Financial Institutions,* Nepal: INHRED International, 1994.）。

142　　　　結構調整計畫（Structural Adjustment Programmes, SAP）係指世界銀行與國際貨幣基金，對於尋求金融協助的國家，所要求實施的一整套「自由市場」條件與政策。結構調整計畫的主要目的在於：將國家經濟併入全球市場的一

環，藉此促進該國長遠的成長與經濟效益。達成此目的之作法，則是鼓勵外國資金進入該國投資，並透過出口貿易，增加外匯收入；如此一來，借貸國便有能力償還債務。結構調整計畫鼓勵負債政府在國內採取金融穩定政策，或是實行「緊縮措施」，刪減政府在健康照護與教育等「非必要服務」上的支出。一些其他常見的政策包括：貨幣貶值、凍結工資、公營企業民營化、限制貸款並提高利率以抑制通貨膨脹、解除商業管制、減少政府補助等等。

關稅暨貿易總協定（General Agreement on Tariffs and Trade, GATT）：為了降低各國貿易藩籬，關貿總協在一九四○年代成立，以制定、推行世界性的規範為目的。在五十年期間，關貿總協訂立了許多條約與規範；最後一輪協商〔通稱為烏拉圭回合（Uruguay Round）〕所通過的協議、規章當中，開發中國家在貿易以及取得新科技二方面大受限制，因此引發了極大爭議。

跨國或多國企業（Transnational Corporations, TNC; Multinational Corpora-tions, MNC）：在經濟全球化、剝削開發中國家之廉價勞工與自然資源二方面，這些大型企業體可謂難辭其咎。多國企業以全球作為營運舞台，不受限於單一國家的法律規範；若在某國的分公司獲利不佳，可以輕易地關閉該分部，轉往他國發展。規範多國企業，目前仍是困難重重。

世界貿易組織（World Trade Organization, WTO）：依據關貿總協烏拉圭回合的決議，成立於一九九五年，是用以取代關貿總協的機構。世界貿易組織提供會員國針對總體經濟政策進行溝通的管道，也是貿易協商、解決爭端的論壇。

加工出口區（Export Processing Zones, EPZ）是由政府成立，吸引外國資金與工業進駐的專區。加工出口區提供賦稅優惠以及大量願意為低薪工作的勞工，禁止工會活動，放棄勞動規範，進出口亦無設限。美國—墨西哥的邊界地帶便設有加工出口區。許多以美國為總部的公司，產品是在此處工廠（當地稱為maquiladoras）製造組裝的，但是主要的營運仍在美國進行，因為美國與高利潤市場往來較為便利。加工出口區的勞工以年輕婦女居多。例如，一項在斯里蘭卡進行的調查顯示，雖然城市地區的製造工人僅有百分之三十為女性，在當地加工出口區工人中，婦女比例卻高達百分之八十六點四。在牙買加，加工出口區的女性勞工比例為百分之九十五。雇主之所以偏好女性勞

工，是因為她們薪水低、服從性高，組織、參加工會的可能性也比較小（Sparr, Pamela, ed. *Mortgaging Women's Lives: Feminist Critiques of Structural Adjustments,* UN & Zed Books, 1994）。

✳✳

婦女與貧窮

　　全球與地方性的經濟運作不彰，最明顯的惡果之一便是貧窮，而歧視與不平等又使得貧窮的狀況雪上加霜。婦女的貧窮處境也與她們權利遭受剝奪，無法獲取經濟資源直接相關；「包括信貸、土地所有權與繼承、接受教育、支援服務、參與決策過程」等等機會，許多婦女均被摒除在外，未能蒙受其利（《北京行動綱領》第 51 段）。因為武裝衝突或經濟原因所造成的遷徙，也與貧窮息息相關。除非社會能夠正視性別歧視與婦女人權遭到剝奪的情況，否則婦女要克服貧窮的處境，殊為不易。

　　貧窮可以展現出各種不同的型態，包括缺乏收入與足可賴以為生的生產資源；飢餓與營養不良；健康不佳；無法接受教育與其他基本服務，或是機會有限；患病與因病死亡的比例提高；無家可歸與住屋不足；危險環境；社會歧視與隔離。貧窮狀態的特點在於：缺乏決策機會，也無法參與公民、社會、文化的生活。貧窮存在於所有的國家——在開發中國家可以看到大規模的貧窮狀態；在已開發國家的富裕生活中，也可以看到孤立的貧窮地區。貧窮可能肇因於經濟衰退所引起的失業問題，也可能是由災難或戰亂所導致。除此之外，也有勞工因為薪資微薄而導致貧窮；還有些人，失去家庭支持體系、社會機構、安全網的保護，因而處於完全困乏的狀態（《北京行動綱領》第 47 段）。

　　貧窮對婦女人權造成損害，剝奪了婦女享有以下各項權利的機會：

- 參與政治與公共生活
- 教育
- 食物以及免於飢餓

- 健康
- 免於暴力
- 住屋
- 生命本身

這些權利在許多國家、區域與國際性的法律均已獲認可，包括《世界人權宣言》與《經濟、社會、文化權利國際盟約》（*International Covenant on Economic, Social and Cultural Rights*）在內。

過去十年之間，貧窮婦女人數大幅成長。根據一項研究顯示，無論是在已開發或開發中國家，女性擔任戶長的家庭比起男性擔任戶長的家庭，更容易淪為最貧窮的族群（United Nations, *The World's Women 1995: Trends and Statistics,* UN.DOC.ST/ESA/STAT/SER.K/12, New York: United Nations, 1995, p. 129）。除了必須面對歧視、壓迫與暴力之外，窮人往往遭到責難，成為社會問題的代罪羔羊，例如，環境惡化、犯罪與暴力事件等等。

許多問題使得貧窮婦女的邊緣處境更加惡化，她們不得不奮力對抗。例如，許多女性受刑人便是出身貧窮社區；又例如，貧窮婦女比其他人更容易遭到不同形式的暴力攻擊，包括警察施暴在內。貧窮婦女在社區中，很容易成為暴力與犯罪的目標。此外，世界上許多地方的貧窮婦女，往往屬於受到當地強勢族群歧視的特定種族、族裔或宗教團體。隨著政府逐漸縮減本身的責任，取消食物、教育、福利政策、健康照護等等補助，貧窮婦女額外的負擔也就日益沈重了。

✳✳✳✳✳✳✳✳✳✳✳✳✳✳✳✳✳✳✳✳✳✳✳✳✳✳✳✳✳✳✳✳✳✳✳✳✳

貧窮婦女面面觀

- 在「已開發」國家當中，貧窮女性與貧窮男性比以澳洲與美國最高，每一百名貧窮男性便相對有一百三十名貧窮女性（United Nations, *The World's Women 1995: Trends and Statistics,* UN.DOC.ST/ESA/STAT/SER.K/12, New York: United Nations, 1995）。
- 全球各地貧窮女性人數與貧窮男性人數相較，其成長速度之快，幾乎不成

比例。

- 最嚴重的貧窮情況，往往發生於弱勢婦女、殘障婦女與年長婦女。
- 證據顯示，婦女若能在友善環境中獲得適當經濟管道，她們會努力向上以脫離貧困。
- 消除婦女貧窮的運動若要發揮最大功效，最好是由婦女主導、為婦女服務；從運動目標鎖定的族群當中，尋找具有技能、活力與相關知識的婦女來共同參與，往往成效最佳。有效的策略必須顧及婦女多元的角色、責任及其相關需求，例如，托育照護、健康照護或醫療保險、年長者的照護、便利的交通運輸、推廣教育等等。

❀❀❀❀❀❀❀❀❀❀❀❀❀❀❀❀❀❀❀❀❀❀❀❀❀❀❀❀❀❀❀❀❀

144

活動二：婦女與貧窮

目標：檢視貧窮對婦女造成的影響，並認識解決婦女貧窮問題的方法

時間：60分鐘

器材：海報紙與麥克筆，或黑板與粉筆

小張繪圖紙

「經濟正義」定義短文影印本（見下，可選擇性使用）

1. 閱讀：

將經濟正義的定義寫在海報紙／黑板上，或是分發影印本供參與者閱讀、指派一人大聲讀出來均可。

經濟正義：以公正的方式，分配所得與財富、經濟安全與經濟自由；包括：每位婦女均有權獲得安全住家、優質健康照護、安全兒童照護；每位婦女均有權賺取工資為自己與家人謀生，無論是在家或出外工作；男女共同分攤照顧年長者、兒童與社區的責任；消除薪資與性別之歧視；婦女有權擁有財產與其他經濟資源，也有權自行創業（Williams, Mariama, in *The*

（下頁續）

（續上頁）

Indivisibility of Women's Human Rights, Susana T. Fried, ed. New Jersey: Center for Women's Global Leadership, 1994, p. 68）。

2.列表：

請參與者分成若干小組，回答以下問題。將參與者的答案記錄在四份列表上，四份列表分別標明：

「是誰？」「↓」

「婦女與貧窮」「↑」

將標題與問題大聲讀出數次，並／或將問題寫在海報紙上。

表 A：在「是誰？」的標題下，記錄參與者對以下問題的回答：

- 在妳的社區裡，誰算是貧窮的人？
- 他們是否屬於某些特定的種族、族裔、宗教或其他社會團體？
- 這些人是否多半為婦女與孩童？

表 B：在「↓」的標題下，記錄參與者對以下問題的回答：

- 造成這些人貧窮的原因有哪些？

表 C：在「婦女與貧窮」的標題下，記錄參與者對以下問題的回答：

- 貧窮對婦女有哪些影響？

表 D：在「↑」的標題下，記錄參與者對以下問題的回答：

- 哪些方法可以幫助人們脫離貧窮？

3.分析：

回顧表 D，並進行下列步驟：

- 將已獲採納的行動，用星號（＊）標明。在旁邊寫下採取此行動的人或機構是誰。
- 將未來可以採納的行動，用驚嘆號（！）標明。
- 還有哪些行動，可以幫助人們脫離貧窮？請加註在列表上。
- 將婦女已經採取、或是可以由婦女採取的行動，畫圈標明。

（下頁續）

（續上頁）

4.討論：

　　請各小組展示她們的列表，並加以討論，特別是參與者意見不同之處。向參與者提出以下問題：

　　• 是否有些行動失敗了？

　　• 哪些提議看起來最可能發揮宏效？

145

婦女與發展

　　「發展」有許多不同意識型態的定義，彼此之間往往相互衝突，各有其政治與哲學立場。傳統上，發展便等同於經濟成長與工業化。換句話說，發展做此定義解釋，其實是為了呼應富有工業化國家的經驗與情況。不過，已有論者提出，發展的概念不應只與財富劃上等號；藉由提振經濟與社會正義——而非經濟成長本身——來改善人民福祉，也是發展的一部分。聯合國開發計畫署（United Nations Development Programme）所發行的一九九四年《人類發展報告》（*Human Development Report*）提及：

　　一個新的發展典範是有必要的：以人為發展的中心，視經濟成長為手段而非目的，保護現今世代與未來子孫的生存機會，尊重生命賴以為之的自然體系（United Nations Development Programme, "An Agenda for the Social Summit," *Human Development Report 1995,* Oxford University Press, New York, 1995）。

　　聯合國以十年為一期，劃分出三個發展的階段（See United Nations, *Women in a Changing Global Economy,* World Survey on the Role of Women in Development, UN Sales No. E.95.IV.1.92-1-30163-7 1994.）。第一個階段在一九六〇年代，重點為南半球新興獨立國家之工業化。當時的計畫，泰半規模龐大，以製造快速經濟成長、造福全體人口為目標。

在一九七〇年代，當經濟利益未能如預期往下分配、造福一般人民時，焦點便往第二個發展階段轉移，著重於鼓勵財富公平分配、社會正義、教育與健康社會服務之改善。但是全球性的經濟危機日趨嚴重，這個計畫因此宣告中斷。到了一九八〇年代第三階段開始，公平已不再是眾人念茲在茲的價值。世界主要經濟資源之操控強權（亦即已開發國家政府與國際金融機構）所集中的焦點在於：如何使向其借貸的開發中國家透過結構重整，改變經濟體質，進而償還鉅額債務。在許多例子裡也可以看到，背負債務的國家政府既腐敗又專權，為一己私利濫用借貸得來的資金，往往對當地人民造成危害。這些趨勢使得社會發展停滯不前。在此同時，開發中國家為了償還債務，對境內自然資源極盡剝削之能事，破壞了環境與基礎建設（見第十二章「婦女人權：環境篇」）。婦女的貧窮問題愈來愈嚴重，在經濟上處於孤立的位置，發展中的婦女因此逐漸形成新的關注焦點。

上述三個年代對婦女生活的正面影響甚微。如果說有任何影響的話，便是發展計畫延續了既有的社會與性別不平等，進一步削弱了婦女的權力：

- 儘管從事農業工作的多半是婦女，但是受到性別角色預設立場、男性土地擁有權影響，新式農業科技方法訓練的主要受惠者仍是男性。
- 同樣地，因為接受訓練、信貸與其他協助的多半為男性，他們獲得生產工具的機會也隨著大幅增加。
- 婦女對經濟的貢獻並未獲得認可。舉例來說，根據估計，在撒哈拉沙漠以南的非洲地區，超過百分之八十的家庭消費食物、超過半數的所有農業產品，都是婦女貢獻心力的結果。然而，該地區的官方國民生產毛額，一般只計算實際上在市場販售或出口的產品，也就是絕大多數由男性所控制的經濟作物。

146

活動三：為誰發展？

目標：了解科技協助對男性與女性所帶來的不同影響

時間：60分鐘

器材：「場景一」與「場景二」角色扮演短文影印本（如下）

1.角色扮演：

大聲讀出「場景一」，請參與者進行角色扮演。角色扮演時應表現出二個重點：發展機構對這個家庭持有何種預設立場；家庭成員對發展機構的提議有何不同反應。角色應包括安娜、約翰、至少一位發展機構的代表、至少一名子女。特別留意約翰如何將發展機構提供的選擇告知安娜，以及最後如何決定選擇牽引機。

角色扮演場景一

約翰與安娜育有四名小孩，住在由三個發展機構共同資助的小村莊裡。三個機構分別負責管理健康、農業、信貸方面的事務；他們派了代表與約翰會談，想要說服他採用他們的方案。健康機構將提供免費的醫療檢查，並為全家進行預防注射。農業團體願意提供約翰一台牽引機，好讓他能夠增加農作，又節省時間。信用合作社則提出循環信用的選擇，約翰一家人可以藉由規畫循環信用來提高收入。安娜透過約翰轉述，才知悉這些選擇；這些機構既未直接與她聯絡，也沒有請她到場參與討論。

約翰決定選擇牽引機。因為他現在可以耕作更多的土地了，所以便拓展了農場規模。現在，安娜除了得照顧孩子、料理家務、整理庭院、準備三餐以外，還得花上更多的時間，在新的田地除野草、收割農作。

2.討論：

向參與者提出與以上角色扮演相關的問題。

- 參與者進行角色扮演時，分別有何感受？
- 在一旁觀看的參與者，對於各個角色提出的論點，有何建議或補充？
- 在此角色扮演中，各發展機構對性別角色有何預設立場？

（下頁續）

（續上頁）

- 如果各機構與安娜本人討論過這些選擇，她是否會做出不同的選擇？
- 有了這台「節省勞力」的牽引機，真正的受惠者是誰？

3. 角色扮演：

讀出「場景二」，以及約翰與安娜的觀點。請參與者延續剛剛的角色，繼續第二部分的角色扮演。發展機構代表應該盡可能採取中立的立場。

角色扮演場景二

這家人自從擁有牽引機，轉眼已過了一年。因為約翰現在可以耕作更多的土地，他擴大了農場規模，還新增了一塊棉花田。發展機構的代表前來訪談約翰與安娜，藉此評量他們過去一年以來的進展。

約翰的觀點：

- 他相信種植棉花之類的經濟作物，是增加家庭收入的最佳方法。
- 他不認為他的收入應用於購買家庭基本必需品，因為這向來就不是他分內的責任。他想要買收音機與腳踏車。
- 他對於自己身為家庭決策者的角色感到相當自在。販售經濟作物賺來的錢該怎麼支配花用，也是由他來決定。

安娜的觀點：

147

- 她現在工作量增大了，除了照顧院子裡的家庭作物以外，還得幫忙栽種經濟作物。
- 家裡的消費用品，例如，肥皂、食油與衣物等等，一向由她負責供應。但是現在少了閒暇時間，她無法再像以前一樣種植蔬菜到市場上販賣，所以不再有足夠的收入購買家庭消費用品。
- 因為約翰需要更多的土地種植棉花，安娜原先用來耕種家庭作物的那一塊土地只好讓給他。這是她無法額外種植蔬菜販賣的另一個原因。

（下頁續）

（續上頁）

- 因為附近並沒有兒童托育服務，她每天都得帶著子女一起到田地工作，儘管工時很長，也只好如此。

- 每天回到家的時候，她總是累得無法好好煮一頓晚餐；孩子也很疲倦，沒有吃什麼就睡著了。結果，她與孩子都產生營養不良的現象。

4.討論：

　　向參與者提出與以上角色扮演相關的問題。

- 參與者進行角色扮演時，分別有何感受？

- 如果當初作決定時，有人徵詢過安娜的意見，現在的結果是否會有所不同？

- 現在可以採取哪些措施來改善她的處境？該怎麼做才能促使情況改變？

- 從哪些方面來說，安娜的人權遭到了侵犯？侵犯者是誰？

- 當發展機構規畫方案時，應該遵循哪些人權原則？

- 在參與者本身所屬的社群裡，這些人權原則是否可能發生功效？

改變發展的方式

　　該如何為婦女促進平等、發展與和平，向來難有定論。有些人認為，將實施對象限定為婦女的計畫，比較能夠有效提升婦女需求；有些人則主張，把婦女納入主流發展計畫，才是正確的目標。例如，有些組織針對發展中的婦女，採行免費發放食物之類的福利措施；但是其他機構卻覺得，這樣的作法徒增婦女依賴心理，所以轉而提倡可以賺取收入的活動。不過，現在的發展機構已經逐漸了解到，婦女肩負著多重的工作與家庭責任，因此在策畫、執行社區層次的計畫時，特別留意徵詢婦女的意見，並在計畫中為婦女設置表達需求、行使基本權利的管道。

　　發展機構逐漸轉變作法，觀念上的改變也隨之而來；過去談的是「發展中的婦女」（Women in Development），現在討論的則是「性別與發展」

（Gender and Development）。根據此一新概念主張，性別角色（由社會而非生物所決定的特質）導致男性與女性在需求、技能、獲取資源等方面有所差異。有效而公正的發展計畫應當顧及性別角色。爲使婦女能夠自由選擇、享受發展的益處，便必須將性別平等列爲發展的核心目標，不可妥協。

除此之外，發展計畫應從性別觀點予以評估。

在所有情況裡，總有某個詮釋眞實的觀點存在，性別觀點的概念……便奠基於此一認知。歷史上，此一觀點往往傾向於男性的看法。因此，大部分對眞實的觀點並未考慮到婦女的看法與經驗，使得日常生活中侵犯婦女人權的事件隱而不見（Report of the 1995 UN Expert Group Meeting on the Development of Guidelines for the Integration of gender Perspectives in UN Human Rights Activities and Programmes, UN document E/CN.4/1996/105）。

黎明到來：對發展中婦女的觀點   148

「黎明」（全名為 Development Alternatives for Women in a New Era，即「新時代婦女非傳統發展」。名稱縮寫DAWN係取其「黎明」之意）對新願景描述如下：「社會進步的程度，應從二方面判斷：壓迫人民生活、廣泛存在的貧窮狀態，是否已消失不見；與不公不義息息相關的暴力、衝突，是否已弭平消除。」在黎明的想像裡，只有在能夠確保物質資源公正分配的環境中，追求人類生命價值與尊嚴，並滿足所有人的社會、政治、精神需求，社會、國家才能實踐和平與正義。

婦女身負生產與生育的社會責任，所以在重新構思發展的方式時，必須將婦女置於中心。社會發展的核心議題眾多，應當如何排定優先順序，婦女的生活乃是關鍵性決定因素；因為工作短缺、貧窮、社會解體，首當其衝的都是婦女。更重要的原因是，婦女在歷經社會動亂的苦果時，仍勉力維持家庭與社區的完整，這是彌足珍貴的經驗。

我們必須改造社會，建立社會進步的新模式，在嶄新的過程中，回應民

眾的需求。消除貧窮、縮小社會差距，有賴於重建目前的經濟、社會、政治安排。

（"Challenging the Given: Dawn's Perspective on Social Development," document prepared by DAWN for the World Summit on Social Development, Copenhagen, March, 1995.）

※※※※※※※※※※※※※※※※※※※※※※※※※※※※※※※※※※※※※

活動四：哪一種發展？

目標：訂立性別與發展的優先次序

時間：60分鐘

器材：海報紙與膠水或膠帶

1. 討論：

　　將參與者分成若干小組，分給每組一整套剪成條狀的敘述句、膠水或膠帶、一張劃分成五欄的海報紙，上面分別標明「強烈同意」、「還算同意」、「稍微同意」、「稍微反對」、「強烈反對」。

　　向參與者解釋活動程序：

　　(1)由一位參與者讀出所有敘述句，但不予以評論。

　　(2)由各小組決定該將各敘述句放置於哪一欄，並固定在海報紙上。

　　　如果小組無法達成共識，則以投票方式決定。

2. 分析：

　　請各小組將完成的表格張貼出來。給參與者充分時間比較各組表格。請參與者指認各組的優先順序有何差異，並請各組解釋其決定（尤其是小組成員意見不一之處）。

　　敘述句：

　　• 發展計畫造福整體社區，婦女自然也在受惠之列。

　　• 要了解地方發展，便必須從全球經濟力量的脈絡來檢視。

（下頁續）

（續上頁）

> - 所有的發展計畫都應該以婦女為焦點，因為婦女肩負了凝聚家庭與社區的責任。
> - 我們的目標在於幫助最貧窮的人。所以，我們所有的努力都應以幫助貧窮婦女為目標。
> - 當情況嚴重時，不需要浪費時間思考性別議題。
> - 發展與人權為一體二面，不可分割。
> - 如果社群正在為國家自由奮鬥，討論婦女需求只是徒增內部分裂而已。
> - 重點在於幫助需求最為殷切的人，而不僅只是婦女。
> - 如果婦女能夠受教育，發展自然隨之而來。真正的發展為婦女帶來力量，使她們能夠為自己的人生做出有意義的選擇。
> - 我們不應該討論權力，以免使男性感到備受威脅。
>
> 3. 說故事：
>
> 想像一下：在經歷十年理想的發展之後，會產生怎樣的社區？先由一名參與者起頭，再由下一位接龍添加描述，直到呈現出一個新社會的完整樣貌為止。
>
> 參與者想像出來的故事，應包含以下二點：
>
> - 參與者對發展所抱持的願景，奠基於哪些基本人權？
> - 每一位婦女可以立即採取哪些具體行動，引領自己與社區朝理想境界邁進？
>
> 妳也可以這樣做：將參與者的理想社區畫下來並討論。
>
> （Adapted from Suzanne Williams with Janet Seed and Adelina Mwau, *The Oxfam Gender Training Manual,* Oxfam, UK, 1994.）

149

經濟「全球化」與婦女的生活

國際力量在國家、地方經濟所扮演的角色日益吃重，深刻影響了婦女

的生活。過去幾十年來,科技、投資模式、生產過程、影響與文化傳播,在在經歷重大變革,也對婦女有所影響。全球化是促成這些改變的源頭;國家、公民社會、商業、國際組織之間的關係,皆因全球化而重新塑造。

全球化牽涉到二個相互競爭的現象:整合與分裂。一方面,許多國家分裂成較小的國家;在國家、區域與國際性事務中,也可見到小規模的結盟團體競相發聲。另一方面,科技、資金、傳播與資訊快速流通等等的變化,使得世界益加緊密連結。

拜此嶄新相互連結之賜,政府擬定金融與經濟政策的方式亦有所改變。經濟上,對外國資金與其他資源的依賴加深。各企業為了尋找廉價勞工、生產原料與低稅率,可以快速遷移地點。因此,政府在自身管轄領域之內,對經濟政策的操控能力較過去為低。「雖然經濟全球化為婦女帶來某些新的就業機會,卻也帶來了惡化女男間不平等狀況的潮流。」(《北京行動綱領》第 157 段)

國際組織、政策與科技創新、資金流通相互結合,使得各國經濟均成為全球經濟的一部分,牽一髮而動全身。例如,關貿總協(GATT)在致力於降低國際貿易藩籬的同時,卻也戕害了許多國家與地方工業的發展。此外,透過關貿總協這樣的組織,包括美國在內的國家,得以強化版權與專利法等等對跨國企業較為有利的法律。許多傳統藥草、植物、療方在地方社群多年來代代相傳,卻被企業所奪用,並申請專利、聲明所有權。

隨著貿易與關稅總協轉型成為世界貿易組織(WTO),這樣的政策仍將持續實行。雖然世界貿易組織的確設置了某些管道,供非政府組織參與,但是這些管道尚未完全發展成形。

跨國企業的角色

跨國企業往往對地方經濟造成重大影響,有時候力量甚至大過於國家政府。跨國企業往往不受國際法約束,為獲取自身最大利益而棄當地社群、環境於不顧。例如,這些公司可能會污染了當地用水與空氣,或將不安全的藥品推出上市。一旦受到質疑,這些公司則遷往其他地點繼續運作,先前的員工卻必須面臨失業的困境。跨國企業在種種缺失以外,對部分婦女

的生活倒也有些正面影響，因為他們提供了婦女有薪給的現代化工作，這是婦女在其他環境不易得到的機會。比起家務管理或其他非正式部門的工作，現代化的工廠工作通常還是較為理想的。

跨國公司相當倚重婦女勞工：　　　　　　　　　　　　　　　150

在開發中國家，總計大約有一百五十萬名婦女直接受雇於出口製造業，其中三分之一到二分之一就職於完全或部分外資的企業，包括來自工業化國家與第三世界國家的跨國公司。各國出口工廠婦女員工的數目，與整個女性勞動力比起來，可說是極小；香港與新加坡是二個重要的例外，二者均為高度工業化、高度出口導向的小型國家（Lim, L.Y.C., "Women's Work in Export Factories: The Politics of a Cause," in *Persistent Inequalities Women and World Development,* Irene Tinker, ed., Oxford University Press, 1990, p. 105）。

在探討跨國企業與婦女人權之間的關係時，婦女必須考慮到數個因素，包括：求職難易、工作環境、薪資與福利、健康風險以及環境保護議題。婦女已經開始跨越國家邊界，動員組織，向這些企業要求適當的薪資與工作環境。雖然身處不同國家，但是藉由共同努力，婦女遏阻了企業跨國尋求廉價勞工卻不負起相關責任的惡習。其他團體正在嘗試為跨國企業訂立國際性的行為規範（請參照第十一章「婦女人權：工作篇」）。

活動五：妳的鞋子是哪裡製造的？

目標：從參與者個人經驗切入，介紹全球市場的概念以及其剝削勞工的
　　　作法。
時間：45分鐘
器材：海報紙與麥克筆，或黑板與粉筆

（下頁續）

（續上頁）

> ### 1. 檢查標籤：
>
> 　　請大約八至十名參與者出列，站在小組面前。請她們二人一組，互相檢查衣物上的標籤，找出衣物是在何國生產製造的。請參與者喊出國名並一一列表，如有重複可打勾做記號。檢查項目除了衣服以外，鞋子、眼鏡、帽子等也包括在內。
>
> ### 2. 分析／討論：
>
> 　　列表完成後，請參與者分析結果（幾乎在每個例子當中，絕大多數的衣物都是由開發中國家生產的）。
>
> - 這些衣物大部分是當地製造或進口的？
> - 這些衣物大部分是手工或工廠製造的？為什麼？
> - 這份列表如果是在五年前寫下的，結果是否會有所不同？如果是在十年前、二十年前寫下的，結果又會如何？
> - 這一小群人所穿戴的衣物，是由許多不同國家生產的。妳認為造成這個現象的原因為何？
> - 這些衣物的品牌，是否屬於本地公司所有？為何本地服裝公司的產品是由其他國家生產的？
> - 妳覺得妳身上衣服的布料，是誰製造的？扣子與袖子又是誰製造的？製造者可能是男性或女性？
> - 妳認為工人是在怎樣的工作環境之下製造出這些衣物的？這些工人會不會是童工？他們是否享有安全的工作環境？他們是否有權參加工會？
> - 本項活動如何說明了全球化的影響？如有需要，大聲讀出全球化、跨國企業、加工出口區的定義（參見前文「經濟詞彙與概念」，第 273 頁）。
> - 消費者購買的商品，是由勞工製造的。那麼，消費者對勞工人權負有怎樣的責任？消費者是否能夠真正對經濟因素產生影響？如果是，又有哪些影響？

活動六：失根的社群

目標：指認出經濟利益對人權造成的侵犯

時間：45 分鐘

器材：「個案研究：蘇族」短文影印本（如下）

1. 閱讀：

大聲讀出個案研究，或是請自願的參與者輪流，一人唸一段。

個案研究：蘇族

偉大的蘇族（the Sioux Nation）是由七個部落組成的聯盟，……我們是美國的地理中心，也是北美洲的地質中心。我們說，在世間萬物的心中，都可以看到黑山（Black Hills）的存在。黑山是我們家園的心，也是我們內心深處的家園。

美國的印地安人歷史，與蘇族有密不可分的關連。許多部落在疾病侵襲之下，幾近滅絕；還有許多愛好和平的農業部落，初與白人接觸便慘遭殺害；唯有拉可塔人（Lakota people）永遠是奮力還擊的戰士。一八六八年，美國政府終於了解到，與我們簽訂和平條約，才是符合他們最佳利益的作法。美國政府於是簽署了條約，在離去之前燒毀了堡壘。

但是歐洲人是很健忘的，……所以，八年之後他們便進入了黑山（因為那裡發現了金礦）。歐洲人要求我們出售黑山。我們說不。整個宇宙包含著一首歌。當地球生成之初，宇宙也誕生了，每一片宇宙都包含著那首歌的一小段。但是在黑山裡，蘊藏了那一整首歌。我們說：「我們不能這麼對待整個世界，我們不能損害這首歌。」於是美國國會說：「除非你們出售黑山，否則在那之前，不准你們獲得食物。」

在這段期間，我們有百分之九十的人口死於饑荒，但是我們仍舊拒絕出賣黑山。美國政府片面將黑山從我們手中沒收。我們為此而戰；到一九二四年為止，拉可塔人一直是美利堅合眾國的戰俘。

（下頁續）

（續上頁）

> 我們的土地被剝削了。美國在羅西摩爾山（Mount Rushmore）上……雕刻了自己的塑像。這個地方代表了對我們族人最嚴重的褻瀆。這也是對地球的褻瀆。瘋馬山（Crazyhorse Mountain）是個美麗的地方，卻為了發展旅遊而被破壞殆盡。而他們還有膽子說：「我們是為了你們的榮耀，才這麼做的。你們這些印地安人怎麼一點也不感激？」
>
> 我們的黑山，也有以氰化物露天開採的金礦。我們的經驗，對美洲原住民而言並非獨一無二的。同樣的事情也發生在加拿大，發生在墨西哥，在中美洲，在南美洲。
>
> （Testimony of Charlotte Black Elk Oglala Lakota in *From Vienna to Beijing: The Copenhagen Hearing on Economic Justice and Women's Human Rights,* New Jersey. Center for Women's Global Leadership, 1995.）

2.討論：

- 在這個故事裡，經濟原則提倡的是怎樣的價值觀？在妳所屬社群的一般認知中，對於經濟應當如何運作，存在著哪些其他的價值？
- 故事中，發生了哪些侵犯人權的事件？請指認。
- 這些侵權行為是否存在於妳的社群？妳的社群或政府是否侵犯了這些人權？

如果參與者的討論未提及以下各項人權，請予以補充：

- 食物的權利
- 自行決定的權利
- 環境權
- 健康權
- 原住民的權利
- 文化與宗教的權利

向參與者提問：保護這些權利是誰的責任？我們該如何做，才能建立起保護、提升人權的經濟價值與體系？

結構調整計畫

　　結構調整計畫（structural adjustment programmes, SAPs）通常是指世界銀行或國際貨幣基金對於要求貸款的國家所提出的條件（見「經濟詞彙與概念」，第 273 頁）。

　　國際金融機構相信，各國透過一連串步驟，擴大投資、增加出口，便能達到經濟成長。國際金融機構協助一個國家經濟成長，用意在於使這個國家有能力償還債務；但值此同時，對窮人也造成負面影響。典型的結構調整計畫包括：

- **貨幣貶值**：貨幣貶值往往造成國內物價上漲、大多數民眾購買力下降。
- **製造更多商品，以供外國市場販售。**
- **「私有化」**：將國營事業與自然資源出售給私人企業（通常以折扣價格售出），或是由私人機構承攬某些政府權責。
- **降低政府支出**：藉由刪減住屋、教育、健康照護等政府支持服務，減少政府花費。

　　貧窮比例高居不下的國家，往往別無選擇，只能接受這些條件；即使這麼一來，他們便失去了控制國內社會、經濟、金融政策的主權，社會中最困苦的階層也因此陷入艱難的處境。這些影響深遠的發展計畫在規畫時，鮮少徵詢婦女的意見，甚至常常未將婦女考慮進去。當結構調整效果浮現、外銷商品製造量增加時，國內的狀況便惡化了。而婦女尚得增加工作負擔，以彌補削減社會服務所造成的結果；她們的處境更是艱困。這股潮流在工業化國家與開發中國家同樣可以觀察得到。社會服務與福利縮減，保護勞工的法律無法正常運作，貧窮的社群總是首當其衝，蒙受其害。

　　國家接受這些條件，婦女往往是受害最深的一群：

　　結構調整的概念乃奠基於此：婦女在日益惡化的環境中，應付、持續克盡經濟、社會責任的能力，以及婦女為了家庭與社區生存，而否定自身

需求與利益的能力。簡單地說，結構調整必須依靠婦女來提供這些先前由
國家所供給的服務（National Women's Organization, quoted in *Oxfam Gender
Training Manual,* 1994, p. 432）。

───

全球化、結構調整與婦女人權

全球化與結構調整威脅到婦女享有以下權利的能力：

- **食物權**：取消物價控制或主食品補助款，導致食物價格上漲，使得許多家
  庭必須挨餓，對於懷孕與哺乳中的婦女影響尤大。父母親給予女兒的營養
  往往少於兒子。一九八九年在奈及利亞進行的一項調查發現，人們在食物
  短缺時的應付之道包括：一天用餐次數縮減為二至一次；減少攝取的食物
  量與營養價值；以大豆、木薯之類含大量澱粉、食用後易有飽足感的食物，
  取代肉、奶、蛋類（Sparr, Pamela, ed., *Mortgaging Women's Lives: Feminist
  Critiques of Structural Adjustments,* UN & Zed Books, 1994, p. 152）。

- **健康與教育權**：健康與教育的經費縮水，意味著婦女就醫、就學的機會減
  少，面臨健康不佳、文盲等問題。全球最貧窮的四十二個國家，在一九八〇
  年代減少了百分之五十的健康支出、百分之二十五的教育支出（Turk, Danilo,
  Special Rapporteur to the UN Commission on Human Rights, "How World Bank-
  IMF Policies Adversely Affect Human Rights," Third World Resurgence, No. 33,
  p. 17）。

- **生計無虞權**：刪減農業補助，使得許多農民無法販售產品。在找不到買主
  的情況之下，農民被迫任由農產品腐爛；或是廉價出清，導致售價跌落至
  一九三〇年代以來主要商品的最低價位（出處同上）。

153
- **住屋權**：公共住屋計畫的補助減少，或是政府予以補助反而造成住屋需求
  增加、房價上漲。許多婦女因此而成為無家可歸的遊民，或是居住在貧民
  區裡，忍受缺乏自來水、衛生設施、電力等等基本設備的不便。在牙買加，
  頭期款金額偏高、抵押貸款限制繁多，如果沒有政府的協助，幾乎不可能

購屋；但是受到私有化與結構調整計畫影響所及，國宅數目嚴重減少，使得當地「低收入購屋成為過去式」，違建社區則急遽成長（Sparr, Pamela, ed., *Mortgaging Women's Lives: Feminist Critiques of Structural Adjustments,* UN & Zed Books, 1994, p. 170）。

- **移動權與免於暴力的自由**：交通運輸費用上漲，限制了婦女旅行、運送貨品至市場的能力。大眾交通系統縮編，則是使得婦女旅途更加耗時、途中遭遇危險的機會增加。

- **生計無虞與身體健康的權利**：政府鼓吹種植單一作物、發展出口加工區，藉此賺取外匯以支付國家債務利息，許多婦女因而被迫停止耕種自行食用的作物，進入都市工廠就業，甚至流入娼妓市場。

- **安全工作環境與合理工資的權利**：政府提倡製造出口貨品，驅使許多婦女進入「自由貿易區」的工廠工作，位於美國與墨西哥邊界的加工出口區便是一例。婦女在此地工廠工作，忍受層層剝削與危險的勞動條件。

- **公民與政治權**：以哥斯大黎加為例，經濟狀況惡化直接造成了侵犯人權事件的增加。在各項社會福利縮減的同時，警察的預算卻持續增加。這個現象在美國等發展程度較高的國家，也可以觀察得到（"The Other Side of the Story: The Real Impact of World Bank and IMF Structural Adjustment Programs," Development Gap, 1993, p. 20）。

- **乾淨環境的權利**：結構調整計畫為自然環境帶來了災難性的影響。在迦納，增加出口貿易的風潮導致大規模砍伐森林，結果當地熱帶森林面積，目前僅剩原本的百分之二十五。森林與野生動物消失，造成營養不良與疾病盛行，婦女肩上負擔顯得更加沈重，因為她們必須更費心力，才能找到少量的食物、燃料、用水與醫藥資源。食物與藥品價格提高了，工資卻降低，使得這些生活必需品更加珍貴（出處同上，p.25）。

- **土地權**：在許多國家，原住民婦女的負擔可說是最為沈重的，因為她們的土地遭到牧場、礦場、鑽油場等等眾方侵吞。有些自給性的農民（subsistence farmers），被迫離開自己原先的土地之後，也去侵占原住民的地方。

活動七：婦女、女孩與改變中的經濟

目標：了解結構調整對貧窮社群的影響

時間：60分鐘

器材：「個案研究：米亞的教育」短文影印本（如下）

1. 迷你角色扮演：

　　大聲讀出「個案研究：米亞的教育」短文，或是將影印本分發給參與者。將參與者分成二人一組，其中一名扮演米亞，另一名扮演米亞的朋友。扮演米亞的參與者，在角色扮演中必須表達出她的擔憂、顧慮、需求與夢想。扮演朋友的參與者要仔細傾聽，並試著給予意見。

個案研究：米亞的教育

　　當米亞十二歲五年級畢業時，她夢想著成為醫生。雖然家境並不富裕，但也算是過得去。父親從事小本生意，而母親自己在院子裡栽種作物，是家裡食物的來源。米亞接受教育，領有政府的低收入學生補助。

　　畢業當天，米亞的國家簽署了該國第一筆世界銀行貸款的同意書。貸款的附帶條件是該國必須實行一項經濟重整計畫，於是政府宣布了緊縮措施。總統在對全國人民的廣播談話中，宣布「為了國家經濟著想」，政府教育補助將予以刪減──唯有如此，「國家方能有所發展」。對米亞的家庭來說，整個情況大大改觀了。父親的生意無法與外國進口的低價商品競爭。他遷居到城裡謀職，在一家出口貿易的公司找到了差事，但是薪水不足以養家活口，所以米亞的母親也必須找份工作，才能應付食物、醫藥、衣物的基本開支。她工作時數很長，有時候，甚至必須凌晨四點便起床，一直工作到午夜。米亞身為家中長女，不得不放棄學業，代替外出工作的母親來照顧年幼弟妹、打理家務。

2. 討論：

　　提出下列與「米亞的教育」相關的問題：

（下頁續）

154

（續上頁）

> - 像米亞這樣的女孩，中斷了教育，會有哪些長遠的影響？當男性必須移居至城市謀職，會有哪些長遠的影響？當米亞母親這樣的婦女，必須同時兼二、三份工作時，長遠的影響又有哪些？
> - 結構調整計畫的結果，在哪些方面特別影響到了與米亞及母親處境類似的婦女？
> - 爲何各地婦女都應該關心米亞的故事？已開發國家的婦女爲何應該抱持關心的態度？已開發國家的政府，在米亞的故事中扮演了怎樣的角色？
> - 爲了償還國家債務利息，政府是否有權削減基本食物供應、社會服務以及就業機會？如果貧窮持續惡化，將會導致怎樣的結果？在此過程當中，影響到了哪些人權？
> - 在妳的社群裡，是否發生過這樣的改變？妳的生活、家人的生活，是否因此而有所改變？請描述。
>
> （Adapted from "Women and the Global Economy," Global Exchange, San Francisco, 1995, p. 1）

提升與保護婦女經濟人權：幾點策略

要改善婦女經濟人權，便必須有「長期策略，目標在於挑戰盛行結構、督促政府爲其決策向人民負責」（Gita Sen and Caren Grown, "Development Crises, and Alternative Visions: Third World Women's Perspectives," New York: Monthly Review Press, 1987, p. 82）。經濟與社會權中心（The Center for Economic and Social Rights）將策略分爲二大類別。一種是敵對式的，包括「釐清責任歸屬」：透過輿論與公共行動（例如抵制）來施加壓力，以達到提升認知、吸引媒體注意力的目的；提起法律訴訟；藉由外交與政治管道，迫使改變。另一種是合作式的：與工會、社區團體、國際非政府組織、國內運動團體、政府官員，進行網絡串連、建立聯盟，共同評估經濟狀況、

發展行動計畫、分享實行成果、監督進展。

以下列舉幾項敵對式與合作式的策略：

與意圖剝削國家自然資源之跨國企業進行協議

在印尼，一個大型跨國礦業公司同意撥出每年營收的百分之一，作為補助當地健康照護、教育計畫之用。其他類似的策略尚有：遊說法人股東；對違反國際法或公約的跨國企業，提出告訴（*The Economist,* 20-16 July 1996, p. 52）。

加強與就業、企業相關之國家法律

哥斯大黎加政府於一九八〇年代便開始採行結構調整計畫，但是該國在某種程度上，一直頗能抵擋結構調整所帶來的害處，其作法包括：藉由加強國家立法增加有薪產假，簽署國際勞工組織反歧視條約，並在一九九〇年通過一項平等法。雖然婦女在勞動市場上持續受到歧視待遇，不過女性平均薪資，已經由男性薪資的百分之七十七提升到一九九三年的百分之八十三（United Nations Development Programme, *Human Development Report 1995,* New York: Oxford University Press, 1995, p. 40）。

組織全國性的聯盟

俄羅斯近來失業與未充分就業（underemployed）人口中，絕大多數為女性。一個名為「團結婦女」（Women United）的組織，便以支持這些婦女、為她們進行遊說為宗旨。該組織成立於一九九五年，時常辦理研究會與工作坊，一方面教育婦女與經濟機會相關的知識，另一方面則與國際團體建立關係。該組織也提供支持團體，協助婦女訓練新技能，為婦女計畫發展策略與後勤支援，並遊說地方及國家政府在規畫新的社經制度時應顧及婦女利益（MacDonald, Mandy, "Defying Marginalisation, on the Road from Beijing," *WIDE Bulletin,* march 1996, p. 14）。

155

鼓勵更多婦女在國家政府、國際商業經濟機構中擔任決策職務

目前，全球各國的部長級職務或內閣當中，僅有百分之六由婦女出任；立法機構或國會席次，婦女亦僅占有百分之十。婦女雖然擔任了世界銀行百分之三十的工作崗位，但均非高階職務；婦女在關貿總協、國際勞工組織、國際貨幣基金任職的比例分別爲零、百分之十二、百分之八（United Nations Development Programme, *Human Development Report 1995,* New York: Oxford University Press, 1995, p. 38）。

為婦女發展全面性的小型企業以及中小型創業機會

例如，印度阿美達巴（Ahmedabad）的貧窮弱勢婦女，共同創立了「自營婦女協會」（Self-Employed Women's Association, SEWA），以對抗騷擾事件。自營婦女協會藉由辦理互助會、合作社以及各項訓練，不但爲強化婦女經濟能力立下成功典範，更大大提升了婦女的政治力量。婦女已成爲該地區政治與經濟事務中，一股不可輕忽的影響力（MacDonald, Mandy, "Defying Marginalisation, On the Road from Beijing," *WIDE Bulletin,* March 1996, p. 18）。

增加政府的食物與民生必需品供應量

在厄瓜多，政府設立了開放市場、集體廚房與社區商店，以較低價錢提供食物與民生必需品，藉此舒緩通貨膨脹、刪減補助所造成的效應。其他類似的策略包括：採行傳統的自助組織與救援機制，同時持續要求政府擴大社會服務（Lourdes Bener'a, and Shelley Feldman, eds., *Unequal Burden: Economic Crises, Persistent Poverty, and Women's Work,* Boulder: Westview Press, 1992, p.100-101）。以肯亞爲例，每逢遭遇燃料與用水問題時，「哈倫比」（harambee，意即互助或自助）的傳統一向便是當地人共同面對難關的方法之一（Sen Gita and Caren Grown, "Development Crises, and Alternative Visions: Third World Women's Perspectives," New York: Monthly Review Press, 1987, p. 82）。

依循葛拉敏銀行模式，建立循環貸款基金

孟加拉的葛拉敏銀行（Grameen Bank）成立於一九八〇年代初期，迄今已貸款給超過二百萬名低收入或出身低階層的客戶——其中百分之九十為婦女，無需抵押物。就提升民眾收入水準而言，葛拉敏銀行可謂成效卓著，而且貸款償還率高達百分之九十七。此外，該銀行透過識字教學、健康照護、商業技巧訓練等全面性的方法，有效提升了婦女的地位；並促進社會運動者與經濟學家之間的對話，針對小型企業長期的正面效應進行辯論。不幸的是，葛拉敏銀行儘管殊為成功，在保守的孟加拉還是引起了極端傳統人士的反動，他們認為婦女獲取了過多權力，拒絕傳統角色的責任。

強化國際公約與機構的作用，凸顯婦女勞工在全球經濟變遷中所面臨的挑戰

一九九四至九五年間，聯合國大學（United Nations University）與新科技研究院（Institute of New Technology, INTECH）①，在八個亞洲國家集合了婦女勞工團體與政府代表，共同進行政策對話。在此對話過程中，非政府團體與政府一改過去的對立姿態，以協商的方式進行互動，讓婦女可以清楚表明自身需求，例如，產假、托育、訓練、教育、彈性就業等等（Mitter, Swasti, "Women's Demands and Strategies: Women Workers in the Context of Globalization," in *Look at the World through Women's Eyes: Plenary Speeches from the NGO Forum on Women,* Beijing 1995, ed. Friedlander Eva, NGO Forum on Women, 1995, pp. 127-28）。

---

①這是附屬於聯合國大學的研究機構，位於荷蘭馬斯垂克（Masstricht），以新科技所造成之社經影響為主要研究方向。

156

活動八：實踐婦女經濟權

目標：評估當地經濟條件，並擬定行動策略

時間：60 分鐘

器材：海報紙與麥克筆，或黑板與粉筆

「提升與保護婦女經濟人權：幾點策略」短文影印本（見上文）

（可選擇性使用）

1. 讀一讀／討論：

將「提升與保護婦女經濟人權：幾點策略」文中的標題部分，大聲讀出、列表張貼出來，並／或影印分發給參與者。將參與者分成若干小組，請她們討論以下問題：

- 文中所提的策略，有哪些在參與者的社群中已經付諸實行？
- 她們認為哪些策略可能會成功？
- 她們能夠提出其他行動建議嗎？

2. 分析：

請參與者依照她們所屬社群或國家的情況，完成以下表格。她們的團體，如果與其他盟友共同合作，可採取哪些行動以達成預定目標？可採取哪些行動來執行上文提及之行動策略？請參與者想一想，並將可行方式一一列表。此外，社群裡不同的人需求亦各有所不同，參與者應留意顧及眾人的需求。

3. 討論：

領域	目前狀況／制度	未來目標	需要的改變
經濟			
政治			
社會／文化			
環境			

（下頁續）

（續上頁）

> 請各小組發表她們的討論結果。討論以下問題：
> - 在本活動過程中，妳們遇到了哪些難題？
> - 妳們是否需要更多的資訊或資源？
> - 在執行妳們的計畫時，可能會遇到哪些困難？
> - 關於婦女的經濟人權，有哪些讓妳感到憂懼的地方？妳是否對未來遠景抱持著希望？

157　　　　　為婦女經濟人權下定義

活動九：制定自己的法律

目標：設計一套法律，保護婦女的經濟人權。

時間：60分鐘

器材：《世界人權宣言》（UDHR）與《消除對婦女一切形式歧視公約》（CEDAW）影印本

「《消除對婦女一切形式歧視公約》與經濟：幾點觀察」短文影印本（如下）

寫一寫，讀一讀，大家一起來討論：

步驟一：將參與者分成若干小組，請她們自訂保護婦女經濟人權的法律，並將自訂法律寫下來。自訂的法律應該盡可能的詳細。這套法律應該是國際法嗎？還是全國性或地方性的法規？或者三者皆是？

注意：本書第十一章將論及婦女在工作場所的人權；本活動重點在於婦女維持生計的權利。

（下頁續）

（續上頁）

　　注意：各小組可以使用「分析人權問題」與「實踐人權策略」表格（第392-393頁）來檢驗本議題。將「《消除對婦女一切形式歧視公約》與經濟：幾點觀察」短文影印本發給各小組閱讀。

步驟二：將《世界人權宣言》與經濟相關的條款，以及《消除對婦女一切形式歧視公約》與維持生計相關的第十一、十三、十五條，影印分發給參與者，或大聲讀出來。

步驟三：請各小組比較自行制定的法律與《世界人權宣言》、《消除對婦女一切形式歧視公約》的相關條款。

- 三者有何相同之處？有何相異之處？
- 各小組現在是否有意修改自訂的法律？如果是，如何修改？
- 各小組是否建議《世界人權宣言》、《消除對婦女一切形式歧視公約》做任何修改或增添？

《消除對婦女一切形式歧視公約》與經濟：幾點觀察

- 本公約第十一條討論婦女人權與就業。
- 本公約第十三條要求「締約各國應採取一切適當措施以消除在經濟和社會生活的其他方面對婦女的歧視，保證她們在男女平等的基礎上有相同權利」（包括銀行貸款與信用在內）。
- 本公約第十五條(2)(g)保護鄉村婦女的人權，包括：從事農業、取得信貸、使用販售設施、採用適當科技、在土地相關事宜與農業改革當中獲得平等待遇等權利。

步驟四：請各小組發表自訂的法律。討論：

- 自訂法律中所包含的權利，目前受到政府哪些限制？政府有哪些地方需要改變？人們該如何促成這些改變？
- 政府可以怎麼做，以支持、執行妳的法律？

（下頁續）

（續上頁）

> - 自訂法律中所包含的權利，目前受到宗教、文化、傳統、風俗習慣哪些限制？宗教、文化、傳統、風俗習慣有哪些地方需要改變？妳該如何促成這些改變？
> - 宗教、文化、傳統、風俗習慣目前以怎樣的方式，支持並執行妳的法律？
> - 自訂法律中所包含的權利，受到妳本身或是妳的家人哪些限制？
> - 妳本身或是妳的家人有哪些地方需要改變？這些改變有可能實現嗎？
>
> 步驟五：如果要在社群裡落實這些自訂法律與／或《世界人權宣言》、《消除對婦女一切形式歧視公約》，需要哪些條件配合？請討論。為個人與團體擬定可能的行動策略。將多數參與者所同意的策略列表寫下。

第十一章

婦女人權：
工作篇

目　標

本章所包含的活動與背景資訊，將有助參與者達到下列目標：

- 評估無給家務勞動對婦女生活造成的影響
- 了解非正式部門與正式部門之間的差異，並認識婦女就業的情形
- 解釋「非歧視」與「機會平等」的分別，並為職場上的人權下定義
- 為「優惠待遇」下定義，並決定「優惠待遇」是否為適當的策略
- 為「性騷擾」下定義，並舉出可能發生在社群裡的案例
- 設計一套法律，提升婦女的工作人權，並比較自訂法律與《消除對婦女一切形式歧視公約》（CEDAW）相關條款之異同

起點：思考婦女與工作的關係

　　工作逐漸被視爲在市場上以勞力交換工資之行爲。結果，許多社會成長與發展不可或缺的活動，並未能被當成「工作」一般受到重視。婦女所從事的工作，不是被認爲完全不具有經濟價值，便是被拿來與男性的工作兩相比較，而得到較低的評價。有些工作普遍被認定爲「女人的工作」，包括：生養子女、照顧患病與年老的家庭成員、操持家務、自給性農業、志工、地方政治動員等等。在實際情況中，婦女所從事的工作，橫跨了非正式部門與正式公共部門二大類。

　　《聯合國人類發展報告》（*United Nations Human Development Report*）指出：「婦女的工作在經濟價值上大大地被低估。」（United Nations Development Programme, *Human Development Report 1995,* New York: Oxford University Press, 1995, p. 87）大多數的經濟指標，如國民生產毛額（Gross National Product, GNP），便忽略了許多婦女的工作，並未將她們的貢獻列入計算。事實上，全球各地的婦女工作時數均多於男性，在農業與開發中國家尤其如此。正如經濟學家梅莉愛瑪・威廉斯（Mariama Wil-liams）所述：「若要準確計算婦女的工作，包括不明顯的社會生育任務與非正式的活動在內，則必須建立一套完全不同的所得、資源、信貸分配方式。這凸顯了婦女工作之重要性，也強調婦女應了解自己的勞力，在經濟中扮演了何等重要的角色。」（in Susana T. Fried, ed., *The Indivisibility of Women's Human Rights.* New Jersey: Center for Women's Global Leadership, 1994, p. 65）（相關經濟詞彙的定義，請參照第十章「婦女人權：經濟篇」）

　　了解女性與男性如何分工，對於婦女經濟與工作人權之組織建立是極爲重要的。許多經濟政策儘管並未明白指出這一點，但這些政策的確是建立於婦女將繼續留在家中工作的假設之上。一旦政府縮減教育、住屋、健康照護、福利等社會服務，婦女往往必須挑起重擔，照料家庭所需。

159

活動一：一天二十四小時

目標：了解婦女日常生活中無給家務勞動的重要性

時間：45 分鐘

器材：海報紙與麥克筆，或黑板與粉筆

1. 定義：

　　將參與者分成若干小組，由各小組決定一個「工作」的定義，並列舉出數個符合此定義的範例。如果可能的話，將各組的定義寫在海報紙上，並張貼在活動場地裡。也可以請全體參與者選出一個大家都同意的定義。

2. 列表：

　　本步驟可以各個小組為單位進行，或由參與者個別作答。請參與者檢視一天二十四小時的活動，說出她們每一個鐘點通常都在做些什麼。將這些活動列表（例如，早上七點：沐浴、準備早餐、餵小孩、搭公車上班、替院子澆水鋤草、進行宗教儀式等等），並分析每一項活動：

- 如果該活動符合小組對工作的定義，打一個加號。
- 如果該活動不符合小組對工作的定義，打一個減號。
- 對於那些妳不能確定的活動，打一個問號。
- 婦女可從列表上的哪些活動賺取到金錢？請圈起來。

3. 分析／討論：

　　集合全體參與者，比較彼此對工作的定義與活動列表：

- 列表中，可定義為工作的活動項目占了多少百分比？
- 列表中，被定義為工作而且又可以賺取到薪資的活動項目（即圈起來的項目），占了多少百分比？
- 根據妳的計算，如果雇用某人從事列表上這些無薪給的工作，應該要花費多少錢？
- 將一天當中所有的活動表列出來，是否讓妳對工作的定義有所改變？

（下頁續）

（續上頁）

> * 被妳歸類為「工作」的活動，都是不愉快或困難的嗎？
> * 被妳歸類為「非工作」的活動，都是愉快或有趣的嗎？
> * 如果有人說：「我的妻子（或母親／姊妹／女兒）沒有工作」，這句話的意思是什麼？
> * 此一陳述（如上）隱含的工作定義是什麼？是否與妳的定義相同？

婦女與非正式部門

婦女所從事的工作當中，有許多屬於非正式部門。非正式部門牽涉到金錢的交換，所以與在家工作並不相同。非正式部門涵蓋範圍極廣，包括：街頭攤販、家庭僱傭、計件工作、家庭經營的生意、農事等等。家庭成員往往在非正式部門一起工作。非正式部門雖然是經濟整體的一部分，卻不受規範管理。這表示婦女無法獲得固定的薪資，而且必須在未受主管機關監督的環境下工作。更有甚者，婦女往往遭到地方政府官員的侵擾；例如，有些警察可能會收取賄款，才准許婦女繼續營業。

在非洲，從事經濟活動的婦女除了務農以外，超過三分之一在非正式部門工作，在尚比亞，比例甚至高達百分之七十二。在亞洲各國中，印尼與韓國的比例最高，分別是百分之六十五與百分之四十一。百分之三十四的宏都拉斯（中美洲）婦女從事非正式部門的工作。一個國家非正式部門的興盛程度，與該國經濟活躍的婦女人數多寡，二者之間有強烈的正比關係（United Nations, *The World's Women 1995: Trends and Statistics,* United Nations, New York, 1995, pp. 115-6）。

要保護婦女在非正式部門的人權極為困難，因為她們的工作並不受約束管制。她們對經濟所做的貢獻，往往也未能計入國家的國民生產毛額。

160

活動二：非正式工作

目標：認識婦女所從事的非正式部門工作

時間：45 分鐘

器材：雜誌與報紙

紙張、剪刀、膠水與麥克筆

1. 腦力激盪／畫一畫：

藉由討論以下問題，請參與者腦力激盪，共同為非正式工作下定義：

- 在妳的國家，哪些種類的工作屬於非正式部門？
- 從事這些工作的是哪些人？她們必須面對怎樣的情況？

接著，將參與者分成若干小組，請她們描繪從事非正式部門工作的婦女。她們可以自己畫圖，或是從報章雜誌剪下圖片來拼貼。在每一幅圖片所描繪的工作中，婦女可能會面臨哪些人權議題？請參與者討論，並寫在圖片旁邊。

2. 藝廊漫遊：

將完成的圖片張貼出來，邀請參與者觀看並比較各組的想法。最常被提及的人權議題有哪些？請列表。

為非正式部門的人權動員組織

　　婦女為了爭取非正式部門的人權而組織團體，在此方面已有大步進展。例如，在西非的喀麥隆，為了彌補結構調整計畫造成的傷害、改善婦女不易取得信貸的困境，婦女自行成立了以女性為服務對象的儲蓄合作社，之後，女性商販與其他從事非正式部門工作的婦女，更進一步加強擴大了這些組織。儂玻・艾可托（Ngobo Ekotto）是來自喀麥隆的女性主義提倡者，也是「反婦女受暴協會」（Association to Combat Violence Against Women）主席，她在一份為北京會議而撰寫的報告中表示：該國婦女凝聚團結的力量日漸茁壯，為女性提供小型商業所需的種種輔導與訓練，同時也有愈來

愈多的婦女涉足地方政治，在一九九一年的各市與立法機構選舉中加入角逐之列（Ekotto, Ngobo, "Women, Economics and Violence: The Case of Cameroon," in Speaking about Rights, *Newsletter of Canadian Human Rights Foundation,* 1996, pp. 13-15）。

自一九七七年以來，哥倫比亞的法律便明文規定家庭雇傭應享有社會安全福利，但是該國經歷了長達十年的抗爭與遊說，才通過了專門保護家庭雇傭權利的法律（Leon, Magdalena, "The Struggle for Social Security for the Domestic Worker," in *Confronting the Crisis in Latin America: Women Organizing for Change,* Isis International and Development Alternatives with Women for a New Era (DAWN), No.2, 1988, pp. 87-93）。

位於玻利維亞拉巴斯（La Paz）的葛哥利亞阿帕薩婦女中心（Gregoria Apaza Women's Center），將低收入的原住民婦女（多半是來自鄉村地區的外移人口）組成「生產單位」（productive units, PUs），經營日間托兒所、洗衣店、縫製圍裙與製作果凍的集體工廠。生產單位的作法雖然成果不一，但是婦女卻因此多了一個賺取收入的管道，不像以前只能在街頭叫賣。街頭叫賣「陷婦女於孤立隔絕，無法覺察所受到的歧視」（de Rivas, Patricia, "Women's Economic Projects: Reflections from Experience," in *Confronting the Crisis in Latin America: Women Organizing for Change,* Isis International and DAWN, No.2, 1988, pp. 61-65）。

婦女、信貸與收入

為了拓展非正式部門的經濟活動，或是開創新的業務，婦女往往需要藉助於信用貸款。然而，不平等的性別分工、對婦女工作性質的預設立場，導致一般人認為婦女信貸風險較高的看法。事實上，對婦女進行投資，通常可以產生正面的結果。例如，在多明尼加共和國，二個非政府組織所贊助的貸款計畫專門以婦女為服務對象，便以高達百分之九十一至九十八之間的還款率而感到自豪（〔United Nations International Research and Training Institute for the Advancement of Women (INSTRAW), "Women's Access to Cre-

dit in the Dominican Republic: A Case Study," Santo Domingo, Dominican Re-
publican Republic: INSTRAW, 1990〕。不幸的是，許多鄉村婦女並不知道
有這樣的貸款計畫可以利用，仍舊向地方上的高利貸錢莊借款，因而落入
欠債的惡性循環。

　　許多非政府組織與發展機構已經開始設法解決婦女信貸的問題。有些
爲婦女設立了循環貸款基金，有些則藉由小型商業活動，協助婦女賺取收
入。

❋❋

自營婦女協會的十個問題

　　位於印度阿美達巴（Ahmedabad）的自營婦女協會（SEWA），會員多達
十萬名，成立已有二十年之久，是全球最早創辦的類似婦女機構之一。該協
會每年均以下列問題來評估其工作成效：

1. 我們的會員就業比例增加了嗎？

2. 我們的會員收入增加了嗎？

3. 會員能夠攝取營養的飲食嗎？

4. 我們的會員能夠獲得充分的健康照護嗎？

5. 會員能夠獲得適當的兒童托育服務嗎？

6. 我們會員的住屋適當嗎？

7. 會員的資產增加了嗎？

8. 會員得到了哪些與組織動員相關的收穫？

9. 我們有更多的會員，爭取到領導者的角色嗎？

10. 我們的會員，不管是個別或整體看來，是否均比以往更爲獨立？

　　（Fried, Susana T, "Women's Experience in Microenterprises," in *Equal Means,*
Summer 1995, p. 19.）

❋❋

正式部門中的婦女

過去十年間經濟上最大的變化，莫過於婦女快速湧入職場，成為支薪的勞動力。除了撒哈拉沙漠以南的非洲與東亞以外，這個現象在世界各地區皆然。聯合國估計，西元二千年時，全球超過一半的受薪者為女性。

當婦女尋找有薪給的工作時，她的機會遠比男性限制更多，範圍更狹隘。在每個國家，總有一些職業特別被認定為是「女人的工作」，這些通常是男性捨棄不願意做、薪資微薄、地位低、缺乏保障的職務。當大批女性進入原先以男性為主的職業時，這些職業所代表的地位往往便降低了，尤其是當這些工作薪資或專業程度較高的時候。

在已開發國家，工業的員工當中僅有百分之十五至二十為女性。另一方面，百分之七十五至八十的女性雇員從事的是服務業，像是護理、家管、餐飲或社會與文書工作等等，這些職業與傳統婦女角色類似之處可說是顯而易見。在開發中國家，大多數婦女從事農業、販售、服務業。東南亞地區是個例外，進入新近工業化的產業之婦女，人數正在增加中（*Women in a Changing Global Economy: 1994 World Survey on the Role of Women in Development,* United Nations, 1995）。

❋❋❋❋❋❋❋❋❋❋❋❋❋❋❋❋❋❋❋❋❋❋❋❋❋❋❋❋❋❋❋❋❋❋❋❋❋❋

162

婦女專屬工作舉例

奧地利	清掃煙囪	莫三比克	腰果加工
巴西	市場買賣	尼加拉瓜	採收咖啡
	教書	奈及利亞	街頭食物攤販
	紡織	尼泊爾	築路
中國	收割棉花與米	葡萄牙	家務管理
埃及	收割棉花	俄羅斯	醫生
衣索比亞	清洗咖啡豆		道路修護

匈牙利	電子零件組裝	斯里蘭卡	採收茶葉
印度	織蕾絲	土耳其	煙草加工
	製造香煙	烏干達	販賣木炭
	腰果加工	英國	秘書
伊朗	編織		清理辦公室
墨西哥	成衣工業	美國	銀行出納
	電子零件組裝		成衣工業

（Joni Seager and Ann Olson, *Women in the World Atlas,* New York: Simon and Schuster, 1997）

❋❋❋❋❋❋❋❋❋❋❋❋❋❋❋❋❋❋❋❋❋❋❋❋❋❋❋❋❋❋❋❋❋❋

活動三：社區裡的受薪婦女

目標：評估有薪給的工作對婦女造成之影響

時間：75 分鐘

器材：海報紙與麥克筆，或黑板與粉筆

　　　紙與筆（可選擇性使用）

1. 討論：

　　將參與者分成若干小組討論以下問題：

- 妳的母親或祖母是否外出工作？如果是的話，促使她們接受這份工作的因素為何？

- 她們在哪裡工作？

- 工作時，別人是怎樣對待她們的？工作對她們而言是否重要？從哪些方面可以看得出來？

- 她們外出工作，對妳以及妳的家庭有何影響？

- 將以上這些問題套用於妳本人的情況，答案又是如何？

（下頁續）

（續上頁）

2.討論：

從家庭走向公開職場，是許多婦女人生中關鍵的一步。請參與者討論以下問題，並記錄下她們的回應。

- 在妳的社群裡，婦女出外工作的動機因素有哪些？
- 哪些因素是正面的（例如，進修訓練、新的工作機會）？
- 哪些因素是負面的（例如，財務困難、配偶失業、寡居）？
- 出外工作賺取薪資，可能會帶來哪些影響？對家庭、婚姻、婦女本身的影響分別為何？

3.角色扮演：

將參與者分成若干小組，請她們以角色扮演的方式，表現出一名婦女決定出外工作的可能原因，以及她可能會遭遇到的反應。扮演的角色可以包括：這名婦女本人、她的丈夫、孩子、婆婆、其他家族裡的長輩、鄰居或朋友。劇情可以演出這名婦女外出工作「之前」、「之後」的情形。

角色扮演結束後，針對各組共同的議題與觀點進行討論。哪些議題、觀點與婦女人權相關？

※※※※※※※※※※※※※※※※※※※※※※※※※※※※※※※※※※※※

163

錢少與工時長：婦女工作的不平等現象

不支薪工作：

- 在大多數的國家，女性從事不支薪工作的時間至少為男性的二倍。在日本甚至是九倍之多（United Nations: *The World's Women 1995: Trends and Statistics,* New York: United Nations, 1995）。
- 據聯合國估計，不支薪的家務工作約占世界各國百分之十至三十五之間的國民生產毛額（"Women in a Changing Global Economy": 1994 World Survey on the Role of Women in Development, United Nations, 1995）。

- 在南亞進行的研究顯示，女性每週比男性多花五個小時，從事不支薪的日常工作（例如，挑水、撿拾木柴、準備食物等等），還不包括二十至三十個小時無薪的家事（出處同上）。
- 在澳洲與英國，女性照顧孩童的時間是男性的三倍以上。在日本與西班牙，女性照顧孩童的時間則為男性的六倍（Seagar, Joni, *The State of Women in the World Atlas,* 2nd edition, New York: Penguin, 1997）。

支薪工作：

- 全球婦女的薪資，平均僅有男性薪資的百分之五十至八十。
- 在拉丁美洲，婦女薪資平均為男性的百分之四十四至七十七。
- 在一九九〇至一九九一年間，從事製造業的婦女在全球各地收入均低於男性：在斯里蘭卡，僅有男性薪資的百分之七十；在香港，百分之五十六；在新加坡，百分之五十五；在韓國，百分之五十一；在日本，百分之四十三（出處同上）。

※※※※※※※※※※※※※※※※※※※※※※※※※※※※※※※※※※※※

職場中對婦女的歧視

婦女在工作崗位必須面對多種不同型態的歧視：

- 男女同工不同酬。同樣的工作，由男性來做可以支薪，由女性來做卻無報酬，或是薪水較少。
- 婦女在家裡所做的不支薪工作，可能無法獲得認同。
- 男性比女性擁有較多選擇工作的自由。
- 男性比女性更有可能因為工作表現與年資，而獲得紅利與升遷的機會。
- 男性比女性有更多參加職業訓練的機會。
- 男性比女性有更多從事研究的機會。
- 男性工作環境的安全措施比較周全。
- 上班時間比較配合家庭裡的男性角色，對於通常必須操持家務、照

顧子女與家中長輩的女性角色而言，往往較不方便。

- 女性在工作場合遭到性騷擾的機會比男性來得大。
- 男性比較有機會擁有或取得農地、農耕機器與工具。
- 男性比較容易取得信貸與其他財務相關的服務。

職場上不平等的待遇，可能會導致歧視與貧窮的惡性循環，二者相互增強。例如，一名婦女如果承擔了家中主要的育兒之責，她可能需要彈性的上班時間，與／或價格合理的托育服務，但是很少有工作會提供這樣的福利。結果，她的收入可能減少了，還被迫將孩子留給並不合適的看護。婦女即使可以暫時離開工作崗位專心扶養子女，在回到職場時，與男性同僚相較之下，她仍然處於劣勢，因為她已經失去了一段時期的薪資與升遷機會。假如婦女因為遭到性騷擾而辭職，身上「麻煩製造者」的標籤將會讓她難以尋覓新職。

雖然職業婦女人數眾多，婦女仍未充分參與大型公營或私營企業的經濟決策。同樣地，全國經濟政策的制定（包括資源分配之決策）也少有婦女參與。儘管組織工會目的在於改善勞工處境，卻有許多工會排除婦女角逐領導者的資格，甚至根本不允許婦女加入。

※※※※※※※※※※※※※※※※※※※※※※※※※※※※※※※※※※※※

164

婦女與工會活動

在一九七○與八○年代，因為眾多政治與經濟因素使然，參與工會的婦女人數增加了。然而，她們在工會領導階層仍未占有一席之地。一九八四年，一群分屬十二個工會的阿根廷婦女創立了跨工會的婦女組織，稱為「婦女工會論壇」（Mesa de Mujeres Sindicalistas, Women's Labour Union Platform），其目標在於：

- 提升婦女會員地位
- 終止婦女勞工的孤立狀態，要求給予婦女公正平等參與工會活動的機會
- 提升眾人的認知，了解婦女在就業市場與社會上所遭受的歧視以及婦女所背負的雙重工作負擔

• 提倡工會設立婦女部

　　據研究指出，婦女在工會領導階層與訓練課程出現的比例，近來已有上升的趨勢。調查也顯示，女性會員對工會的期待與男性會員並不相同，她們對議題的優先次序有自己的看法，也比較支持決策過程之改變（Gogna, Monica, "Women in Labour Unions: Organizations, Practices, and Demands," in *Confronting the Crisis in Latin America: Women Organizing for Change,* Isis International & DAWN, 1988, no. 2, pp. 33-9）。

※※※※※※※※※※※※※※※※※※※※※※※※※※※※※※※※※※※※※※※

活動四：工作上的歧視

目標：認識婦女在職場上所受到的歧視

時間：90 分鐘

器材：紙張與麥克筆

1. 角色扮演：

　　將參與者分成若干小組，進行角色扮演。向參與者解釋腳本：由一位參與者扮演男性雇主，這位雇主從未錄用過女性員工（或是從未錄用過女性員工擔任經理職位亦可）；另一位參與者則扮演前來應徵經理職缺的女性。這是雇主與求職者的首次見面。這位女性求職者必須解釋她希望為這間公司工作的理由。請各小組輪流在全體參與者面前表演。

　　各組角色扮演傳達出怎樣的態度？請討論：

- 如果雇主也同為女性，角色扮演的情節發展會有何不同？如果雇主為女性，求職者為男性，又有何不同？
- 男性與女性求職者分別有哪些優勢與劣勢？請簡述。

2. 討論／列表：

　　請各小組討論職業婦女在哪些方面居於劣勢，以列表或畫圖的方式說明。討論以下幾點：

（下頁續）

（續上頁）

> - 妳曾經在職場上遭遇任何此類的歧視嗎？
> - 妳如何處理當時的情況？
> - 妳可以採取哪些行動？
> - 有其他人支持妳嗎？
> - 爲了改革職場上的性別歧視，有哪些人可以當妳的盟友？
>
> 妳也可以這樣做：大聲讀出「職場中對婦女的歧視」（見前文），或是影印分發給參與者亦可。比較文中所列的各項歧視以及參與者在步驟二所完成的列表。

相關單位的角色

許多國家性、地區性、國際性的法律，均明文禁止職場上的歧視。有些法律要求各國政府採取行動，以促進各行業之性別平等；有些法律效力所及的範圍，卻僅止於國家部門。許多公約對於婦女的職場權利均有所著墨，例如，《經濟、社會、文化國際盟約》便規定婦女應享有以下權利：

- 工作權
- 公平薪資、平等給付、安全健康之工作環境、公平升遷機會的權利
- 休息與休閒的權利
- 加入職業工會的權利
- 產假與相關福利的權利
- 兒童有接受保護，免於剝削的權利
- 適當生活水準的權利，包括足夠的食物、穿著、住屋、生活條件

國際勞工組織（International Labour Organization, ILO）訂立了數項不同的公約，認可婦女應享有多種勞工權利，包括免於強迫勞動、公平薪資等等（*ABC of Women Workers' Rights Practical Guide,* International Labour Organization, 1993）。國際勞工組織早期訂有許多原則，禁止工作上對婦女的歧視，這些原則後來在《消除對婦女一切形式歧視公約》中得到了再次確認（請見《消除對婦女一切形式歧視公約》與就業相關的第十一條）。

《北京行動綱領》呼籲各國政府「促進婦女之經濟權與獨立，包括就業、適當工作環境、經濟資源之控制權」（第 F.1 段）。這項承諾要求政府應以立法、執法的方式，終結就業歧視，提供社會安全福利與賦稅優惠，並充分認可婦女無給工作的價值。

《北京行動綱領》建議以具體的方式，來消除所有職業隔離與就業歧視。其中更特別勸導大眾共同合作，停止使用兒童勞工，包括不合理地要求女孩從事無薪給的非正式部門工作（第 F.5 段）。《北京行動綱領》也呼籲，應當提供職業婦女托育等可負擔之支援服務（第 F.3 段），並鼓勵婦女從事非傳統的工作（第 F.5 段）。

掃除婦女就業的障礙

「優惠待遇」（affirmative action），或稱爲「正面歧視」（positive discrimination），是掃除婦女就業障礙的措施之一。此項措施曾獲聯合國人權委員會背書。一九八九年，聯合國人權委員會發表正式評論，指出政府有責任採取「爲確保正面享有人權而設計之優惠待遇。」《消除對婦女一切形式歧視公約》也允許實行優惠待遇，前提爲優惠待遇必須是暫時性的措施（第四條）。這意味著：爲了糾正過去長久以來的歧視現象，政府與雇主應當採取正面行動，鼓勵雇用婦女，接納婦女進入職場。

有些人反對以優惠待遇來補救歧視行爲；他們認爲，優惠待遇構成了「特殊待遇」。事實上，優惠待遇並不是要爲婦女提供任何「特別」優勢，而是要幫助婦女對抗、消除長期以來權力失衡不公的現象，因爲阻擋婦女在職場獲得真正平等地位的，正是男女間失衡不公的權力關係。除此之外，因爲實行優惠待遇的緣故，婦女以其技能、才智貢獻工作崗位，最終受惠的是所有人。若無優惠待遇，婦女往往沒有機會進入傳統上以男性爲主的工業或職業。

活動五：應該錄用馬諾嗎？

目標：為優惠待遇下定義，並評估優惠待遇是否為一適當策略。

時間：60分鐘

器材：「個案研究：薩得可肥皂工廠」影印本（如下）

1.閱讀：

個案研究：薩得可肥皂工廠

　　薩得可肥皂工廠過去一向抱持歧視婦女的態度。該工廠員工當中有百分之九十為男性。為了修正此一情況，管理階層決定，往後每雇用一名男性，便必須雇用二名女性，直到至少百分之四十的員工為女性為止。因此，馬諾前往該廠求職的時候，儘管通過了資格測驗，還是未能獲得錄用。相反地，一名婦女得到了這份工作。馬諾對薩得可肥皂工廠的新政策頗有怨言，認為像他這樣符合資格的男性受到歧視了。

2.角色扮演：

　　將參與者分成二組，進行腦力激盪。對於馬諾抱怨遭到薩得可肥皂工廠歧視，一組持贊成立場，另一組則持反對態度。請第一組代表馬諾及他的律師提出辯護，第二組代表薩得可肥皂工廠與被錄用的婦女提出辯護。角色扮演結束後，請觀眾向二組發言人分別提問。

3.討論：

- 妳支持「優惠待遇」的作法嗎？
- 理由為何？
- 妳對優惠待遇的支持，是否有條件限制？如果是，哪些因素影響了妳的看法？

性騷擾

　　婦女擁有工作權以及與男性享有同樣工作環境的權利。這包括了婦女有權不因性別而遭受騷擾，也就是一般所說的性騷擾。不受歡迎的性接觸、

性服務的要求、以性爲本質的口語或肢體行爲,均屬於性騷擾。當一個人接受或拒絕這些騷擾行爲的時候,可能產生的後果包括:就業機會直接或間接受到影響;工作表現遭到不合理的干預;工作環境充滿恫嚇、敵對、令人不快的氣氛。

性騷擾可能在各種不同的情況下發生。列舉其中幾種情況如下:

- 騷擾者可能是受害者的上司、雇主代理人、其他部門的主管、同事,也可能並非工作單位的員工。
- 受害者不僅限於受騷擾者本人,也有可能是受此騷擾行爲影響的任何人。
- 即使受害者並未蒙受經濟損失或是遭到解職,此類性騷擾仍屬非法。
- 即使受害者並未蒙受身體上的傷害,此類性騷擾仍屬非法。
- 在工作場合展示性意味濃厚的物品——照片、雜誌、海報——可能會構成性騷擾。
- 單一侵犯行爲若情節重大,可能便足以構成敵意環境型騷擾。

騷擾者的行爲是不受歡迎的。默許性服務的請求,甚至於自願參與性活動,並不表示這項性服務或活動必然受到歡迎。必須考慮到的一個因素是,此人是否表示過並不歡迎這些性接觸,至於默許與否並非重點。

許多國家均制定了禁止性騷擾的法律。性騷擾的定義尙有眾多不同見解,但至少可分爲以下二種:

(1)交換型性騷擾(Quid Pro Quo Sexual Harassment):

在交換型性騷擾中,雇主要求員工服從以性別爲基礎之騷擾,藉此交換實質的工作利益,例如,錄用、擢升、參加訓練課程、較高薪資等等。交換型性騷擾的一項重要特質在於,騷擾者手中握有掌控員工工作福利之權力。此類型的騷擾,最常發生在上司與下屬之間。

(2)敵意環境型性騷擾(Hostile Environment Sexual Harassment):

在敵意環境型性騷擾中,工作場所整體環境所呈現的氣氛與文化,容忍、放縱對婦女的不尊重以及不公平待遇。敵意工作環境騷擾是不受歡迎的,其嚴重程度或普遍程度足以改變受騷擾者的就業情況,創造出充滿恫嚇、敵對、令人不快的環境。

敵意環境型性騷擾不同於交換型性騷擾之處如下：

- 不見得有經濟利益上的影響。

- 騷擾者可能為同事或甚至第三方，不僅限於上司。

- 不限於性接觸；基於某人性別而產生的敵意行為或侵犯行為，亦包括在內。

- 即使該行為並未針對受害者個人，但是只要對受害者之工作能力造成影響，便可能構成敵意環境型性騷擾。

- 通常包含一系列事件，而非單一事件（不過，單一侵犯事件便可構成此類騷擾）。

記住，性騷擾非關二名成年人之間的性與吸引力，而是一種權力關係。在職場上，性騷擾對婦女的工作能力造成干擾，可能阻嚇婦女開口要求加薪、適當的工作環境。此外，性騷擾也是一種施加於婦女身上的暴力。

活動六：這是性騷擾嗎？

目標：為「性騷擾」下定義。

時間：60分鐘

器材：海報紙與麥克筆，或黑板與粉筆

1. 討論：

　　請參與者二人一組，共同決定以下各例是否屬於性騷擾；如果她們能夠達成共識，便可以從座位上站起來，站在適當的位置。將活動場地的一邊指定為「性騷擾」區，另一邊指定為「非性騷擾」區。二人如果無法達成共識，便留在座位上。此時，站著的人應該扼要地解釋為何她們選擇了這個位置。詢問站在「性騷擾」區的參與者，她們認為這個例子應屬於交換型或敵意環境型性騷擾。討論應保持簡短。請全體參與者投票決定多數人的看法，並將投票結果記錄下來。接著，以同樣的程序繼續討論下一個例子。

（下頁續）

（續上頁）

舉例：

- 男性上司告訴女性部屬，只有與他發生性關係，她才可能升遷。
- 男性上司告訴女性求職者，她是新進員工，每天穿短裙上班是職責的一部分。
- 男性員工向相同職等的女性員工施壓，要求發生性關係。
- 男性員工向相同職等的女性員工施壓，要求發生性關係。女性員工向上司投訴，上司卻加以嘲笑或是指責她行為不檢。
- 一群同事大肆評論某位女性員工的身體，並且時常試著碰觸她的胸部或臀部。
- 當某位女性員工經過時，一群同事對著她吹口哨、發出喘息聲或是以手搔抓跨下。
- 工作場所的午餐室以半裸女性的照片作為裝飾，而且男性員工好講黃色笑話成習。

2.列表：

　　請參與者列出其他可能發生性騷擾的情況（例如，師生之間、警方或政府官員與請願者之間、政治人物與選民之間、醫生與病人之間、房東與房客之間）。對於這些可能發生性騷擾的情況，參與者有何評論？請記錄下來。

3.角色扮演／討論：

　　將參與者分成若干小組。請她們描述曾經歷過的任何一種性騷擾：屬於什麼種類？她們的反應為何？請各小組選擇一則事例，為全體參與者進行角色扮演。

　　角色扮演完畢之後，請討論：

- 在這些情況中，婦女可以採取怎樣的行動，互相支援？
- 管理階層應提供職業婦女什麼方式的支援？

168

活動七：擬定職場規範

目標：擬定一套職場規範，防止性騷擾發生

時間：60分鐘

器材：海報紙與麥克筆，或黑板與粉筆

1. 列表：

將參與者分成若干小組，請她們草擬一些她們認為可以保護職業婦女的反騷擾規範。請各組報告她們擬定的規則。在海報紙或黑板上，將所有規則列成一份綜合表格。

2. 討論：

向參與者解釋：目前尚無國際文獻針對職場性騷擾做出明確規範，許多相關議題仍無一致的答案：

- 男性也會被性騷擾嗎？
- 如果騷擾者與被騷擾者位階相當，或是騷擾者職等低於被騷擾者，這樣也算是性騷擾嗎？
- 工作場所發生性騷擾事件，是誰的責任？公司的老闆或總裁？部門主管或上司？直接主管、領班、或組長？還是員工？
- 員工是否有責任舉發涉嫌騷擾的雇主，即使尚未罪證確鑿？

保護性勞動法

一個國家如果沒有立法規範平等機會（equal opportunity）或平等管道（equal access）來保障職業婦女，傳統上多是沿用國際就業法規當中的保護性勞動法來處理職業婦女的議題。正如其名所示，這些「保護性」法律當初設計時的預設立場，便是認為女性比男性更加脆弱而需保護，以免受到某些雇主、職務、甚至是她們自己的傷害。這些法律從特定的角度來看待婦女，將婦女視為「母親」或「未來的母親」。例如，法律禁止婦女進入礦坑工作，便被合理化為一種保護婦女生育、擔任母職能力之措施。

目前隸屬於聯合國的國際勞工組織（ILO）早在一九一九年便成立，並且旋即於同年通過了第一個婦女與工作的國際規範，規定婦女不得從事夜間工作或是艱困的體力勞動。在某些國家，這些規範成為全國通行的法律，婦女因此而失去選擇的權利——她們無法在夜間長時間工作來增加收入，也無法從事高薪的困難工作。長久以來，包括國際勞工組織在內的國際團體，一向主張女性勞工應以家務為主，男性才是負責外出賺錢的人。直到一九八一年的《有關有家庭責任勞工之公約與建議》（*Convention and Recommendation on Workers with Family Responsibilities*），國際勞工組織始正式承認，男性與女性同樣負有親職責任。

169

活動八：女性不宜的工作

目標：檢視阻止女性與男性職場競爭、限制婦女從事「女性工作」的態度
時間：60 分鐘
器材：「個案研究：亞德麗娜加入職場」影印本（見下）

1. 閱讀：

個案研究：亞德麗娜加入職場

　　二次大戰期間，歐洲與北美洲大部分的男性都被徵召入伍。重工業轉而招募婦女，以填補空缺。亞德麗娜本來是待在家裡照顧幼小子女的家庭主婦；丈夫原先工作的鋼鐵廠雇用了她。在考量她的才智與駕駛能力之後，鋼鐵廠訓練她操作重型起重機，這是頭一遭由女性來擔任這項工作。剛開始，亞德麗娜被分派到鐵路貨場，負責將鋼鐵成品裝載上貨車廂。她的技能十分純熟，所以一年後被晉升到鑄造廠工作，負責將大桶大桶融化的金屬倒入模具。這項工作講求靈巧與判斷力，也必須與其他工人謹慎合作。亞德麗娜的表現，證明她具備了高超的技術、天生的領導能力。亞德麗娜以嫻熟的工作為家庭賺取高薪，也從同事間贏得尊敬與同僚情誼；很快地，她便獲選為工會代表。

（下頁續）

（續上頁）

　　然而，當戰爭結束的時候，亞德麗娜與其他女性員工卻被要求放棄自己的工作，好讓男性重返職場。亞德麗娜提出抗議，表明不願離職。周圍的人提出各種辯駁的說法，例如，婦女需要回歸家庭、婦女應該接收男性不想要的卑微工作等等。

　　沒有人支持亞德麗娜繼續這份工作。所以她將職位讓給一名退伍士兵，最後找到了一份駕駛校車的差事，薪水只有原先的三分之一，但是人人都說這份工作「比較合適」。

2.討論：

　　將參與者分成若干小組，請各小組從亞德麗娜的丈夫、女同事、男同事、鋼鐵工會代表、工廠經理等角色當中擇一。這個角色可能會提出哪些論點，來說服亞德麗娜放棄工作呢？請討論並列表。

　　以下是幾個可能的說法。

　　丈夫：「有個出外工作、薪水還比我高的老婆，讓我覺得很丟臉。再說，孩子們也需要妳待在家裡。」

　　女同事：「畢竟，這些男人是為了我們而打仗，我們也只是在他們離開的時候暫代一下罷了。男人要有工作，才會有自尊心。女人搶了男人的工作，害他們失業，這就是不對。他們得養家活口呀。」

　　男同事：「在正常情況之下，男人是不會想聽女人發號施令的。煉鋼講求團隊工作，有女人在不方便。」

　　鋼鐵工會代表：「呃，戰爭期間，我們規定是放寬了不少，但其實我們真正的會員幾乎都是男的，這些兄弟現在需要工作啊。」

　　鋼鐵工廠經理：「女人不適合操縱起重機──操縱重型機械、澆灌熔化金屬，這些都很危險的。妳的小孩有權跟媽媽在一起。而且，女人出現在工作的地方，會讓男人分心。」

3.角色扮演：

　　請一位參與者扮演亞德麗娜，其他人代表她所聽到的各種不同看法。

170

（下頁續）

（續上頁）

角色扮演結束之後，請思考以下問題：

- 亞德麗娜可以如何回應這些看法呢？
- 如果要保住工作，亞德麗娜需要從朋友、家人、同事、工會、工廠經理階層與其他管道，分別獲得哪些支援呢？

4.討論：

　　亞德麗娜的故事發生在超過半個世紀之前。但是，婦女所面臨的處境是否有所改變呢？變化大嗎？

- 如果妳是亞德麗娜，妳對於放棄工作會有何感覺？妳會怎麼做呢？
- 她所聽到的各種看法，在妳的社群裡仍然普遍存在嗎？這些立場背後的原則或價值觀為何？女性的態度是否有所改變？男性的態度是否有所改變？工會或經理階層的態度是否有所改變？
- 如果亞德麗娜活在現代妳的社群裡，她可以在哪裡找到盟友與支援，幫助她保住工作？
- 從哪些方面來說，保護性勞動法反而可能對婦女造成危險？
- 婦女的選擇、婦女的決定能力，是否可以「保護」之名限制？

全球化與職場上的婦女

　　世界經濟走向全球化，對各地職場幾乎都造成衝擊。一些常見的趨勢列舉如下：

企業瘦身

　　包括多種節省成本的措施，例如，裁員，減薪，刪除福利，開除年紀較大的員工避免支付退休金，要求員工從事額外工作，遇缺不補由員工分攤多出的工作量。

兼職工作

企業發現，以臨時員工取代全職員工的成本較爲低廉，因爲公司無須負擔臨時員工的福利。婦女向來便是臨時勞動力的主力，但是這個趨勢仍在增加之中。以美國爲例，兼職或臨時員工占整體勞動力的百分之二十五，但是這些人多半並無一般安全網的保障，像是有給病假、有給事假、彈性工時、可控制的工作進度等等。此外，許多臨時性質的工作缺乏穩定性或連貫性，對家庭成員的幸福、安全感造成傷害（Shellenbarger, Sue, "When Workers' Lives Are Contingent on Employers' Whims," *Wall Street Journal,* New York, 1 February, 1995, p. B1）。

分包合同或家庭代工

許多南半球國家的企業，雇用在家工作或是工作地點不固定的勞工來製造產品。這個現象在北半球國家亦有增多的趨勢。企業（尤其是成衣業）將工作分包給承包商，再由承包商雇用家庭代工製作產品。家庭代工以女性居多，按件計酬。在這套流程中，承包商才是工人的雇主，企業因此得以逃避勞動法規，不須支付福利與稅金。

出口加工區

這是國家爲了吸引外國投資而特地設置的專區，規範與勞工保護法在此往往較爲寬鬆或是並未確實執行。加工區的員工常被認爲比較容易控制，也比較不可能組成工會。有爲數眾多的年輕婦女在加工區工作。

工會力量萎縮

在已開發國家，工會的女性會員比例向來偏低，領導階層對於性別議題亦不重視。此外，自從一九八〇年代以來，特別是在美國，工會會員人數急遽下降。

競爭增加

由於資金以及企業的流動皆較以往容易，各國之間爭取外國投資的競賽變得愈來愈激烈。結果，低薪、缺乏職業保障、解除工業管制等現象，在已開發與開發中國家，同樣成為日漸普遍的現象。

學非所用

在許多實行結構調整計畫的國家，薪資凍結、工作環境惡化等原因迫使大批婦女離開專業工作（如教師）或是公共部門，轉而從事非正式部門的工作。她們雖然可以賺取薪資，卻無法發揮所學或專長。（關於全球化對婦女人權所造成的影響，詳見第十章「婦女人權：經濟篇」）

為婦女工作人權下定義   171

活動九：制定自己的法律

目標：設計一套法律，提升婦女的工作人權。

時間：90 分鐘

器材：《消除對婦女一切形式歧視公約》（CEDAW）第四、六、十五條
    影印本

    「《消除對婦女一切形式歧視公約》與工作：幾點觀察」短文影
    印本（如下）

1. 寫一寫，讀一讀，大家一起來討論：

步驟一：將參與者分成若干小組，請她們自訂保護婦女工作人權的法律，並將自訂法律寫下來。自訂的法律應該盡可能的詳細。這套法律應該是國際法嗎？還是全國性或地方性的法規？或者三者皆是？

（下頁續）

（續上頁）

注意：各小組可以使用「分析人權問題」與「實踐人權策略」表格（第 392-393 頁）來檢驗本議題。

步驟二：將《消除對婦女一切形式歧視公約》第四、六、十五條，以及「《消除對婦女一切形式歧視公約》與工作：幾點觀察」，影印分發給參與者，並大聲讀出來。

步驟三：請各小組比較自行制定的法律與《消除對婦女一切形式歧視公約》的相關條款。

- 三者有何相同之處？有何相異之處？
- 各小組現在是否有意修改自訂的法律？如果是，如何修改？
- 各小組是否建議《消除對婦女一切形式歧視公約》做任何修改或增添？

《消除對婦女一切形式歧視公約》與工作：幾點觀察

- 為了加速實現男女平等，本公約第四條允許實行「特別措施」，包括就業方面的暫時性優惠待遇。
- 該條款認為，基於婚姻或母職的考量，有必要特別擬定規範，保護婦女免於就業歧視。
- 該條款特別允許為懷孕婦女訂立保護性法律。
- 該條款並未針對從事無給家務勞動、農耕、非正式商業部門的婦女，擬定具體規範。
- 本公約第十五條保護農村婦女的人權，包括她們獲得農業信貸、行銷設施、適當技術、土地與農地改革之公平待遇等權利（第十五條(2)(g)）。
- 本公約第六條並未明確承認婦女的身體所有權；不過，很明顯的是，該條款並不禁止所有種類的賣淫，而是反對「強迫婦女賣淫對她們進行剝削的行為」。

（下頁續）

（續上頁）

步驟四：請各小組發表自訂的法律。討論：

- 自訂法律中所包含的權利，目前受到政府哪些限制？政府有哪些地方需要改變？人們該如何影響這些改變？
- 政府可以怎麼做，以支持、執行妳的法律？
- 自訂法律中所包含的權利，目前受到宗教、文化、傳統、風俗習慣哪些限制？宗教、文化、傳統、風俗習慣有哪些地方需要改變？妳該如何促成這些改變？
- 宗教、文化、傳統、風俗習慣目前以怎樣的方式，支持並執行妳的法律？
- 自訂法律中所包含的權利，受到妳本身或是妳的家人哪些限制？
- 妳本身或是妳的家人有哪些地方需要改變？這些改變有可能實現嗎？

步驟五：如果要在社群裡落實這些自訂法律與／或《消除對婦女一切形式歧視公約》，需要哪些條件配合？請討論。為個人與團體擬定可能的行動策略。將多數參與者所同意的策略列表寫下。

第十二章

婦女人權：
環境篇

目　標

本章所包含的活動與背景資訊，將有助參與者達到下列目標：
- 認識環境議題中的人權面向
- 分析全球環境惡化對婦女造成的影響以及環境惡化如何干預婦女人權
- 了解發展與環境之間的關連
- 認識環境危害與消費主義的影響
- 分析政府、發展機構、媒體與婦女改善環境的潛力，並擬定改善環
  境之策略

起點：思考婦女與環境的關係

自然環境惡化，威脅到地球上每一個人的健康與生計。人們愈了解這一點，便愈能體會健康環境對於生存與基本人權的重要性。婦女是世界上大部分家庭的食物供給者，全球大部分的食物來源都是由婦女耕種、養殖而成的；資源嚴重耗損、自然體系衰敗，加上人類在十九世紀造成的危險污染，對婦女的生活當然影響甚鉅。全球環境持續惡化的原因十分複雜，以下列舉幾項最重要的因素：

- 經濟制度與政府政策為了追求短期利潤，濫用自然與人力資源
- 農村人口急速湧入都市地區，導致貧窮、發展失控、基礎建設難以負荷等後果
- 在政府與國際金融機構的鼓勵協助下，大型農企業（agribusiness）、木材業、礦業與能源公司取代小農與原住民
- 從事武器製造，瓜分人類所需資源，毒害環境，並延續好戰的文化。

肥沃土地、燃料、乾淨用水等等的短缺情形，在世界各地均日趨嚴重，婦女必須更加辛勤工作，才能取得生活所需資源。發展政策對婦女經濟、職場方面所造成的影響，在第十章「婦女人權：經濟篇」有詳盡解釋。第九章「婦女人權：流離失所篇」討論難民婦女所受到的影響。本章則以環境惡化對婦女人權之衝擊作為焦點。

活動一：思考婦女與環境的關係

目標：認識對婦女造成影響的環境議題，並檢視這些議題目前的處理方式

時間：60分鐘

器材：海報紙與麥克筆

紙張與筆

（下頁續）

（續上頁）

1. 列表／定義：

環境會影響到日常生活的哪些方面？請參與者全部列出來。家庭、工作場所、學校與其他公共場合均應包含在內。

請參與者為「環境」這個詞，共同發展出一個能包含本列表各例的定義。此定義將用於本章之討論與活動。

2. 分析：

分給每位參與者一枝筆與三張紙條。問參與者：「有哪些環境問題影響了妳的私人生活？請舉出一例。」請參與者將答案寫在第一張紙條上（答案只要以一個字詞簡單表達即可），然後將這些紙條收集起來。問參與者：「我們國內有何地區性或全國性的環境問題？請舉出一例。」請參與者將答案寫在第二張紙條上，並將這些紙條收集起來。最後一張紙條上，請參與者回答此問題：「有哪些環境問題影響了整個地球？請舉出一例。」同樣將紙條收集起來。

將參與者分成三組，每組各拿到一組剛才的紙條以及海報紙與麥克筆。請她們依照下面的範例製作一份表格。表格分為四欄，分別寫上「問題」、「專屬於婦女？」、「目前行動」、「為婦女採取行動？」等標題。

向參與者解釋如何填寫表格：

問題：瀏覽大家的答案，將所有問題一一列在此欄。問題若有重複提及，可在旁邊打勾做記號。

專屬於婦女？：一個問題若對婦女特別造成影響，在此欄特別標明。

目前行動：若有任何個人或組織（包括政府與非政府組織）採取行動處理此問題，在此欄特別標明。

為婦女採取行動？：上述採取的行動當中，若有針對受此問題影響之婦女特別進行處理，在此欄打勾註明。

（下頁續）

（續上頁）

問題	專屬於婦女？	目前行動	為婦女採取行動？

　　當三組的表格均完成時，將表格掛在每個人都可以看見的地方，或是將內容大聲讀出來。請各組推派一位發言人，摘要說明她們的發現。

3.分析／討論：

　　請參與者回答以下問題，藉此分析表格：

- 三大類別中，專屬於婦女的問題共有多少個？是否在某一類別中，可以看到特別多這樣的問題？

- 是否有些問題同時出現在三大類別中？這樣的問題有哪些？從個人、國家、全球的角度分別來看這些問題，結果有何不同？

- 對於這些問題的思考與處理之道，妳是否可從中看出某種模式？例如，非專屬於婦女的問題，是否得到了較為妥善的處理？由此模式，是否可以看出社會改革運動或政府計畫的方針為何？

- 對婦女造成影響的環境問題，是否也有某種模式？例如，這些問題是否影響到婦女的健康？生計？或是社會、經濟力量？

- 表格上最常出現的幾項問題，成因分別為何？請討論。

- 是否有任何重要的環境問題被遺漏在表格之外？這些問題應當分別屬於哪個類別？

　　注意：請將這些問題列表留下來，本章結尾的活動八「制定自己的法律」，將會再次利用到這些表格。

環境危害與都市婦女

隨著世界各地有愈來愈多的人從鄉村移入都市尋找就業機會，都市地區的婦女人口也正在增加當中。城市在迅速成長的同時，也深受環境問題困擾，例如，工業污染、工作與生活條件惡劣、汽車污染、供水限制、用水污染、廢棄物處理設施與衛生系統不足等等。全球有將近九千二百萬名都市婦女缺乏安全飲水可用，超過一億三千三百萬名婦女生活在沒有衛生系統的環境中（United Nations, *The World's Women 1995:Trends and Statistics,* New York: United Nations, 1995）。

都市婦女無法再從土地上汲取用水、種植農作，而必須以工作收入來購買飲水與食物。貧窮婦女若想為自己搭蓋一個遮風避雨的空間，取得土地與材料是非常不易的；到頭來，她們往往屈居於違章建築裡，不是在貧民區，便是在遠離市中心、沒有人想要的土地上。這些因陋就簡的違建群或貧民區，通常距離有毒廢棄物堆置處不遠，所以居民接觸到化學物品的風險極高，例如，水銀、電池中的鉛、電子產品的鎘等等。處於社會最邊緣、最貧窮的人，也正是最有可能在惡劣環境工作或居住的人，像是垃圾掩埋場、焚化爐、有毒廢棄物堆置處、製造污染的工業區等等。

就和處理其他環境問題一樣，政府處理污染的方式可以分成「作為」（action）與「不作為」（inaction）二種。有時候，政府本身便是造成環境惡化的元兇；例如，國營工廠或政府政策，若僅著眼於快速的經濟利益，便可能會犧牲了自然資源的長期妥善管理。在某些案例裡，政府設計建造的工廠將廢水排入貧民或弱勢族群居住的地區，並且對於這些社區所提出的污水控訴置之不理。在這樣的情況中，政府可說是負有直接責任。

在其他案例裡，政府的責任是間接的，罪魁禍首主要是私人企業或個人。不過，政府未能訂立或執行適當的防治污染規範，仍然難辭其咎。

※※※※※※※※※※※※※※※※※※※※※※※※※※※※※※※※

環境惡化與都市婦女

• 超過一億三千三百萬名都市地區婦女,生活在缺乏適當衛生系統的環境中
  (United Nations. *The World's Women 1995:* Op. cit)。

• 無法獲得衛生服務的都市婦女比例,在非洲與亞洲為百分之二十,在拉丁
  美洲為百分之十四(出處同上)。

• 在烏克蘭二個空氣污染嚴重的工業都市,婦女流產率為實行空氣管制城市
  的二倍;嬰兒天生畸形的比例則為三倍(In Point of Fact, World Health Or-
  ganization, 1995)。

• 到一九八○年為止,每年研發出來的新式化學物品均達三千種以上。在這
  些物質當中,每年有七百至一千種用於商業用途。美國國家職業安全與衛
  生研究院列出四萬五千種有毒化學物,其中二千五百種為致癌物質,經過
  充分檢測的則少於七千種(C. Hodgson and G. Reardon, "High-Tech Hazards:
  Beyond the Factory Gate," in ed. G. Reardon, *Women and the Environment,* Oxfam,
  1993)。

※※※※※※※※※※※※※※※※※※※※※※※※※※※※※※※※

環境危害與職業婦女

　　不管在哪個社會,薪資最低的工作往往皆由婦女來做,所以婦女外出
工作得同時面對歧視與環境危害的問題。許多南半球國家為了吸引外國投
資、償還外債,因而設立了加工出口區(Export Processing Zones, EPZs)。
在這些加工區,勞工以婦女居多。政府為了吸引跨國企業前來,通常會免
除加工區的環境安全規範。加工區的女性勞工多半來自鄉村,年紀大多不
超過二十五歲,在此從事紡織、成衣、食物加工、電子零件組裝等工作。
她們的工資僅占北半球勞工薪資的一小部分,也沒有健康或安全保護措施。

以亞洲電子業為例，百分之九十的組裝工人為女性，其中有許多人必須每天接觸高毒性的化學物質（關於加工處口區，詳見第十章「婦女人權：經濟篇」，以及第九章「婦女人權：流離失所篇」）。

已開發國家往往使用「婦女特別容易受到污染危害」這樣的理由，阻止婦女從事某些工作。這些工作泰半薪水極高。在某些案例中，企業因為擔心法律後果，要求婦女必須先進行絕育手術，才有資格擔任某些危險的工作。雖然大部分的污染對於男性同樣具有威脅性，但是企業寧可將婦女摒除在外，也不願意改善產品製造過程，保障所有人的安全。

無論都市也好、鄉村也好，婦女在火爐上烹調食物（尤其是在密閉空間），很容易罹患呼吸道感染或支氣管炎。生質能燃料（木材、煤炭、糞肥）可能會導致慢性肺部疾病、鼻癌或咽喉癌。根據世界衛生組織（World Health Organization, WHO）研究顯示，婦女如在密閉房間生火煮飯，吸進的二苯駢-a-芘（benzo-a-pyrene，為致癌物質一種）相當於一天抽二十包香菸。世界衛生組織所制定的煙塵污染標準為每立方公尺百萬分之一百五十至二百三十公克；但是尼泊爾婦女平均每天花五個小時煮飯，室內的煙塵污染濃度高達每立方公尺百萬分之二萬公克（*World Health,* August-September 1985, p. 30）。

活動二：這是誰的責任？

目標：檢視政府與企業在環境惡化與／或環境保護方面的責任
時間：60分鐘
器材：活動一「思考婦女與環境的關係」所完成的列表
　　　「分析人權問題」表格影印本（第392頁）

1. 角色扮演：

　　將參與者分成若干小組。每組以六人為最佳，可由二人扮演社區裡的婦女，二人扮演政府代表，最後二人扮演公司主管或商界領袖。

（下頁續）

（續上頁）

社區婦女有五分鐘的時間，可以提出關於社區、區域或國家環境問題的抱怨。接著，政府代表與商界領袖也各有五分鐘的時間，可以回應婦女的指控。關於環境問題與處理方式，請參考活動一的列表。

2.討論：

- 社區居民的主要不滿爲何？
- 政府代表與商界領袖如何回應這些抱怨？他們是否願意負起責任？還是將過錯推諉給其他人？他們認爲應該負責的是誰？
- 地方、地區與中央政府做了哪些事情，造成污染與環境惡化？他們又盡了哪些努力，來保護、修復環境？
- 地方、地區與全國性的企業做了哪些事情，造成污染與環境惡化？他們又盡了哪些努力，來保護、修復環境？

3.擬定策略：

- 婦女可以採取哪些策略，促使政府與企業正面回應環境議題，尤其是那些特別影響到婦女的環境議題？
- 哪些策略正在實行中？是否有效？
- 妳會在社群裡採取怎樣的行動，來處理環境問題？使用「分析人權問題」表格（第 392 頁），爲妳的行動擬定策略。

活動三：消費！消費！

目標：認識消費行爲對環境造成的影響

時間：30 分鐘：

器材：分給每位參與者二個箱子（籃子或袋子亦可）

紙條與筆

1.活動：

活動開始，先製作「購買箱」與「丟棄箱」。分給每位參與者二個

（下頁續）

（續上頁）

箱子，或者全體共用二個大箱子亦可。將紙條發給參與者，請她們各自寫下每天會丟棄的物品。將這些列表放在「丟棄箱」裡。接著，請參與者寫下她們每週會購買或消耗的物品——這些物品都是消耗能源而製成的。將這些列表放在「購買箱」裡。如果妳想讓這個活動更戲劇化一點，可以拿真的衣服、食物罐頭、紙張等物品來代替列表。

參與者將紙條放進「購買箱」之後，大聲讀出上面所列的物品，並問參與者，這裡面有哪些項目可以回收？將代表可回收項目的紙條放進「丟棄箱」。請參與者討論，「購買箱」裡的物品是否可以用較少的能源製成？有哪些方法？參與者每舉出五個方法，就將一張紙條放進「丟棄箱」。

2.討論：

- 如果妳住在別的國家，這個活動的結果會不一樣嗎？如果妳來自另一個社經階層，這個活動的結果會不一樣嗎？
- 本活動所代表的消費模式為何？
- 消費者可以採取哪些行動，來減輕消費行為對環境造成的影響。

發展與環境

為了確保貸款國家有能力償還債務，世界銀行與其他金融機構說服了這些國家進行大規模的經濟改革。這些稱為結構調整計畫（SAPs）的改革，由遠離在地社群的國際強權主導，對婦女與環境造成深遠影響；這些影響，多半是有害的（關於結構調整計畫的討論，請見第十章「婦女人權：經濟篇」）。

土地改革

土地改革是許多結構調整計畫要求的條件之一，對環境與婦女生活的負面影響特別重大。一般來說，實行土地改革，牽涉到土地使用、擁有、

分配之變更。在某些傳統的土地使用制度裡，社區成員共享公有土地；進行改革之後，土地所有權必須註冊，而且幾乎都是登記在男性名下。例如，在宏都拉斯，重新分配過的土地，只有百分之四屬於婦女；在秘魯，是百分之五；在哥倫比亞，則是百分之十一。結果，大部分婦女沒有自己的土地，必須為別人耕種；寡婦與單身婦女因而幾乎完全被摒除在農業活動之外。

　　進行土地改革之後，最肥沃的土地往往被用來種植棉花或煙草。這一類作物，可以輸出外國市場，換取現金。結果，只剩下距離農家遙遠的小塊貧瘠土地，可以用來種植供給農人自己食用的食物。即使婦女可以取得耕作土地，大部分發展計畫還是將她們排除在合作社、農業訓練、信貸之外。事實上，調查顯示，女性比男性更想利用信用貸款，來改善工具與土壤。在許多非洲國家裡，婦女占了全部農業勞動力的百分之六十，食物生產總量更有百分之八十為婦女的貢獻；然而，婦女僅占小農貸款的百分之十，農業貸款總額的百分之一（Catherine Bateson in *Gender, and Agricultural Development: Surveying the Field,* ed. Helen Kreidler Henderson, University of Arizona, 1995, pp. 41-47）。

177　　種植經濟作物的趨勢也帶來其他效應。在世界上許多地區，家庭的食用作物是由婦女在自家庭院耕種的。她們通常可以將多出來的分量帶到市場販賣，賺取一些現金，用以購買基本消費品。然而，需要高度維護的經濟作物引進之後，農民幾乎是全家投入生產。經濟作物通常並無法食用，不能成為飯桌上的菜餚。婦女同時得種植食用作物與經濟作物，工作量因此大增；而且，婦女並無法從種植經濟作物中賺取任何工資。本來可以協助婦女耕種食用作物的男性與／或孩童，現在可能都轉而投入經濟作物的生產了。經濟作物的利潤直接進到丈夫的口袋裡，所以丈夫大權在握，控制家庭現金供應。婦女原本還可以靠多餘的食用作物賺取少量私房錢；現在，她們已經沒有餘力再這麼做了。

土地改革在加納

愛麗絲‧艾迪（Alice Idi）是一名加納居民。對於該國土地改革所帶來的影響，她做了如下描述：

「我來自於加納北部的一個小農村，……在我小時候，……大約百分之九十九的家庭，靠著自家耕種的農產品，一年到頭都可以吃得飽。大概（只有）四、五户人家，在新收成之前三、四個月，青黃不接的時候，會發生食物短缺的問題。……現在，情形相反過來了。大約百分之九十九的家庭，包括我自己家在內，無法為家人供應一整年的食物，因為大家都把時間花在出口作物生產上。收成之前三、四個月，有能力負擔的人，便得花錢購買穀物。這表示，在農人正需要體力準備、耕種下一批作物的時候，大家的食物攝取量卻減少了。」

（Testimony of Alice Idi, in Ghana, in *Gender Justice: Women's Rights are Human Rights* by Elizabeth Fisher and Linda Gray Mackay, Unitarian Universalist Service Committee, Cambridge, MA, 1996）

鄉村婦女與環境

- 全世界約有一半的食物來源是由婦女所耕種或養殖的（*Women: Looking Beyond 2000,* United Nations, NY, 1995）。

- 國內生產毛額（GDP）是測量一國商品與服務總產量的數據。納入國內生產毛額計算的項目雖然繁多，卻也有不少疏漏之處。舉撒哈拉沙漠以南的非洲地區為例，百分之八十的家庭消耗食物以及一半以上的農產品——包括食用作物與經濟作物在內——都是婦女耕種而成的。然而，國內生產毛額的官方數據，通常只計入實際在市場上販賣或出口他國的農產品——也就是說，只計算主要由男性來栽種的經濟作物（出處同上）。

- 在盧安達某個村莊，女性工作時間長達男性的三倍，因為她們得做全部的家事、百分之七十五的農務、百分之五十的牲畜養殖工作。在此同時，男

性主要職責為照顧香蕉園，在家以外的有薪給工作也多由男性包辦（FACTS: Women at Risk, Church World Service）。

- 在肯亞，從事農務的婦女薪資僅有男性的百分之十四。在衣索比亞、巴基斯坦、索馬利亞與吉布地（Djibouti），從事農務的婦女薪資為男性的百分之三十（Elizabeth Howard-Powell, "Agricultural Wage Labour," in *Gender and Agricultural Development: Surveying the Field,* ed. Helen Kreidler Henderson, University of Arizona, 1995, pp. 36-40）。

- 聯合國《一九九四年人類發展報告》指出，自從一九七〇年以來，全球增加了十八億人口，平均每人用水供應量因此降低了三分之一。在二十六個國家，共有二億三千萬人面臨用水短缺的困境（*Human Development Report 1994,* UNDP, 1994）。

❉❉❉❉❉❉❉❉❉❉❉❉❉❉❉❉❉❉❉❉❉❉❉❉❉❉❉❉❉❉❉❉❉❉❉❉❉❉

178

活動四：晚餐吃什麼？

目標：檢視食物與環境的關連

時間：30 分鐘

器材：紙張與筆

以下表格的影印本（可選擇性使用）

1. 列表：

在昨天最豐盛的一餐，妳吃了什麼、喝了什麼？請參與者列出來。針對列出的每一項食物，回答以下問題。問題與答案可以列成如下表格的形式。

（下頁續）

（續上頁）

食物名稱：＿＿＿＿＿＿＿＿＿＿＿

• 種植（飼養）此作物（牲畜）的人是誰？種植（飼養）地點在何處？

_____

• 為此作物（牲畜）加工處理的人是誰？加工的場所在何處？

_____

• 將這項食物運送到市場的人是誰？

_____

• 購買這項食物的人是誰？購買於何處？

_____

• 購買食物的錢是誰出的？

_____

• 烹煮這道食物的人是誰？

_____

• 吃了這道食物的人有誰？是否每個人都能吃到足夠分量？每個人吃的量都相同嗎？

2.分析：

請參與者討論以下問題：

• 與一位夥伴相互比較對方的表格。表格中，有哪些工作是屬於「特定性別」的呢？依據妳所屬社區的情況，通常由男性來做的工作，請圈起來；通常由女性來做的工作，請框起來。

• 這一餐是否包括了數道不同的食物？有哪些是非當季的食物嗎？

• 這一餐當中，有多少食物是在國外種植（飼養）的？準備這一餐的整個過程中，有多少步驟是由妳不認識的人進行的？

• 這一餐當中，有多少食物是由妳與／或家人種植、飼養、加工處理的？

• 妳為這一餐花了多少時間（包括採買、烹飪、清理等步驟）？

• 妳為這一餐大約花了多少錢？

（下頁續）

（續上頁）

3.討論：

提出以下問題，請參與者討論：

- 在妳的社會中，由誰來決定種植（飼養）哪些食物？如何種植（飼養）？吃哪些食物？如何烹調食物？從由誰決定這些問題當中，可以看到性別差異的現象嗎？
- 妳吃下去的這些食物，在生產過程中，是否有用到農藥？飼養者是否以化學物品與賀爾蒙餵養牲畜？誰應該負責提供此類資訊？
- 在妳的國家，婦女在農業中扮演了怎樣的角色：大地主？小農？自給性農民（subsistence farmers）？還是農場勞工？是否有某些作物，專門由婦女耕作？
- 食物的種植或飼養，牽涉到了哪些人權議題？就農業與食物方面，婦女人權遭受了哪些侵犯？
- 關於食物與婦女的生活，妳能夠提出什麼結論嗎？此結論與婦女人權有何關連？

179

燃料與砍伐森林

另一個對婦女造成重大影響的環境惡化現象，便是砍伐森林。大規模伐林擾亂了生態體系，影響到全世界人類的健康。此外，森林砍伐後，當地婦女不易收集到家庭所需的木柴，這是一大嚴峻考驗。森林也供應了婦女水果、蜂蜜、蔬菜等補充家庭膳食的材料，以及乾旱季節所需的牲畜飼料；但是森林面積節節縮小，這些資源的取得日益困難。

世界銀行曾估計，到了西元二千年，必須要有一千九百萬公頃的薪柴林地，才能滿足人類需求──比非洲現有林地面積，還要多出一百倍。目前已有半數非洲人口面臨薪柴短缺的窘境，而非洲居民對木柴的需求，到了二○二○年，還將成長為現在的三倍。在開發中國家，持續增加的人口為了日漸枯竭的資源而相互競爭，婦女必須步行到離家更遠的地方，才能

找到維持基本生活所需的木柴與用水。

　　砍伐森林帶來的影響，是極為深遠的。當薪柴稀少的時候，人們的餐飲往往因陋就簡，並減少進食次數，使得營養水準隨之下降。為了尋找薪柴，婦女必須帶著孩子，步行到一次比一次遙遠的地方；伴隨而來的，是脫水、損失工作時間、健康不良等影響，更不用說她們也可能遭遇到人身危險。在木材缺乏的情況之下，原本用來施肥的作物殘株與糞便，也被拿來充當燃料焚燒（Annabel Rodda, *Women and the Environment,* ed., Zed Books, London, 1991）。

※※※※※※※※※※※※※※※※※※※※※※※※※※※※※※※※※※※※

詩

直理的奮戰展開了

在辛西亞里卡拉（Sinsyari Khala）

權利的奮戰展開了

在馬可薩挪（Malkot Thano）

姊妹，這場奮戰要保護

我們的山岳與森林

它們賜與生命

擁抱鮮活的樹林與溪流

將它們緊握入胸懷

抵擋挖掘山岳

那會為我們的森林與溪流帶來死亡

生命的奮戰展開了

在辛西亞里卡拉

夏蘭（Chanshyam 'Shalland），吉普柯運動詩人

　　〔吉普柯運動（the Chipko Movement）開始於印度喜馬拉雅山腳下的地區，其目的為抗議商業伐林。為了商業用途而砍伐森林，不僅破壞了寶貴的資源，也

導致嚴重的土壤流失。「吉普柯」（chipko）是印度語「擁抱」之意；當地婦女以身體環抱樹木，阻止伐木工人將樹砍倒。該運動逐以此抗議方式命名。〕

※※※※※※※※※※※※※※※※※※※※※※※※※※※※※※※※※※※

水

　　無論在鄉村或都市，照顧家人健康與幸福的責任往往落在婦女身上。因此，當用水遭到污染而引起問題時（例如，污水將疾病傳染給兒童），必須設法處理的也是婦女。一般來說，婦女也負責與燒開水、濾淨水質等其他相關工作，而這些都可能需要額外燃料。

　　在鄉村地區，婦女對水的責任就更重大了。身為水的主要收集者與使用者，鄉村婦女經常擔任社區裡的用水管理員，由她們來決定在什麼地方，用什麼方法收集、運輸、儲藏用水，以及何種水源應用於何種用途（例如，飲用、洗滌、烹飪、灌溉等等）。婦女對於地方用水的情況瞭若指掌，這是一代一代傳承下來的重要專長。

180　　隨著環境惡化，愈來愈不容易找到乾淨用水。如果隨身攜帶著水，會是一種沈重的負擔：有些婦女必須將盛滿二十公斤用水（甚至更多）的容器，頂在頭上，或是綁在背上，走上好幾哩的路。為了工作所需，婦女時常接觸遭受污染的水，所以她們接觸有害化學物質、感染水媒疾病的風險也跟著增加。

活動五：生存

目標：分析燃料與用水對環境的影響
時間：60分鐘
器材：海報紙與麥克筆

（下頁續）

（續上頁）

1. 分析：

　　在海報紙上寫下「燃料？」、「用水？」二個標題。向參與者提出以下問題，並將答案記錄在海報紙上。

- 妳取暖、煮飯所用的燃料來自何處？妳是怎麼獲得這些燃料的？要取得這些燃料，花了妳多少時間與／或金錢？妳滿意燃料的品質嗎？
- 妳使用的水來自何處？妳是怎麼獲得這些用水的？要取得這些用水，花了妳多少時間與／或金錢？妳滿意水的品質嗎？
- 如果妳對燃料或水的品質不滿，可以採取哪些行動？現實中，妳是否有能力改善這些服務？

2. 想像／討論：

　　請全體參與者共同想像這個場景：

　　妳居住的地方發生了地震，輸水管受到損害，瓦斯與電力也被切斷了。在可預見的一段期間內，妳必須忍耐這些不便，將就過日子。

　　向參與者提出以下問題：

- 妳將如何應付這個狀況？妳家將由誰負責帶水回來？
- 妳會期望社區成員提供哪些支援呢？地方相關單位呢？
- 當地溪流或湖泊的水能喝嗎？原因為何？
- 妳將如何處理衛生問題？就衛生問題方面，妳會期望社區成員提供哪些支援呢？地方相關單位呢？
- 這次天災，對婦女特別造成了哪些影響？

3. 討論：

　　當環境惡化的時候，類似的用水、燃料短缺問題也會逐漸出現。請討論：

- 妳的用水與燃料供給，是否因為環境惡化而有發生問題的危險？
- 妳的用水與燃料供給，是否威脅到了環境？
- 個人、社區或政府，可以採取哪些措施，同時保護用水、燃料之供應與自然環境？

環境正義

「環境正義」（environmental justice）這個詞彙，點出了環境權與社會權之間的正面連結。在這個詞所描繪的世界裡，環境健康並非社會上富裕階級、強勢族群獨享的特殊待遇，而是生而為人便能享有的權利：環境健康也是人權的一種。然而，世界上能夠享有環境健康的人，目前仍是少之又少。

另一個詞彙，「環境種族歧視」（environmental racism），則是社會上種族歧視的一種。有色人種所忍受的惡劣環境條件以及健康情形，與白種人比較起來可說是不成比例。例如，在美國，有色人種社區往往鄰近危險地點，像是有毒廢棄物處理廠、高速公路與機場工地、不合格住屋等等。

美國的流動農場勞工當中，有許多是來自墨西哥與中美洲的非法工人。這群人所面臨的「環境不義」（environmental injustice），與種族、民族歧視以及貧窮脫不了關係；他們的健康、遷徙自由、自決等人權，遭到了侵犯。例如，一份美國政府報告指出，流動農場勞工賴以維生的收入，約為政府定義之「貧窮」線的三分之一，「結核病、肺炎、（與）腸內寄生蟲……發生比例約為……整體人口的二百五十至五百倍」（Schey, Peter, "Human Rights of Migrant Farm Workers in the US" in *Human Rights of Migrant Workers: Agenda for NGOs,* Graziano Battistella, ed., Philippines, 1993）。

農　藥

除此之外，流動勞工處於接觸農藥的最前線。農藥直接噴灑在農產品上，正在田野中的工人也無法倖免。這些農藥可能會導致骨癌、淋巴癌、腦癌、白血病等慢性致命疾病，自然流產、月經不正常、新生兒先天缺陷等生育問題，以及憂鬱症、免疫系統不健全等現象。農場工人權利遭受侵犯的情況，至今仍然未見改善。他們應有的權利包括：事前知悉噴灑農藥的時間，了解農藥可能造成的影響，享有健康與安全環境，採取行動保障

181

自己的人權。美國環境保護署（Environmental Protection Agency, EPA）嘗試規範使用農藥的種類與時間，但是成效不彰。

《色當宣言》

　　一九九一年，「婦女勞工行動團體」（Action Group of Women Workers）與「農藥行動網」（Pesticide Action Network）針對馬來西亞、印尼、泰國三地婦女使用及濫用農藥的後果，共同發表《色當宣言》（*Serdang Declaration*）。該宣言描述了農藥中毒的症狀（例如，皮膚損害、鼻腔流血、指甲破裂、生育問題等等）以及導致這些症狀的原因；例如，農藥之使用與保存並未採行適當保護措施，或是農業勞工（以婦女居多）缺乏相關資訊或醫藥支援。

　　該宣言要求：

- 推廣農藥危害相關資訊
- 提供農藥代用品
- 以法律保護勞工不受危險化學物品傷害
- 由政府衛生健康部門監督農藥之使用
- 由工會與婦女團體採取相關行動。

❈❈❈❈❈❈❈❈❈❈❈❈❈❈❈❈❈❈❈❈❈❈❈❈❈❈❈❈❈❈❈

亞諾瑪尼族

　　亞諾瑪尼人（Yanomani）是一支居住在委內瑞拉與巴西邊界的原住民。一直到一九〇〇年代末期，此地區尚有成千的原住民部落，亞諾瑪尼人只是其中之一。他們與環境、各部落、土地之間，彼此維持著可以永續發展的關係。然而，一九七〇年代末期，在巴西政府出資修建之下，一條公路越過了亞諾瑪尼人的土地。一九八〇年代末期，亞諾瑪尼人的領土發現了金礦，超過四萬名礦工前來此地非法挖掘。光是這二則事件所導致的「生態破壞」（ecocide），便包括了：森林砍伐、生物多樣性減少（biodiversity reduction）、獵物滅絕或遷徙、土壤侵蝕、河流淤積、魚場枯竭、用水污染；此地居民若食

用自行種植的作物與溪流裡捕來的魚，或是喝了受污染的水，幾乎全數中毒。

種族滅絕（ethnocide and genocide）似乎愈來愈有可能成真了。巴西政府考慮將亞諾瑪尼人的領地縮減百分之七十五，並將一套自然保護區制度付諸實行。一旦實施這套制度，亞諾瑪尼文化的結構與命脈將永遠改變。

（Sponsel, Leslie, "The Yanomani," in *Human Rights and the Environment: Examining the Sociocultural Context of Environmental Crisis,* Barbara Johnston, ed., The Association for Applied Anthropology, 1993.）

182

人權與環境

近年來，有愈來愈多的環保人士與人權運動者聯手發動草根抗爭，為土地權、水權、廢棄毒物、破壞環境的發展計畫等等議題而奔走。環境問題通常「不只是環境問題」而已；在大部分情況中，人們的基本權利也受到了侵犯。促進環境權的方法之一，便是支持言論自由、自決、接收資訊等個別人權；另一個方法，則是從提升環境權本身做起。

超過六十個國家的憲法，均承認政府至少有部分保護環境的責任。例如，南非新憲法便明白揭示：「人人皆有權享有不會危害其健康或福祉的環境。」國際上，環保人士與人權運動者目前正在共同努力，希望能夠制定一份保障環境人權的聯合國公約。此類法律文獻將奠立環境正義的國際法基礎，並保障每個人享有健康環境的權利。此類法律文件亦有助於濫用環境事件中的受害者求償，以及避免更多的不公義發生。

發表於一九七二年的《斯德哥爾摩宣言》（*Stockholm Declaration*），是最早連結環保與人權詞彙的文獻之一。該宣言認可：在一個能讓生活充滿尊嚴與幸福的平等環境中，享受自由、平等、充足生活條件，這是人人應有的基本權利（Adede, "International Environmental Law from Stockholm to Rio-An Overview of Past Lessons and Future Challenges," *Environmental Policy and Law Journal,* Vol. 22, p. 88, 1982）。

許多運動者將環境健康權歸類為「團結權」（solidarity right）的一種。團結權係指同時具有個人與集體二個面向的權利。根據身兼人權運動者與學者的史蒂芬‧Ｐ‧馬克斯（Stephen P. Marks）解釋：

個人權利在此指的是：一個活動若對環境造成破壞，任何受害者，或是任何可能成為受害者的人，有權要求該活動終止，並獲得損害賠償。集體的面向則是暗示，國家有責任透過國際合作，在全球的層級上，為解決環境問題而貢獻心力。就和其他團結權一樣，（環境健康權的）集體面向意味著……國家與所有其他的社會行動者（social actor），有責任將全人類利益置於國家或個人利益之前（Marks, Stephen P., "Emerging Human Rights: A New Generation for the 1980s?" *33 Rutgers Law Review,* p. 435, 1981）。

換句話說，個人若因環境問題而遭受損害，可以聲請賠償。國家應該直接賠償此受害者，或者確立一套程序，讓受害者可以從肇事的私人獲得賠償。同時，國家應努力解決環境問題，將個人利益（享有尊嚴與自由的生活）置於國家利益（財富或權力）之前。

國際文獻以及數則與永續發展相關的國際協議，已經成為評量這項努力的工具。一九九四年，聯合國預防歧視和保護少數民族小組委員會（Sub-Commission on Prevention of Discrimination and Protection of Minorities）的一份特別報告中，記錄了發生於世界各地的環境不義事件，並建議結合人權與生態政策議題。同年，《人權與環境原則宣言草案》（*Draft Declaration of Principles on Human Rights and the Environment*）宣布，享有「安全、健康、生態健全的環境」，屬於普世人權之一。除此之外，在里約熱內盧舉行的一九九二年環境與世界會議（1992 World Conference on Environment and Development，即地球高峰會 the Earth Summit），以及在維也納舉行的一九九三年人權世界會議，也可以從中引申出環境權的意涵。

183

活動六：環境災難

目標：分析環境災難對婦女的影響

時間：60 分鐘

器材：海報紙與麥克筆，或黑板與粉筆

當地報章雜誌剪報，或「個案研究：車諾比意外」、「個案研究：哈薩克的空中試爆」短文影印本（如下）

1.閱讀／討論：

從報章雜誌中選取一則關於環境災難的報導，討論政府對於本國國民與他國國民應負的責任。或者，妳也可以使用車諾比意外或哈薩克空中試爆的個案研究（如下）來進行討論。大聲讀出關於該災難的敘述，或是影印分發給各參與者亦可。向參與者提出以下問題，共同分析該個案：

- 在此個案中，政府在哪些方面侵犯了國民的人權？請列出具體事例。
- 這場災難，同時對於他國國民造成哪些影響？
- 此個案在哪些方面，特別影響到了婦女的生活與健康？
- 國民可以採取哪些行動，要求政府為此侵權事件負責？
- 國家應該如何賠償在此事件中的受害者？
- 根據此個案，妳認為我們需要國際環境法嗎？

2.角色扮演：

安排一場角色扮演的活動，請小組成員中的自願者來扮演報導中的不同角色。角色可以包括：政府發言人、住在意外發生地點附近的母親、歐洲綠黨的調查員、參加車諾比事件十週年抗議活動的婦女、輻射受害者的遺孀、其他國家核能發電工業的代表等等。

3.分析／擬定策略：

使用「分析人權問題」表格（第 392 頁），指認討論個案所涉及的侵權行為。在社區裡，妳可以採取哪些行動，來處理類似的環境問題？請擬定策略。

個案研究:車諾比意外

一九八六年四月二十六日是個星期六,⋯⋯在烏克蘭車諾比核能發電廠,發生了核子能源史上最嚴重的意外。先是在該廠第四個、也是最新的一個反應爐,爆發了可能擴大為災難層級的危機,爐心冷卻劑大量外洩。⋯⋯凌晨一點二十三分,發生二起瓦斯爆炸,將反應爐所在的建築物屋頂炸開,並在戶外引起大火,四處瀰漫著煙霧、瓦斯與輻射。這場大火持續燃燒或悶燒了一個星期之久。星期一,一名瑞典核電廠的工人經過輻射偵測器的時候,警鈴大作。瑞典檢查過這座發電場之後,發現該國各地偵測站都記錄到了極不尋常的高度輻射值。車諾比的輻射橫掃挪威、芬蘭,於四月二十八日抵達瑞典,接著在五月五日隨著風向來到歐洲中心地區。到了五月六日,少量的輻射已經跨越太平洋以及美國大部分地區。根據報導,在車諾比意外現場,直昇機朝反應爐投擲沙土、鉛、硼等物質,以遏止輻射作用。各國從莫斯科召回大使;旅客紛紛離境;憤怒的波蘭母親為了子女,爭先恐後地搶奪碘劑;以鮮草餵食的牛,其生產之牛奶不得販售;歐洲共同體禁止進口來自東歐的新鮮食物產品⋯⋯。

因為車諾比意外的緣故,國家法律不足以保護全球環境的窘況成為世人注目的焦點。污染與輻射並不會分辨國家界線⋯⋯。(在一九九六年,也就是車諾比事件十週年,烏克蘭的各地婦女紛紛舉辦工作坊,倡導人們享有美好環境的權利。車諾比事件造成數千人死亡,成千上萬的民眾健康受損。蘇聯解體之後,受害者的健康照護與社會服務隨之變質,使得問題更形惡化。雖然車諾比反應爐過去的供電範圍遍及蘇聯其他地區,受害者現在只能向財政困難的烏克蘭政府求償。)

(Malone, Linda A., "The Chernobyl Accident: A Case Study in International Law Regulating State Responsibility for Transboundary Nuclear Pollution," *Columbia Journal of Environmental Law,* Vol. 12, No. 2, Spring 1987, pp. 203-6.)

184

個案研究：哈薩克的空中試爆

我的名字叫作嘉里娜‧蘇瑪拉科瓦（Galina Sumarakova）。⋯⋯從一九四九年至一九八九年，四十年來的時間，蘇聯政府⋯⋯在距離我所居住的塞米帕拉汀司克（Semipalatinsk，位於哈薩克的城市）不到一百英里處，進行了多次空中、地面與地底核子試爆⋯⋯。一九八九年，核子測試暫停；二年後，在哈薩克總統納澤巴耶夫（Nazerbaev）的命令之下，測試場終於正式關閉。

然而，核子試爆的陰影仍然揮之不去。在某些地區，血液功能障礙、癌症、新生兒先天缺陷以及許多其他種類的疾病，均出現顯著增加的情況。光是在塞米帕拉汀司克一地，接受登記的受害者便有八十五萬人。以亞伯拉里村（Abraly village）為例，每一名孩童與成人至少都患有十種疾病。該村一千三百名孩童中，約有一百四十九名是天生畸形的傷殘者。輻射線造成的危害，是不會因為地理、國家、性別等差異而有所不同的。⋯⋯不過，在婦女的情況中，她們不但整體健康受損，生育功能也遭到破壞，連帶影響到整個未來的新生代。塞米帕拉汀司克受難者的第三代，比他們的父母、祖父母輩更加衰弱多病。⋯⋯我們要求，仍在從事核彈測試的各國政府，均應受到譴責；他們的活動，侵犯了基本人權⋯⋯。

（in Reilly, Niamh, ed., *Without Reservation: Beijing Tribunal on Accountability for Women's Human Rights,* Center for Women's Global Leadership, NJ, 1996, p. 94.）

婦女攜手共創美好環境

一九九二年地球高峰會發表了《里約宣言》（*Rio Declaration*）。該宣言呼籲婦女「積極、平等參與管理生態體系與控制環境惡化之過程」，並且提出創造永續生活方式的建議，包括：

- 抱持尊敬的態度，保護並修復自然環境
- 不使用超過我們真正所需的資源
- 與生活在這個星球上的其他生命，合理共享資源
- 至少要讓子女能夠享有與我們相同的各種可能性、機會與生活品質

《北京行動綱領》再次肯定這番說法，並承認婦女所扮演的角色極其重要，有助於建立一個永續、健康的環境：

……身為消費者與製造者，身為家庭的照顧者與教育者，婦女扮演的是一個非常重要的角色。她們關懷現在與未來世代的生活品質以及永續性，並由此大力推動永續發展（第248段）。

該綱領呼籲，政府各層級的環境決策均應積極尋求婦女參與，擬定永續發展之政策與計畫時亦應接納性別關懷與性別觀點，並建立國家、區域與國際性的機制，以評估發展與環境對婦女所造成的影響。

活動七：把北京帶回家

目標：擬定策略，以落實《北京行動綱領》中與環境相關的建議

時間：60分鐘

器材：無

1. 討論：

《北京行動綱領》建議政府應積極尋求婦女參與各層級的環境決策（見上段）。請大聲讀出上一段文字。向參與者提出以下問題：

- 當地方社區要做出與環境相關的決策時，應該在哪個階段引進婦女參與？
- 就地方環境議題而言，婦女觀點可以帶來哪些不同之處？
- 妳有何方法在社區中落實執行這些建議？

185

（下頁續）

（續上頁）

> - 有人認爲工業化國家是環境惡化的罪魁禍首，妳是否同意這樣的說法？
> - 依妳認爲，婦女可以如何改變這些不符合永續發展精神的消費與生產模式？這些無法永續發展的模式以及婦女被排除在決策過程之外，二者之間有何關連？

活動八：制定自己的法律

目標：設計一套法律，確保婦女享有安全環境的人權

時間：45 分鐘

器材：海報紙與麥克筆

參與者在活動一「思考婦女與環境的關係」所完成之環境問題列表（可選擇性使用）

寫一寫，大家一起來討論：

步驟一：請參與者再看一次活動一所完成的環境問題列表（若未進行活動一，可請參與者現在列表）。特別留意那些影響到婦女的問題。參與者現在應該已經了解本章內容，也完成本章其他活動了；詢問參與者，是否還有其他環境問題可以補充到列表上。將表上所有屬於人權問題的項目，分別以星號註記。

　　將參與者分成若干小組。請各組從表中選擇一或二項問題。這些可能是影響到參與者所屬社群婦女的問題，或是參與者認爲她們有能力改變的問題。

　　各小組可以使用「分析人權問題」與「實踐人權策略」表格（第392-393 頁）來檢驗她們所選擇的議題。

步驟二：以此分析作爲基礎，請參與者自訂法律保護婦女享有安全環境的人權，並將自訂法律寫下來。

（下頁續）

（續上頁）

步驟三：請各小組發表自訂的法律。討論：
- 自訂法律中所包含的權利，目前受到政府哪些限制？政府有哪些地方需要改變？婦女該如何促成這些改變？
- 政府可以怎麼做，以支持、執行妳的法律？
- 自訂法律中所包含的權利，目前受到宗教、文化、傳統、風俗習慣哪些限制？宗教、文化、傳統、風俗習慣有哪些地方需要改變？妳該如何促成這些改變？
- 自訂法律中所包含的權利，受到妳本身或是妳的家人哪些限制？
- 妳本身或是妳的家人有哪些地方需要改變？這些改變有可能實現嗎？

步驟四：如果要在社區裡落實這些自訂法律與／或《消除對婦女一切形式歧視公約》，需要哪些條件配合？請討論。為個人與團體擬定可能的行動策略。將多數參與者所同意的策略列表寫下。

步驟五：目前尚未出現保護安全環境人權的文獻，所以本章結尾並未如同其他各章一般，請參與者比較自訂法律、《消除對婦女一切形式歧視公約》以及其他國際文獻。帶領參與者討論以下問題，作為本章總結：
- 關於環境權的國際公約至今仍付之闕如，妳認為原因為何？
- 如果要讓妳的自訂法律分別成為正式的地區法規、全國法令與國際法，需要哪些條件配合？
- 應從哪一個層次（地區、全國或國際）著手？原因為何？
- 若要使自訂法律成為真正法律，妳與其他人可以採取哪些行動？請擬定策略。

第十三章

婦女人權：
教育篇

本章所包含的活動與背景資訊，將有助參與者達到下列目標：

- 了解所有婦女皆享有接受教育的權利，並評估教育對婦女生活之重要性
- 爲文盲與功能性文盲下定義，並分析其對婦女生活的影響
- 檢視政府、社區領袖、媒體以及婦女本身，在提升婦女完整教育權方面可以扮演的角色
- 爲性別角色刻板印象下定義，並擬定策略破除此刻板印象
- 指認教育與其他人權之間的關連
- 爲提升參與者所屬社群之教育權擬定策略

起點：思考婦女與教育的關係

　　人們接受教育的動機，可能是為了實際的理由，也可能純粹是因為愛好學習。婦女往往將教育視為一條脫離貧窮的途徑、遷徙的機會，或是打破傳統束縛，爭取自立與自由的契機。世界各地有愈來愈多的家庭以女性為戶長，婦女自給自足的能力也就愈形重要。育有子女的婦女接受教育，可能是為了供應家人更好的生活，使自己更有能力成為子女的良師與角色典範。此外，教育對婦女而言，也可能是貢獻鄉里、參與公共政治領域的方式之一（請參考第八章「婦女人權：公領域篇」）。

※※

婦女與教育

壞消息

- 女孩年滿十八歲時，所受教育平均比男孩短少四點四年（UNICEF, *Girls in School: Equal Opportunity Sound Investment,* 1995 text by Lisa Krug）。

- 在一億名尚未讀完四年級便離開小學的兒童中，有三分之二是女孩（出處同上）。

- 一九七○年至一九九二年間，女孩就讀中小學的全球比例由百分之三十八提升至百分之六十八，反映出各國對於普及初等教育的承諾。然而，無法進入小學就讀的孩童亦多達一億三千萬名；其中三分之二是女孩（United Nations Development Programme, *Human Development Report 1995,* New York: Oxford University Press, 1995）。

- 在發展中國家，接受高等教育的女性人數僅有男性的一半；全球各地攻讀數學與科學的學生當中，女性僅占一小部分（出處同上）。

- 在南亞，有百分之五十二的男孩進入中學就讀，女孩則僅有百分之三十三（UNICEF, *Progress of Nations 1998,* New York: United Nations Children's Fund, 1998）。

- 十五歲至十九歲之間的女孩，每年共產下一千五百萬名嬰孩；死於懷孕相關原因的女孩，比任何其他死因均來得多（出處同上）。

好消息

- 在世界上許多地區，女孩已經可以跟男孩一樣，平等接受初等教育。此外，接受中等與高等教育的女孩人數雖仍少於男孩，但是亦已有所進展（"Looking Back Moving Forward: Second Review and Appraisal of the Implementation Strategies of the Nairobi Forward-Looking Strategies for the Advancement of Women," United Nations, 1995）。

- 在某些國家，進入大專院校就讀的婦女人數急遽成長。一九八五年至一九187九二年期間，中國女性大專畢業生人數增加了百分之一百五十七（United Nations Press Packet for the Fourth World Conference on Women, Beijing, China, 1995）。

- 十五至十九歲間的女孩，至少接受過七年教育的比例，為四十至四十四歲婦女的二至三倍（The Alan Guttmacher Institute, "Risks and Realities of Early Childbearing Worldwide," Issues in Brief, New York: The Alan Guttmacher Institute, 1996）。

※※※※※※※※※※※※※※※※※※※※※※※※※※※※※※※※※※※※※※

活動一：我們為何學習

目標：認識教育可帶給婦女生活的益處

時間：45 分鐘

器材：海報紙與麥克筆，或黑板與粉筆

　　　「接受教育的益處」短文影印本（如下）

　　　紙張與彩色筆

1. 腦力激盪：

　　向全體參與者提問：「接受教育對婦女有哪些好處？」請參與者大

（下頁續）

（續上頁）

聲說出答案，並將她們的答案列表。

2. 討論：

　　以下短文「接受教育的益處」中，列出了數項婦女受惠於教育的實例。將這些實例寫在海報紙上，或是大聲讀出來。若文中有之前無人提及的部分，以畫底線的方式增加到剛才的列表上。

　　帶領參與者一一討論這些益處。請參與者發表個人經驗：教育如何嘉惠婦女？無法接受教育，可能造成哪些後果？此外，請參與者討論：該如何運用這份列表，來改善婦女的教育機會？

3. 創作：

　　將參與者分成若干小組。婦女接受教育，無論是對婦女本身或是對社會整體而言，都有莫大的益處；請各小組創作宣傳海報或電視「廣告」，提升大眾對此認知。請參與者展示完成的創作。

4. 討論：

　　討論以下與教育人權相關的問題：

　　• 教育爲何也是一種人權？

　　• 婦女的教育權與其他人權之間有何關連？

❋❋❋❋❋❋❋❋❋❋❋❋❋❋❋❋❋❋❋❋❋❋❋❋❋❋❋❋❋❋❋❋❋❋

接受教育的益處

• **改善健康**：受過教育的母親，可以培養出比較健康的下一代。在秘魯進行的一項調查發現，不論有無診所或醫院服務，受過教育的婦女通常有較為健康的孩子。

• **降低家庭人口數**：受過教育的婦女往往較晚結婚，也比較可能採行家庭計畫。根據人口行動委員會（Population Action Council）一九九三年發表的一份報告顯示，家庭計畫與健康服務之實施，若有較高學歷的婦女配合，則平均家庭人口數與兒童死亡率可以降到最低。在巴西，未曾受過教育的母

親平均有六點五名子女，但是擁有中等教育學歷的母親平均僅有二點五名子女。

- 提高生產力：受過教育的婦女，無論是在家或外出工作，生產力均比未受教育婦女來得高。
- 提升地位：受過教育的婦女面臨選擇時，比較傾向於自行決定，也比較會為自己挺身而出，解決問題。例如，根據一份聯合國報告指出，受過教育的婦女相信她們有權得到良好的健康照護，不須委屈忍耐。
- 改善子女教育：本身受過教育的婦女，傾向於鼓勵子女接受更好的教育；而她們的子女在校表現良好的機會，也比較高。

（UN Department of Public Information, Literacy: A Key to Women's Empowerment, from Press Kit for the Fourth World Conference on Women, Beijing, China, 1995.）

✳✳✳✳✳✳✳✳✳✳✳✳✳✳✳✳✳✳✳✳✳✳✳✳✳✳✳✳✳✳✳✳✳✳

教育帶給社會的益處　　　　　　188

　　雖然全球各地的教育體系皆對男孩較為有利，但婦女若能接受教育，整個社會都能蒙受其利。研究顯示，如果婦女的教育程度與收入提高，她們子女的健康與教育程度也會隨之增加，尤其是女兒。以馬來西亞的研究為例，讓女兒接受教育的投資報酬率比兒子還要高出百分之二十，好處包括：改善家人營養與健康、降低出生率與嬰兒死亡率等等。反過來說，不願在婦女身上投資，也就是不願對子女長期投資；這對下一代會造成負面影響。

　　當然，教育並非萬靈丹。當貧窮與疾病肆虐時，光是靠教育的力量並無法治癒病態的社會。然而，婦女身處在其他因素所設下的種種侷限中，教育仍舊可以幫助她們改善自己的生活。

　　舉例來說，教育便從多方面改善了婦女的健康狀況：
- 一九九〇年，三角研究機構（Research Triangle Institute）在八十個開發中國家進行的研究指出：若要降低嬰兒死亡率，讓婦女接受教

育比任何其他社經因素都要來得成效卓著，像是飲水、都市化、提高收入等等。女性中學入學率每增加百分之二十，嬰兒死亡率便降低千分之三十（Luis A. Crouch, Jennifer E. Spratt, and Luis M. Cubeddu, *Examing Social and Economic Impacts of Educational Investment and Participation in Developing Countries: the Educational Impacts Model (EIM) Approach,* BRIDGES Research Report Series, April 1992, No. 12）。

• 一份一九九〇年的世界人口研究指出：根據在四十六個國家進行的研究顯示，就降低嬰兒死亡率而言，婦女識字率增加百分之一，成效為醫生人數增加百分之一的三倍（出處同上）。

• 隨著婦女教育程度提升，營養不良的兒童逐漸減少。母親的教育程度愈高，產前照護與生產時的醫藥治療便愈周全。此外，母親的教育程度也強烈關係到子女腹瀉時是否得到治療；腹瀉是幼小孩童主要死因之一（United Nations Department of Information, op. cit）。

活動二：教育讓妳不一樣！

目標：了解教育如何影響到婦女做決定、評估資訊、爭取人權的能力
時間：45 分鐘
器材：海報紙與麥克筆，或黑板與粉筆
　　　「分析人權問題」表格影印本（第 392 頁）

1. 角色扮演：

　　請三名參與者坐在小組中央。其中一名扮演曾受過十二年教育的婦女，另一名扮演曾受過六年教育的婦女，最後一名參與者則扮演只受過一年教育或是完全沒有受過教育的婦女。

　　請其他參與者扮演以下或類似的角色：

（下頁續）

（續上頁）

- 想要吸引女性選票或是招募婦女參選的政治人物
- 推廣新式避孕器材或兒童營養方案的衛生所職員
- 負責招募勞工的某新工廠人事單位職員
- 希望婦女簽約，遠赴國外工作的職業仲介商
- 負責審核小型商業活動的政府官員
- 堅稱宗教律法、風俗習慣不容許某類行為發生（或堅持要求某類行為）的家族長輩或宗教領袖

這些人物輪流與中間的三名婦女互動。這三名婦女必須依照其教育程度來應答。

2.討論：

角色扮演結束後，向參與者提出以下相關問題：

- 各角色與這三名婦女互動時，主要差異為何？婦女回應這些角色的方式又有何不同？
- 教育程度是否影響到這三名婦女對自己的觀感、做決定的意願、評估資訊的能力？
- 教育程度的差異，對這三名婦女的健康幸福、家庭、社區、未來發展機會，分別有何影響？
- 教育程度的差異，對這三名婦女行使人權的能力有何影響？無法接受教育，可能會導致哪些權利遭到限制或剝奪？請列出來。

3.擬定策略：

將參與者分成若干小組。請各小組利用「分析人權問題」表格（第392頁），以及步驟二最後二個問題的答案列表，擬定促進婦女教育權的策略。

189

文盲與功能性文盲

在一九九〇年，全球總共有九億四千八百萬名完全無法讀寫的文盲。

其中百分之七十一來自東亞與南亞，百分之十五來自撒哈拉沙漠以南的非洲地區，百分之六來自阿拉伯國家，少於百分之五來自拉丁美洲與迦勒比海。在南亞與阿拉伯國家，每二名成人當中便有一位是文盲。

女性文盲比例之高，可說是不成比例。開發中國家的女性人口中，將近一半（百分之四十五）是文盲；在發展程度最低的幾個國家，成年婦女為文盲的比例甚至高達百分之七十九。在非洲，百分之六十四的婦女無法閱讀或寫字。絕大多數無法閱讀或寫字的婦女集中在亞洲，此地區文盲婦女約占全世界總數的百分之七十七以上（United Nations Development Programme, *Human Development Report 1995,* New York: Oxford University Press, 1995）。

這些數字並未包括功能性文盲（functionally illiterate）婦女在內。功能性文盲雖然具備基本的識字能力，卻不足以應付社會所需。美國教育部承認，十七歲以上的美國人當中，有百分之二十（即二千七百萬人）為功能性文盲。統計功能性文盲人數是一件困難的任務，但是根據教育工作者估計，女性功能性文盲多於男性。

在婦女增權（empowerment）的整體過程中，學會識字是相當重要的。讀寫可以提升婦女的分析能力。婦女長久以來被排拒在資訊與知識的寶庫之外，而讀寫可以為婦女打開通往寶庫的大門。識字能力也是創造性自我表現的工具之一；過去只能在家庭圈裡流傳的故事、曲謠、詩歌，經由識字婦女發聲，可以傳達到家庭以外的世界。

❋❋❋❋❋❋❋❋❋❋❋❋❋❋❋❋❋❋❋❋❋❋❋❋❋❋❋❋❋❋❋❋❋❋❋❋❋

婦女與識字

- 以全世界而言，女性文盲比例比男性高出百分之二十五（Ballara, Marcella, "Gender Approach to Adult Literacy and Basic Education," www.literacyonline. org/products/ili/webdocs/ilproc/ilprocmb.htm）。

- 以世界全體人口估算，男孩學會識字的機會為女孩的二倍。全球有近十億成年人為文盲，女性多達三分之二，其中絕大部分為居住在農村地區的年

長婦女（UNICEF, Girls in School: Equal Opportunity, Sound Investment, 1995, text by Lisa Krug）。

• 在某些南亞與非洲國家，成年婦女文盲的比例超過百分之八十。根據聯合國針對三十歲以上婦女所做的調查數據，婦女文盲比例在尼泊爾為百分之九十三點四，在巴基斯坦為百分之八十九點二，在布吉納法索為百分之九十八點二，在馬利為百分之九十七點九，在多哥為百分之九十點四（出處同上）①。

✻✻

婦女文盲：因與果

190

造成女性文盲的原因包括：

• 婦女社會地位較低
• 接受教育機會較少
• 婦女無論在家或外出工作，工時均較長
• 收入較低
• 擁有財產較少
• 家庭與社群重視兒子的教育，對女兒則抱持歧視態度
• 文化或傳統束縛，要求年輕婦女待在家裡
• 課程內容與教學方式不切合女孩所需，或者不適合當地文化
• 住家與學校距離過於遙遠
• 缺乏兒童托育服務

在多數社區裡，文盲與功能性文盲比例往往以族裔、種族弱勢族群與殘障者為最高。因此，如果無法有效改善文盲問題，等於是助長種族、族裔與殘障歧視之延續。

文盲或功能性文盲對婦女的影響包括：

• 失業

————————————

①馬利（Mali）與多哥（Togo）均為非洲西部國家。

- 貧窮
- 犯罪與監禁
- 青少女懷孕與早婚
- 從娼
- 健康不佳
- 延續家庭與社群對於女孩受教育的歧視態度

這些影響都會造成文盲現象的延續，使得文盲成為一個永無止盡的循環。現在由婦女賺錢養家的情形日漸普遍，但她們若是未曾受過教育，極可能陷入貧窮處境，或是只能供給子女有限的機會。例如，清寒家庭的女性戶長中，有百分之六十五並未完成中等教育，而處境類似的男性戶長則為百分之四十四；此外，有百分之四十的單親母親，曾受教育時間未滿八年（adapted from Ballara, Marcella, *Women and Literacy,* London: Zed Books, Ltd., 1991, p. 10）。

191

活動三：我看不懂！

目標：了解文盲對於個人爭取生活權利的衝擊

時間：15 分鐘

器材：「庇護申請表」影印本（如下）

1. 想像／寫一寫：

請參與者想像：

妳帶著四名子女，經過五天跋涉，跨越戰亂地區來到鄰國邊界。這裡有數千名與妳相同處境的人，邊界上的官員已經手忙腳亂。妳需要地方住，還有子女得照顧。有人分給妳一張傳單。事實上，這是一份庇護申請表，妳必須填妥表格才能留下來，或是尋求協助。妳有五分鐘可以填表。

（下頁續）

（續上頁）

庇護申請表

1. APPELLIDO:＿＿＿＿＿＿＿＿＿ A#＿＿＿＿＿＿＿＿

2. PRIMER NOMBRE:＿＿＿＿＿＿＿＿＿＿＿＿

3. FECHA DE NACIMIENTO:＿＿＿＿＿＿＿＿＿＿＿

4. PAIS, CIUDAD DE RESIDENCIA:＿＿＿＿＿＿＿＿＿

5. OU GENYEN FANMI NE ETAZINI?＿＿＿＿＿＿＿

6. KISA YO YE POU WOU:＿＿＿＿＿＿＿＿＿＿

7. KI PAPYE IMIGRASYON FANMI OU YO GENYEN ISIT:＿＿＿

8. KI LAJ OU?＿＿＿＿ KI SEX OU?　　 FI　GASON

9. ESKE OU ANSENT?　☐WI ☐NON

10. ESKE OU GEN AVOKA?　☐WI ☐NON

11. NON-AVOKA-W?＿＿＿＿＿＿＿＿＿

12. HA RECIBIBO ALGUNOS PAPELES DE LA MIGRA?

　　 CUALES SON?＿＿＿＿＿＿＿＿

13. OU JAM AL NAHOKEN JYMAN?　☐WI ☐NON

14. CANTIDAD DE FIANZA:＿＿＿＿＿＿＿＿

　　[Adapted from *Uprooted: Refugees and the United States,* David Donahue and Nancy Flowers, Almeda, CA, Hunter House, 1995, p. 20.]

2.討論：

參與者在步驟一填表的經驗如何？向參與者提出這些問題：

- 當妳看見這張表格時，妳有何感受？妳怎麼處理這張表格？
- 這份難民身分申請表是用海地的克里歐語（Creole，一種法文與西班牙文混雜而成的語言）寫成的。百分之八十以上的難民為婦女及其子女。對這些成為難民的文盲婦女來說，無法接受教育有何影響？對她們的子女又有何影響？（關於難民婦女之需求，請參考第九章「婦女人權：流離失所篇」）
- 還有哪些危急狀況，婦女會因未受教育而人權受損？

婦女識字學習活動數例

- 親子教育計畫（Parent and Child Education Programme, PACE）：成立於美國肯塔基州，倡導父母增進自身技能，並參與子女學習過程。鼓勵父母陪同子女搭乘校車、參加學校活動。在肯塔基州某些鄉村地區，提供交通工具是提高出席率的關鍵因素。

- 美國識字志工（Literacy Volunteers of America）設計了一套教材，幫助識字不多的父母一面教導子女，一面增進自己的讀寫能力。

- 秘魯婦女（Peru Mujer）：一九七九年成立於利瑪，主要目標為透過大眾教育與識字課程，來幫助婦女增權。雖然秘魯整體的文盲比例已經降低了，女性文盲比例卻往上攀升，在一九九〇年達到百分之七十五，而同時期的男性文盲比例則為百分之二十五。「秘魯婦女」透過識字課程，宣導婦女人權之相關資訊（Dasso, Elisabeth, "Peru Mujer" in *Reading: the Word and the World,* Jeanette Claessen and Lillian van Wesemael-Smit, eds., Netherlands, Vrouwenberaad Ontwikkelingssamenweking, 1992）。

- 大眾教育（Popular education）：以貼近成人日常生活中的實際狀況為設計方針，為不同讀寫程度的婦女開設課程。例如，在巴西、阿根廷、智利等國家，近幾年才有民主憲法誕生，拉丁美洲的婦女團體便是利用大眾教育的方式來動員、組織婦女，帶領婦女認識新憲法所賦予她們的權利，尤其是貧窮與勞工階級的婦女（Jeanette Claessen and Lillian van Wesemael-Smit, eds., Netherlands, Vrouwenberaad Ontwikkelingssamenweking, June 1992, pp. 124-130）。

- 來自巴西的婦女團體，婦女網絡（Rede Mulher），致力於發展工作坊技巧，協助文盲婦女融入社會。該團體採用小組口頭報告、歌唱、舞蹈、謎語、傳統兒童遊戲等方式，來訓練婦女表達想法（*Growing Together: Women, Feminism and Popular Education,* Network for Women and Popular Education of the Latin American Council on Adult Education and Isis International, Rome, Italy,

1988）。

✳✳✳✳✳✳✳✳✳✳✳✳✳✳✳✳✳✳✳✳✳✳✳✳✳✳✳✳✳✳✳✳✳✳✳✳

不只是識字：符合婦女需求的教育

綜觀全球，能夠進入小學就讀的女孩比男孩少，而且年級愈高，留在學校裡的女孩就愈少。在大多數國家，通常只有一小部分婦女才有機會進入高等教育，得到專業文憑。

女孩輟學的原因爲何？一九九四年在非洲進行的一項研究，發現了以下因素：

- 受文化習俗與價值觀影響，父母親抱持早婚生子等觀念，不願女兒繼續學業
- 教育花費高昂；尤其是在某些國家，因爲實施結構調整計畫之故，學校經費被迫刪減，造成父母負擔加重（關於結構調整計畫，詳見第十章「婦女人權：經濟篇」）
- 家庭貧困，必須依靠女孩工作來維持家計
- 學校內外易發生性騷擾，家長擔憂女兒安全、家庭名聲
- 女學生懷孕
- 教學方式與硬體設備不適合或不方便女孩使用
- 課程僵化，無法契合女孩的經驗

（*Girls and African Education: Research and Action to Keep Girls in School,* Forum for African Women Educationalists, Nairobi, 1995.）

大部分教育制度，是爲了在學年期間能夠全天上課的學生而設計的，而且完成學業至少須耗時十年。此外，家庭通常必須負擔學雜費、書本與制服。此類制度將貧窮兒童排拒在外，尤其是來自清寒家庭的女孩，因爲她們往往必須跟在父母身邊工作，幫助家計。在某些文化裡，早婚是習俗的一種，女孩爲了結婚，往往還未學會讀寫或是充分發展其他技藝，便得離開學校。女孩輟學後，必須付出高昂的代價；她們陷在貧困無力的泥沼，

缺乏技能，也看不見改變的希望。

　　世界各地都需要建立彈性制度，將教育機會延伸到失學婦女，尤其是十來歲的年輕母親、待在家裡的女孩、殘障婦女、遊民婦女、受到武裝衝突影響而遷徙的婦女等等。這些婦女是國家政策通常最後才會考量到的族群。

　　然而，實行婦女推廣教育仍有眾多障礙。大部分婦女已經工作負荷過重，鮮少有餘暇參與長期的訓練活動。教育活動舉辦地點不能離住家太遠，而且必須考慮到子女的安置問題或是與托育單位合作。來自丈夫的反對，是另外一大阻礙。例如，在一場土地改革與婦女議題的工作坊上，南非農村婦女便表示丈夫施虐是她們心中最主要的恐懼之一：男人「因為我們（女人）來到這裡，學習我們應有的權利」而怒不可遏；也有許多婦女提到，她們被丈夫禁止參加此類活動，或是因為大膽參與此類活動而遭到丈夫毆打（Holmelikusasa, Janine Hicks et al, *Women's Rights as Human Rights: A Training Manual,* "Skills for the Future," Community Law Centre, Durban, South Africa, 1995）。

　　提供健康照護與其他社會服務的社區活動，也可以為各年齡層的婦女提供識字與非傳統職業技能之訓練，以及性別覺醒、法律資訊、其他知識等課程，使婦女有能力掌控自己所生產的資源，並了解她們在家庭生活、職業、社會關係各方面有何選擇。彈性化與便利性是此類大眾教育成功的關鍵。

※※※※※※※※※※※※※※※※※※※※※※※※※※※※※※※※※※※※※

貧窮與教育

凱特麗娜的故事

　　凱特麗娜（Catalina）是瓜地馬拉的印地安原住民，她是家裡六名子女中年紀最輕的一個。雖然她的兄姊無人完成小學學業，父親卻鼓勵她繼續唸書，因為他認為這是一件光彩的事，而且是很好的商業投資。凱特麗娜說，父親會這麼做，也是「出於父愛」。凱特麗娜高中畢業後，家人花費了一番功夫

才籌到送她去念預科學校的錢，讓她準備上大學。然而，凱特麗娜對教育的不滿在此開始萌生。上預科學校意味著她必須離開村莊、家人與朋友。她也知道，這一大筆學費榨乾了全家的資源。當她在唸書的時候，兄姊卻是每天辛勤工作——這個念頭讓她難過不已。此外，在預科學校，她第一次感受到種族歧視。「教師與非印地安裔的學生將我們當成次等人看待，……我們村子裡老師所受的訓練較差，所以我的程度也不夠好。要趕上其他人，對我來說是很吃力的一件事。」

離開預科學校之後，凱特麗娜發現父親無力再為她負擔學費了。她靠自己努力，進入聖卡洛斯大學醫學系。她在這裡了解到一件事：能夠進入大學階段的印地安人竟是如此稀少，而最後能夠拿到學位的印地安人更是有如鳳毛麟角。她說，這就好像「我們印地安人被困在一張巨大的網子裡，無法掙脫」。為了學業，凱特麗娜必須在餐廳打工，還做起小生意，販賣村子裡婦女手織的上衣。緊湊的生活步調最後終於讓她感到筋疲力盡。她完成這一年的學業之後，從醫學院轉唸中等教育，因為中等教育系可以比醫學系提早二年畢業。

畢業後，凱特麗娜在村子裡的學校教書。她的學生被迫只准講西班牙語，不得使用原住民語言。跟富裕學區比起來，凱特麗娜任教的學校根本沒有什麼資源可言，教師的養成訓練也很貧乏。

凱特麗娜講完自己的故事時，心中頗有感嘆。雖然父親期望她能夠靠著唸書來幫助村莊的人，「他並不知道一點點的知識會帶來這麼巨大的痛苦。……當我沮喪的時候，我覺得乾脆不識字還比較好些。……至於當我振奮樂觀的時候，我期盼著有一天，我們每個人不僅都能讀能寫，而且還懂得更多知識。」

[Summary of Catalina's testimony from Ch'Abuj Ri Ixoc (The Voice of Women), news bulletin on Guatemala published in Washington, D.C. No. 3, 1985 in *Action Guide for Girls' Education,* Bay Area Girls' Education Network, 1995.]

活動四：讓所有婦女受教育

目標：了解已離開學校的婦女有何教育需求，並擬定滿足這些需求的策略
時間：60 分鐘
器材：海報紙與麥克筆，或黑板與粉筆

1. 列表：

將一張海報紙劃分成二欄：第一欄標題為「誰需要教育？」；第二欄標題為「哪一種教育？」。社群裡，已離開學校但可以受惠於教育（正式或非正式）的婦女可分為哪幾類？請參與者一一指出，並將她們的答案寫在第一欄。在第二欄寫下每一類婦女希望得到、或是對她們有益的教育類別。

2. 討論：

將參與者分成若干小組。請各組分別從列表中選擇一個類別的婦女，為她們設計一套大眾教育計畫。或者，由全體參與者共同選出一個類別，將該計畫分成數個部分，由各組分別負責。

向參與者提出以下原則：

* 這一類別的婦女，有哪些教育需求？請勿將思考方向限制於「學科」、「教室」陳設、鐘點配置。
  先決定這個計畫將提供哪些科目。妳如何知道婦女是否需要這些科目？妳如何說服社群裡的婦女，這些科目對她們是有用的？妳又該如何說服她們的丈夫、相關單位、可能的贊助者？
* 妳將採用哪些方法，確保學習內容切合婦女需求，並幫助婦女有效學習？
* 考慮一下婦女出席課堂時可能遇到的「後勤」問題，例如，課程時間、交通、兒童托育等等。妳的計畫如何解決這些問題？
* 考慮一下婦女出席課堂時可能遇到的私人問題，例如，來自配偶或父母的反對、害怕困窘、自我懷疑、街坊批評等等。

（下頁續）

> * 參與者是否可以與哪些社區組織合作，接觸、教導已離開學校的婦女？
> * 爲妳的計畫取一個搶眼的名稱，並設計三十秒鐘長度的電視或廣播廣告，爲妳的計畫進行宣傳。爲了吸引婦女參與這項計畫，需要哪些策略？
>
> 2.報告／分析：
>
> 　　請各組表演她們的廣播／電視廣告。各組選派一名發言人，描述該組所擬定的計畫。比較各組成果：
> * 哪些科目被認爲是最重要的？
> * 在此學習環境中，哪些方式看起來是最恰當的？
> * 最嚴重的「後勤」與私人問題有哪些？
> * 各組舉出的社區資源與策略有哪些？
>
> 3.討論：
> * 在爲其他婦女開創教育機會的過程中，婦女扮演了何種角色？
> * 這項教育計畫可從哪些方面提升婦女人權？

❋❋❋❋❋❋❋❋❋❋❋❋❋❋❋❋❋❋❋❋❋❋❋❋❋❋❋❋❋❋❋❋❋❋❋❋

美國教育中的性別歧視

195

* 美國大學婦女協會（American Association of University Women）最近一項研究顯示，女孩被刻板印象與偏見有系統地排除在平等教育機會之外。在數學、科學、科技等科目中，男孩受到優於女孩的待遇。
* 研究顯示，男孩從教師得到的關注多於女孩。教師給予女孩的回應，往往強化了女孩外表或舉止的重要性；但是教師對男孩的回應，卻偏重於男孩的能力與表現。
* 研究顯示，在主要閱讀書籍的描述中，女孩角色最常做的活動便是觀看男孩採取行動。

（Sadker, Myra and David, *Failing at Fairness: How America's Schools Cheat Girls*, NY: Charles Scribner's Sons, 1993; *How Schools Shortchange Girls*, American Association of University Women, 1992.）

※※※※※※※※※※※※※※※※※※※※※※※※※※※※※※※※※※※

教育中的性別刻板印象

　　光是擁有接受教育的機會，並不表示女孩已經享有完整的教育權。在教育制度中，女孩與婦女也可能面臨歧視：某些學校、特殊活動、訓練課程只開放給男性就讀或參與；薪資與地位較高的教師職缺，只開放給男性教育工作者；測驗方式對男孩比較有利（例如，考題反映出大部分男孩的興趣與他們慣常使用的字彙）。在世界上大部分地區，基層教師多半以女性爲主，但是教育界地位較高、掌控決策權的職位，卻鮮少見到婦女蹤影，在大學層級更是如此。不僅女學生需要正面的角色典範，女教師也比較能夠顧及女學生的需求。

　　學校教育是強化性別刻板印象的主要管道之一。所謂性別刻板印象，係指社會從嬰兒時期開始便施加在個人身上，預期男性與女性應扮演的角色。教科書往往將男孩描述成高大、勇敢、主動、富冒險精神又聰明的人，而且多半擔任領導者、探險家、發明者的角色；另一方面，女孩則是嬌小、謙遜、敏感、謹慎、美麗，扮演生育、照護等傳統角色。在某些國家，因爲刻板印象使然，男孩研讀科學是受到鼓勵的，女孩卻在潛移默化中對數學、科學之類的科目感到害怕，認爲這些學科對她們來說太過於困難；刻板印象因而強化了女孩的不適感（sense of inadequacy）。

　　不過，只要設計得宜，學校教育也可以扭轉性別角色的刻板印象，破除社會對女孩與婦女的歧視。一九九五年的《北京行動綱領》明白指出消除性別角色刻板印象之重要性：「創造出一個教育與社會環境，……利用教育資源推廣非刻板印象之女性與男性形象，可以有效消除婦女歧視、性別不平等的成因。」（《北京行動綱領》第四章 B 第 69 段）。

但是，許多教師本身並未意識到婦女所受的歧視；正因為他們對此缺乏認知，所以就算教材、女孩生涯選擇、學校環境當中，充斥著帶有歧視意味的有害刻板印象，這些教師也沒有能力加以質疑（請參見第三章「婦女人權：家庭篇」關於性別刻板印象的討論）。

打從幼年時期開始，女孩便經由社會化過程接受了男性至上的意識型態。在此意識型態之下，女孩淪為各種歧視行為的受害者。婦女不僅因此被迫忍受不公義，無力予以指認、加以質疑；更有甚者，在缺乏其他行為典範可供仿效的情況之下，婦女以本身行為再次強化了這些危害婦女的文化價值，進而傳遞給子女。由此可知，婦女需要有力的社會、文化與經濟支持以發展自我價值感，也需要鼓勵，才能將這份對婦女價值的認知傳遞給下一代（請參見第六章「婦女人權：女孩篇」）。

※※※※※※※※※※※※※※※※※※※※※※※※※※※※※※※※※※※

肯亞教科書中的性別訊息

一九九一年，一群肯亞學者針對當地二十四本社會、數學、科學、科技與語言教科書中的女性形象進行研究，並將其成果發表出版。此研究小組指出，在大部分教科書中，婦女是明顯不存在的。研究小組找不到女性領導者或企業家的角色典範，也找不到從事非傳統活動的女性，像是駕車、上銀行，甚至於購買釘子之類的家庭用品等等。研究小組認為，男性與女性角色在教科書中不均衡的呈現方式，會帶給人一種男性活動種類比女性來得廣泛的印象。

就積極面而言，研究小組提出如何修正教科書形象與訊息的建議。家長在看過這些從教科書中舉出的例子後，首次有機會了解到，學校目前的整體風氣——不只是在書本內而已——如何阻礙了女孩的發展。

（Anna Obura, *Changing Images: Portrayal of Girls and Women in Kenya Textbooks,* Nairobi, Kenya: Centre for Technology Studies, 1991, in Action Guide for Girl's Education, Bay Area Girls' Education Network, 1995.）

※※※※※※※※※※※※※※※※※※※※※※※※※※※※※※※※※※※

活動五：性別角色刻板印象

目標：檢視教育與社區中的性別角色刻板印象

時間：45分鐘

器材：教科書若干本

1.角色扮演：

大聲讀出以下情境：

妳有一個在學校剛開始學習識字的小女兒。當妳在一旁協助她做家庭作業時，妳注意到教科書內容與一個男孩以及他的妹妹有關。在一個故事裡，這名男孩到山上健行，並且發現了秘密寶藏。在下一個故事裡，妹妹到村子裡的奶奶家拜訪，跟奶奶學煮飯。

請參與者進行以下步驟：

- 關於男性與女性的行為，這二個故事告訴了我們哪些訊息？請討論。
- 參與者會如何與自己的女兒討論這些故事？請以角色扮演的方式模擬。
- 參與者會如何與教師、校長討論這些故事？請以角色扮演的方式模擬。

2.討論：

請參與者回憶自己小學時期的老師、教科書與活動。他們對於性別角色表現出怎樣的態度？

3.分析：

在活動開始之前，取得當地學校使用的教科書作為樣本，或者事先請參與者帶來亦可。

- 指認出教科書所描述的男性與女性角色。這些角色是否可以改變，為男女行為提供更多選擇？如果是的話，應如何修改？

（下頁續）

（續上頁）

- 數一數書中各章節圖片裡男女出現的次數。比較這些圖片描繪男性與女性的方式。
- 如果這些教科書當中有故事或詩歌選集，請比較男女作者的數目，以及故事中男女主角的數目。
- 特別注意數學與科學課本。女孩是否出現在這些課本裡？在教科書中，她們是主動地參與活動或是在一旁觀看男孩進行實驗、操作器材？注意文字問題：教科書中的主題，是否包括了女孩、男孩均熟悉的題材？

4.討論：

向參與者提出以下與性別刻板印象相關的問題：

- 當妳還在學校時，是否察覺到了教科書中的刻板印象？
- 我們應該如何利用教育來破解性別刻板印象？
- 婦女可以採取哪些行動，在地方與全國層級促成這些改變？

學校性騷擾

197

基於性別所引起的騷擾，是一種不可寬宥的歧視，而且也阻撓了學生的教育權。不受歡迎的性接觸、性服務的要求、以性為本質的口語或肢體行為，均屬於性騷擾。

各國法律規範對於性騷擾的定義不盡相同，但是性騷擾的行為若發生在以下情況中，普遍被視為違法：

1. 以接受此行為作為維繫個人在班級、學校或活動中地位之直接或間接條件；
2. 以接受此行為作為學業評量（包括成績、學業進展等等）之依據；
3. 此行為之目標為干擾個人學業表現，或是製造恫嚇、敵意、令人不快的教育環境，或是此行為具有以上效果亦屬之。

一項應記住的基本要點是：性騷擾是一種以性為本質的注意，受害者不想要，也不是自找的，對此更無欲求。在大多數國家，無論對方同意與否，與未成年人性接觸都是非法的。性騷擾將師生之間正常的信任關係破壞殆盡。學生也有可能對同學性騷擾；教育工作者負有防範此類侵犯的積極責任。

性騷擾有口頭與肢體騷擾之分。在學校可能發生的性騷擾包括：不受歡迎的性暗示，含有暗示或侮辱意味的聲音，黃色笑話，隱含或公然威脅，以及不受歡迎的動作，例如拍肩、捏掐、碰觸等等。

※※※※※※※※※※※※※※※※※※※※※※※※※※※※※※※※※※※

學校裡的性騷擾：恩可的故事

恩可（Nko）從奈及利亞的小村莊來到了大學。為了融入新環境，她試著讓自己比較現代化一些。她改變了髮型，也不像以前那麼常戴頭巾了。

某天，伊科特（Ikot）教授想要見她。伊科特教授是系上非常重要的人物。當恩可走進他的辦公室時，同時尚有四名男學生在場。這些男學生盯著她瞧，說她看起來可真是與眾不同。此時，伊科特教授宣布，他將親自指導恩可的研究，這讓恩可感到十分意外。這些男學生又給了恩可意味深長的一眼，然後才離開。其中一名學生說：「真奇怪，漂亮女學生想出來的研究計畫總是比較有趣，還得勞動系主任指導。」

這句評論讓恩可覺得自己很廉價。她也明白，流言將在校園傳開，只因為系主任是她的指導教授，大家會說她想要不努力就拿到學位。她開始擔憂自己會名聲受損。她是否能夠保持名譽清白，又拿到學位呢？

當教授試著說服她放輕鬆時，恩可總算不那麼緊張了。教授向她保證，人們以後就會習慣在辦公室看到她。恩可發現自己可以很自在地討論研究工作與未來計畫。恩可無法相信，她不過是很正常地與教授說話、對他微笑罷了，怎麼會有人認為她是在引誘教授呢？伊科特教授邀請恩可在週日與他的家人乘車出遊，共賞附近的瀑布美景。她答應了。

星期天，教授先到恩可家接她，然後前往他的公寓與家人會合。他們抵

達的時候，管家卻告訴教授，夫人已經出門探視母親了。教授先發動了車子引擎，然後才說：「我自己帶妳去看看瀑布。」途中，伊科特教授對恩可說了一些與性相關的話。她現在明白了，這場出遊根本就是預謀。她第一個念頭就是打開車門跳出去；但是，她接著又決定，絕對不為了別人而犧牲自己的生命。恩可回想起年少時代：當她還是個「浪漫的鄉下傻女孩」時，她的世界受到無微不至的保護。她記起了母親那些小心男人設騙局的叮嚀。恩可知道，教授很快就會開口跟她說：「不跟我上床，就別想拿到學位。」

(Adapted from "Buchi Emecheta, Double Yoke" (1982), pp. 132-142 in *Action Guide for Girls' Education,* Bay Area Girls' Education Network, 1995, p. 14.）

✳✳✳✳✳✳✳✳✳✳✳✳✳✳✳✳✳✳✳✳✳✳✳✳✳✳✳✳✳✳✳✳✳✳

活動六：恩可的故事

198

目標：為消除學校裡的性騷擾擬定策略

時間：60分鐘

器材：「恩可的故事」短文影印本（如上）

*1.*閱讀／討論：

　　大聲讀出「恩可的故事」短文（如上），或是請參與者大聲讀出亦可。向參與者提出以下問題：

- 恩可是否做錯了什麼？（協作者請注意：向參與者指出，錯的是教授個人行為與社會的態度，而非恩可本人。）
- 故事中的侵犯者是誰？
- 恩可現在應該怎麼辦？
- 造成恩可現在困境的成因有哪些？
- 恩可的經驗，或是其他類似事件，是否可能發生在參與者所屬社區的學校？

（下頁續）

（續上頁）

> ● 各級學校應該採取什麼行動，防止故事中所描述的性騷擾發生在
>   女孩身上？
>
> 2.寫一寫：
>   請參與者為社區裡的大學或學校起草一份性騷擾法規的要點。應該
> 由誰負責擬定性騷擾的標準？

相關單位的角色

　　政府與社會、文化、社區等機構，對於婦女的教育權可以產生極大影響。就如同本書所討論的其他人權一樣，相關單位可以採取直接或間接的行動，影響媒體、利用文化與傳統來進行決策、保護不願屈從的女學生。政府的責任十分明確：為婦女敞開學校大門，增進婦女識字率，為男女學生提供平等教育機會。不過，就學與平等機會只是第一步而已，政府還可以利用教育，作為促進平等、破除歧視習俗、提升婦女形象的工具。

　　傳統與文化習俗不見得總是阻撓婦女接受教育的路障。依據國家、地區與／或地方法律，國家在任何情況之下，都有尊重教育人權的責任。政府若對阻撓教育人權的傳統習俗視若無睹，便違反了此原則。政府可以採用正面的方式與社區合作，在尊重地方文化之際，致力於推動女學生的教育權。

※※※※※※※※※※※※※※※※※※※※※※※※※※※※※※※※※※※※※

推動婦女教育之行動策略

● 確保婦女有接受教育的機會，改善婦女所受教育之品質，使教育內容更貼近婦女需求。

● 消除教科書與學校課程中的性別刻板印象。

● 為縮短性別鴻溝（gender gap）之進展，訂立具體目標以及時間表。

- 在女孩住家步行距離之內設置學校與學習中心。
- 招聘更多女性教師。
- 進行宣導活動，尋求父母對教育的支持與參與。
- 花更多功夫，協助已結婚、生子的青少女接受基本教育，並提供日間托育設施。
- 為失學的女孩以及來自貧窮社區的婦女，實施結合學習與賺取收入機會的新式活動。

（UN Public Information Department, "Literacy: A Key to Women's Employment," from Press Kit for the Fourth World Conference on Women, Beijing, China, 1995.）

❋❋❋❋❋❋❋❋❋❋❋❋❋❋❋❋❋❋❋❋❋❋❋❋❋❋❋❋❋❋❋❋❋

活動七：政府的角色 vs.傳統的角色

199

目標：為政府提升女孩教育權應負的責任下定義，並擬定行動策略，確保政府能夠落實此角色

時間：45 分鐘

器材：「個案研究：土拉村的女孩」短文影印本（見下）

1.閱讀：

個案研究：土拉村的女孩

　　在土拉（Tula）這個村子，女孩超過十三歲以後很少留在學校裡。有些父母親禁止她們上學；有些父母親則是乾脆不鼓勵女孩唸書。土拉村的中學畢業生中，女孩的比例少於百分之十，歷來僅有一名女孩進入大學就讀。當她回到村莊時，沒有一個男人願意考慮與她結婚，因為大家都認為這個女孩已經在城市裡失去貞操了。土拉村的人要求女孩早早結婚，留在家裡多生幾個孩子，尤其是兒子。

2.角色扮演：

　　將參與者分成若干小組。讀出以下情境，請參與者根據此情境發展

（下頁續）

（續上頁）

一齣角色扮演：

　　情境：妳是一名教育工作者。妳正在向土拉社區居民演講，宣導女孩接受教育的重要性。面對不同的聽眾，妳應該分別說些什麼，來鼓勵女孩留在學校裡？建議角色：學生、父母、戶長、教師、當地議員、地方上的宗教領袖。

3.想像／討論：

　　請參與者想像：妳是一名十五歲的土拉村女孩。妳想要上學讀書，但是父母親不肯。妳該怎麼做？政府可以──應該──如何幫助妳？

- 政府應該強迫父母送較年長的女孩上學嗎？
- 政府應該出資，派遣教育工作者到該社區，向居民解釋教育的重要性嗎？
- 在社區、學校、大學，政府分別還可以採用哪些策略？

4.討論：

　　向參與者提出與當地社區女孩教育相關的問題：

- 妳的社區對於男孩、女孩的教育，是否同等重視？
- 輟學或出席情況不正常的女孩是否多於男孩？如果是的話，多為哪個年紀的女孩？理由為何？
- 政府單位目前是否採取了任何措施，來糾正或挑戰這個問題？社區裡的人是否對此採取了任何行動？

教育人權

教育權在許多國家、地區與國際法規裡已獲得認可：

- 《兒童權利公約》（CRC）之締約國必須「承認兒童有接受教育的權利」，包括「實施義務初等教育，使所有人都能免費接受初等教育」，「鼓勵各種型態之中等教育，包括普通教育與職業教育，使所有兒童均能進入就讀」，並「採取所有適當措施，使高等教育能

夠依照各人之能力，成為每個人均能利用之教育機構」（第二十八條）。

- 同樣地，《經濟、社會、文化權利國際盟約》（ICESCR）也承認「人人有受教育的權利」，並表明「教育應鼓勵人的個性與尊嚴之充分發展」（第十三條）。

- 《消除對婦女一切形式歧視公約》（CEDAW）禁止教育上的歧視：「締約國應採取一切適當措施以消除對婦女的歧視，並保證婦女在教育方面享有與男子平等的權利」（第十條）。

教育過程受阻，可能會妨礙到婦女行使其他人權的能力： 　200

- 參與政治與選舉：文盲婦女可能無法了解政治運作的過程或是各政黨所代表的意義；文盲婦女參選公職或是參與政黨（尤其是政黨高階層）活動的機會，可說是微乎極微。

- 健康照護：文盲婦女不易獲得如何利用健康照護的資訊（關於本主題，詳見下文）。

- 就業：文盲婦女可能無法應徵需要技能的工作；她們無法閱讀求職資訊，也無法填寫申請文件。

- 法律能力、財產所有權、簽署合約的權利：文盲婦女無法閱讀買賣財產、經營生意所需的合約或文件。

- 不受歧視與平等：在大部分社會裡，貧窮、失業與文盲人口當中，以殘障、流動勞工、種族與族裔等弱勢族群為大宗；婦女缺乏接受教育的機會，造成這些族群蒙受不平等與歧視的現象不斷延續。

《北京行動綱領》與教育

《北京行動綱領》發表於一九九五年之北京第四屆婦女世界會議，各國政府代表在此文獻中聲明改善婦女人權的意願。該綱領承認教育是一種基本人權，也是促進女男平等關係的重要工具。該綱領並建議，為婦女投注經費辦理正式與非正式的教育、訓練活動，是達到永續經濟成長與發展的最佳方式之一。

《北京行動綱領》提出以下策略目標：

- 確保平等的受教育機會
- 確保西元二千年時，至少有百分之八十的兒童可以完成小學教育，尤其必須特別著重女孩
- 預定西元二〇〇五年，消弭小學與中學教育中的性別鴻溝；二〇一五年，完成世界各國的小學教育普遍化
- 將女性文盲率降低至一九九〇年的一半，尤其著重農村婦女、流動勞工婦女、難民婦女、內部遷徙婦女與殘障婦女
- 徹底消除世界各地文盲婦女的存在
- 提升婦女接受職業訓練、接觸科學與技術、參與推廣教育的機會
- 為各層級教育研發、採用不含性別刻板印象之課程、教科書以及教具，藉此發展出不具性別歧視的教育與訓練活動
- 給予教育改革充足經費，並監督其執行狀況
- 結構調整與經濟復甦計畫中，必須維持一定的教育補助比例，或是提高教育補助比例
- 推動婦女接受終身教育與訓練，並設計彈性的教育活動以符合其需求

201　　　　為婦女教育人權下定義

活動八：制定自己的法律

目標：設計一套保障婦女教育人權的法律。評估《消除對婦女一切形式歧視公約》中對於婦女教育人權的保護。

時間：60分鐘

器材：海報紙與麥克筆

　　　《消除對婦女一切形式歧視公約》（CEDAW）第十條影印本

（下頁續）

（續上頁）

寫一寫，讀一讀，大家一起來討論：

步驟一：將參與者分成若干小組，請她們自訂保護婦女教育人權的法律，並將自訂法律寫下來。自訂的法律應該盡可能的詳細。這套法律應該是國際法嗎？還是全國性或地方性的法規？或者三者皆是？

注意：各小組可以使用「分析人權問題」與「實踐人權策略」表格（第 392-393 頁）來檢驗本議題。

步驟二：將《消除對婦女一切形式歧視公約》與教育相關的第十條影印分發給參與者，並大聲讀出來。

步驟三：請各小組比較自行制訂的法律與《消除對婦女一切形式歧視公約》第十條。

* 三者有何相同之處？有何相異之處？
* 各小組現在是否有意修改自訂的法律？如果是，如何修改？
* 各小組是否建建議《消除對婦女一切形式歧視公約》做任何修改或增添？

步驟四：請各小組發表自訂的法律。討論：

* 政府有哪些地方需要改變？婦女該如何促成這些改變？
* 政府可以怎麼做，以支持、執行妳的法律？
* 自訂法律中所包含的權利，目前受到宗教、文化、傳統、風俗習慣哪些限制？宗教、文化、傳統、風俗習慣有哪些地方需要改變？妳該如何促成這些改變？
* 宗教、文化、傳統、風俗習慣目前以怎樣的方式，支持並執行妳的法律？
* 自訂法律中所包含的權利，受到妳本身或是妳的家人哪些限制？
* 妳本身或是妳的家人有哪些地方需要改變？這些改變有可能實現嗎？

步驟五：如果要在社群裡落實這些自訂法律與／或《消除對婦女一切形式歧視公約》，需要哪些條件配合？請討論。為個人與團體擬定可能的行動策略。將多數參與者所同意的策略列表寫下。

附錄一　分析圖表

以下兩個表格，可用來分析人權問題，並協助我們提出解決方案。這裡提供三種搭配本書其他各章節使用表格的方法：

- **個人**如自行閱讀本書，可在每章結尾使用這兩個表格
- **協作者**或是教師，可在研討過程中使用這兩個表格
- 任何人若對某一人權議題有興趣，可用這兩個表格來分析問題，並設計行動計畫。

表格使用說明

第一個表格，「分析人權問題」，將責任歸屬與行動計畫相互連結。請利用這個表格，依序回答以下問題：

- 填寫表格頂端的問題一，具體指出侵犯人權事例為何。
- 問題二至四：在符合項目的方格裡打勾。這可以標示出所有造成此侵權行為，以及可能提供解決方案的機制或相關人士。在檢視討論的過程中必須指出，這些機制或相關人士係因某些作為，或因缺乏某些作為，而造成此侵權事件發生。。
- 問題五：將表上所列各機制或相關人士可能採行的策略，都寫下來。

第二個表格，「實踐人權策略」，在上方橫列出多項對於建立、實施人權策略可能扮演重要角色的各類機制或相關人士。直排部分，則列出多種可用以處理人權問題的不同策略。將各機制或相關人士（橫排部份）在各種不同策略類型（直排部分）可採取的行動，一一填寫在表中。如果想到其他的機制、相關人士或策略，也可以加上去。

若在團體中使用這兩個表格，可以製作成投影片，或是複製在大張紙上。

表一：分析人權問題

1.待分析之侵權事例為何？＿＿＿＿＿＿＿＿＿＿＿＿＿＿								
	家庭	宗教／媒體機構	工商業界	其他社群團體	國家相關單位	區域相關單位	國際相關單位	準軍事／軍事單位	其他
2.侵權者為何？									
3.侵權者責任為何？ (1)作為*									
(2)不作為									
4.哪裡可找到解決或補救問題的資源？									
5.列出在每一項目下妳可以採行的策略**									

* 作為指的是，侵權者採取了某些行動而導致人權侵犯；不作為指的是，侵權者因為沒有採取某些行動，而必須為人權侵犯事件負起責任。

**使用者可以利用下一頁的「實踐人權策略」表格，將這些策略加以擴充，條列出具體行動與步驟。

注意：本表供小組使用時，可以放大複製。

說明：使用本表，依編號順序回答各問題：(1)填寫問題 1，具體指出侵犯人權事例為何；(2)問題 2-4，打勾作答；(3)問題 5，列舉作答。

表二：實踐人權策略 204

	家庭	宗教／媒體機構	工商業界	其他社群團體	國家相關單位	區域相關單位	國際相關單位	準軍事／軍事單位	其他
教育									
政策／立法									
訴訟／法律									
組織／網絡建立									
服務提供									
媒體									
抗議／公眾行動									
非政府組織法庭／公聽會									
動員／請願活動									

注意：本表供小組使用時，可以放大複製。

說明：利用本表來計畫行動策略。將各機制或相關人士（橫排部分）在各種不同策略類型（直排部分）可採取的行動，一一填寫在表中。

205

附錄二 給教育工作者與協作者的方法學

呈現觀念的方式深深影響到人們對這些觀念的理解。這一點在主題涉及人權與人性尊嚴時，更是如此。不恰當的方法，可能會抹煞了原本立意良好的訊息，甚至造成不信任與理想幻滅的結果。實務（例如，婦女聚會時的座位安排）與抽象無形的層面（例如，團體成員彼此之間的信賴與互重），二者均須審慎考量。

但從另一方面來說，教與學發生在人們之間的互動，而教師與學習者的狀況難免時常有所改變。有時候，活動參與者之間「化學反應」不佳，再多的預先計畫與機智應變也無法改善；或是在本週成效良好的活動，到了下週卻可能令人感到乏味，甚至引起憎惡的情緒。因此，耐心、彈性與全心投入是協作者的必備條件；換個策略，再嘗試一次。

傑出教師所具備的洞察力和創造力，雖然不是任何手冊能夠賦予的，但是以下的方法、策略與建議，可以幫助協作者成為更加敏銳、更善於應變，而且更能真正促成學習的教師。

以下建議，有助於婦女人權教育之成功進行。分成三大主題：
一、協作者指導方針
二、婦女人權工作坊規畫建議
三、工作坊十大基石

一、協作者指導方針

• 釐清婦女人權的意涵

我們使用「婦女人權」這個詞彙，是為了強調人權具有普世性、不可剝奪性、不受岐視性、平等性、相互關連性等原則（詳見第二章「婦女人權：

基本篇」）。向參與者解釋，妳使用「婦女人權」這個詞，而非「人權」，是因為權利並非性別中立：事實上，侵犯人權事件及其解決之道，均帶有性別成分在內。簡單地說，女性的人權受侵經驗與男性並不相同，所以解決方法也必須因應婦女需求，而有所變通。

活動一開始，必須先定義、討論何謂婦女人權。妳也許需要借助於具體事例，像是：男人毆打妻子；警察強暴女囚；男女同工不同酬；女孩的教育權遭受剝奪，無法獲得健康照護，甚至連食物分量都少於兄弟。這些暴力或歧視行為，均屬於侵犯人權的行徑。然而，這些事件通常被貶視為不受司法當局管轄的「私人事務」。實際上，這些是與世界各地全體婦女息息相關的人權議題。

• 說明人權法律的「未完成性」

國際法規也許令人望之卻步，但是每個人都有權利，認識自己應享的人權。同時，與國際法規相關的知識，也可以幫助個人增權。為了讓婦女概略認識現有的國際標準，本書採用《世界人權宣言》、《消除對婦女一切形式歧視公約》以及《北京行動綱領》作為基本文獻。

然而，這些文獻不應被視為已達「完美境界」，或是已經「拍板定案」。婦女應當受到鼓勵，對一切事物抱持檢討與質疑的態度。協作者可以向活動參與者指出，在草擬與執行國際文獻的過程中，無論是婦女參與度或是文獻所採取的性別觀點，仍然不盡理想。此外，這些文獻並未考量到所有的婦女族群。參與者應該思考：倘若這些文獻能夠顧及所有婦女的需求，並予以尊重，那麼，這些文獻是否會有所不同？更重要的是，應當如何詮釋現有文獻，才最能滿足婦女需求？

人權法律是動態的，而且會不斷地進化演變。來自世界各地的男性與女性，為了建立正義與人性尊嚴之道德原則而共同努力，因此才促成了這些國際文獻的誕生。而這些文獻的後續發展，有賴於全體人類持續參與。隨著社會情況改變，新的人權法應運而生，以回應新的需求；至於既有的法律，則必須重新加以詮釋，才能反映出現實的改變。在此過程當中，一般公民的政治參與是十分重要的，例如，聲明原則、建立共識、監督人權之自由實踐、當權利被剝奪時挺身抗議。無論在哪個層次的活動，婦女都是為自身權利代言、主動採取行動的最佳人選。

206

• 避免對複雜問題做太簡單的回答

在人權教育的過程中，往往會引發與人類行為、文化規範相關的困難問題；在探索婦女權利何以遭到否定時，答案也往往極為複雜。協作者應謹慎，不要將討論過度簡化，尤其不可將侵權事件的責任歸屬簡化為一或二個成因。記住，婦女的經驗會隨著眾多因素而有所差異，包括地理、種族、族裔、國籍、年齡、性傾向等等。鼓勵婦女思考塑造她們經驗的各種因素。唯有檢視問題，才能為改善婦女處境發展出可行的策略。

• 肯定個別婦女的經驗

提供一個高接納度的環境，讓婦女描述自己的經驗，並以此作為學習人權的基礎。明白指出個別婦女經驗與婦女人權議題之間的關係；如有可能，可以連結此議題與《世界人權宣言》、《消除對婦女一切形式歧視公約》中的具體條文。舉出個人與團體要求婦女權利的成功範例。可以的話，盡量使用自己社群裡的例子。

• 避免比較痛苦程度

人權具有不可分割性，各項權利對於整體皆屬必要，不可或缺；同樣地，施加在婦女身上的侵犯行為，也不應以婦女受苦程度來妄加評判。侮辱婦女的人性價值、侷限婦女潛能，就如同對婦女進行人身攻擊一樣，均是侵犯人權的行為。任何人都不應假定，某一婦女受苦程度大於其他處於不同環境下的婦女。

• 講求語言精確，防止刻板印象

任何人權相關研究都會觸及人類行為的細微差別。要抵抗一概而論的誘惑，以免扭曲事實，或是壓制了改革的念頭（例如，「男人就是這樣」）。族裔或社會群體的分類方式以及關於他們的描述，直接影響了外界對他們的觀感（例如，「亞洲婦女就是不會有話直說」）。必要時，提醒參與者：同一族群中的成員雖然可能擁有共同的經驗與信念，但在綜括概論某一族群時，還是需要加入一些限定或修飾的用語（例如，「有時候」、「通常」、「在許多案例中」等等）。

• 避免樹立階級

　　人權工作坊的各個方面（例如，如何邀請參與者前來、如何分配食物、如何介紹參與者及協作者等等），都應該反映出非階級性的、包容的、民主的原則。舉例來說，協作者應坐在參與者中間，避免在講台或場地前方講課；參與者應有彼此之間意見相左，甚至與協作者立場不同的機會。雖然偶爾邀請來賓演講可以增添趣味，一般而言，還是盡量避免大家只能被動聆聽「人權專家」演講的情形。

• 回應多元化的考量

　　協作者應注意，教學的內容與過程都要表現出對人性尊嚴與差異的尊重。工作坊在各個方面均應反映出多元觀點（例如，種族、階級、區域、性取向、文化／國家傳統等等），並為參與者的特殊需求著想。例如，除非預先知道本次活動參與者一致受過良好教育，否則領導者應提供其他生動的方式，來代替閱讀與書寫活動。書面閱讀資料可以改為大聲朗讀；需要書面作答的部分，可以採用美術拼貼、錄音、口頭報告等等有趣的方式取代之。從另外一方面來說，儘管所有書面資料都應該講求明白易懂，但是絕對不可以輕忽低估參與者的智能。

207

• 做好功課

　　找出對婦女人權有所影響的相關國家或地方法律，以彌補本書不足之處。從當地社群的時事與歷史中，舉出與人權議題相關的範例。

二、婦女人權工作坊規畫建議

• 配合小組需求，改編活動與議程

　　絕對不要照著書中活動按表操課！適當修正活動內容，才能符合個別小組的需要。此外，必要的時候，協作者要心甘情願地放棄精心準備的議程，以回應工作坊或班級的需要與興趣。

• 一系列短時數的工作坊，優於單一長時數的工作坊

　　婦女人權教育並不只是灌輸資訊而已；除了知性以外，情緒也是其中重要的一部分。大部分的人需要時間吸收、反省、同化工作坊所激發的想法與情緒。一個團體若能分為數次集會，有助於參與者成長，而且參與者可以分享轉變中的觀點，並發展出相互扶持的長久關係。

• 仔細思考參與者的經驗與需求

　　想一想參與者可能需要哪些條件配合，才能參加工作坊（例如，空閒時間、兒童照護、家人同意、交通），並試著滿足她們的需求。工作坊之籌畫與進行，必須考慮到參與者的背景、教育程度、學習方式、性取向、種族、族裔、年齡、地理位置，以及參加活動的前因後果。她們是否有何特別關心的人權議題？

　　舉辦工作坊的地點、時機、情境，以及日常生活中的直接因素，往往會影響到參與者的反應。例如，身處難民營、監獄、遊民收容所、受暴婦女庇護所的婦女，可能承受了極大的情緒壓力。同樣地，小組可能會就近日時事、政治情勢提出反應。聚會場所空間要夠大，讓全體參與者圍成圓圈坐下，以免有人遭受冷落。協作者必須確定聚會地點是安全的，而且不會對任何參與者的文化背景產生衝突。

• 尊重參與者的時間

　　大部分人——尤其是婦女——鮮少有空暇可言，多數時間都被各項工作盤踞了。不要浪費時間！事先宣布工作坊開始與結束的時間，並且切實遵守這項承諾。

• 建立信任及尊重的氣氛

　　活動一開始，邀請參與者建立基本規則，創造出一個讓大家都能感到安全的氣氛。每個人都應該聆聽他人說話，避免評論，並且接受所有經驗與意見都同樣具有「價值」。「正確答案」或「唯一解決之道」並不存在。在每一次會面結束之前，重新評估這些規則，並討論小組有何可以改進之處。

　　鼓勵每個人發言。為了達到此目的，協作者與各小組代表要輪流發言。一次只讓一個人說話，不想發言可以跳過。若想限定時間以防有人發言過長，

就徵得大家同意並遵守限定時間的規矩。妳可以選用某項物品，例如，在參與者之間輪流傳遞「發言棒」，只有手中拿到發言棒的人才可以說話。

- ### 依照主觀→客觀→行動的程序，組織工作坊活動

工作坊開始時，先從廣泛的個人經驗著手，再漸漸聚焦在明確議題上。工作坊應朝承諾與行動的方向進展。讓參加者討論以下問題：

- 對於違反婦女人權的行為，我想在社區裡採取哪些行動？
- 為了達到此目標，我需要些什麼？（事先準備好組織在地行動可能會派上用場的社區資訊）

- ### 提升參與者對工作坊的主導權

在決定工作坊進展方向時，尋求參與者的共識。詢問小組成員對議程的看法，徵得眾人同意後在黑板上寫下來。向參與者說明工作坊的目標，但是也要給小組就工作坊結構發表意見的機會，包括休息時間的安排、「小組」對活動的期望等等。這點對於為期較長的工作坊，或是持續進行的課程而言，特別重要。

工作坊進行時，要常常回到議程，以確定活動是朝符合參與者期待的方向進行的。協作者也必須願意改變議程，以滿足參與者的需求。在工作坊進行當中，即可多次要求參與者對活動提出評估，不須等到工作坊結束時。對於參與者的建議要有所回應，藉此表示妳相當重視參與者的回饋。

- ### 協助參與者融入大團體的一部分

設法將工作坊與國內或國際間的大型議題連結。在婦女人權主題的討論中加入地球公民的層面，向參與者明白指出：當地社群的問題，也正是世界其他地區婦女所遭遇到的問題。讓參與者了解，全球各地的婦女正在學習她們的人權，並且堅持全面落實這些權利；藉此協助參與者建立團結一致的感覺。

三、工作坊十大基石

1. 討論目標與議程

從一開始，就先確立參與者想從工作坊得到哪些收穫，而活動組織者與

協作者希望達到哪些目標。雙方目的也許不盡相同——協作者對此應有所體認。保留協商討論的空間，讓議程屬於整個團體，而非一紙缺乏彈性的時間表。將議程張貼在小組成員看得見的地方；每個單元開始的時候，請參與者瀏覽本單元的預定議程，並在必要時予以修改。

2. 休息時間要規律！

休息時間結束之後，不妨做點提振精神的「充電小活動」（請參考第一章「入門活動」最後一節）。

3. 提供暖身活動

選擇一項開場活動，以達到部分下列目標：

- 介紹參與工作坊的所有婦女
- 提出工作坊的核心主題或是關鍵問題
- 提升參與者對於人權觀念的認識
- 培養默契與合作、分享的氣氛
- 了解活動主題的重要性，並激起深入學習的動機

小心不要讓活動淪為枯燥，或是預設太多項目標。謹慎評估參與者彼此之間熟悉的程度。

第一章「入門活動」的所有活動，幾乎都可以作為暖身之用。特別推薦以下幾項：

- 活動二「一起站著／獨自坐著」
- 活動六「生理性別與社會性別」
- 活動七「我喜歡什麼／我做了什麼」
- 活動九「平等之輪」
- 活動十三「該採取什麼行動？」

209　4. 讓參與者加入一項主要的主觀活動

規畫充裕的時間，幫助參與者檢視她們在人權範疇中的某些議題或個人經驗。利用這個機會，參與者可以為人權擬定私人定義，描述個人行使人權或是人權遭到否定的經驗。分配足夠的討論時間。可以分成若干小組討論，或是由全體參與者共同討論。

第一章「入門活動」裡的各項活動，均要求參與者就個人經驗提出回應。

此外，依照主題分類的各章，皆由一個名為「起點」的活動開始，從個人觀點出發，進而介紹該章主題。

5. 至少採用一個客觀方法，來討論各章主題

工作坊應安排一主要部分，用以引導參與者從個人經驗轉向仔細探討相關國際人權文獻。討論完特定議題後，再進行活動。協作者可以採用本書內容，作為講義或小型授課資料。

6. 不要忘了加上行動部分

協助婦女了解，當她們遭遇到人權侵犯事件時，可以採取哪些有意義的適當行動。將短期與長期的行動一併介紹，讓參與者有機會將信念與體認化為行動。

7. 讓參與者共同評量工作坊

評量工作坊是很有用的。理由如下：
- 給予協作者立即的回饋。無論回饋是正面或負面的，均有助於改進目前與未來的工作坊
- 顯示參與者的觀點受到重視
- 為日後的資助者或贊助者提供有用的資料。

詢問參與者對於課程內容以及教學方法的意見。不要等到課程或工作坊結束時才進行評量；活動進行中即可多次詢問。對於批評與讚美，都要公開表示接受。

除了評量工作坊本身之外，參與者也可以採用書面或討論的方式，從新學到的人權觀點來衡量個人經驗。這種反省可以幫助參與者提高生活中的人權意識，與世界各地婦女團結一致，並建立行動目標感，讓參與者有信心可以透過行動來保障自己的權利。活動組織者與協作者每天至少要保留一小時，共同閱讀參與者當日的評量，並討論應如何回應。將所有記錄下來，以利從中學習。

8. 給予思考與自我表達的機會

給予參與者自我表達的機會，這可以幫助她們澄清思緒與感受。有些人偏好用札記等文字方式表達，但是活動中也要包含非書面以及非語言的表達

方式。考慮採用創造性的表達方式，例如，平面藝術、短劇、歌唱、舞蹈等等。

9.在工作坊即將結束時，提供「結尾」活動

給予每位參與者機會，提出個人對於婦女人權議題的觀察、從工作坊中得到的收穫、未來將如何運用所得資訊或見解。

10.協助參與者在工作坊結束之後，保持動機並繼續採取行動

擬定後續方法，使參與者可以繼續視彼此為資源，相互扶持。妳可以利用附錄一的分析表格。

附錄三　人權系統與機制

以下第一部分採用問答方式，將人權系統與機制作一概述。第二部分簡介《消除對婦女一切形式歧視公約》。第三部分則是一份資源清單，內含相關網站列表，以及如何尋找國際人權文獻與其他實用資訊的資料。

第一部分：問答集

問題：我應到哪裡去要求我的人權？
答案：有三種層級。

接受人權議題申訴的單位，可分為三種層級：

1. 國家或「國內」層級——例如，國家本身的司法體系，以及為處理人權事務而設立的特別委員會。
2. 區域層級——非洲、美洲與歐洲各區均已設立正式司法體系與人權機構；亞洲系統正在更加細分的次區域層級發展中。
3. 國際層級——聯合國各機關及其附屬組織、其他國際法庭與委員會。

通常，妳只能從自己的國家開始，別無選擇。在絕大多數情況中，妳無法將個案提交到國際層級處理，除非妳已經在國家層級嘗試過每一種可能的管道。

區域系統是否可供利用，要看妳的國家是否為區域系統的一員。此外，妳必須詢問清楚，該系統或機制是否接受個人與非政府組織的請願。

要判定某國際機制是否可以為妳提供協助，第一步便是調查妳的國家是否簽署了相關人權條約。如果妳依循國際慣例法，或是其他一些不需政府書面同意的理由來提出申訴，也有可能上達國際系統。再次提醒：就如同在區域層級一般，妳也應該詢問國際系統是否會受理個人提案。

問題：我可以在哪裡找到適用於我的個案之法律？
回答：有三個來源。

國際法有三個主要來源：條約、國際習慣法、一般法律原則。考慮援引

其一或全部，運用在妳的個案中。

當人們想到法律，心中往往會聯想到經過政府同意、用白紙黑字寫成的條文。在國際領域，這一類法律稱為條約。條約僅適用於自願同意簽署的國家，這是其關鍵之處。

國際習慣法提供了另一種法源。並非所有法律都會清楚、有組織地寫下來。有時候，法律會隨著時間而發展；如果各國平日運作情形，均規律地依循某些行為規範，久而久之，這些規範便成為國際習慣法。

國際法的第三個來源為國家法庭所遵守的一般法律原則。乍聽之下，這個來源似乎與習慣法非常近似；不過，一般法律原則可見於各國成文法與不成文法之間一致的地方，而習慣法則視國家通常的運作方式而定。

※※※

211　　　　　　　　　有關條約的基本常識

- 條約（treaties）也稱為公約（conventions）、盟約（covenants）、憲章（charters）、協議（protocols）。
- 二國間訂立的條約，稱為雙邊條約；超過二國訂立，則稱為多邊條約。
- 條約與其他法律種類的分別之處在於：除非經過批准（簽署並且正式採用），否則條約並無效力。此即為「批准程序」。
- 各國批准程序並不相同。以美國為例，總統可以簽署國際條約，但是必須經過參議院三分之二席次同意。
- 當國家批准一項條約時，可以針對不同意的部分有所「保留」（例外）。此即所謂的「附帶保留的批准」。
- 各國不應該對條約的關鍵部分作保留，以免削弱條約之主要目的。
- 各國通常只須遵守他們所簽署的條約。然而，條約的理念如果幾乎為全世界所依循，則國家無論簽署與否，可能均須負起遵守該條約的責任。在這種情形中，我們說此條約成為了「習慣法」的一部分。

※※※

問題：系統如何運作？

答案：分為以條約或非條約作為基礎的二種機制。

公約、委員會、法庭等等各式機構，可能令人感到十分困惑不解。不過，

雖然偶有例外存在，妳還是可以從眾多名目中大致找到一個組織模式。主要分別在於：妳所選擇的機制，是否以條約或非條約作為基礎。

1. 以條約作為基礎的機制

現代國際人權條約根源於《聯合國憲章》與聯合國人權委員會，後者為負責創建並實施國際人權系統的機構。一九四八年十二月十日，聯合國大會採行該系統的首要人權文獻，即《世界人權宣言》（*Universal Declaration of Human Rights,* UDHR）。《世界人權宣言》不同於其他正式條約，未曾經由各國簽署；但是，無論當時考量為何，論者大多同意此宣言現已成為國際習慣法的一部分，具有約束力。換言之，各國實際上已將《世界人權宣言》之條文視同法律。

另外二部主要人權文獻，依照公民與政治權利，以及經濟、社會與文化權利二大領域細分：後者是為《經濟社會文化國際盟約》（*International Covenant on Economic, Social, and Cultural Rights*），前者是為《公民及政治權利國際盟約》（*International Covenant on Civil and Political Rights*，本公約附帶一非強制性的協定，允許公民對本國政府提出控訴）。這些公約與《世界人權宣言》合稱為《國際人權憲章》（*International Bill of Human Rights*），自一九七六年起生效。

其他尚有多部主要國際人權文獻，依照不同主題範圍分別制定而成。有些處理駭人的惡行，例如，刑求與種族屠殺；有些為特別弱勢的族群倡言人權，例如，孩童與難民。這些主要公約包括：《防止和懲罰種族滅絕公約》（1951）、《消除所有形式種族歧視公約》（1969）、《消除歧視婦女公約》（CEDAW1981）、《兒童權利公約》（1990）、《難民身分公約》（1951）、《反對刑求和殘忍以及不常見的刑罰公約》（1987）。無論是否明文指出，幾乎所有條約之適用均不受性別限制。與人權相關的區域條約包括：《美洲人權公約》（*American Convention on Human Rights, 1978*）、《非洲人類與人民權利憲章》（*African Charter on Human and People's Rights,* 1981）、《歐洲人權與基本自由保護盟約》（*European Convention for the Protection of Human Rights and Fundamental Freedoms,* 1953）。

每一項人權條約均會搭配一個與此條約名稱類似的委員會，幾無例外。這個委員會便是實際執行公約條文的實體。每一個委員會均設有「秘書處」（secretariat）；如果妳需要相關資訊，可以與此單位接洽。委員會通常負責主持該公約之執行計畫，並考核執行報告。舉例來說，《消除對婦女一切形

式歧視公約》便成立了「消除對婦女一切形式歧視委員會」。該委員會負責此公約之執行，並設有秘書處以提供資訊，包括各國公開報告。委員會除了接受各國政府所提出的《消除對婦女一切形式歧視公約》實施報告之外，也接受來自各非政府組織的非官方報告。

某些條約設置了法庭，受理異議申訴。在少數條約的情況裡，還另外設立了政治性機構，作為同一層級、甚至更高階層檢討之用。例如，《歐洲人權公約》（*European Convention on Human Rights*）便同時設有一個法庭（歐洲人權法庭）與一個政治性機構（部長會議）。

2.非條約作為基礎的機制

除了上述監督條約施行的組織以外，其他執行人權的管道還包括聯合國各單位與相關機構之申訴與／或監督程序，例如，聯合國人權高級專員（United Nations High Commissioner on Human Rights, UNHCHR）、國際勞工組織（International Labour Organization, ILO）和國際衛生組織（World Health Organization, WHO）等等。

若有重大人權侵害事件發生，可以依照「第一五〇三號決議」程序，送交人權委員會處理。委員會依照不同科目與地理區域，分別設置了工作小組、附屬委員會與特別報告員（包括婦女暴力特派員），相關申訴資料亦可送交這些單位。此外，婦權運動者可以個人身分與婦女地位委員會（Commission on the Status of Women）交涉。

聯合國部分組織，執掌範圍與人權議題偶有部分牽涉，所以婦權運動者也可以將資訊遞交給這些單位，籲請注意。這些單位包括：聯合國大會（General Assembly）、安全理事會（Security Council）、經濟與社會理事會（Economic and Social Council, ECOSOC）。其中，大會可以發表宣言，作為國家擬定政策的方針，儘管這些宣言並無法律約束力，亦缺乏執行機制。大會於一九九三年採行的《消除對婦女施暴宣言》，即為一重要例子。

以非條約為基礎的機制，其程序結構各有不同，有些比較正式（例如，國際勞工組織的程序），有些則比較不正式（例如，寫信給婦女地位委員會）。

問題：我能採取什麼行動？
答案：有二種機制可以幫助妳。

為了了解妳可以採取哪些行動，首先必須決定有哪一種人權程序可以提供協助。人權程序之繁雜，可能會令人感到疑惑，但是所有個人或非政府組

織可以採用的程序通常可以歸納為以下二種形式：(1)申訴機制，以及(2)監督與報告機制。

1. 申訴機制

此類程序，通常與許多國家的法庭程序有相近之處。由個人、非政府組織、或是國家機關提出一份文件——亦即「訴狀」或「請願書」——陳述以下各項要點：①發生何事，當事人為誰；②解釋該事件如何對人權造成侵害，加害者為誰，以及應負責之原因；③指明何項人權遭受侵害，以及所依據之文獻為何。有時候，只有國家能夠提出申訴，個人並無此權利。本節僅針對個人可以提出的申訴種類，加以討論。

此處所討論的申訴程序可分為二種：求償申訴與資訊申訴。

在求償申訴的程序中，妳為了某一特定的傷害提出控訴以謀補救。舉例來說，如果妳有某項人權遭到侵犯（像是在獄中遭受刑求），便可以提出賠償的要求。妳必須將申訴文件送達適當的機構。至於何者為適當機構，乃是依據妳所接洽的層級、賠償的種類而定。在此種程序之下，妳會持續參與整個過程，與法庭訴訟的情形非常類似。國家對於妳的申訴可能會有所回應，委員會或法庭可能會針對妳的要求進行獨立調查。妳所提出的訴狀極度重要，因為委員會或法庭在考量此案的過程中，必須大幅依賴妳的訴狀。即使妳並非本案當事人，但是身為非政府組織成員，透過監督與宣傳此訴訟程序，妳仍然可以參與其中。

在資訊申訴的程序中，妳為了某種對大量人數造成影響的侵犯行為提出控訴，並將申訴文件送達適當的機構。在此情況中，妳不能要求明確的補救，但是妳可以要求國家改變措施。例如，妳可以要求國家改變女性囚犯所受到的待遇。申訴案一旦提出，妳在此案的參與便結束了。接下來的程序大半是在秘密中進行的，委員會可能會與國家接觸，要求提供資訊，並獨立進行調查。妳的訴狀有助於引發調查行動，自然有其重要性；不過，妳的訴狀只是委員會就此議題所收集之部分資訊而已。

2. 監督與報告機制

監督與報告機制的程序，與法庭案例並不相似。許多區域與國際的協議，均要求各國就其作為提出定期報告，在報告中說明該國對於自願遵守的義務是否確實執行。這就像是學生提出自我檢討一樣。如果她是一個好學生，這種自我檢討便能發揮效果；如果她不是個好學生，這種系統就會出現問題了。監督的工作往往是依據定期檢查計畫而進行的，但在極少數情況中，也可能

213

是由人權運動者指出某個特別急迫的問題，因而發起監督的程序。個人與非政府組織均可檢視各國報告——這些報告必須向大眾公開——並就實際現狀發表非政府組織版本的報告。近幾年來，一些從事婦女人權工作的非政府組織，已經自行發表了數份「非官方報告」，以別於她們國家爲了履行《消除對婦女一切形式歧視公約》所提出的報告。

　　一般而言，申訴成功通常意味著「贏得」賠償。但是，成功的監督與報告程序，目的在於引領公眾關注人權侵害事件，並使政府與其他人權侵害者在羞愧之餘，進而改變其行爲。

第二部分：《消除對婦女一切形式歧視公約》 程序概述

　　《消除對婦女一切形式歧視公約》意圖消除對於婦女的所有歧視。該公約將此歧視廣泛定義爲：

　　基於性別所做的任何區別、排擠或限制，其目的或結果傷害或取消婦女享有或執行的認可，不論她們的婚姻狀況，基於男女平等，人權和基本自由，於政治、經濟、社會、文化、公民或其他任何領域的認可（第一條）。

　　《消除對婦女一切形式歧視公約》與其他條約不同之處在於：該公約要求消除所有形式的歧視，而不僅止於「性別歧視」。換句話說，該公約並非要求「性別中立」（亦即男女享有相同待遇），而是禁止任何足以延續婦女不平等地位的措施。《消除對婦女一切形式歧視公約》另外還有一點與其他條約不同之處：該公約明文規定，發生於公、私領域的歧視行爲，必須同樣接受該公約之約束。

　　簽署《消除對婦女一切形式歧視公約》的國家，有義務提出定期報告，說明執行成果。配合該公約的監督機構稱爲「消除對婦女一切形式歧視委員會」，由二十三位專家組成。委員會依照時間表定期召開，並預先公告議程（內容可在該公約網站找到，網址請參照下文）。委員會除了檢閱簽約各國所提交的報告之外，也會提出建議，協助各國解釋該公約之基本意旨。

　　與其他類似的條約監督機構相比，消除對婦女一切形式歧視委員會的開會、工作經費較少；而且，因爲委員會並非位於日內瓦，所以與聯合國其他

人權系統往來並不密切。委員會雖然努力增加開會次數，但是尚未能將委員會提升到與類似機關相同的層級；此外，委員會也試圖增加個人申訴的管道，但截至目前為止進展依然有限。不過，對於來自個人與非政府組織的交流，委員會個別成員所抱持的態度比起以往已經更加開放。許多婦女人權提倡者也能有效地利用該條約的主要條款。

本公約適用範圍：

只有簽署了《消除對婦女一切形式歧視公約》的國家，才有義務遵守該公約條款。簽約國若對某些條款註明「保留」，亦無須遵循這些條款（在《消除對婦女一切形式歧視公約》當中，各國予以保留的條款數目之多，實為前所未有）。個人與非政府組織不得提出申訴，而且非政府組織並無參與監督過程的正式管道。不過，委員會成員可以接受來自個人與團體的意見，有時候也會加以考量。此外，非政府組織往往可以參與監督該公約相關之執行，包括本國政府提交報告的過程。婦權運動者可以針對本國政府實施該公約現況，自行向委員會全體或是個別委員提出「非官方報告」。雖然這並非委員會的義務，但是委員會往往會將非政府組織的報告納入考量。

本公約所採取之補救措施：

- 委員會可以與各國政府進行建設性對話，促使政府改善本公約之執行情形。
- 委員會可以就各署約國提交之報告，提出建議與勸告。
- 違反本公約之國家，也許會因為負面報導見諸媒體，感到羞愧而採取修正措施。但是，公約實際上的執行機制卻是積弱不彰的。
- 本公約並未設置讓個人或非政府組織提出請求之管道，但目前正為增設此選擇性協定努力中（此選擇性協定之草案，可見於聯合國婦女地位委員會網站，網址請見下文）。

聯絡方式：

各界人士可以取得本公約委員名冊，並直接與她們連絡。委員名冊請見聯合國婦女地位委員會網站：http://www.un.org/womenwatch/daw/cedaw。

本公約通訊地址：

NGO Liaison Office, CEDAW

Division for the Advancement of Women

2 United Nations Plaza

New York, New York 10017, U.S.A.

214

對婦女暴力特調員之住址：

Radhika Coomaraswamy

The Special Rapporteur on Violence Against Women

Office of the High Commissioner for Human Rights

United Nations, 1211 Geneva 10

Switzerland

Fax: 41-22-917-0212

e-mail：srvaw@sltnet.lk

第三部分：其他資源

如何找到聯合國文獻

　　本書附有《世界人權宣言》與《消除對婦女一切形式歧視公約》全文，以及《兒童權利公約》之摘要。若要尋找其他人權公約或聯合國文獻（例如，《北京行動綱領》或《聯合國婦女權利宣言》），可以嘗試以下方式：

1. 網站：如果妳有電腦，可以在網路上找到所有的聯合國文獻，以及許多區域性與本國的人權文獻。聯合國文獻可在此網址找到：http://www.un.org/publications. 其他附有文獻全文檢索功能、人權機制使用介紹的網站，下文將一一列出。

2. 聯合國辦公室：大部分聯合國辦公室都會協助妳找出相關文獻。聯合國各辦公室多半設有資訊部門，幫助民眾取得資訊與其他資源正是他們的工作。若與妳所在地區的聯合國各機構辦事處接洽，或許可以取得使用當地語言寫成的版本。也可以去函索取妳需要的文獻。

3. 當地圖書館：許多社區、學校或大學圖書館，均有收藏聯合國文獻。妳需要的文獻，可能是獨立成冊收藏在圖書館中，也可能是與相同主題之其他聯合國文獻一併收錄在合輯當中。

4. 當地人權團體：許多地方上的人權團體，或是國際特赦組織的當地分會，均有收藏聯合國文獻。如果妳需要討論辦理人權教育工作坊的計畫，這些地方也許可以提供一臂之力。

215

網路上的人權文獻資源

人權文獻內容、簽約國資訊、政府與非政府組織所提交報告，都可以在下列網站找到：

- 明尼蘇達大學人權圖書館（University of Minnesota Human Rights Library）：可快速查閱與婦女相關之主要國際人權文獻完整版本。
- 多倫多大學（University of Toronto）：內有依主題編列之婦女人權資訊與書目。
- 聯合國官方網站：婦女地位委員會、消除對婦女歧視委員會、提高婦女地位司（United Nations Division for the Advancement of Women）等單位均設有網站。

明尼蘇達大學人權圖書館，國際人權文件—婦女人權網站（**University of Minnesota Human Rights Library, International Human Rights Instruments--Women's Human Rights Site**）（提供英文、法文、西班牙文三種版本的婦女人權文獻；附有批准各條約之聯合國會員國列表）

http://www.umn.edu/humanrts/instree/auoe.htm

多倫多大學，婦女人權網站（**University of Toronto, Women's Human Rights Site**）〔提供與下列主題相關之大量書目、文件資訊：婦女人權、第四屆婦女會議（北京）、女孩、兒童、勞動／就業權、難民婦女、生育權、健康權、婦女受暴〕

http://www.law-lib.utoronto.ca/diana/mainpage.htm

聯合國婦女發展基金（**UNIFEM**）（提供與下列主題相關之資訊：婦女人權、婦女受暴、婦女之管理／領導能力與經濟提升）

http://www.unifem.undp.org

聯合國提高婦女地位司（**United Nations Division for the Advancement of Women**）（官方網址；使用《消除對婦女一切形式歧視公約》）

http://www.un.org/womenwatch/daw/

婦女觀察（**Women Watch**）（與婦女改革進展、充權相關之聯合國入口網站。提供資訊包括：消除對婦女歧視委員會之各國報告、會議議程、建議、婦女公約選擇性協定；一九九五年第四屆世界婦女會議後續資訊；婦女與聯合國體系之相關報告）

http://www.un.org/womenwatch

聯合國人權高級專員辦公室（**Office of the United Nations High Commissioner for Human Rights**）（聯合國人權事務官方網站。提供資訊包括：聯合國人權計畫、條約、會議、人權委員會、一九九三年世界人權會議後續資訊、人權教育等等）

http://www.ohchr.org

國際法資料庫（**International Law Database, ILDB**）（聯合國國際貿易法委員會（UN Commission on International Trade Law, UNCITRAL）、海牙國際私法會議（Hague Conference on Private International Law）、統一私法國際研究院（International Institute for the Unification of Private Law, UNIDROIT）、美洲國家組織（Organization of American States））

http://www.his.com/~pildb/

難民世界（**REFWORLD, UNHCR**）（聯合國難民高級專員資料庫）

http://www.unhcr.ch/cgi-bin/texis/vtx/home/opendoc.htm?tbl=MEDIA&id=3e81c3604&page=publ

美國大學華盛頓法學院（**American University Washington College of Law**）（提供一般人權資訊）

http://www.wcl.american.edu/humright/index.cfm

澳大利亞人權網頁（**Australian Human Rights Page**）（提供澳洲人權法規與其他資訊）

http://www.vicnet.net.au/~victorp/vphuman.htm

216　公民權利和公民自由經由國會網路圖書館（**Civil Rights and Civil Liberties via the House Internet Library**）（人權條約全文和外國法律）

http://www.lectlaw.com/inll/93.htm

國際正義聯盟（**Coalition for International Justice**）（支持南斯拉夫與盧安達戰爭罪行審判）

http://www.cij.org/index.cfm?fuseaction=homepage

康乃爾法學院（**Cornell Law School**）（美國與國際法律文獻全文）

http://www.law.cornell.edu

黛安娜計畫：線上人權檔案（**Project Diana：An Online Human Rights Archive**）（收錄聯合國文獻、與戰爭相關之法律文獻、人權官司案例）

http://www.yale.edu/lawweb/avalon/diana/

歐洲人權法庭判例（**European Court of Human Rights Decisions**）

http://www.echr.coe.int/

弗萊契法律外交學院（**Fletcher School for Law and Diplomacy**）（提供文獻全文檢索）

http://www.fletcher.tufts.edu/library/Default.asp

第四世界文獻紀錄檔案（**Fourth World Documentation Archives**）（提供原住民相關資訊）

http://www.cwis.org/fwdp.html

人權摘要（**Human Rights Brief**）（電子期刊）

http://www.wcl.american.edu/hrbrief/

人權網路（**Human Rights Internet**）（人權組織和文件提供中心）

http://www.hri.ca/

人權網站（**Human Rights Web**）（提供文獻全文檢索與非政府人權組織網址）

http://www.hrweb.org/

紅十字國際委員會首頁（**International Committee of the Red Cross Homepage**）（提供國際人道主義法律）

http://www.icrc.org/Web/eng/siteeng0.nsf/iwpList2/Humanitarian_law/?Open-Document

中文版：http://www.icrc-chinese.org/icrc.asp?articleclass_id=5&sub_id=5

美洲國家組織（**Organization of American States, OAS**）（美洲國家組織之官方論壇）

http://www.oas.org

東倫敦大學法律資源（**University of East London Law Resources**）（弱勢族群權利資料庫）

http://www.uel.ac.uk/law/student_info/resources.htm

美國國務院外交事務網絡（**US Department of State Foreign Affairs Network**）（提供美國國務院之人權報告）

http://dosfan.lib.uic.edu/ERC/index.html

婦女網路資源（**Women's Resources on the Web**）（網絡資源一般列表）

http://orpheus.ucsd.edu/jtait/demo/women.html

拉丁美洲資訊網（**Agencia Latinoamericana de Información, ALAI**）（與拉丁美洲及加勒比海各國相關的資訊）

http://alainet.org/index.html.en

AVIVA（免費網路雜誌，供各國婦女或婦女團體登錄發佈訊息）

　　http://www.aviva.org

婦女人權網（**Women's Human Rights Net, WHRNet**）（本網站由來自各區域
之婦女人權組織聯盟贊助）

　　http://www.whrnet.org

《世界人權宣言》（UDHR）

序　言

鑒於對人類家庭所有成員的固有尊嚴及其平等的和不移的權利的承認，乃是世界自由、正義與和平的基礎。

鑒於對人權的無視和侮蔑已發展為野蠻暴行，這些暴行玷污了人類的良心，而一個人人享有言論和信仰自由並免於恐懼和匱乏的世界的來臨，已被宣布為普遍人民的最高願望。

鑒於為使人類不致迫不得已鋌而走險對暴政和壓迫進行反叛，有必要使人權受法治的保護。

鑒於有必要促進各國間友好關係的發展。

鑒於各聯合國國家人民已在《聯合國憲章》中重申他們對基本人權、人格尊嚴和價值以及男女平等權利的信念，並決心促成較大自由中的社會進步和生活水平的改善。

鑒於各會員國並已誓願同聯合國合作以促進對人權和基本自由的普遍尊重和遵行。

鑒於這些權利和自由的普遍了解對於這個誓願的充分實現具有很大的重要性。

因此，現在大會發布這一《世界人權宣言》，作為所有人民和所有國家努力實現的共同標準，以期每一個人和社會機構經常銘念本宣言，努力透過教誨和教育促進對權利和自由的尊重，並透過國家的和國際的漸進措施，使這些權利和自由在各會員國本身人民及在其管轄下領土的人民中得到普遍和有效的承認和遵行。

主體思想

第一條

人人生而自由，在尊嚴和權利上一律平等。他們富有理性和良心，並應

以兄弟關係的精神相對待。

平等原則

第二條

人人有資格享受本宣言所載的一切權利和自由，不分種族、膚色、性別、語言、宗教、政治或其他見解、國籍或社會出身、財產、出生或其他身分等任何區別。並且不得因一人所屬的國家或領土之政治的、行政的或者國際的地位之不同而有所區別，無論該領土是獨立領土、托管領土、非自治領土或者處於其他任何主權受限制的情況之下。

公民、政治、權利

第三條

人人有權享有生命、自由和人身安全。

第四條

任何人不得使為奴隸或奴役；一切形式的奴隸制度和奴隸買賣，均應予以禁止。

第五條

任何人不得加以酷刑，或施以殘忍的、不人道的或侮辱性的待遇或刑罰。

第六條

人人在任何地方有權被承認在法律前的人格。

第七條

法律之前人人平等，並有權享受法律的平等保護，不受任何歧視。人人有權享受平等保護，以免受違反本宣言的任何歧視行為以及煽動這種歧視的任何行為之害。

第八條

任何人當憲法或法律所賦予他的基本權利遭受侵害時，有權由合格的國家法庭對這種侵害行為作有效的補救。

第九條

任何人不得加以任意逮捕、拘禁或放逐。

第十條

人人完全平等地有權由一個獨立而無偏倚的法庭進行公正和公開的審訊，以確定他的權利和義務並判定對他提出的任何刑事指控。

第十一條

    *1.*凡受刑事控制者，有未經獲得辯護上所需的一切保證的公開審判而依法證實有罪以前，有權被視為無罪。

    *2.*任何人的任何行為或不行為，在其發生時依國家法或國際法均不構成刑事罪者，不得被判為犯有刑事罪。刑罰不得重於犯罪時適用的法律規定。

第十二條

    任何人的私生活、家庭、住宅和通信不得任意干涉，他的榮譽和名譽不得加以攻擊。人人有權享受法律保護，以免受這種干涉或攻擊。

第十三條

    *1.*人人在各國境內有權自由遷徙和居住。

    *2.*人人有權離開任何國家，包括其本國在內，並有權返回他的國家。

第十四條

    *1.*人人有權在其他國家尋求和享受庇護以避免迫害。

    *2.*在真正由於非政治性的罪行或違背聯合國的宗旨和原則的行為而被起訴的情況下，不得援用此種權利。

第十五條

    *1.*人人有權享有國籍。

    *2.*任何人的國籍不得任意剝奪，亦不得否認其改變國籍的權利。

219

第十六條

    *1.*成年男女，不受種族、國籍或宗教的任何限制，有權婚嫁和成立家庭。他們在婚姻方面，在結婚期間和在解除婚約時，應有平等的權利。

    *2.*只有經男女雙方的自由的和完全的同意，才能締結婚姻。

    *3.*家庭是天然的和基本的社會單元，並應受社會和國家的保護。

第十七條

    *1.*人人得有單獨的財產所有權以及同他人合有的所有權。

    *2.*任何人的財產不得任意剝奪。

第十八條

    人人有思想、良心和宗教自由的權利；此項權利包括改變他的宗教或信仰的自由，以及單獨或集體、公開或祕密地以教義、實踐、禮拜和戒律表示他的宗教或信仰的自由。

第十九條

人人有權享受主張和發表意見的自由；此項權利包括持有主張而不受干涉的自由，和透過任何媒介和不論國界尋求、接受和傳遞消息和思想的自由。

第二十條

1. 人人有權享有和平集會和結社的自由。

2. 任何人不得迫使隸屬於某一團體。

第二十一條

1. 人人有直接或透過自由選擇的代表參與治理本國的權利。

2. 人人有平等機會參加本國公務的權利。

3. 人民的意志是政府權力的基礎；這一意志應以定期的和真正的選舉予以表現，而選舉應依據普遍和平等的投票權，並以不記名投票或相當的自由投票程序進行。

經濟、社會、文化的權利

第二十二條

每個人，作為社會的一員，有權享受社會保障，並有權享受他的個人尊嚴和人格的自由發展所必需的經濟、社會和文化方面各種權利的實現，這種實現是透過國家努力和國際合作，並依照各國的組織和資源情況。

第二十三條

1. 人人有權工作，自由選擇職業，並受公正和合適的工作條件，並享有免於失業的保障。

2. 人人有同工同酬的權利，不受任何歧視。

3. 每一個工作的人，有權享有公正和合適的報酬，保證使他本人和家屬有一個符合人的尊嚴的生活條件，必要時並輔以其他方式的社會保障。

4. 人人有為維護其利益而組織和參加工會的權利。

第二十四條

人人有享受休息和閒暇的權利，包括工作時間有合理限制和定期有薪休假的權利。

第二十五條

1. 人人有權享受為維持他本人和家屬的健康和福利所需的生活水準，包括食物、衣著、住房、醫療和必要的社會服務；在遭到失業、疾病、殘廢、守寡、衰老或在其他不能控制的情況下喪失謀生能力時，有權

享受保障。

    2. 母親和兒童有權享受特別照顧和協助。一切兒童，無論婚生或非婚生，都應享受同樣的社會保護。

第二十六條

    1. 人人都有受教育的權利，教育應當免費，至少在初級和基本階段應如此。初級教育應屬義務性質。技術和職業教育應普遍設立。高等教育應根據成績而對一切人平等開放。

    2. 教育的目的在於充分發展人的個性並加強對人權和基本自由的尊重。教育應促進各國、各種族或各宗教集團間的了解、容忍和友誼，並應促進聯合國維護和平的各項活動。

    3. 父母對其子女所應受的教育的種類，有優先選擇的權利。

第二十七條

    1. 人人有權自由參加社會的文化生活，享受藝術，並分享科學進步及其產生的福利。

    2. 人人對於他所創作的任何科學、文學或美術作品而產生的精神和物質利益，得享有保護的權利。

社會和國際的秩序

第二十八條

    人人有權要求一種社會和國際的秩序，在這種秩序中，本宣言所載的權利和自由能獲得充分實現。

第二十九條

    1. 人人對社會負有義務，因為只有在社會中他的個性才可能得到自由和充分的發展。

    2. 人人在行使他的權利和自由時，只受法律所確定的限制，確定此種限制的唯一目的在於保證對旁人的權利和自由給予應有的承認和尊重，並在一個民主的社會中適應道德、公共秩序和普遍福利的正當需要。

    3. 這些權利和自由的行使，無論在任何情形下均不得違背聯合國的宗旨和原則。

第三十條

    本宣言的任何條文，不得解釋為默許任何國家、集團或個人有權進行任何旨在破壞本宣言所載的任何權利和自由的活動或行為。

《消除對婦女一切形式歧視公約》（CEDAW）

聯合國大會一九七九年十二月十八日第34/180號決議通過並開放給各國簽字、批准和加入生效；按照第二十七(1)條的規定，於一九八一年九月三日生效。

本公約締約各國，注意到《聯合國憲章》重申對基本人權、人身尊嚴和價值以及男女平等權利的信念。

注意到《世界人權宣言》申明不容歧視的原則，並宣布人人生而自由，在尊嚴和權利上一律平等，且人人都有資格享受宣言所載的一切權利和自由，不得有任何區別，包括男女的區別。

注意到有關人權的各項國際公約的締約國有義務保證男女平等享有一切經濟、社會、文化、公民和政治權利。

考慮到在聯合國及各專門機構主持下所簽署旨在促進男女權利平等的各項國際公約。

還注意到聯合國和各專門機構所通過旨在促進男女權利平等的決議、宣言和建議。

關心到儘管有這些各種文件，歧視婦女的現象仍然普遍存在。

考慮到對婦女的歧視違反權利平等和尊重人的尊嚴的原則，阻礙婦女與男子平等參加本國的政治、社會、經濟和文化生活，妨礙社會和家庭的繁榮發展，並使婦女更難充分發揮為國家和人類服務的潛力。

關心到在貧窮情況下，婦女在獲得糧食、保健、教育、培訓、就業和其他需要等方面，往往機會最少，深信基於平等和正義的新的國際經濟秩序的建立，將大有助於促進男女平等。

強調徹底消除種族隔離、一切形式的種族主義、種族歧視、新舊殖民主義、外國侵略、外國占領和外國統治、對別國內政的干預，對於男女充分享有其權利是不可或缺的。

確認國際和平與安全的加強，國際緊張局勢的緩和，各國不論其社會和經濟制度如何彼此之間的相互合作，在嚴格有效的國際管制下全面徹底裁軍——特別是核裁軍，國與國之間關係上正義、平等和互利原則的確認，在外國和殖民統治下和外國占領下的人民取得自決與獨立權利的實現，以及對各國國家主權和領土完整的尊重，都將會促進社會進步和發展，從而有助於實現男女的完全平等。

確信一國的充分和完全的發展，世界人民的福利以及和平的事業，需要婦女與男子平等充分參加所有各方面的工作。

念及婦女對家庭的福利和社會的發展所作出的巨大貢獻至今沒有充分受到公認。

又念及母性的社會意義以及父母在家庭中和在養育子女方面所起的作用，並理解到婦女不應因生育而受到歧視，因為養育子女是男女和整個社會的共同責任。

認識到為了實現男女完全平等需要同時改變男子和婦女在社會上和家庭中的傳統任務。

決心執行《消除對婦女歧視宣言》內載的各項原則，並為此目的，採取一切必要措施，消除這種歧視的一切形式及現象，茲協議如下：

222

第一部分

第一條

在本公約中，「對婦女的歧視」一詞指基於性別而作的任何區別、排斥或限制，其影響或其目的均足以妨礙或否認婦女不論已婚、未婚在男女平等的基礎上認識、享有或行使在政治、經濟、社會、文化、公民或任何其他方面的人權和基本自由。

第二條

締約各國譴責對婦女一切形式的歧視，協議立即用一切適當辦法，推行消除對婦女歧視的政策。為此目的，承擔：

(1) 男女平等的原則如尚未列入本國憲法或其他有關法律者，應將其列入，並以法律或其他適當方法，保證實現這項原則；

(2) 採取適當立法和其他措施，包括在適當情況下實行制裁，以禁止對婦女的一切歧視；

(3) 為婦女確立與男子平等權利的法律保護，透過各國的主管法庭及其他公共機構，保證切實保護婦女不受任何歧視；

(4) 不採取任何歧視婦女的行為或做法，並保證政府當局和公共機構的行動都不違背這項義務；

(5) 採取一切適當措施，消除任何個人、組織或企業對婦女的歧視；

(6) 採取一切適當措施，包括制定法律，以修改或廢除構成對婦女歧視的現行法律、規章、習俗和慣例；

(7)廢止本國刑法內構成對婦女歧視的一切規定。

第三條

　　締約各國應承擔在所有領域，特別是在政治、社會、經濟、文化領域，採取一切適當措施，包括制定法律，保證婦女得到充分發展和進步，以確保婦女在與男子平等的基礎上，行使和享有人權和基本自由。

第四條

　　1. 締約國為加速實現男女事實上的平等而採取的暫行特別措施，不得視為本公約所指的歧視，亦不得因此導致維持不平等的標準或另立標準；這些措施應在男女機會和待遇平等的目的達到之後，停止採用。

　　2. 締約各國為保護母性而採取的特別措施，包括本公約所列各項措施，不得視為歧視。

第五條

　　締約各國應採取一切適當措施：

223

　　(1)改變男女的社會和文化行為模式，以消除基於性別而分尊卑觀念或基於男女任務定型所產生的偏見、習俗和一切其他作法；

　　(2)保證家庭教育應包括正確了解母性的社會功能和確認教養子女是父母的共同責任，當然在任何情況下都應首先考慮子女的利益。

第六條

　　締約各國應採取一切適當措施，包括制定法律，以禁止一切形式販賣婦女及意圖營利使婦女賣淫的行為。

第二部分

第七條

　　締約各國應採取一切適當措施，消除在本國政治和公共生活中對婦女的歧視，特別應保證婦女在與男子平等的條件下：

　　(1)在一切選舉和公民投票中有選舉權，並在一切民選機構有被選舉權；

　　(2)參加政府政策的制定及其執行，並擔任各級政府公職，執行一切公務；

　　(3)參加有關本國公共和政治生活的非政府組織和協會。

第八條

　　締約各國應採取一切適當措施，保證婦女在與男子平等不受任何歧視的條件下，有機會在國際上代表本國政府和參加各國際組織的工作。

第九條

    1. 締約各國應給予婦女與男子有取得、改變或保留國籍的同等權利。締約各國應特別保證，與外國人結婚或於婚姻存續期間丈夫改變國籍均不當然改變妻子的國籍，使她成爲無國籍人，或把丈夫的國籍強加於她。

    2. 締約各國在關於子女的國籍方面，應給予婦女與男子平等的權利。

第三部分

第十條

    締約各國應採取一切適當措施以消除對婦女的歧視，以保證婦女在教育方面享有與男子平等的權利，特別是在男女平等的基礎上保證：

    (1)在各類教育機構，不論其在城市或農村，在專業和職業輔導、取得學習機會和文憑等方面都有相同的條件。在學前教育、普通教育、技術、專業和高等技術教育以及各種職業培訓方面，都應保證這種平等；

    (2)課程、考試、師資的標準、校舍和設備的質量一律相同；

    (3)爲消除在各級和各種方式的教育中對男女任務的任何定型觀念，應鼓勵實行男女同校和其他有助於實現這個目的的教育形式，並特別應修訂教科書和課程以及相應地修改教學方法；

    (4)領受獎學金和其他研究補助金的機會相同；

    (5)接受成人教育，包括成人識字和實用讀寫能力的教育機會相同，特別是爲了盡早縮短男女之間存在的教育水平上的一切差距；

    (6)減少女生退學率，並爲離校過早的少女和婦女安排各種方案；

    (7)積極參加運動和體育的機會相同；

    (8)有接受特殊知識輔導的機會，以有助於保障家庭健康和幸福，包括關於計畫生育的知識和輔導在內。

第十一條

    1. 締約各國應採取一切適當措施，消除在就業方面對婦女的歧視，以保證她們在男女平等的基礎上享有相同權利，特別是：

    (1)人人有不可剝奪的工作權利；

    (2)享有相同就業機會的權利，包括在就業方面相同的甄選標準；

    (3)享有自由選擇專業和職業，提升和工作保障、一切服務的福利和條

224

件，接受職業培訓和進修，包括實習培訓、高等職業培訓和經常性培訓的權利；

(4)同等價值的工作享有同等報酬，包括福利和享有平等待遇的權利，在評定工作的表現方面，也享有平等待遇的權利；

(5)享有社會保障的權利，特別是在退休、失業、疾病、殘廢和老年，或在其他喪失工作能力的情況下，以及享有有薪休假的權利；

(6)在工作條件方面享有健康和安全保障，包括保障生育機能的權利。

2.締約各國為使婦女不致因結婚或生育而受歧視，又為保障其有效的工作權利起見，應採取適當措施：

(1)禁止以懷孕或產假為理由予以解雇，以及以婚姻狀況為理由予以解雇的歧視，違反規定者予以制裁；

(2)實施有薪產假或具有同等社會福利的產假，而不喪失原有工作、年資或社會津貼；

(3)鼓勵提供必要的輔助性社會服務，特別是透過促進建立和發展托兒設施系統，使父母得以兼顧家庭義務和工作責任，並參與公共事務；

(4)對於懷孕期間從事確實有害於健康的工種的婦女，給予特別保護。

3.應根據科技知識，定期審查與本條所包涵的內容有關的保護性法律，必要時應加以修訂、廢止或推廣。

第十二條

1.締約各國應採取一切適當措施以消除在保健方面對婦女的歧視，保證她們在男女平等的基礎上取得各種包括有關計畫生育的保健服務。

2.儘管有本條第 1 款的規定，締約各國應保證為婦女提供有關懷孕、分娩和產後期間的適當服務，必要時予以免費，並保證在懷孕和哺乳期間得到充分營養。

第十三條

締約各國應採取一切適當措施以消除在經濟和社會生活的其他方面對婦女的歧視，保證她們在男女平等的基礎上有相同權利，特別是：

(1)領取家屬津貼的權利；

(2)銀行貸款、抵押和其他形式金融信貸的權利；

(3)參與娛樂生活、運動和文化生活各個方面的權利。

225　第十四條

1.締約各國應考慮到農村婦女面臨的特殊問題和她們對家庭生計包括她

們在經濟體系中非商品化部門的工作方面所發揮的重要作用，並應採取一切適當措施，保證對農村婦女適用本公約的各項規定。

2. 締約各國應採取一切適當措施以消除對農村婦女的歧視，保證她們在男女平等的基礎上參與農村發展並受其益惠，尤其是保證她們有權：

　(1)參與各級發展規劃的擬定和執行工作；

　(2)利用充分的保健設施，包括計畫生育方面的知識、輔導和服務；

　(3)從社會保障方案直接受益；

　(4)接受各種正式和非正式的培訓和教育，包括有關實用讀寫能力的培訓和教育在內，以及除了這些以外，享受一切社區服務和推廣服務的益惠，以提高她們的技術熟練程度；

　(5)組織自助團體和合作社，以透過受雇和自營職業的途徑取得平等的經濟機會；

　(6)參加一切社區活動；

　(7)有機會取得農業信貸，利用銷售設施，獲得適當技術，並在土地改革和土地墾殖計畫方面享有平等待遇；

　(8)享受適當的生活條件，特別是在住房、衛生、水電供應、交通和通訊等方面。

第四部分

第十五條

1. 締約各國應給予男女在法律面前平等的地位。

2. 締約各國應在公民事務上，給予婦女與男子同等的法律行為能力，以及行使這種行為能力的相同機會。特別應給予婦女簽訂合同和管理財產的平等權利，並在法院和法庭訴訟的各個階段給予平等待遇。

3. 締約各國同意，旨在限制婦女法律行為能力的所有合同和其他任何具有法律效力的私人文件，應一律視為無效。

4. 締約各國在有關人身移動和自由選擇居處的法律方面，應給予男女相同的權利。

第十六條

1. 締約各國應採取一切適當措施，消除在有關婚姻和家庭關係的一切事務上對婦女的歧視，並特別應保證婦女在男女平等的基礎上：

　(1)有相同的締結婚約的權利；

⑵有相同的自由選擇配偶和非經本人自由表示、完全同意不締結婚約的權利；

⑶在婚姻存續期間以及解除婚姻關係時，有相同的權利和義務；

⑷不論婚姻狀況如何，在有關子女的事務上，作為父母親有相同的權利和義務。但在任何情形下，均應以子女的利益為重；

⑸有相同的權利自由負責地決定子女人數和生育間隔，並有機會使婦女獲得行使這種權利的知識、教育和方法；

⑹在監護、看管、受托和收養子女或類似的制度方面，如果國家法規有這些觀念的話，有相同的權利和義務。但在任何情形下，均應以子女的利益為重；

⑺夫妻有相同的個人權利，包括選擇姓氏、專業和職業的權利；

⑻配偶雙方在財產的所有、取得、經營、管理、享有、處置方面，不論是無償的或是收取價值酬報的，都具有相同的權利。

2.童年訂婚和結婚應不具法律效力，並應採取一切必要行動，包括制定法律，規定結婚最低年齡，並規定婚姻必須向正式機構登記。

第五部分

第十七條

1.為審查執行本公約所取得的進展，應設立一個消除對婦女歧視委員會（以下稱委員會），由在本公約所適用的領域方面德高望重和有能力的專家組成，其人數在本公約開始生效時為十八人，到第三十五個締約國批准或加入後為二十三人。這些專家應由締約國自其國民中選出，以個人資格任職，選舉時須顧及公平地域分配原則及不同文化形式與各主要法系的代表性。

2.委員會委員應以無記名投票方式自締約各國提名的名單中選出。每一締約國得自本國國民中提名一人候選。

3.第一次選舉應自本公約生效之日起六個月後舉行。聯合國秘書長應於每次舉行選舉之日至少三個月前函請締約各國於兩個月內提出其所提名之人的姓名。秘書長應將所有如此提名的人員依字母順序，編成名單，註明推薦此等人員的締約國，分送締約各國。

4.委員會委員的選舉應在秘書長於聯合總部召開的締約國會議中舉行。該會議以三分之二締約國為法定人數，凡得票最多且占出席及投票締

226

約國代表絕對多數票者當選為委員會委員。

5. 委員會委員任期四年。但第一次選舉產生的委員中,九人的任期應於兩年終了時屆滿,第一次選舉後,此九人的姓名應立即由委員會主席抽籤決定。

6. 在第三十五個國家批准或加入本公約後,委員會將按照本條第 2、3、4 款增選五名委員,其中兩名委員任期為兩年,其名單由委員會主席抽籤決定。

7. 臨時出缺時,其專家不復擔任委員會委員的締約國,應自其國民中指派另一專家,經委員會核可後,填補遺缺。

8. 委員會委員經聯合國大會批准後,鑒於其對委員會責任的重要性,應從聯合國資源中按照大會可能決定的規定和條件取得報酬。

9. 聯合國秘書長應提供必需的工作人員和設備,以便委員會按本公約規定有效地履行其職務。

第十八條

1. 締約各國應就本國實行本公約各項規定所採取的立法、司法、行政或其他措施以及所取得的進展,向聯合國秘書長提出報告,供委員會審議:

  (1) 在公約對本國生效後一年內提出,並且

  (2) 自此以後,至少每四年並隨時在委員會的請求下提出。

2. 報告中得指出影響本公約規定義務的履行的各種因素和困難。

第十九條

1. 委員會應自行制定其議事規則。

2. 委員會應自行選舉主席團成員,任期兩年。

第二十條

1. 委員會一般應每年召開為期不超過兩星期的會議以審議按照本公約第十八條規定提出的報告。

2. 委員會會議通常應在聯合國總部或在委員會決定的任何其他方便地點舉行。

第二十一條

1. 委員會應就其活動,透過經濟及社會理事會,每年向聯合國大會提出報告,並可根據對所收到締約各國的報告和資料的審查結果,提出意見和一般性建議。這些意見和一般性建議,應連同締約各國可能提出

的評論載入委員會所提出的報告中。

　　2.聯合國秘書長應將委員會的報告轉送婦女地位委員會，供其參考。

第二十二條

　　各專門機構對屬於其工作範圍內的本公約各項規定，有權派代表出席關於其執行情況的審議。委員會可邀請各專門機構就在其工作範圍內各個領域對本公約的執行情況提出報告。

第六部分

第二十三條

　　如載有對實現男女平等更爲有利的任何規定，其效力不得受本公約的任何規定的影響，如：

　　　(1)締約各國法律；或

　　　(2)對該國生效的任何其他國際公約、條約或協定。

第二十四條

　　締約各國承擔在國家一級採取一切必要措施，以充分實現本公約承認的各項權利。

第二十五條

　　1.本公約開放給所有國家簽署。

　　2.指定聯合國秘書長爲本公約的保存者。

　　3.本公約須經批准，批准書交存聯合國秘書長。

　　4.本公約開放給所有國家加入，加入書交存聯合國秘書長後始生效。

第二十六條

　　1.任何締約國可以隨時向聯合國秘書長提出書面通知，請求修正本公約。

　　2.聯合國大會對此項請求，應決定所須採取的步驟。

第二十七條

　　1.本公約自第二十份批准書或加入書交存聯合國秘書長之日後第三十天開始生效。

　　2.在第二十份批准書或加入書交存後，本公約對於批准或加入本公約的每一國家，自該國交存其批准書或加入書之日後第三十天開始生效。

第二十八條

　　1.聯合國秘書長應接受各國在批准或加入時提出的保留書，並分發給所有國家。

228

2. 不得提出內容與本公約目的和宗旨牴觸的保留。

3. 締約國可以隨時向聯合國秘書長提出通知，請求撤銷保留，並由他將此項通知通知各有關國家。通知於收到的當日生效。

第二十九條

1. 兩個或兩個以上的締約國之間關於本公約的解釋或適用方面的任何爭端，如不能談判解決，經締約國一方要求，應交付仲裁。如果自要求仲裁之日起六個月內，當事各方不能就仲裁的組成達成協議，任何一方得依照《國際法院規約》提出請求，將爭端提交國際法院審理。

2. 每一個締約國在簽署或批准本公約或加入本公約時，可聲明本國不受本條第 1 款的約束，其他締約國對於作出這項保留的任何締約國，也不受該款的約束。

3. 依照本條第 2 款的規定作出保留的任何締約國，得隨時通知聯合國秘書長撤回該項保留。

第三十條

本公約的阿拉伯文、中文、英文、法文、俄文和西班牙文文本具有同等效力，均應交存聯合國秘書長。下列署名的全權代表，在本公約之末簽名，以昭信守。

　《兒童權利公約》（CRC）

序　言

　　本公約締約國，考慮到按照《聯合國憲章》所宣布的原則，對人類家庭所有成員的固有尊嚴及其平等和不移的權利的承認，乃是世界自由、正義與和平的基礎。

　　銘記聯合國人民在《憲章》中重申對基本人權和人格尊嚴與價值的信念，並決心促成更廣泛自由中的社會進步及更高的生活水平。

　　認識到聯合國在《世界人權宣言》和關於人權的兩項國際公約中宣布和同意：人人有資格享受這些文書中所載的一切權利和自由，不因種族、膚色、性別、語言、宗教、政治或其他見解、國籍或社會出身、財產、出生或其他身分等而有任何區別。

　　回顧聯合國在《世界人權宣言》中宣布：兒童有權利享受特別照料和協助。

　　深信家庭作為社會的基本單元，作為家庭所有成員，特別是兒童的成長和幸福的自然環境，應獲得必要的保護和協助，以充分負起它在社會上的責任。

　　確認為了充分而和諧地發展其個性，應讓兒童在家庭環境裡，在幸福、親愛和諒解的氣氛中成長。

　　考慮到應充分培養兒童可在社會上獨立生活，並在《聯合國憲章》宣布的理想的精神下，特別是在和平、尊嚴、寬容、自由、平等和團結的精神下，撫養他們成長。

　　銘記給予兒童特殊照料的需要已在一九二四年《日內瓦兒童權利宣言》和在大會一九五九年十一月二十日通過的《兒童權利宣言》中予以申明，並在《世界人權宣言》、《公民權利和政治權利國際公約》（特別是第二十三和二十四條）、《經濟、社會、文化權利國際公約》（特別是第十條）以及關心兒童福利的各專門機構和國際組織的章程及有關文書中得到確認。

　　銘記如《兒童權利宣言》所示，「兒童因身心尚未成熟，在其出生以前和以後均需要特殊的保護和照料，包括法律上的適當保護」。

　　回顧《關於兒童保護和兒童福利、特別是國內和國際寄養和收養辦法的社會和法律原則宣言》、《聯合國少年司法最低限度標準規則》（北京規則）以及《在非常狀態和武裝衝突中保護婦女和兒童宣言》。

　　確認世界各國都有生活在極端困難情況下的兒童，對這些兒童需要給予

特別的照顧。

　　適當考慮到每一民族的傳統及文化價值對兒童的保護及和諧發展的重要性。

　　確認國際合作對於改善每一國家、特別是發展中國家兒童的生活條件的重要性。

　　茲協議如下：

第一部分

第一條

　　為本公約之目的，兒童係指十八歲以下的任何人，除非對其適用之法律規定成年年齡低於十八歲。

第二條

　　1. 締約國應尊重本公約所載列的權利，並確保其管轄範圍內的每一兒童均享受此種權利，不因兒童或其父母或法定監護人的種族、膚色、性別、語言、宗教、政治或其他見解、民族、族裔或社會出身、財產、傷殘、出生或其他身分而有任何差別。

　　2. 締約國應採取一切適當措施確保兒童得到保護，不受基於兒童父母、法定監護人或家庭成員的身分、活動、所表達的觀點或信仰而加諸的一切形式的歧視或懲罰。

第三條

　　1. 關於兒童的一切行動，不論是由公私社會福利機構、法院、行政當局或立法機構執行，均應以兒童的最大利益為首要考量。

　　2. 締約國承擔確保兒童享有其幸福所必需的保護和照料，考慮到其父母、法定監護人或任何對其負有法律責任的個人的權利和義務，並為此採取一切適當的立法和行政措施。

　　3. 締約國應確保負責照料或保護兒童的機構、服務部門及設施符合主管當局的標準，尤其是安全、衛生、工作人員數目和資格以及有效監督等方面的標準。

第四條

　　締約國應採取一切適當的立法、行政和其他措施以實現本公約所確認的權利。關於經濟、社會及文化權利，締約國應根據其現有資源所允許的最大限度並視需要在國際合作範圍內採取此類措施。

第五條

　　締約國應尊重父母或適用時尊重當地習俗認定的大家庭或社會成員、法定監護人或其他對兒童負有法律責任的人的責任、權利和義務，以符合兒童不同階段接受能力的方式適當指導和指引兒童行使本公約所確認的權利。

第六條

　　1. 締約國確認每個兒童均有固有的生命權。

　　2. 締約國應最大限度地確保兒童的存活與發展。

第七條

　　1. 兒童出生後應立即登記，並有自出生起獲得姓名的權利，有獲得國籍的權利，以及盡可能知道誰是其父母並受其父母照料的權利。

　　2. 締約國應確保這些權利按照本國法律及其根據有關國際文書在這一領域承擔的義務予以實施，尤應注意未能如此兒童即無國籍之情形。

第八條

　　1. 締約國承擔尊重兒童維護其身分，包括法律所承認的國籍、姓名及家庭關係而不受非法干擾的權利。

　　2. 如有兒童被非法剝奪其身分方面的部分或全部要素，締約國應提供適當協助和保護，以便迅速重新確立其身分。

第九條

　　1. 締約國應確保不違背兒童父母的意願使兒童與父母分離，除非主管當局按照適用的法律和程式，經法院審查，判定這樣的分離符合兒童的最大利益而確有必要。在諸如由於父母的虐待或忽視，或父母分居而必須確定兒童居住地點的特殊情況下，這種裁決可能有必要。

　　2. 凡按本條第 1 款進行訴訟，均應給予所有有關方面以參加訴訟並闡明自己意見之機會。

　　3. 締約國應尊重與父母一方或雙方分離的兒童同父母經常保持個人關係及直接聯繫的權利，但違反兒童最大利益者除外。

　　4. 如果這種分離是因締約國對父母一方或雙方或對兒童所採取的任何行動，諸如拘留、監禁、流放、驅逐或死亡（包括該人在該國拘禁中因任何原因而死亡）所致，該締約國應按請求將該等家庭成員下落的基本情況告知父母、兒童或適當時告知另一家庭成員，除非提供這類情況會有損兒童的福祉，締約國還應確保有關人員不致因提出這類請求

而承受不利後果。

第十條

1. 按照第九條第 1 款所規定的締約國的義務，對兒童或其父母要求進入或離開一締約國以便與家人團聚的申請，締約國應以積極的人道主義態度迅速予以辦理。締約國還應確保申請人及其家庭成員不致因提出這類請求而承受不利後果。

2. 父母居住在不同國家的兒童，除特殊情況以外，應有權同父母雙方經常保持個人關係和直接聯繫。為此目的，並按照第九條第 1 款所規定的締約國的義務，締約國應尊重兒童及其父母的權利。離開任何國家的權利只應受法律所規定並為國家安全、公共秩序、公共衛生或道德、或他人的權利和自由所必需且與本公約所承認的其他權利不相抵觸的限制約束。

第十一條

1. 締約國應採取措施制止非法將兒童移轉國外和不使返回本國的行為。

2. 為此目的，締約國應致力締結雙邊或多邊協定或加入現有協定。

第十二條

1. 締約國應確保有主見能力的兒童有權對影響到其本人的一切事項自由發表自己的意見，對兒童的意見應按照其年齡和成熟程度給予適當的看待。

2. 為此目的，兒童特別應有機會在影響到兒童的任何司法和行政中，以符合國家法律的訴訟規則的方式，直接或透過代表或適當機構陳述意見。

第十三條

1. 兒童應有自由發表言論的權利；此項應包括通過口頭、書面或印刷、藝術形式或兒童所選擇的任何其他媒介，尋求、接受和傳遞各種資訊和思想的自由，而不論國界。

2. 此項權利的行使可受某些限制約束，但這些限制僅限於法律所規定並為以下目的所必需：

   (1)尊重他人的權利和名譽；

   (2)保護國家安全或公共秩序或公共衛生或道德。

第十四條

1. 締約國應尊重兒童享有思想、信仰和宗教自由的權利。

2. 締約國應尊重父母並於適用時尊重法定監護人以下的權利和義務，以符合兒童不同階段接受能力的方式指導兒童行使其權利。

3. 表明個人宗教或信仰的自由，僅受法律所規定並為公共安全、秩序、衛生或道德或他人之基本權利和自由所必需的這類限制約束。

230 第十五條

1. 締約國確認兒童享有結社自由及和平集會自由的權利。

2. 對此項權利的行使不得加以限制，除非符合法律所規定並在民主社會中為國家安全或公共安全、公共秩序、保護公共衛生或道德或保護他人的權利和自由所必需。

第十六條

1. 兒童的隱私、家庭住宅或通信不受任意或非法干涉，其榮譽和名譽不受非法攻擊。

2. 兒童有權享有法律保護，以免受這類干涉或攻擊。

第十七條

締約國確認大眾傳播媒介的重要作用，並應確保兒童能夠從多種的國家和國際來源獲得資訊和資料，尤其是旨在促進其社會、精神和道德福祉和身心健康的資訊和資料。為此目的，締約國應：

(1)鼓勵大眾傳播媒介本著第二十九條的精神在社會和文化方面有益於兒童的資訊和資料；

(2)鼓勵在編制、交流和散播來自不同文化、國家和國際來源的這類資訊和資料方面進行國際合作；

(3)鼓勵兒童讀物的著作和普及；

(4)鼓勵大眾傳播媒介特別注意屬於少數群體或土著居民的兒童在語言方面的需要；

(5)鼓勵根據第十三條和第十八條的規定制定適當的準則，保護兒童不受可能損害其福祉的資訊和資料之害。

第十八條

1. 締約國應盡其最大努力，確保父母雙方對兒童的養育和發展負有共同責任的原則得到確認。父母、或視具體情況而定的法定監護人對兒童的養育和發展負有首要責任，兒童的最大利益將是他們主要關心的事。

2. 為保證和促進本公約所列舉的權利，締約國應在父母和法定監護人履行其撫養兒童的責任方面給予適當協助，並應確保發展育兒機構、設

施和服務。

　　3.締約國應採取一切適當措施確保就業父母的子女有權享受他們有資格得到的托兒服務和設施。

第十九條

　　1.締約國應採取一切適當的立法、行政、社會和教育措施，保護兒童在受父母、法定監護人或其他任何負責照管兒童的人的照料時，不致受到任何形式的身心摧殘、傷害或凌辱、忽視或照料不周、虐待或剝削，以及性侵犯。

　　2.這類保護性措施應酌情，包括採取有效程式以建立社會方案，向兒童和負責照管兒童的人提供必要的協助，採取其他預防形式，查明、報告、查詢、調查、處理和追究前述的虐待兒童事件，以及在適當時進行司法干預。

第二十條

　　1.暫時或永久脫離家庭環境的兒童，或為其最大利益不得在這種環境中繼續生活的兒童，應有權得到國家的特別保護和協助。

　　2.締約國應按照本國法律確保此類兒童得到其他方式的照顧。

　　3.這種照顧除其他外，包括寄養、伊斯蘭法的「卡法拉」（監護）、收養或者必要時安置在適當的育兒機構中。在考慮解決辦法時，應適當注意有必要使兒童的培養教育具有連續性和注意兒童的族裔、宗教、文化和語言背景。

第二十一條

　　凡承認和（或）許可收養制度的國家應確保以兒童的最大利益為首要考慮並應：

　　　　(1)確保只有經主管當局按照適用的法律和程式並根據所有有關可靠的資料，判定鑒於兒童有關父母、親屬和法定監護人方面的情況允許收養，並且判定必要時有關人士已根據可能必要的輔導對收養表示知情的同意，方可批准兒童的收養；

　　　　(2)確認如果兒童不能安置於寄養或收養家庭，或不能以任何適當方式在兒童原籍國加以照料，跨國收養可視為照料兒童的一個替代辦法；

　　　　(3)確保得到跨國收養的兒童享有與本國收養相當的保障的標準；

　　　　(4)採取一切適當措施確保跨國收養的安排不致使所涉人士獲得不正當的財務收益；

(5)在適當時通過締結雙邊或多邊安排或協定本條的目標，並在這一範圍內努力確保由主管當局或機構負責安排兒童在另一國收養的事宜。

第二十二條

1. 締約國應採取適當措施，確保申請難民身分的兒童或按照適用國際法或國內法及程式可視為難民的兒童，不論有無父母或其他任何人的陪同，均可得到適當的保護和人道援助，以享有本公約和該有關國家為其締約的其他國際人權（或）人道主義文書所規定的可適用權利。

2. 為此目的，締約國應對聯合國和與聯合國合作的其他主管的政府間組織或非政府組織所作的任何努力提供其認為適當的合作，以保護和援助這類兒童，並為落單的難民兒童追尋其父母或其他家庭成員，以獲得必要的消息使其家庭團聚。在尋不著父母或其他家庭成員的情況下，也應使該兒童獲得與其他任何由於任何原因而永久或暫脫離家庭環境的兒童按照本公約的規定所得到同樣的保護。

第二十三條

1. 締約國確認身心有殘疾的兒童應能在確保其尊嚴、促進其自立、有利於其積極參與社會生活的條件下享有充實而適當的生活。

2. 締約國確認殘疾兒童有接受特別照顧的權利，應鼓勵並確保在現有資源範圍內，依據申請斟酌兒童的情況和兒童的父母或其他照料人的情況，對合格兒童及負責照料該兒童的人提供援助。

3. 鑒於殘疾兒童的特殊需要，考慮到兒童的父母或其他照料人的經濟情況，在可能時應免費提供按照本條第 2 款給予的援助，這些援助的目的應是確保殘疾兒童能有效地獲得接受教育、培訓、保健服務、康復服務、就業準備和娛樂機會，其方式應有助於該兒童盡可能充分地參與社會，實現個人發展，包括其文化和精神方面的發展。

4. 締約國應本著國際合作精神，在預防保健以及殘疾兒童的醫療、心理治療領域促進交換適當資料，包括散播和獲得有關康復教育方法和職業服務方面的資料，以期使締約國能夠在這些領域提高其能力和技術並擴大其經驗。在這方面，應特別考慮到發展中國家的需要。

第二十四條

1. 締約國確認兒童有權享有可達到的最高標準的健康，並享有醫療和康復設施。締約國應努力確保沒有任何兒童被剝奪獲得這種保健服務的權利。

2.締約國應致力充分實現這一權利，特別是應採取適當措施，以
(1)降低嬰幼兒死亡率；
(2)確保向所有兒童提供必要的醫療援助和保健，側重發展初級保健；
(3)消除疾病和營養不良現象，包括在初級保健範圍內利用現有可得的技術和提供充足的營養食品和清潔飲水，要考慮到環境污染的危險和風險；
(4)確保母親得到適當的產前和產後保健；
(5)確保向社會各階層，特別是向父母和兒童介紹有關兒童保健和營養、母乳育嬰的優點、個人衛生和環境衛生及防止意外事故的基本知識，使他們得到這方面的教育並幫助他們應用這種基本知識；
(6)開展預防保健、對父母的指導以及計畫生育教育和服務。
3.締約國應致力採取一切有效和適當的措施，以期廢除對兒童健康有害的傳統習俗。
4.締約國承擔促進和鼓勵國際合作，以期逐步充分實現本條所確認的權利。在這方面，應特別考慮到發展中國家的需要。

第二十五條
締約國確認在有關當局為照料、保護或治療兒童身心健康的目的下受到安置的兒童，有權獲得對給予的治療以及與所受安置有關的所有其他情況進行定期審查。

第二十六條
1.締約國應確認每個兒童有權受益於社會保障，包括社會保險，並應根據其國內法律採取必要措施充分實現這一權利。
2.提供福利時應酌情考慮兒童及負有贍養兒童義務的人的經濟情況和環境，以及與兒童提出或代其提出的福利申請有關的其他方面因素。

第二十七條
1.締約國確認每個兒童均有權享有足以促進其生理、心理、精神、道德和社會發展的生活水準。
2.父母或其他負責照顧兒童的人負有在其能力和經濟條件許可範圍內確保兒童發展所需生活條件的首要責任。
3.締約國按照本國條件並在其能力範圍內，應採取適當措施幫助父母或其他負責照顧兒童的人實現此項權利，並在需要時提供物質援助和支助方案，特別是在營養、衣著和住屋方面。

4.締約國應採取一切適當措施,向在本國境內或境外兒童的父母或其他對兒童負有經濟責任的人追索兒童的贍養費。尤其是,遇到對兒童負有經濟責任的人住在與兒童不同的國家的情況時,締約國應促進加入國際或締結此類協定以及作出其他適當安排。

231　第二十八條

1.締約國確認兒童有受教育的權利,爲在機會均等的基礎上逐步實現此項權利,締約國尤應:

　(1)實現全面的免費義務小學教育;

　(2)鼓勵發展不同形式的中學教育,包括普通和職業教育,使所有兒童均能享有和接受這種教育,並採取適當措施,諸如實行免費教育和對有需要的人提供津貼;

　(3)根據能力以一切適當方式使所有人均有受高等教育的機會;

　(4)使所有兒童均能得到教育和職業方面的資料和指導;

　(5)採取措施鼓勵學生按時出勤和降低輟學率。

2.締約國應採取一切適當措施,確保學校執行紀律的方式符合兒童的人格尊嚴及本公約的規定。

3.締約國應促進和鼓勵有關教育事項方面的國際合作,特別著眼於在全世界消滅愚昧與文盲,並便利獲得科技知識和現代教學方法。在這方面,應特別考慮到發展中國家的需要。

第二十九條

1.締約國一致認爲教育兒童的目的應是:

　(1)最充分地發展兒童的個性、才智和身心能力;

　(2)培養對人權和基本自由以及《聯合國憲章》所載各項原則的尊重;

　(3)培養對兒童的父母、兒童自身的文化認同、語言和價值觀、兒童所居住國家民族價值觀、其原籍以及不同於其本國的文明的尊重;

　(4)培養兒童本著各國人民、族裔、民族和宗教群體以及原爲土著居民的人之間諒解、和平、寬容、男女平等和友好的精神,在自由社會裡過有責任感的生活;

　(5)培養對自然環境的尊重。

2.對本條或第二十八條任何部分的解釋均不得干涉個人和團體建立和指導教育機構的自由,但須始終遵守本條第 1 款載列的原則,並遵守在這類機構中實行的教育應符合國家可能規定的最低限度標準的要求。

第三十條
　　在那些存在有族裔、宗教或語言方面屬於少數人或原爲土著居民的人的國家，不得剝奪這種屬於少數人或原爲土著居民的兒童與其群體的其他成員共同享有自己的文化、自己的宗教並舉行宗教儀式、或使用自己的語言的權利。

第三十一條
　　1. 締約國確認兒童有權享有休息和閒暇，從事與兒童年齡相宜的遊戲和娛樂活動，以及自由參加文化生活和藝術活動。
　　2. 締約國應尊重並促進兒童充分參加文化和藝術生活的權利，並應鼓勵提供從事文化、藝術、娛樂和休閒活動的適當和均等的機會。

第三十二條
　　1. 締約國確認兒童有權受到保護，以免受經濟剝削和從事任何可能妨礙或影響兒童教育或有害兒童健康或身體、心理、精神、道德或社會發展的工作。
　　2. 締約國應採取立法、行政、社會和教育措施確保本條得到執行。爲此目的，並鑒於其他國際文書的有關規定，締約國尤應：
　　　(1)規定受雇的最低年齡；
　　　(2)規定有關工作時間和條件的適當規則；
　　　(3)規定適當的懲罰或其他制裁措施以確保本條得到有效執行。

第三十三條
　　締約國應採取一切適當措施，包括立法、行政、社會和教育措施，保護兒童不致非法使用有關國際條約中界定的麻醉藥品和精神藥物，並防止利用兒童從事非法生產和販運此類藥物。

第三十四條
　　締約國承擔保護兒童免遭一切形式的色情剝削和性侵犯之害，爲此目的，締約國尤應採取一切適當的國家、雙邊和多邊措施，以防止：
　　　(1)引誘或強迫兒童從事任何非法的性生活；
　　　(2)利用兒童賣淫或從事其他非法的性行爲；
　　　(3)利用兒童進行淫穢表演和充當淫穢題材。

第三十五條
　　締約國應採取一切適當的國家、雙邊和多邊措施，以防止爲任何目的或以任何形式誘拐、買賣或販運兒童。

第三十六條

締約國應保護兒童免遭有損兒童福利的任何方面的一切其他形式的剝削之害。

第三十七條

締約國應確保：

(1)任何兒童不受酷刑或其他形式的殘忍、不人道或有辱人格的待遇或處罰。對未滿十八歲的人所犯罪行不得判以死刑或無釋放可能的無期徒刑；

(2)不得非法或任意剝奪任何兒童的自由。對兒童的逮捕、拘留或監禁應符合法律規定並僅應作爲最後手段，期限應爲最短的適當時間；

(3)所有被剝奪自由的兒童應受到人道待遇，其人格固有尊嚴應受尊重，並應考慮到他們這個年齡的人需要的方式加以對待。特別是，所有被剝奪自由的兒童應同成人隔開，除非認爲反之最有利於兒童，並有權透過信件和探訪同家人保持聯繫，但特殊情況除外；

(4)所有被剝奪自由的兒童均有權迅速獲得法律及其他適當援助，並有權向法院或其他獨立公正的主管當局就其被剝奪自由一事合法性提出異議，並有權迅速就任何此類行動得到裁定。

第三十八條

1. 締約國承擔尊重並確保尊重在武裝衝突中對其適用的國際人道主義法律中有關兒童的規則。

2. 締約國應採取一切可行措施確保未滿十五歲的人不直接參加戰爭行爲。

3. 締約國應避免招募任何未滿十五歲的人加入武裝部隊。在招募已滿十五歲但未滿十八歲的人時，締約國應致力首先考慮年齡最大者。

4. 締約國按照國際人道主義法律規定它們在武裝衝突中保護平民人口的義務，應採取一切可行措施確保保護和照料受武裝衝突影響的兒童。

第三十九條

締約國應採取一切適當措施，促使遭受下述情況之害的兒童身心得以康復並重返社會；任何形式的忽視、剝削或凌辱虐待；酷刑或任何其他形式的殘忍、不人道或有辱人格的待遇或處罰；或武裝衝突。此種康復和重返社會應在一種能促進兒童的健康、自尊和尊嚴的環境中進行。

第四十條

1. 締約國確認被指稱、指控或認爲觸犯刑法的兒童有權得到符合以下情況方式的待遇，促進其尊嚴和價值感，並增強其對他人的人權和基本

自由的尊重。這種待遇應考慮到其年齡和促進其重返社會並在社會中發揮積極作用的願望。

2.為此目的，並鑒於國際文書的有關規定，締約國尤應確保：

(1)任何兒童不得以行為或不行為之時本國法律或國際法不禁止的行為或不行為之理由被指稱、指控或認為觸犯刑法；

(2)所有被指稱或指控觸犯刑法的兒童至少應得到下列保證：

①在依法判定有罪之前應視為無罪；

②迅速直接地告知其被控罪名，適當時應透過其父母或法定監護人告知，並獲得準備和提出辯護所需的法律或其他適當協助；

③要求獨立公正的主管當局或司法機構在其得到法律或其他適當協助的情況下，透過依法公正審理作出判決，並且須有其父母或法定監護人在場，除非認為這樣做不符合兒童的最大利益，特別要考慮到其年齡或狀況；

④不得被迫作口供或認罪；應可盤問或要求盤問不利的證人，並在平等條件下要求證人為其出庭和接受盤問；

⑤若被判定觸犯刑法，有權要求高一級獨立公正的主管當局或司法機構依法複查此一判決及由此對之採取的任何措施；

⑥若兒童不懂或不會說所用語言，有權免費得到口譯人員的協助；

⑦其隱私在訴訟的所有階段均得到充分尊重。

3.締約國應致力於促進規定或建立專門適用於被指稱、指控或確認為觸犯刑法的兒童的法律、程式、當局和機構，尤應：

(1)規定最低年齡，在此年齡以下的兒童應視為無觸犯刑法之行為能力；

(2)在適當和必要時，制定不對此類兒童訴諸司法程式的措施，但須充分尊重人權和法律保障。

4.應採用多種處理辦法，諸如照管、指導和監督令、輔導、察看、寄養、教育和職業培訓方案及不交由機構照管的其他辦法，以確保處理兒童的方式符合其福祉並與其情況和違法行為相稱。

第四十一條

本公約和任何規定不應影響更有利於實現兒童權利且可能載於下述檔中的任何規定：

(1)締約國的法律；

(2)對該國有效。

第二部分

第四十二條

　　締約國承擔以適當的積極手段，使成人和兒童都能普遍知曉本公約的原則和規定。

第四十三條

1. 為審查締約國在履行根據本公約所承擔的義務方面取得的進展，應設立兒童權利委員會，執行下文所規定的職能。

2. 委員會應由十名品德高尚並在本公約所涉領域具有公認能力的專家組成。委員會成員應由締約國從其國民中選出，並應以個人身分任職，但須考慮到公平地域分配原則及主要法系。

3. 委員會成員應以無記名表決方式從締約國提名的人選名單中選舉產生。每一締約國可從其本國國民中提名一位人選。

4. 委員會的初次選舉應最遲不晚於本公約生效之日後的六個月進行，此後每兩年舉行一次。聯合國秘書長應至少在選舉之日前四個月函請締約國在兩個月內提出其提名的人選。秘書長隨後應將已提名的所有人選按字母順序編成名單，註明提名此等人選的締約國，分送本公約締約國。

5. 選舉應在聯合國總部由秘書長召開的締約國會議上進行。在此等會議上，應以三分之二締約國出席作為會議的法定人數，得票最多且占出席並參加表決締約國代表絕對多數票者，當選為委員會成員。

6. 委員會成員任期四年。成員如獲再次提名，應可連選連任。在第一次選舉產生的成員中，有五名成員的任期應在兩年結束時屆滿；會議主席應在第一次選舉之後立即以抽籤方式選定這五名成員。

7. 如果委員會某一成員死亡或辭職或宣稱因任何其他原因不再能履行委員會的職責，提名該成員的締約國應從其國民中指定另一名專家接替餘下的任期，但須經委員會批准。

8. 委員會應自行制定其議事規則。

9. 委員會應自行選舉其主席團成員，任期兩年。

10. 委員會會議通常應在聯合國總部或在委員會決定的任何其他方便地點舉行。委員會通常應每年舉行一次會議。委員會的會期應由本公約締約國會議決定並在必要時加以審查，但須經大會核准。

11. 聯合國秘書長應為委員會有效履行本公約所規定的職責提供必要的工

作人員和設施。

12.根據本公約設立的委員會成員，經大會核可，得從聯合國資源領取薪酬，其條件由大會決定。

第四十四條

1.締約國承擔按下述辦法，透過聯合國秘書長，向委員會提交關於它們為實現本公約確認的權利所採取的措施以及關於這些權利的享有方面的進展情況的報告；

232

附錄五　人權專業詞彙彙編

注意：該彙編解釋文字當中若出現「請參見……」或「即……」，意指「……」該詞彙會出現在彙編其他部分，請參考其解釋。該彙編由茱莉・莫鐸（Julie Mertus）所寫，有任何建議請寄至下列信箱聯絡：suitcase@igc.apc.org，更新的詞彙彙編可至北俄亥俄大學佩提法學院（Pettit College of Law, Ohio Northern University）的網站 http://www.law.onu.edu 查詢。

Accession　**加入**：國家沒有參與條約協商或草擬過程，卻主動接受該條約。

Admissibility requirements　**受理要件**：在個人、團體或國家被允許對特定的條約監督機構、其他檢視事實真相的人權團體、裁定組織或法庭提出請求前，要先完成的必備條件。

Adoption　**採用**：一個國家同意受國際法拘束之過程，接受通常是指受條約約束的初步外交階段。接受後通常必須經過立法機關的批准，才能使條約生效。

Advisory Opinion　**諮詢意見**：法庭或類似法庭之機構對於某一法律或規範所提出的詮釋。諮詢意見跟其他形式意見不同之處，在於諮詢意見不需就有真實對象宣稱受到傷害並符合補償條件的具體案例來考量。

Advocacy　**倡導**：以長期願景爲目標的特定活動；其行動是以吸引某社群對一特定議題的注意力，並指引政策制定者解決之道。

Affirmative Discrimination/Affirmative Action　**正面歧視／優惠待遇**：政府、教育機構、商界和其他組織爲了消弭現有歧視現象所採取的正面行動，針對過去歧視的情況提供立即矯正方案，並預防未來歧視發生的可能；經由認知人們本就處於不平等的位置，加上恆常的受到系統性不平等對待，因而在《消除一切形式種族歧視公約》、《消除對婦女一切形式歧視公約》，以及其他國際性和區域性的文件中同意某些條件，來提倡平等觀念。

African Chapter on Human and People's Rights　**《非洲人權與民族權利憲章》**：一九八一年通過，一九八六年生效，爲非洲地區建立人權標準及保護，

以處理社群和族群的權利義務而聞名。

African Commission on Human and People's Rights 「非洲人權與民族權利委員會」：主要負責促進及保護非洲人權的機制。

American Convention on Human Rights 《美洲人權公約》：一九六九年通過，一九七八年生效，建立美洲人權基準及保護措施，創立「美洲人權委員會」。

American Declaration on the Rights and Duties of Man, 1965 《美洲人權和責任宣言》：著重區域性人權標準的宣告，不具法律約束力；因為「美洲人權法院」認為此宣言具有模範價值，其發展成具有影響力的文件。

Beijing Declaration and Platform for Action 《北京宣言暨行動綱領》：一九九五年在北京舉辦第四屆「世界婦女會議」後出現的共識文件，重新檢視並再度確認婦女人權在生活各個層面的狀況；由與會代表簽署，不具法律效力，但有道德上的約束力。

Bilateral Treaty 雙邊條約：兩國之間正式且具約束力的公約。

Bretton Woods Institutions 布列敦森林機構：請參見「國際金融機構」、「國際貨幣基金」和「世界銀行」。

Cairo Programme of Action 《開羅行動準則》：「人口與發展國際會議」在一九九四年於開羅舉辦後發表的共識文件，確認婦女的生育健康和權益；由與會代表簽署，不具法律效力，但有道德上的約束力。

CEDAW：即 Committee on the Elimination of All Forms of Discrimination against Women，請參見「消除對婦女一切形式歧視委員會」。

Charter of the Organization of American States 《美洲國家組織憲章》：一九四八年通過，一九五一年生效。「美洲國家組織」的首份規章，創立了「美洲人權委員會」。

Charter of the United Nations, 1945 《聯合國憲章》：聯合國第一份文件，闡明聯合國的規則並重申部分國際法律的基本原則。

Child Abuse 虐待兒童：即 Maltreatment of Children，請參見兒童虐待。

Claim 請求：個人或國家因受到違反規定者傷害而認為自己符合賠償條件的宣告。

Claimant 請求人：提出請求的人。

Codification of International Law 國際法律的法典化：將習慣國際法成文法化的過程。

233

Collective Rights　**集體權**：請參見人民權利（Peoples' Right）.

Commission on Human Rights　**「人權委員會」**：基於「聯合國經濟社會理事會」（ECOSOC）而成立的跨部會政策制定組織，專職處理人權議題；是全球第一個也是最重要的人權團體之一。

Commission on the Status of Women, CSW　**「婦女地位委員會」**：「聯合國經濟社會理事會」所成立的組織，是聯合國首要的婦女政策制定組織，監督《北京行動綱領》的實踐狀況。

Commission against Torture, CAT　**「禁止酷刑委員會」**：依《禁止酷刑和其他殘忍，不人道或有辱人格的待遇或處罰公約》所成立的公約監督機制，以審查是否違反此公約。

Committee of Ministers of the Council of Europe　**「歐洲理事會部長委員會」**：《歐洲保障人權與基本自由公約》的政治機關，可以把案件移交給「歐洲人權法院」。

Committee on the Elimination of All Forms of Discrimination Against Women　**「消除對婦女一切形式歧視委員會」**：根據《消除對婦女一切形式歧視公約》而創立的公約監督組織，主司監督國家是否有依公約行事。

Committee on the Elimination of All Forms of Racial Discrimination, CERD　**「消除一切形式種族歧視委員會」**：根據《消除一切形式種族歧視公約》而創立的公約監督組織，主司監督國家是否有依公約行事。

Communication　**申訴文件**：請參見申訴（Complaint）。

Complaint　**申訴**：用法律術語來說，是爭取權益的法律行動的第一份文件，其說明案件事實以及應獲賠償之理由。在人權的案例上，這份文件會宣告某個必須遵守人權標準的政府、機構或個人侵害特定個人或團體的人權。

Complaint-Information Procedures　**事實申訴程序**：目的在於指認影響到多數人口、大範圍的人權侵害行動，而非補償個人的傷害，其申訴只是作為監督機制之資訊來源，申訴人無權要求補償，甚至無權要求了解審理的狀況。

Complaint-Recourse Procedures　**求償申訴程序**：目的在於補償特定的傷害。此程序如果成功的話可得到具法定執行力之賠償，其效力可能是強制要求政府賠償受害者、譴責迫害者，甚至改變政府的政策和措施。

Conference on Security and Cooperation in Europe, CSCE　**「歐洲安全與合作會**

議」：請參見「歐洲安全與合作組織」（OSCE）。

Convention　公約：國家間具有法律約束力的協議，與「條約」及「盟約」有相同之意義，公約此宣言有更強之法律效力，因為締約國及政府如果違反公約必須負責。當聯合國大會簽訂公約時，其制定國際規範及標準，各會員國得批准公約以表示其接受公約之拘束。

Convention against Torture and Other Cruel, Inhumane, or Degrading Treatment or Punishment　《禁止酷刑和其他殘忍、不人道或有辱人格的待遇或處罰公約》：一九八四年採用，一九八七年生效。此公約定義並禁止酷刑。

Convention and Recommendation on Workers with Family Responsibilities　《有關有家庭責任勞工之公約與建議》：一九八一年《國際勞工組織》所簽訂之公約，認定男人與女人都應負家庭責任。

Convention Concerning Equal Remuneration for Men and Women Workers for Work of Equal Value　《男女同工同酬公約》：一九五三年《國際勞工組織》所簽訂之公約，宣布兩性應同工同酬。

Convention Concerning Indigenous and Tribal Peoples in Independent Countries　《有關獨立之原住民族和部落民族公約》：一九八九年《國際勞工組織》所簽訂之公約，聚焦在國家有發展協調並有系統性的計畫以保護原住民權益的責任。

Convention on Consent to Marry, Minimum Age for Marriage and the Registration of Marriages, 1962　《關於婚姻的同意、結婚最低年齡和婚姻登記的公約》：認為女性有權力拒絕逼婚或是未成年結婚的公約。

Convention on the Elimination of All Forms of Discrimination against Women　《消除對婦女一切形式歧視公約》：一九七九年通過，一九八一年生效。第一個有法律效力禁止歧視婦女的國際公約，並有權力要求政府為促進公、私領域的兩性平等採取行動。請參見《反暴力侵害婦女宣言》及〈第十九號一般建議：對婦女暴力〉。

Convention on the Elimination of All Forms of Racial Discrimination　《消除一切形式種族歧視公約》：一九六五年通過，一九六九年生效。條約定義並禁止種族歧視。

Convention on the Political Rights of Women　《女性政治權利公約》：一九五三年通過，一九五四年生效。早期規範及保障女性政治權的公約。

Convention on the Prevention and Punishment of the Crime of Genocide　《防止及

234

懲治殘害人群罪公約》：一九四八年通過，一九五一年生效。定義並禁止集體大屠殺的國際公約，亦是聯合國第一個人權公約。

Convention on the Protection of the Rights of Migrant Workers and Members of Their Families 《保護所有移徙工人及其家庭成員權利公約》：一九九〇年通過，二〇〇三年生效。公約中明訂移徙工人和其家人的權利。

Convention on the Rights of the Child, CRC 《兒童權利公約》：1989 年通過，1990 年生效。此公約為兒童訂定完備的公民權、政治權、文化權、經濟權及社會權。

Convention Relating to the Status of Refugees 《難民地位公約》：1951 年通過，一九五四年生效，後以一九六七年《難民身份議定書》修訂之。主要公約內容在於確認難民之定義，並規定難民之權益及接受難民的國家之義務。難民是指正當理由畏懼由於種族、宗教、國籍、屬於其一社會團體或具有某種政治見解的原因留在其本國之外，並且由於此項畏懼而不能或不願受該國保護的人；或者不具有國籍並由於上述事情留在他以前經常居住國家以外而現在不能或者由於上述畏懼不願返回該國的人。流落至他國的人被稱為災民。

Council of Europe 「歐洲理事會」：促進歐洲區域間在政治、社會、經濟議題合作的區域組織。歐洲理事會與歐洲共同體是兩個不同之組織，歐洲共同體是經濟組織。

Covenant 盟約：國際間具有約束力的協議，其意義與公約（Convention）和條約（Treaty）相同，主要國際人權盟約包括《經濟、社會和文化權利國際盟約》及《公民和政治權利國際盟約》。

Culture 文化：一個社會單位所有成員持續協商下所形塑出來的特色。《消除對婦女一切形式歧視公約》第五條呼籲改善「男女之社會及文化行為模式，以消除偏見。」

Customary International Law 習慣國際法：雖然非成文法化而是靠持續之習慣，但對國家有約束力的法律，只要有足夠國家遵守，就會成為真正具有強制力的法律，是主要的國際法法源之一。

Declaration 宣言：呈現共識的文件，但不具法律效力。聯合國有時會出現兩種形式的宣言，一種是由政府代表公告，一種由非政府組織公告。聯合國大會經常發表有影響力但無法律拘束力之宣言。

Declaration on the Elimination of Discrimination against Women, 1967 《消除對

婦女的歧視宣言》：聯合國大會針對婦女權利所發表之宣言，其是在《消除對婦女一切形式歧視公約》通過之前發表的。

Declaration on the Elimination of Violence against Women, 1993　**《消除對婦女施暴宣言》**：聯合國大會所發表不具約束力的宣言，強調婦女有不受暴力壓迫的自由，而且政府有義務採取行動以消弭對婦女的暴力。

Declaration on the Rights of Persons Belonging to National, Ethic, Religious or Linguistic Minorities　**《在民族或族裔、宗教和語言方面屬於少數群體的權利宣言》**：一九九二年聯合國大會聲明所有國家都有保障少數民族享有自己文化、信奉原有信仰、使用自己語言的義務。

Development　**發展**：傳統上等同於經濟成長，也用國民生產毛額和工業化程度作為測量工具。人權擁護者倡導，發展應該在著重經濟和社會正義而非僅是經濟成長的基礎上，並包括提升人民福祉。

Disabled Persons　**身心障礙者**：個人因先天或後天之身體、生理或心理因素，而可能需要特別照顧以便能平等而充分地參與社會活動。

Discrimination　**歧視**：請參見「非歧視」或「對婦女的歧視」。

Discrimination Against Women　**對婦女的歧視**：在《消除對婦女一切形式歧視公約》被定義為「基於性別所做的任何區別、排斥或限制，影響或目的在於妨礙或否認在男女平等的基礎上，婦女不論已婚未婚均有認識、享有或行使在政治、經濟、社會、文化、公民或任何其他方面的人權和基本自由。」

Displaced Person　**災民**：因為政治迫害或戰爭而必須逃離祖國的人，但不一定要跨越國界。「國內災民」可被用來指稱那些自認為是難民但卻不符合《難民地位公約》之難民定義之人。

Division for the Advancement of Women　**「提升婦女地位組」**：請參見「聯合國提升婦女地位組」(DAW, United Nations Division for the Advancement of Women)

Domestic Systems　**國內體系**：特定國家的法律系統，跟國家體系（National System）是同義詞。

Domestic Violence　**家庭暴力**：發生在家庭成員或同居者之間的暴力。施暴者會強制性的對其他成員施加身體或心理上的暴力來獲得權力，受害者通常是女性。

Draft Declaration on Principles of Human Rights and the Environment　**《人權與**

環境原則宣言草案》：一九九四年針對人權和環境所提出的宣言，一九九八年寫作本書時尚未通過。

Earth Summit 「地球高峰會」：「聯合國環境與發展會議」（United Nations Conferences on Environment and Development）的簡稱。

Economic and Social Council（ECOSOC） 「經濟及社會理事會」：由五十四個會員國所組成的聯合國理事會，關注人口、經濟發展、人權和司法正義的議題。其爲接受及傳播各種類型人權報告之聯合國高層組織。

Economic Structures 經濟結構：交換商品與服務的系統和過程，例如，貿易、經濟援助、市場、公司、生意和財務機構，請參見經濟。

Economy 經濟：一套結構與關係，專司引導財經與物質資源的分配與置放，建立收入與財富分配、工作規範、薪資標準等模式。

Enforcement Mechanisms 執行機制：在國家、區域或國際層次之報告或申訴程序，對國家課以義務以實踐人權。

Entered into Force 生效：條約產生效力的那一天，即有足夠的國家簽署同意而能使條約生效之時。

Environmental Justice 環境正義：用來表達環境與社會權利之間正向相互關係的用語。

Environmental Racism 環境種族歧視：表達一種社會上種族歧視現象的用語，專指相較於白種人，有色人種的身體健康處於較不利的環境條件下。

Equality 平等：認爲所有的人類天生都享有一樣的人權。平等不必非得用同樣的方式對待所有的人，而更應該採取能促進整體社會正義的必要行動。

European Commission 「歐洲執委會」：「歐洲聯盟」的管理與執行機構。

European Committee for the Prevention of Torture or Inhumane or Degrading Treatment or Punishment 「歐洲禁止酷刑和其他殘忍，不人道或有辱人格的待遇或處罰委員會」：依據《歐洲禁止酷刑和其他殘忍，不人道或有辱人格的待遇或處罰公約》所成立之監督組織，若有申訴，所有公約締約國都必須同意讓委員會訪查。

European Commission on Human Rights 「歐洲人權委員會」：《歐洲保障人權與基本自由公約》下成立的組織，專司調查人權侵害案件並針對違約行爲提出申訴。委員會裡的人數與公約締約國數目相同。

European Community Court of Justice 「歐洲法院」：一九五二年創立的法庭，屬於「歐洲煤鋼共同體」的一部分，依據「歐洲經濟共同體」的條約及

其他相關規定，審理會員國有關經濟上的訴訟。

European Convention for the Prevention of Torture or Inhumane or Degrading Treatment or Punishment **《歐洲禁止酷刑和其他殘忍、不人道或有辱人格的待遇或處罰公約》**：一九八七年通過，一九八九年生效，屬於區域條約，但與《禁止酷刑和其他殘忍、不人道或有辱人格的待遇或處罰公約》相等，顯著特色在於建立了「歐洲禁止酷刑和其他殘忍、不人道或有辱人格的待遇或處罰委員會」。

European Convention for the Protection of Human Rights and Fundamental Freedoms **《歐洲保障人權與基本自由公約》**：一九五〇年簽署，一九五三年生效，區域性文件保障公民和政治人權，並建立監督和執行機關，與有關社會與經濟權利的《歐洲社會憲章》互補。

European Council **「歐盟高峰會」**：「歐洲聯盟」主要的政策和規則制定機構。

European Court of Human Rights **「歐洲人權法院」**：《歐洲保障人權與基本自由公約》下成立的法庭，審理違反人權的案件。當中的法官人數必須跟「歐洲理事會」的會員國數目一樣。要注意的是，「歐洲人權法院」和負責聽審會員國間有關經濟訴訟的「歐洲法院」不同。

European Court of Justice **「歐洲法院」**：「歐洲聯盟」最高司法機關。

European Economic Community **「歐洲經濟共同體」**：一九五八年建立，目標在於發展歐洲共同貿易自由市場，並致力於促進會員國法律和實踐上的一致性。

European Parliament **「歐洲議會」**：「歐洲聯盟」主要的審議與監督機構。

European Social Charter **《歐洲社會憲章》**：一九六一年簽署，一九六五年執行，關注發展與保障社會及經濟權的區域性文件，原意作為《歐洲保障人權與基本自由公約》的互補參照文件，但較不具影響力。

European Union **「歐洲聯盟」**：區域性國際組織，目標在於消弭內部的界線並建立一個經濟和貨幣的聯盟。

Exhaustion Requirement **用盡國內救濟要件**：強調無論個人、團體或國家想要提出人權請求前，必須先尋求國內救濟。

Export Processing Zones, EPZs **加工出口區**：政府藉由關稅優惠和大量低薪的現有勞力來吸引外資和外國企業所成立的區域，該區禁止成立工會、撤銷勞工規定或進出口限制。

236

Female Genital Mutilation, FGM　**女性閹割**：等同於Female Circumcision，是一種傷害女性健康的文化儀式。共分三類：切除部分或全部陰蒂；切除陰蒂和陰唇；去除所有外露的性器官，並縫合陰唇只留下小孔供排放經血及尿液之用。

1503 Procedures　**「1503 程序」**：原告可以經由「人權委員會」直接將大規模的人權侵害案件提交給聯合國的機密程序。

Gender　**性別**：社會建構兩性角色、態度、價值和關係的產品。性是由生理所決定，性別則是由社會建構出來的，這種性別差異無法避免地造成歧視女性、讓女性居於附屬地位。

Gender-Based Violence　**基於性別的暴力**：因為性別因素而傷害女性的暴力行為；尤其針對女性的暴力，像是強暴、性侵害、女性閹割、因嫁妝不足而被燒死，以及女性因為無法遵守嚴格社會規範而遭受的暴力。

Gender Development Index, GDI　**性別發展指標**：反應國家在兩性平等上發展狀況的測量工具。

Gender Discrimination　**性別歧視**：由社會建構出對兩性的概念和想法所造成的歧視。

Gender-Neutrality　**性別中立**：在不考慮性別因素的情況下處理問題。

Gender Perspective　**性別觀點**：看待問題和解決辦法都要持有對性別的敏感度。回顧歷史，大多數有關現實的觀點皆傾向男性角度，都不是從女性立場出發，也不提及女性經驗，使得日常生活中侵害女性人權的行為隱形。

Gender-Specific Claims　**基於性別之人權請求**：不論男女，如果至少有部分是因為性別考量造成人權受到侵害，或是女性因為性別因素而經驗與男人不同的人權侵害行為，便可提出人權賠償申訴。

General Agreement on Tariffs and Trade, GATT　**「關稅暨貿易總協定」**：國際組織，目標在於創造並執行具全球規模、降低關稅障礙的規定。

General Assembly　**聯合國大會**：聯合國的主要機構，由所有會員國組成，對人權議題發表宣言及並通過公約，聯合國大會之行為受《聯合國憲章》之規範。

General Principles of Law　**一般法律原則**：幾乎全球所有國家內部法律都會依循的原則，因此經過一段時間以後變成拘束所有國家，是主要的國際法法源之一。

General Recommendation 19, Violence Against Women　**「第十九號一般建議：反暴力侵害婦女」**：「消除對婦女一切形式歧視委員會」在一九九二年通過，具有相當影響力，認定因性別而施加的暴力亦屬於性別歧視的一種。

Geneva Conventions Relative to the Protection of Civilians in Time of War　**《日內瓦公約》關於戰時保護平民的部分**：一九四九年開放簽署，一九五〇年生效，與一九四九年保護非國際性武裝衝突受難者的《日內瓦公約第二議定書》互為增補。

Genocide　**有計畫的集體大屠殺**：下列任何一項意圖毀滅全部或部分國族、種族、民族或教徒的行動：(1)殺害某團體成員；(2)對某團體成員造成嚴重的身體或心理傷害；(3)故意營造嚴酷的生活條件來引發某一團體的滅絕；(4)強制執行某些手段，以阻撓某團體生育下一代；(5)強迫將某團體的小孩移交給另一個團體。

Grassroots Organizations　**草根性組織**：地方性的非政府團體，通常是非營利組織，成立目標在於動員民眾和社群以為社會、經濟和政治問題發聲。

Gross Domestic Product, GDP　**國內生產毛額**：衡量國家所生產的商品和服務總量的指標。

Gross National Product, GNP　**國民生產毛額**：除了衡量國家所生產的商品和服務總量之外，還加上外資和外國人在國內從事生產活動的所得。但傳統上，國內生產毛額和國民生產毛額都沒有將婦女不支薪的勞務活動算入。

Habitat Conference　**「住居環境會議」**：請參見「聯合國世界人類居住環境大會」（United Nations World Conferences on Human Settlements）。

Helsinki Accords　**《赫爾辛基協定》**：《歐洲安全合作會議最後協議》（*Conference on Security and Cooperation in Europe, the Final Act*）在一九七五年於芬蘭首都赫爾辛基簽署，就歐洲安全與人權取得共識。

Hostile-Environment Sexual Harassment　**敵意環境型性騷擾**：上司、同事或第三方因性別歧視而對其員工惡意且持續的挑剔與敵視。此一類型雖無直接損害工作條件上之利益，但惡化的工作環境導致被騷擾者工作意願低落，或成為執行職務時之困境。

Human Development Index, HDI　**人類發展指標**：根據健康、識字率和生活品質的指標來測量國家發展狀況。

Human Rights　**人權**：身而為人就享有的權利，不分國籍、性別、種族、語

言、性向或能力等一視同仁。當人權被公約、盟約或條約成文法化後便有法律強制力，當其成爲習慣國際法後便被認可。

Human Rights Committee, HRC　「人權事務委員會」：基於《公民和政治權利國際盟約》而成立的公約監督團體，負責調查和聽審有關公民和政治權利的申訴請求。是六個監督各會員國實踐聯合國人權條約的機制之一。

Human Rights of Women　婦女人權：請參見婦女人權（Women's Human Rights）。

Human Rights Principles　人權原則：人權跟爲人的尊嚴息息相關，是放諸四海皆準、不可剝奪、不可分割又互相獨立的；政府有義務要實踐這些權利以促進平等和反歧視。

Human Rights Systems　人權系統：泛指各種類型的人權法案、法庭、調察團體和其他國家、區域和國際層次的組織；提供適當的執行機制，例如，類似法院的申訴制度或是類似督導的監督報告制度。

Humanitarian Law　《人道法》：保障戰時平民和戰士權利的國際法律。

ILO：即 International Labour Organization，請參見「國際勞工組織」。

ILO Convention　《國際勞工組織原住民和部落人口公約》：請參見公約（convention）。

Inalienable　不可剝奪的：意指人權這個概念不能在任何情況下受到剝奪，即使有人自願放棄。

Individual Complaints　個人申訴：個人或非政府組織的申訴；《公民及政治權利國際盟約任擇議定書》允許人權事務委員會接受個人或非政府組織的申訴。

Indivisible　不可分割的：意指權利沒有高低之分；公民和政治權利跟社會、經濟和文化權利一樣重要。

Informal Sector　非正式部門：由不受管制和法治外的經濟活動所組成的經濟部門，通常跟不是以薪資爲代價的工作，或是不在地方、國家或政府管制範圍內的工作環境有關。非正式不僅是指企業對國家的關係，也是勞資、買方和賣方間的關係。

Inter-American Commission on Human Rights　「美洲人權委員會」：美洲國家組織的分支機構，有權針對危害人權行動進行調查，並建議保障人權方案。

Inter-American Court of Human Rights　「美洲人權法院」：有七位成員的司法

機關，審理控訴會員國人權的案例，為美洲國家組織的分支機構之一。

Inter-American Convention on Human Rights 　《美洲人權公約》：一九六九年簽署，一九七八年生效。保障美洲人權的公約，是成立「美洲人權法院」的法源。

Inter-American Convention on the Prevention, Punishment and Eradication of Violence against Women 　《美洲防止、處罰及消除對婦女的暴力公約》：一九九五年生效。區域性公約，為遭受不同暴力形式傷害的美洲婦女提供新的機制。

Inter-American Convention to Prevent and Punish Torture, 1985 　《美洲禁止和處罰酷刑公約》：區域性條約，符合聯合國之《禁止酷刑和其他殘忍，不人道或有辱人格的待遇或處罰公約》。

Inter-State Complaint 　國家間訴案：一個國家對另一個國家的申訴。

Interconnected and Interdependent 　相互關連與相互依賴：人權是動態地交互運作著，彼此間會互相補強；否決某一項人權會影響到個人使用其他人權的能力。

Intergovernmental Organization 　政府間組織：由會員國組成和支持的組織。

International Bank for Reconciliation and Development 　「國際重建與發展銀行」：請參見「世界銀行」(World Bank)。

International Bill of Rights 　《國際人權法典》：即《世界人權宣言》、《公民及政治權利國際盟約》和《經濟、社會和文化權利國際盟約》。

International Covenant on Civil and Political Rights, ICCPR 　《公民及政治權利國際盟約》：一九六六年通過，一九七六年生效。該公約宣布所有的人都有廣泛的公民和政治權利，是《國際人權法典》三份文件之一。實踐此公約之機制為人權事務委員會。

International Covenant on Economic, Social and Cultural Rights, ICESCR 　《經濟、社會和文化權利國際盟約》：一九六六年通過，一九七六年生效，宣布所有的人都享有範圍極廣之經濟、社會和文化權利的公約，是國際人權法典之一。實踐此公約之機制為經濟、社會和文化權利委員會。

International Financial Institutions, IFI 　「國際金融機構」：設計來提升世界經濟的國際性組織，通常與「世界銀行」和「國際貨幣基金」合稱為「布列敦森林機構」（Bretton Woods Institutions）。

International Governmental Organization, IGO 　國際政府組織：由三個以上的國

238

家共同成立的永久性組織，負責與共通利益相關的活動。

International Labour Organization, ILO 「國際勞工組織」：一九一九年成立，
　　是《凡爾賽條約》的一部分，旨在提升工作條件和促進社會正義。

International Monetary Fund, IMF 「國際貨幣基金」：一九四四年成立，經由
　　監督匯率和降低會員國貨幣間匯兌的限制，來促進世界商業發展。「國
　　際貨幣基金」本身也有一筆預留的錢，用以協助暫時沒有錢支出的國家
　　繼續交易。

Jurisdiction 管轄權：法庭或類似法庭機關可以審理或決定申訴案件的權力，
　　可指法院有權審理特定主體或類型之案件，亦可指法院對特定區域之管
　　轄。

Maltreatment of Children 虐待兒童：情緒上虐待、忽略，生理或性虐待小孩。
　　情緒上的虐待意指父母親或監護人造成或可能引起孩童行為、認知、情
　　緒或心理上的嚴重失序。情緒上的忽略則是指沒有滿足小孩的基本需求，
　　可能是生理、教育或情緒上的需求。身體虐待是指對小孩的生理狀況造
　　成傷害。性虐待則是對小孩有不適當的性行為。

Maquiladoras 加工出口區工廠：請參見「加工出口區」(Export Process
　　Zones)。

Member States 會員國：加入特定國際或區域性組織的國家。

Migrants 移民：因為經濟或其他因素而離開出生地的人，但不符合《難民地
　　位公約》（Convention Related to the Status of Refugee）對難民的定義。

Minority 少數族群：意指人口當中的少數團體或社會上比較沒有權力的團體。

Monitoring and Reporting Procedure 監督和報告程序：以不具拘束力之建議方
　　式以審查政府行為的過程，有時這種報告會很像自我檢查，由政府自己
　　報告它們在遵守人權義務上的努力，或是由監督團體來幫政府作評鑑。

Multilateral Treaty 多邊條約：超過兩個國家以上簽訂的條約。

Multinational Corporations, MNC 多國公司：請參見跨國公司（Transnational
　　Corporations）。

Nairobi Forward-Looking Strategies for the Advancement of Women 《奈洛比提
　　升婦女地位前瞻策略》：一九八五年第三屆「聯合國世界婦女會議」在
　　奈洛比舉行時所提出，以促進婦女平權為宗旨的行動計畫。

National Systems 國家體系：特定國家的法律體系，跟國內體系（Domestic
　　System）同義。

Non-Binding　**無約束力**：沒有正式法律義務、卻仍有道德義務的文件。

Non-Discrimination　**非歧視性**：人不能因為武斷且不被容許的基準，比如種族、性別、身心障礙、性向、地理位置或其他違反人權的因素，而遭受不平等對待的原則。

Non-Governmental Organizations, NGOs　**非政府組織**：由非政府單位的人員所組成的機構；非營利事業、人權團體、人道主義或草根性組織也都能稱為非政府組織。

Non-Treaty Based Mechanisms　**非以條約為基礎的機制**：除了那些與特定人權直接相關的條約、公約或盟約外，也是旨在執行人權的機制。舉例而言，聯合國特別機構經常提供申訴和／或監督程序的格式。

OAS：即 Organization of American States，請參見「美洲國家組織」。

OAU：即 Organization of African Unity，請參見「非洲統一組織」。

Opened for Signature　**開放簽署**：當公約已經被正式提交給「聯合國大會」，並得到通過之時點。

Optional Protocol　**任擇議定書**：國際性協定的附加文件，各國可以分別就條約或議定書選擇同意，通常會增加國家的義務，例如，同意接受國際法院之管轄權。

Optional Protocol to the International Covenant on Civil and Political Rights　**《公民及政治權利國際盟約任擇議定書》**：一九六六年通過，一九七六年生效。《公民及政治權利國際盟約》的附加文件。簽署這個附加文件的國家，就是同意允許「人權事務委員會」來審查個人訴案。

Organization of African Unity　**「非洲統一組織」**：非洲獨立國家共同組成的組織，旨在促進非洲人民的和平和生活品質。

Organization of American States　**「美洲國家組織」**：美洲獨立國家共同組成的組織，旨在強化地區的和平和安全，並促進地區在社會、經濟及文化事務上的合作。

Organization on Security and Cooperation in Europe, OSCE, formerly the CSCE　**「歐洲安全與合作組織」**：前身是「歐洲安全合作會議」，歐洲透過一系列有創意的合作嘗試，企圖要和平地處理安全上的問題。

People's Rights　**民族權**：跟團結權和集體權是同義語，是指團體而非個人的權利，比如發展權、和平權和健康環境權。

Petition　**請願**：請參見申訴（Complaint）。

239

Procedure　**程序**：從人權機制的觀點來看，程序是指如何形塑人權申訴請求的諸多方法，請參見事實申訴程序、求償申訴程序，以及監督和報告程序。

Procedural Requirements　**程序要件**：提出賠償申訴時必須符合的技術條件，與其相對的是實質要件。

Protocol　**議定書**：是條約的增訂文件。締約國可只批准主要條約而不簽署議定書，即為通稱之任擇議定書。

Protocol II Additional to the Geneva Conventions of August 12, 1949　**《日內瓦公約第二議定書》**：一九七七年開放簽署，一九七八年生效。訂立非國際性武力衝突時受害者應有之人道待遇。

Quid-Pro-Quo Sexual Harassment　**性騷擾之一種**：掌控權力之上級以開除、降級等不利的威脅來要求下屬，滿足其性索求的騷擾。

Ratification　**批准**：立法單位認可政府簽署條約的過程，是國家受到條約約束的正式程序。

Recommendation　**建議**：解釋特定條約應該如何詮釋和應用的文件。「消除對婦女一切形式歧視委員會」已提出一些相當有影響力之建議，「第十九號一般建議：反暴力侵害婦女」即為一例。

Refugee　**難民**：因為種族、宗教、國籍、屬於特定社會團體或政治立場，遭受迫害或恐懼受到迫害，而逃離祖國的人。這些人如果只是離開家鄉而沒有跨越國界，則稱為災民；若是符合《難民地位公約》的條件，則稱作「公約難民」（convention refugees）。

Refugee Convention：即 *Convention Related to the Status of Refugees*，請參見《難民地位公約》.

Remedy　**補償**：以法律的觀點來看，是指實踐一項權利或阻止、匡正或補償權利侵害的方式。

Reporting Procedure　**報告程序**：請參見監督和報告程序（Monitoring and Reporting Procedure）。

Reservations　**保留**：締約國在條約文件所表明之例外，即不願遵循某些條款。國家不得對違背條約基本意義之部分提出保留，「消除對婦女一切形式歧視公約」有比其他條約更多之保留。

Rio Declaration　**《里約宣言》**：「聯合國環境與發展會議」一九九二年在里約發表的宣言，將環境保護與永續發展連結起來。

Security Council 「**安全理事會**」：聯合國的分支機構，由「各國代表大會」選出五個永久會員國和十個一般會員所組成，旨在和平解決爭端。

Sexual Assault **性侵犯**：強暴或因性慾而進行其他形式的身體攻擊。

Sexual Harassment **性騷擾**：任何在性方面不受歡迎的侵害性要求，或其他具有性意味的言辭或行為；如果不順從這些言詞或行為要求，會危及個人獲取工作機會、升遷等機會，亦會以言語或行為營造一個充滿敵意的環境，而影響個人的心理與工作或學業。

Signatory States **簽署國**：簽署特定條約、公約或盟約之國家。

Solidarity Rights **團結權**：請參見民族權利（People's Right）。

Sources of International Law **國際法法源**：主要法源列在《國際法庭規章》第三十八條，包括條約、習慣國際法、一般法律原則和司法判決。 240

Special Rapporteur **特別報告員**：被正式指派去針對某一主題或國家狀況蒐集資訊的專家，通常是暫時性的工作。

Special Rapporteur on Violence against Women **反暴力侵害婦女特別報告員**：一九九四年由「聯合國大會」正式指派，主要任務是調查各地婦女受暴力侵害的情形，並對人權委員會提出報告。

Specialized Agency of the United Nations **聯合國專門機構**：由國際間同意而成立的機構之一，以實踐在特定領域之責任，例如，「聯合國難民專署」及「世界衛生組織」。

Standard Rules on the Equalization of Opportunities for Persons with Disabilities **《身心障礙者機會平等標準規則》**：「聯合國大會」一九九三年通過，是聯合國會員國的指導方針。

State **國家**：通常與country同義，一群人永久性地占領一個固定的領域，有共同的法律和政府，並有國際交往之能力。

State Responsibility **國家責任**：國家對自己引起傷害，或沒有設法預防或處罰破壞行為所必須負擔之責任。

State Parties **締約國**：已批准某項條約的政府。

Statue of the International Tribunal for the Prosecution of Persons Responsible for Serious Violations of International Humanitarian Law Committed in the Territory of the Former Yugoslavia since 1991 **《前南斯拉夫國際刑事法院規約》**：一九九三年安理會決議通過設立審判前南斯拉夫的特別國際戰犯法庭的主要規約。安理會也決議通過設立盧安達戰犯法庭。此規約建立法庭之

管轄權。此規約特別將戰爭時之強姦罪包括在內。

Stockholm Declaration **《斯德哥爾摩宣言》**：一九七二年在斯德哥爾摩舉辦「聯合國環境會議」所發表的宣言，認為健康的環境是人權的一種，而且國家有責任不去危及其他國家的環境。

Structural Adjustment Programs, SAPs **結構調整計畫**：「國際金融機構」的政策，比如「國際貨幣基金」就會對國家經濟設下嚴格的限制，希望能增加出口、降低赤字；鼓勵政府採取可以減少本身在非必要性服務上支出的安定或緊縮措施，通常對婦女有不利的影響。

Sub-Commission on the Prevention of Discrimination and Protection of Minorities **「聯合國預防歧視和保護少數民族小組委員會」**：「聯合國人權委員會」富有影響力的小組委員會，由保障和提升少數族群人權的獨立專家所組成。

Substantive Requirement **實質要件**：提出申訴必須合乎公約內容實質的要求，相對於程序要件（Procedural Requirements）。

Transnational or Multinational Corporation, TNC or MNC **跨國或多國企業**：大型企業在促進經濟全球化上占有關鍵性角色，為了增加自身的獲利和收入，在開發中國家剝奪廉價勞力和自然資源。

Treaty **條約**：國家定義並修訂彼此權利義務的正式協定。跟公約（Convention）同義。當各國政府批准條約時便成為其國內之法律義務。

Treaty- Monitoring Body **條約監督機制**：奠基於條約的組織，旨在監督締約政府有沒有盡到條約規定的義務。

UDHR：即 Universal Declaration of Human Rights，請參見《世界人權宣言》。

United Nations Charter **《聯合國憲章》**：聯合國的主要文件，規範其目標、功能及責任，於一九四五年在舊金山訂定。

United Nations Conferences on Environment and Development **「聯合國環境與發展會議」**：一九九二年聯合國在里約舉辦的世界會議，發表了《里約宣言》，特別關注女性在環境保護和永續發展的角色。

United Nations Division for the Advancement of Women, DAW **「聯合國提升婦女地位組」**：聯合國之內部單位，負責協助「婦女地位委員會」及「消除婦女一切形式歧視委員會」。

United Nations High Commissioner for Human Rights **「聯合國人權高級專員」**：負責促進以及保障世界各地人權的聯合國專門機構。

United Nations High Commissioner for Refugees, UNHCR　**「聯合國難民事務高級專員辦事處」**：聯合國的專門機構，專司處理難民議題及相關人道事務。

United Nations International Conference on Population and Development, ICPO **「聯合國人口與發展國際會議」**：第一屆「聯合國人口與發展世界會議」在一九七四年於羅馬尼亞舉辦，最近一次是一九九四年在開羅辦，提出「開羅行動計畫」。

United Nations World Conferences on Women　**「聯合國世界婦女大會」**：第一屆「聯合國世界婦女大會」於一九七五年在墨西哥舉行，接著聯合國宣布一九七五年到一九八五年為「國際婦女十年」，相關會議在一九八○年於哥本哈根、一九八五年於奈洛比舉行，最近的一次則是一九九五年在北京舉行，發表《北京宣言暨行動綱領》（Beijing Declaration and Platform for Action），下一次世婦會預定二○○五年舉行。 241

United Nations World Conference on Human Rights　**「聯合國世界人權大會」**：一九九三年在維也納舉辦有關人權的世界大會，發表了《維也納宣言暨行動綱領》（*Vienna Declaration And Platform for Action*）。婦女人權倡導者利用這個會議廣為宣傳婦女人權觀念。

United Nations World Conference on Human Settlements, Habitat II　**「聯合國世界人類居住環境大會」**：一九九六年在伊斯坦堡舉行的第二屆「世界人類居住環境大會」，著眼住宅、發展及相關議題。

Universal Declaration of Human Rights, UDHR　**《世界人權宣言》**：一九四八年發布。聯合國建立人權標準及規範的首要文件，雖然以不具約束力的方式表述，但當中的條款在歲月的考驗下仍相當受到各國重視，所以已經變成習慣國際法。是國際人權法典三份文件之一。

Universal　**普世性的**：認定所有人不論性別、種族、膚色、宗教、國籍等等一律享有人權，認為政府和社群必須維護某些放諸四海皆準的倫理道德標準。

Universal Law　**普遍法則**：最基礎、最根本的法律，以至於不論個別的國家是否同意，對於全球所有國家都有約束力。

Vienna Declaration and Platform for Action　**《維也納宣言暨行動綱領》**：一九九三年「聯合國人權大會」在維也納舉行所達成的共識文件，宣告人權是全球一致、不可分割、相互連結和相互關連的，並確認婦女人權與普

世性的人權是不可分離、不可或缺和不可分割的，視對婦女的暴力等同於違反人權。

Violence Against Women　**對婦女的暴力**：不論在公領域還是私領域，任何因性別歧視而產生的暴力，造成或可能造成生理、心理或性方面的傷害，或以採取前述行動、強制剝奪自由等威脅讓女性飽受痛苦的行為。對婦女的暴力會引起下列情況，但不受此限：(1)發生在家庭當中的生理、心理和性暴力，毆打、性虐待家中女性孩童、與嫁妝相關的暴力、婚姻暴力、女性閹割以及其他傷害女性的傳統儀式，非配偶間有關剝削的暴力；(2)發生在一般社群當中的生理、心理和性暴力，引起工作場所、教育機關出現強暴、性虐待、性騷擾和威嚇等情況；(3)國家長期允許並寬容的生理、心理和性暴力行為。

War Crimes Tribunal for Yugoslavia and Rwanda　**「南斯拉夫和盧安達戰犯法庭」**：請參見《前南斯拉夫國際刑事法院規章》（*Statue of the International Tribunal for the Prosecution of Persons Responsible for Serious Violations of International Humanitarian Law Committed in the Territory of the Former Yugoslavia Since 1991*）。

WHO：即 World Health Organization，請參見「世界衛生組織」。

Women with Disabilities　**身心障礙婦女**：請參見身心障礙者（Disabled Persons）。

Women's Convention：即 *Convention on the Elimination of All Forms of Discrimination against Women*，請參見《消除對婦女一切形式歧視公約》。

Women's Human Rights　**婦女人權**：強調女性身而為人應享的權利隸屬於人權的政治詞彙，不但著眼於讓女人參與人權運動，也強調人權原則應該融入婦女權利運動，代表性的國際文件即為《消除對婦女一切形式歧視公約》。

Women's Human Rights Advocacy　**婦女人權倡導活動**：一般是由企圖影響政策和國家及國際層級政策制定過程的活動所組成，目標在於確保並尊重婦女人權、確認婦女所受的待遇符合國際人權標準。

Working Group on Indigenous Populations　**「聯合國原住民工作組」**：一九八二年由「聯合國禁止歧視和保護少數民族小組委員會」所成立，旨在研究提升並保障原住民的人權。

World Bank　**「世界銀行」**：原為二次世界大戰後，「國際金融機構」為重

建歐洲經濟所成立的「國際重建與發展銀行」，一九五〇年代起著手資助發展中國家的發展計畫，並鼓勵外資辦理貸款保證或直接投資世銀自己的基金。

World Health Organization, WHO　**「世界衛生組織」**：聯合國贊助的跨政府組織，旨在促進全球健康。

World Summit on Social Development　**「世界社會發展高峰會」**：一九九五年哥本哈根世界大會受命處理消弭貧窮、邊緣化和經濟不穩定的問題，尤其重視全球婦女需求。

World Trade Organization, WTO　**「世界貿易組織」**：一九九五年以《關稅貿易總協定》永久繼承人之姿成立，提供會員國討論總體經濟政策、關稅協商和分配辦法的論壇。

參考書目

　　彙編參考書目的用意，是為更深入之婦女人權研究指引一個出發的方向。本書目分為三部分：一、著重性別議題之國際系統與機制（包括國際會議在內）；二、著重性別議題之區域系統與機制；三、與婦女人權相關之書籍文章，包括一般概論與針對部分特定議題之著述（按：本書目由茱莉・莫鐸編纂而成，如有任何更新建議，煩請以電子郵件與她聯絡：suitcase@igc.apc.org。更新過的書目，可見於北俄亥俄大學佩提法學院（Ohio Northern University, Pettit College of Law）的網站。網址如下：http://www.law.onu.edu。

一、國際人權機制

概論

Alfredsson, Gudmundur and Katarina Tomasevski, eds., *A Thematic Guide to Documents on the Human Rights of Women: Global and Regional Standards Adopted by Intergovernmental Organizations, International Non-Governmental Organizations, and Professional Association* (Cambridge, MA: Kluwer Law International, 1995).

Amnesty International, *Summary of Selected International Procedures and Bodies Dealing with Human Rights Matters* (London: Amnesty International, 1989).

Buergenthal, Thomas, *International Human Rights in a Nutshell* (St. Paul, MN: West Publishing Co., 2nd ed., 1995).

Hannum, Hurst, ed., *Guide to International Human Rights Practice* (Philadelphia, PA: University of Pennsylvania Press, 2nd ed., 1992).

Henkin, Louis and John Lawrence Hargrove, *Human Rights: An Agenda for the Next Century* (Washington D.C.: American Society of International Law, 1994). International Service for Human Rights, *Women's Rights in the United Nations: A Manual on How the UN Human Rights Mechanisms Can Protect Women's Rights* (Geneva International Service for Human Rights, 1995).

International Women's Tribune Centre, *Rights of Women: A Guide to the Most Important Treaties on Women's Human Rights* (New York: IWTC, 1998).

Schmidt, Marcus, "Individual Based Human Rights Complaints Procedures Based on United

Nations Treaties and the Need for Reform," *International and Comparative Law Quarterly, vol. 41, no. 3* (July 1992), p. 645.

Weissbrodt, David and Penny Parker, *The United Nations Commission on Human Rights, Its Sub-Commission, and Related Procedures: An Orientation Manual* (Geneva: International Service for Human Rights, 1993).

Women, Law and Development International and Human Rights Watch, *Women's Human Rights Step by Step: A Practical Guide to Using International Human Rights Law and Mechanisms to Defend Women's Human Rights* (Washington D.C.: Women, Law & Development International, 1997).

人權文獻彙編

Brownlie, Ian, ed., *Basic Instruments on Human Rights* (Oxford: Clarendon Press, 4th ed., 1995).

Center for the Study of Human Rights, *Women and Human Rights: The Basic Documents* (New York: Columbia University, 1996)

Hamalengwa, M., C. Flinterman and EV.O.Dankwa, *The International Law of Human Rights in Africa: Basic Documents and Annotated Bibliography* (Boston, MA: M. Nijhoff, 1988).

Instituto Interamericano de Derechos Humanos, *Estudios Basicos de Derechos Humanos IV* (San Jose, Costa Rica: Instituto Interamericano de Derechos Humanos, 1996).

United Nations, *Human Rights: A Compilation of International Instruments,* vols. 1 (Universal Instruments) and 2 (Regional Instruments) (New York and Geneva: United Nations, 1994).

人權監督、事實調查與報告

Asian Forum for Human Rights and Development and Union for Civil Liberty, *Handbook on Fact-Finding and Documentation of Human Rights Violations* (Thailand: Asian Forum for Human Rights and Development and Union for Civil Liberty, 1993).

Centre for Human Rights, *Manual on Human Rights Reporting: Under Six Major International Human Rights Instruments,* UN Doc. HR/PUB91/1 (Geneva: United Nations, 1991).

English, Kathryn and Adam Stapleton, *The Human Rights Handbook: A Practical Guide for Monitoring Human Rights* (Colchester, UK: The Human Rights Centre, University of Essex, 1995).

International Labour Office, *Manual on Procedures Relating to International Labour Conventions and Recommendations* (Geneva, ILO: 1984).

International Women's Rights Action Watch, *Accessing the Status of Women: A Guide to Reporting Under the Convention on the Elimination of all Forms of Discrimination Against Women* [Minneapolis, MN: International Women's Rights Actions Watch (IWRAW) 2nd ed., 1996].

Landsberg-Lewis, Ilana, ed., *Bringing Equality Home: Implementing the Convention on the Elimination of All Forms of Discrimination Against Women* (CEDAW) (New York: UN-IFEM, 1998).

Lilich, Richard, *Fact-Finding Before International Tribunals* (New York: Transnational Publishers, 1992).

United Nations Centre for Human Rights and the United Nations Institute for Training and Research, *Manual on Human Rights Reporting: Under Six Major International Human Rights Instruments* (New York: United Nations, 1991).

United Nations, *United Nations Reference Guide in the Field of Human Rights* (New York: United Nations, 1993).

UNIFEM, *Integrating Gender: Bringing a Gender Perspective into the UN Human Rights System* (New York: UNIFEM, 1998)

243　國際人權會議
（北京）

Afkhami, Mahnaz, "Universality and Relativism in the Beijing Platform for Action," *AWID News,* vol. 10, no. 1 (March 1996).

Bunch, Charlotte, Mallika Dutt, and Susana Fried, "Beijing '95: A Global Referendum on the Human Rights of Women," *Women's Health Journal,* No. 2-3, (Chile, 1995) and *Canadian Women's Studies,* Col. 16, No.3, Summer (York University, 1996).

Dunlop, Joan, Rachel Kyte and Mia MacDonald, "Women Redrawing the Map: The World After the Beijing and Cairo Conferences," *SAIS Review,* Vol. 16, n. 1(Winter-Spring 1996), p. 153.

Fisher, Elizabeth with Linda MacKay, *Gender Justice: Women's Rights Are Human Rights: A Study/Action Guide Based on the Beijing Platform for Action* (Cambridge, MA: Unitarian Universalist Service Committee, Cambridge, 1996).

Friedlander, Eva and Irene M. Santiago ed., *Look at the World Through Women's Eyes: Plenary Speeches from the NGO Forum on Women,* Beijing 1995.

Frogleap, *Beyond Beijing* [videorecording] (New York: Women Make Movies, c1996).

Indigenous Women's Network, "Summary of Issues Affecting Indigenous Women: Fourth World Conference on Women in Beijing, China," Indigenous Women, vol. 2, no. 3 (Indigenous Woman's Network, 1995).

Reilly, Niamh, *Without Reservation: The Beijing Tribunal on Accountability for Women's Health Rights* (New Brunswick, NJ: Center for Women's Global Leadership, 1996).

UNIFEM, "UNIFEM in Beijing & Beyond: Celebrating the IV World Conference on Women," (New York: UNIFEM, 1996).

UNIFEM and UNICEF, *Commitments to Rights: A Cross-Reference Guide to the Human Rights of Women and Girls in the Beijing Platform for Action, Related UN Conferences and Conventions* (New York: UNIFEM and UNICEF, 1998).

Women's Environment and Development Organization, *Beyond Promises: Governments in Motion One Year After Beijing Women's Conference,* Complied by the Women's Environment and Development Organization (New York: Women's Environment and Development Organization, 1996).

（開羅）

Center for Women's Global Leadership, *From Vienna to Beijing: the Cairo Hearing on Reproductive Human and Health Rights* (New Brunswick, NJ: Center for Women's Global Leadership, 1995).

Dunlop, Joan, Rachel Kyte and Mia MacDonald, "Women Redrawing the Map: The World After the Beijing and Cairo Conferences," *SAIS Review,* Vol. 16, n. 1(Winter-Spring 1996), p. 153.

Rodriguez-Trias, Helen, "From Cairo to Beijing -Women's Agenda for Equality," *American Journal of Public Health,* vol. 86, n. 3 (March 1996), p. 305.

（維也納）

Bunch, Charlotte, and Niamh Reiily, *Demanding Accountability: The Global Campaign and Vienna Tribunal for Women's Human Rights* (New Brunseick, NJ: Center for Women's Global Leadership; New York: United Nations Development Fund for Women (UNIFEM), 1994).

Center for Women's Global Leadership, *Testimonies of the Global Tribunal on Violations of Women's Human Rights: Vienna, June 1993* (New Brunswick, NJ: Center for Women's Global Leadership, 1994).

INFO-PACK, *Information on UN Human Rights Procedure: Beyond Vienna* (Geneva: International Service for Human Rights, 1995).

Mertus, Julie and Pamela Goldberg, "A Perspective on Women's Human Rights After the Vienna Declaration: The Inside/Outside Construct," *New York University Journal of International Law and Politics,* vol. 26, n. 2 (Winter 1994), p. 201.

Trask, Mililani B., "1st Global Human Rights Conference...Vienna," *Indigenous Woman,* vol. 1, no. 4 (Indigenous Woman's Network, 1993).

The Vienna Tribunal: Women's Rights Are Human Rights (videorecording), Augusta Productions, with the National Film Board of Canada, in association with the Center for Women's Global Leadership, 1994.

二、區域人權系統

非洲系統

Amnesty International, *A Guide to the African Charter on Human and Peoples' Rights* (London: Amnesty International, 1991).

Ankumah, Evelyn A., *The African Commission on Human and Peoples' Rights: Practice and Procedures* (Dordrecht: Martinus Nijhoff Publishers, 1996).

Center for Women's Global Leadership, *Gender Violence and Women's Human Rights in Africa* (New Brunswick, NJ: Center for Women's Global Leadership, 1994).

Getecha, Ciru and Jesimen Chipika, eds., *Zimbabwe Women's Voices* (Harare, Zimbabwe: Zimbabwe Women's Resource Centre and Network, 1995).

Hamalengwa, M., C. Flinterman and E. V. O. Dankwa, *The International Law of Human Rights in Africa: Basic Documents and Annotated Bibliography* (Boston: M. Nijhoff, 1988).

International Commission of Jurists, *How to Address a Commission on Human and Peoples' Rights* (Geneva: International Commission of Jurists, 1992).

Jenson, Marianne and Karin Poulsen, *Human Rights and Cultural Change: Women in Africa* (Copenhagen: Danish Centre for Human Rights, 1993).

Liebenberg, Sandra, ed., *The Constitution of South Africa form a Gender Perspective* (Cape Town: Community Law Centre at the University of the Western Cape, 1995).

Lone, Lindholt, *Questioning the University of Human Rights: The African Charter on Human and Peoples' Rights in Botswana, Malawi, and Mozambique* (Brookfield, VT: Ashgate/ Dartbouth, 1997).

Maramba, Petronella, Bisi Olateru-Olgabegi and Rosalie Tiani Webaneou, *Structural Adjustment Programs and the Human Rights of African Women* (Harare: Women in Law and Development, 1995).

Mikell, Gwendolyn, ed. *African Feminism: The Politics of Survival in Sub-Saharan Africa* (Philadelphia, PA: University of Pennsylvania Press, 1997).

Shivji, IssaG., *The Concept of Human Rights In Africa* (London: Codesria Book Series, 1989).

Umozurike, U. O., *The African Character on Human and Peoples' Rights* (The Hague: M. Nijhoff, 1997).

Whatts, Charlotte, Susana Osam and Everjoice Win, eds., *The Private Is Public: A Study of Violence Against Women in Southern Africa* (Harare: Women in Law and Development,

1995).

亞洲系統

Asian Human Rights Council, *In the Court II: Asia Tribunal on Women's Human Rights in Tokyo - Proceedings of the International Public Hearing on Traffic in Women and War Crimes Against Women - 12 March, 1994* (Tokyo, Asian Human Rights Council, 1994).

Asian Human Rights Council, *Traffic in Women: Violation of Women's Dignity and Fundamental Rights - Asian Conference on Traffic in Women, 11-13 December 1991, Seoul, Korea* (Seoul: Asian Human Rights Council, 1993).

De Bary, William Theodore, *Asian Values and Human Rights: A Confucian Communication Perspective* (Cambridge, MA: Harvard University Press, 1998).

De Varennes, Fernand, ed., *Asia-Pacific Human Rights Documents and Resources* (The Hague: Martinus Nijhoff, 1998).

Guhathakurta, Meghna and Kadija Lina, *Empowering Women at the Grassroots: A Manual for Women's Human Rights Education* (Dhaka: Nagorik Uddyog [Citizen's Initiative], August, 1995).

Human Rights Watch, *Bearing the Brunt of the Asian Economic Crisis: The Impact on Labor Rights and Migrant Workers in Asia* (New York: Human Rights Watch, 1998).

Jones, Sidney, "Regional Instruments and Protecting Human Rights in Asia," *Proceedings of Annual Meeting - American Society of International Law,* vol.89, p. 475.

Qayyum, Shabnam, *Kashmir Men khavatin ki be hurmati* [Women and Human Rights in India, Kashmir] (Mirpur, Azad Kashimir: Tahrik-l Hurriyat-1 Jammun Kashmir, 1991).

Samuels, Harriet, "Upholding the Dignity of Hong Kong Women: Legal Responses to Sexual Harassment," *Asia Pacific Review,* vol. 4, n. 2 (Winter 1995), p. 90.

Tang, James T. H., ed., *Human Rights and International Relations in the Asia-Pacific Region* (London: Pinter, 1995).

Welch, Chalude E. and Virginia A. Leary, *Asian Perspectives on Human Rights* (Boulder: Westivew Press, 1990).

歐洲系統

Buquicchio-De Boer, Maud, *Equality Between the Sexes and the European Convention on Human Rights: A Survey of Strasbourg Case Law* (Human Rights Files No. 14) (Strasbourg Council of Europe, 1995).

Callender, Rosheen and Meenan Frances, *Equality in Law Between Men and Women in the E. C.* (Norwell, MA: Kluwer Academic Publishers, 1994).

Cameron, Iain and Eriksson Maja Kirilova, *An Introduction to the European Convention on Hu-*

man *Rights* (Upsala: Iustus Forlag, 1995).

Clements, Luke, *European Human Rights: Taking a Case Under the Convention* (London: Sweet Maxwell, 1994).

Directorate of Human Rights, Council of Europe, *Women in the Working World: Equality and Protection Within the European Social Charter* (Strasbourg: Council of Europe Publishing, 1995).

Elman, Amy, *Sexual Politics and the European Union: The New Feminist Challenge* (Providence, RI: Berghahn Books, 1996).

Geddes, Andrew, *Protection of Individual Rights Under EC Law* (London: Butterworths, 1995).

Gomien, Donna, David Harris and Leo Zwaak, *Law and Practice of the European Convention on Human Rights and the European Social Charter* (Strasbourg: Council of Europe, 1996).

Meltzer, Erica, in cooperation with Dunja Pastizzi-Ferencic and Patrice Robineau, *Women in the ECE Region: A Call for Action: Highlights of the ECE High-level Regional Preparatory Meeting for the Fourth World Conference on Women* (New York: United Nations, 1995).

Mertus, Julie, "Human Rights of Women in Central and Eastern Europe," *The American University Journal of Gender and Law,* vol. 6 (1998), pp. 369-484.

Sweeney, Jane P., "Promoting Human Rights Through Regional Organizations: Women's Rights in Western Europe," *Human Rights Quarterly,* vol. 6, n. 4 (November 1984), p. 491.

Van Dijk, Peter, *Theory and Practice of the European Convention on Human Rights* (The Hague: Kluwer International, 1998).

245　美洲系統

Agosin, Margorie, ed., *Surviving Beyond Fear: Women, Children and Human Rights in Latin America* (Fredonia, NY: White Pine Press, 1993).

Buergenthal, Thomas and Dinah Shelton, *Protecting Human Rights in the Americas* (Arlington, VA: N. P. Engel, 4th ed., 1995).

Culliton, Katherine M., "Finding a Mechanism to Enforce Women's Rights to State Protection from Domestic Violence in the Americas," *Harvard International Law Journal,* vol. 34, n. 2 (Spring 1993), p.507.

Dulitzky, Ariel, *Los Tratados de Derechos Humanos en el Constitucionalismo Iberoamericano, en Estudios Especializados de Derechos Humanos I* (Costa Rica: Instituto Interamericano de Derechos Humanos, 1996).

Grossman, Claudio, "The Inter-American System: Opportunities for Women's Rights," *American University Law Review,* vol. 44, n. 4 (April 1995), p. 1304.

ISIS International and DAWN, *Confronting the Crisis in Latin America: Women Organizing for Change* (ISIS International and DAWN, No. 2, 1988).

Krsticevic, Vivianna, *La Denuncia Individual ante la Comision Interamericana de Derechos Humanosen el sistema interamericano de proteccion de los derechos humanos de las mujeres* [San Jose, Costa Rica: Instituto Interamericano de Derechos Humanos (IIDH), 1997].

Latin American and Caribbean Women's Health Network, *The Right to Live Without Violence: Women's Proposals and Actions,* (LACWHN: Chile) Women's Health Collection, vol. 1, 1996.

Nieto-Navia, Rafael, *Introduccion al sistema interamericano de proteccion a los derechos humanos* (Bogota: Temis, 1993).

Nunez Palacios, Susana, *Actuaction de la comission y la Cotre interamericanas de derechos humanos* (Azcapotzalco: Universidad Autonoma Metropolitana, 1994).

Shelton, Dinah L., "Improving Human Rights Protections: Recommendations for Enhancing the Effectiveness of the Inter-American Commission and the Inter-American Court of Human Rights," *American Journal of International Law and Policy,* vol. 3, (1988), p. 323.

Vivanco, Jose Miguel, "Presenting Cases Before the Inter-American System," in Lydia van de Fliert, ed., *Indigenous Peoples and International Organizations* (Nottingham: Spokesman, 1994).

三、婦女人權

概論

Afkhami, Mahnaz and Halen Vaziri, *Claiming Our Rights: A Manual for Women's Human Rights Education in Muslim Societies* (Bethesda, MD: Sisterhood Is Global Institute, 1996).

Amnesty International, *Human Rights Are Women's Rights* (New York: Amnesty International USA, 1993).

Ashworth, Georgina, *Changing the Discourse: A Guide to Women and Human Rights* (London: CHANGE, 1993).

Bunch, Charlotte, "Women's Rights as Human Rights: Toward a Re-Vision of Human Rights," *Human Rights Quarterly* (Baltimore: Johns Hopkins University Press, 1990).

Bunch, Charlotte, Samantha Frost and Niamh Reilly, "Making the Global Local: International Networking for Women's Human Rights," in Kelly D. Askin and Dorean Koeing eds., *Women's International Human Rights: A Reference Guide* (New York: Transnational Publishers, 1998).

Butegwa, Florence, "Women's Human Rights: A Challenge to the International Human Rights Community," *The Review* (International Commission of Jurists, 1993), pp. 71-80.

Charlesworth, H., C. Chinkin and S. Wright, "Feminist Approaches to International Law," *American Journal of International Law,* 1991.

Cook Rebecca, J., ed., *Human Rights of Women: National and International Perspectives* (Philadelphia, PA: University of Pennsylvania Press, 1994).

Coomaraswamy, Radhika, *Reinventing International Law: Women's Rights as Human Rights in the International Community* (Cambridge, MA: Human Right Program, Harvard Law School, 1997).

Dutt, Mallika, *With Liberty and Justice for All: Women's Human Rights in the United States,* Center for Women's Global Leadership, New Brunswick, NJ, 1994.

Freeman, Marsha A. and Arvonne S. Fraser, "Women's Human Rights: Making the Theory a Reality," *Human Rights: An Agenda for the Next Century* (Washington, D.C.: American Society of International Law, 1994), pp. 103-135.

Fried, Susana T., ed., *The Indivisibility of Women's Human Rights: A Continuing Dialogue* (New Brunswick, NJ: Center for Women's Global Leadership, 1995).

Hilkka, Pietila and Jeanne Vickers, *Making Women Matter: The Role of United Nations* (London: Zed Books, 1994).

Human Rights Watch, *The Human Rights Global Report on Women's Rights* (New York: Human Rights Watch, 1995).

Jeffries, Allison, Ed., *Women's Voices, Women's Rights: Oxford University Lecture* (Boulder, CO: Westview, 1998).

Kerr, Joanna, ed., *Ours by Right: Rights as Human Rights* (Atlantic Highlands, NJ and London: Zed Books, in association with The North-South Institute, 1993).

Neft, Naomi and Ann D, Levine, *Where Women Stand: An International Report on the Status of Women in over 140 Countries, 1997-1998,* 1st ed. (New York: Random House, 1997).

Peters, Julie and Andrea Wolper, eds., *Women's Rights, Human Rights: International Feminist Perspectives* (New York: Routledge, 1995).

Rendel, Margherita, *Whose Rights?* (Staffordshire, England: Trentham Books, 1997).

Schuler, Margaret, ed., *Claiming Our Place: Working the Human Rights Systems to Women's Advantage* (Washington D.C.: Women, Law and Development International, 1993).

Schuler, Margaret, ed., *From Basic Needs to Basic Rights: Women's Claim to Human Rights* (Washington, D.C.: Women, Law and Development International, 1995).

Seager, Joni and Ann Olson, *Women in the World Atlas* (New York: Simon and Schuster, 1986).

Sivard, Ruth L., *Women: A World Survey* (Washington, D.C.: World Priorities, 1995).

Stromquist, Nelly P., *Women in the Third World: An Encyclopedia of Contemporary Issues* (New York: Garland, 1998).

Tomasevski, Katarina, *Women and Human Rights* (London, New Jersey: Zed Books, 1993).

246

United Nations, *The World's Women 1995: Trends and Statistics* (UN.DOC.ST/ESA/STAT/ SER.K/12) (New York: United Nations, 1995).

發展與環境

Alley Hamid, Mahfouda, "Structural Adjustment Programme (SAP)," in *Copenhagen Hearing on Economic Justice and Women's Human Rights, World Summit on Social Development, Copenhagen, March 1995* (New Brunswick, NJ: Center for Women's Global Leadership, 1995).

Chhachhi, Amrita and Renene Pittin, *Confronting State, Capital and Patriarchy: Women Organizing in the Process of Industrialization* (New York: St. Martin's Press, 1996).

Fried, Susana, "Women's Experiences as Small Scale Entrepreneurs," in Nelly Stromquist, ed., *Encyclopedia of Third World Women* (1997).

Goetz, Anne Marie, ed., *Getting Institutions Right for Women in Development* (New York: Zed Books, 1997).

Haider, Raana, *Gender and Development* (Cairo, Egypt: American University in Cairo Press, 1996).

Harcourt, Wendy, *Feminist Perspectives on Sustainable Development* (London and NJ: Zed Books, in association with Society for International Development, 1994).

Heyzer, Noeleen, ed. with Sushma Kapoor and Joanne Sandler, *A Commitment to the World's Women. Perspectives on Development for Beijing and Beyond* (New York: UNIFEM, 1995).

Jahan, Rounaq, *The Elusive Agenda: Mainstreaming Women in Development* (London and NJ: Zed Books, 1995).

Johnson-Hernandez, Beatrice, "Women Fight Free Trade," *Third Force: Issues & Actions in Communities of Color* (May/June 1994), pp. 35-38.

Kabeer, Naila, *Reversed Realities: Gender Hierarchies in Development Thought* (London and NY: Verso, 1994).

Khoury, Nabil F. and Valentine Moghadam, eds., *Gender and Development in the Arab World: Women's Economic Participation: Patterns and Policies* (Atlantic Highlands, NJ, Zed Books, 1995).

Massiah, Joycelin, *Women in Developing Economies: Making Visible the Invisible* (Paris: UNESCO, 1993).

Moghadam, Valentine M., ed., *Patriarchy and Economic Development: Women's Positions at the End of the Twentieth Century* (New York: Clarendon Press, 1996).

Momsen, Janet Henshall and Vivian Kinnaird, eds., *Different Places, Different Voices: Gender and Development in Africa, Asia, and Latin America* (London and NY: Routledge, 1993).

j251

Peterson, Maggie, issue ed., *Shadows Behind the Screen: Economic Restructuring and Asian Women,* World Conference on Women, Beijing (Hong Kong: ARENA; London: CIIR, 1995).

Roy, Kartik C., Tisdell, Clement A. and Hans C. Blomqvist, eds., *Economic Development and Women in the World Community* (Westport, CT: Praeger, 1996).

Sen, Gita and Caren Grown, "Development Crises, and Alternative Visions: Third World Women's Perspectives," *Monthly Review Press* (New York, 1987).

Shiva, Vandana, ed., *Women Reconnect Ecology, Health and Development Worldwide* (Philadelphia, PA: New Society Publishers, 1994).

Sponsel, Leslie, "The Yanomami," in Johnston, Barbara ed., *Human Rights and the Environment: Examining the Sociocultural Context of Environmental Crisis* (The Association for Applied Anthropology, 1993).

Thomas-Slayter Barbara P., and Dianne Rocheleau with Isabella Asamba, et al., *Gender, Environment, and Development in Kenya: A Grassroots Perspective* (Boulder, CO: Lynne Rienner, 1995).

Tinker, Irene, *Persistent Inequalities: Women and World Development,* (New York: Oxford University Press, 1990).

United Nations, *The Impact of Economic and Political Reform in the Status of Women in Eastern Europe: Proceeding of a United Nations Regional Seminar* (Sales No. E92. IV4 92-1-130152-1).

United Nations International Research and Training Institute for the Advancement of Women (INSTRAW), *Women's Access to Credit in the Dominican Republic: A Case Study* (Santo Domingo Dominican Republic: INSTRAW, 1990).

United Nations, "Women in a Changing Global Economy: 1994 World Survey on the Role of Women in Development," UN Sales No. E. 95. IV. 5, (1995).

Venkateswaran, Sandhya, *Environment, Development and the Gender Gap* (Thousand Oaks, CA: Sage Publications, 1995).

Visyanathan, Nalini (coordinator), Lynn Duggan, Laurie Nisonoff, Nan Wiegersma, eds., *The Women, Gender and Development Reader* (London and New Jersey: Zed Books, 1997).

Women's International League for Peace and Freedom, *Justice Denied: Human Rights and the International Financial Institutions* (Nepal: Women's International League for Peace and Freedom, INHURED International, 1994).

247 教育與識字

AAUW, *Hostile Hallways: The AAUW Survey on Sexual Harassment in America's Schools*

(Washington, D.C.: AAUW, June 1993).

Ballara, Marcella, *Women and Literacy* (London: Zed Books, 1992).

Claessen, Jeanette and Lillian van Wesemael-Smit eds., *Reading: The word and The World* (The Netherlands: Vrouwenberaad Ontwikkelingssamenwerking, June 1992).

Fine, Michelle and Nancie Zane, "Being Wrapped Too Tight: When Low-Income Women Drop Out of School," in Petrie, H., ed., *Dropouts from School* (New York: 1989).

Hamilton, Mary and David Barton and Roz Ivanic, *Words of Literacy* (Toronto: Ontario Institute for Studies in Education, 1994).

Isis International, *Growing Together: Women, Feminism and Popular Education* (Rome, Italy: Network for Women and Popular Education of the Latin American Council on Adult Education and Isis International, 1988).

International Council for Adult Education, "Voices Rising: A Bulletin about Women And Popular Education," (Toronto: International Council for Adult Education, August 1989).

Kearney, Mary-Louise and Anne Holden Ronning, eds., with foreword by Attiya Inayatullah, *Women and the University Curriculum: Towards Equality, Democracy, and Peace* (London and Bristol: J. Kingsley Publishers; Paris: UNESCO Pub., 1996).

Lewis, Sue and Anne Davies, *Gender Equity in Mathematics and Science* (Canberra, Australia: Curriculum Development Centre, 1988).

McCormick, Theresa Mickey with foreword by Nel Noddings, *Creating the nonsexist Classroom: A Multicultural Approach* (New York: Teachers College Press, Teachers College, Columbia University, 1994).

NGO Committee on UNICEF, "Education of the Girl Child, Her Right, Society's Gain," *Report of the NGO Conference, Educational Working Group, NGO Committee on UNICEF* (New York: NGO Committee on UNICEF, 21-22 April 1992).

Obura, Anna, "Changing Images: Portrayal of Girls and Women in Kenya Textbooks," African Center for Technology Studies, Nairobi, Kenya, 1991, *in Action Guide for Girl's Education* (Nairobi: Bay Area Girl's Education Network, 1995).

Sadker, Myra and David, *Falling at Fairness: How America's Schools Cheat Girls* (New York: Charles Scribner's Son, 1993).

Taylor, Kathleen and Catherine Marienau, *Learning Environments for Women's Adult Development: Bridges Toward Change* (San Francisco: Jossey-Bass, 1995).

UN Public Information Development, *Literacy: A Key to Women's Empowerment,* (DPI/1567/Rev.2/WOM), from Press Kit for the Fourth World Conference on Women (Beijing, China, 1995).

女童

Alan Guttmacher Institute, *Sex and American Teenagers* (New York: Alan Guttmacher Institute, 1994).

Alston, Philip, ed., *The Best Interests of the Child: Reconciling Culture and Human Rights* (New York: Oxford University Press, 1994).

Amnesty International British Section, *Childhood Stolen: Grave Human Rights Violations Against Children* (London: Amnesty International British Section, 1995).

Boyer, Debra and David Fine, "Sexual Abuse as a Factor in Adolescent Pregnancy and Child Maltreatment," *Family Planning Perspectives 24* (Jan/Feb 1992), pp. 4-12.

Creighton, Allan with Paul Kiver, *Helping Teens Stop Violence: A Practical Guide for Educators, Counselors, and Parents* (Hunter House, 1992).

Directorate of Human Rights, *Children and Adolescents: Protection within the European Social Charter,* Study prepared by the Directorate of Human Rights on the basis of the case law of the committee of Independent Experts (Strasbourg Council of Europe Publishing, 1996).

Gilligan, C., A. Rogers, and D. Jolman, eds., *Women, Girls, and Psychotherapy: Reforming Resistance* (New York: Hayworth Press, 1991).

Kennedy, Margaret, "Rights for Children Who Are Disabled," in Franklin, Bob, ed., *The Handbook of Children's Rights* (London: Routledge, 1995).

Kuckreja Sohoni, Neera, *The Burden of Childhood: A Global Inquiry into the Status of Girls* (Oakland, CA: Third Party Publishers, 1995).

Kurz, Kathleen M. and Cynthia J. Prather, *Improving the Quality of Life of Girls* (Washington, D.C.: AWID; New York: UNICEF, 1995).

Ms. Foundation Report, citing Lyn Brown, "Narratives of Relationship: The Development of the Care Voice in Girls Age 7-16," PhD. Dissertation (Harvard, 1991).

Muntarbhorn, Vitit, "International Perspectives on Child Prostitution in Asia," in *Forced Labor: The Prostitution of Children* (U.S. Dept. of Labor, 1996).

NGO Committee on UNICEF, "Education of the Girl Child, Her Right, Society's Gain," *Report of the NGO Conference, Educational Working Group, NGO Committee on UNICEF* (New York: 21-22 April 1992).

Population Reference Bureau and Center for Population Options, *The World's Youth 1994: A Special Focus on Reproductive Health* (Washington, D.C.: Population Reference Bureau and Center for Population Options, March 1994).

Senanayake, P. and M. Ladjali, "Adolescent Health: Changing Needs," *International Journal of Gynecology & Obstetrics,* vol. 46, No. 2 (August 1994).

Senderowitz, J., "Adolescent Health: Reassessing the Passage to Adulthood," World Bank Discussion Paper 272 (World Bank, January 1995).

Stevenson, Michael R., *Gender Roles Through the Life Span: A Multidisciplinary Perspective* (Muncie, IN: Ball State University, 1994).

UNICEF, UNFPA, and WEDO, "Our Words, Our Voices: Young Women for Change!" A Report from the project "A Young Woman's Portrait Beyond Beijing '95," (New York: UNICEF, UNFPA, WEDO, 1995).

UNICEF, "Girls and Women: A UNICEF Development Priority" (Toronto: UNICEF, 1993).

UNICEF, The Girl Child: *An Investment in the Future* (Toronto: UNICEF, Toronto, 1994).

United States Department of Labor, *Forced Labor: The Prostitution of Children* (U.S. Dept. of Labor, Bureau of International Labor Affairs, 1996) (http://www.ilr.cornell.edu/library/e_archive/ChildLabor).

Van Bueren, Geraldin, *The Best Interests of the Child: International Co-operation on Child Abduction* (London: British Institute of Human Rights, 1993).

West, D. J., ed., *Sexual Victimization: Two Recent Researches into Sex Problem and Their Social Effects* (Brookfield, VT: Gower, 1985).

Women's World Summit Foundation, "Children of the Future," *75 Percent Global Newsletter,* Women's World Summit Foundation, No. 4 (Fall 95/Spring 96).

World Health Organization, "The Health of Youth, Facts for Action: Youth and Reproductive Health," A42/Technical Discussions/5 (Geneva: World Health Organization, 1989).

健康
（概論）

Harvard School of Public Health, *Health and Human Rights: An International Quarterly Journal,* vol. 1, No. 4., Special Focus: Women's Health and Human Rights.

Population Reference Bureau and Center for Population Options, "The World's Youth 1994: A Special Focus on Reproductive Health" (Washington, D.C.: Population Reference Bureau and Center for Population Options, March 1994).

Sen, Amartya, "Population: Delusion and Reality," *The New York Review of Books* (22 September 1994).

Senanayake, P. and M. Ladjali, "Adolescent Health: Changing Needs," *International Journal of Gynecology & Obstetrics,* vol. 46, No. 2 (August 1994).

Senderowitz, J., "Adolescent Health: Reassessing the Passage to Adulthood," World Bank Discussion Paper 272 (January 1995).

Symke, Patricia, *Women and Health* (London: Zed Books Ltd., 1994).

Toubia, Nahid, *Female Genital Mutilation: An Overview* (Geneva: World Health Organization, 1998).

United Nation Population Fund, *Women, Population and the Environment* (New York: United Nation Population Fund, 1992).

World Health Organization, "Bridging the Gaps: The WHO Health Report" (Geneva: World Health Organization, 1995).

World Health Organization, "The Health of Youth, Facts for Action: Youth and Reproductive Health," A42/Technical Discussions/5 (Geneva: World Health Organization (WHO), 1989).

（殘障婦女）

Fine, Michelle and Adrienne Asch, eds., *Women with Disabilities: Essays in Psychology, Culture and Politics* (Philadelphia, PA: Temple University Press, 1988).

Kennedy, Margaret, "Rights for Children Who Are Disabled," in Franklin, Bob, ed., *The Handbook of Children's Rights* (London: Routledge, 1995).

Lewis, Cindy and Susan Sygall, *Loud, Proud & Passionate: Including Women with Disabilities in International Development Programs,* 1st ed. (Eugene, OR: Mobility International USA, 1997).

Morris, Jenny, *Pride Against Prejudice: Transforming Attitudes to Disability* (London: The Women's Press, 1993).

Moss, Kary L., ed., *Man-Made Medicine: Women's Health Public Policy, and Reform* (Durham, NC: Duke University Press, 1996).

Purtilo, Ruth B., "Women and Rehabilitation," in Marinelli, Robert P. and Arthur E. Dell Orto, eds., *The Psychological and Social Impact of Disability* (New York: Springer Pub. Co., 1991).

Stace, Sheila, *Vocational Rehabilitation for Women with Disabilities* (Geneva: International Labour Office, 1986).

U.S. Department of Labor, Women's Bureau, *Women with Work Disabilities* (Washington, D.C.: U.S. Dept. of Labor, Women's Bureau, 1992).

移民婦女、流動勞工婦女、難民婦女

Afkhami, Mahnaz, *Women in Exile* (Charlottesville, VA: University of Virginia Press, 1994).

American Friends Service Committee, *Hear Our Voices: Resource Directory of Immigrant and Refugee Women's Projects* (American Friends Service Committee, 1995).

Cohen, Roberta and Francis M. Deng, eds., *The Forsaken People: Case Studies of the Internally Displaced* (Washington, D.C.: Brookings Institution Press, 1998).

Cohen, Roberta, *Refugee and Internally Displaced Women: A Development Perspective* (Washington, D.C.: Brookings Institution, 1995).

Convention Relating to the Status of Refugees (1951) *and Protocol Relating to the Studies of Refugees* (1966) (見上文第一部分 United Nations, *Human Rights: A Compilation of International Instruments).*

Donahue, David and Nancy Flowers, *Uprooted: Refugees and the United States* (Alameda, CA: Hunter House, 1995).

Family Violence Prevention Fund and Center for Women's Global Leadership, *Migrant Women's Human Rights in G-7 Countries: Organizing Strategies* (New Brunswick, NJ: Center for Women's Global Leadership, 1997).

Heyzer, Noeleen, Geertje Lycklama a Nijehlt, and Nedra Weerakoon, eds., *The Trade in Domestic Workers: Causes, Mechanisms and Consequences of International Migration* (London: Asian Pacific Development Center & Zed Books Ltd., 1994).

Marin, Leni, and Blandina Lansang-De Mesa, eds., *Women on the Move: Proceedings of the Workshop on Human Rights Abuses Against Immigrant and Refugee Women* (Family Violence Prevention Fund, 1993).

Martin, Susan Fortbes, *Refugee Women* (London: Zed Books, 1992).

Mayotte, Judy A., *Disposable People?: The Plight of Refugee* (Maryknoll, NY: Orbis Books, 1992).

Mertus, Julie et al., eds., *The Suitcase: Refugees' Voices from Bosnia and Croatia* (Berkeley, CA: University of California Press, 1997).

United Nations High Commissioner for Refugees, *Sexual Violence Against Refugees: Guidelines on Prevention and Response* (Geneva: United Nations High Commissioner for Refugees, 1995).

United Nations High Commissioner for Refugees, *Women Refugees in International Perspectives, 1980-1990* (Geneva: United Nation High Commissioner for Refugees, 1997).

United Nations, *Sexual Violence Against Refugees: Guidelines on Prevention and Response* (Geneva: High Commissioner for Refugees, 1995).

Villalba, May-an, "Understanding Asian Women in Migration: Towards a Theoretical Framework," *Women in Action,* vol. 2 & 3 (Philippines: ISIS International Manila, 1993).

媒體

Bhasin, K. and Bina Agarwal, eds., *Women and Media: Analysis, Alternatives and Action* (ISIS International and Pacific and Asian Women's Forum (PAWF), 1984).

Flanders, Laura, *Real Majority, Media Minority: The Costs of Sidelining Women in Reporting* (Monroe, ME: Courage Press, 1997).

Focus for Change, *Class, Gender and Race Inequality and the Media in an International Context* (Focus for Change, 1992).

Gallagher, Margaret in collaboration with My von Evler, *An Unfinished Story: Gender Perspectives on Media Employment* (Paris, UNESCO, 1995).

Gallagher, Margaret, "Women and the Media," UN International Authors Series: Focus on Women, (DPI/1656/WOM)(New York: United Nations, March 1995).

Women's Information Centre at the Foundation for Women, *Power of Media and Subordination of Women: The Case of Thailand* (Bangkok: Women's Information Centre at the Foundation for Women, 1989).

Tax, Meredith, et al., "The Power of the Word: Culture, Censorship and Voice," *Women's World* (New York, 1995).

政治與政治參與

Afshar, Haleh, *Women and Politics in the Third World* (London: Routledge, 1995).

Bauer, Jan, "Only Silence Will Protect You: Women, Freedom of Expression, and the Language of Human Rights Essays on Human Rights and Democratic Development," Paper No. 6 (Montreal: International Centre for Human Rights and Democratic Development, 1996).

Brasileiro, Ana Maria, *Building Democracy with Women; Reflecting on Experience in Latin America and the Caribbean* (New York: United Nations Development Fund for Women, 1996).

Chan, H., *Women at the Periphery of Power: A Brief Look at Why Women are Under-represented in South Africa's Premier Democratic Local Elections* (Johannesburg, South Africa: IDASA/LOGIC, 1996).

Hicks, Janine, "From the Ballot Box to the Global Village," *Women and Local Democracies: Logical Steps* (Johannesburg, South Africa: IDASA/LOGIC, July 1996).

IDASA/LOGIC, "Women in Local Government: Breaking Barriers," *Proceedings of the Women in Local Government: Breaking Barriers Conference* (Johannesburg, South Africa: IDASA/LOGIC, 17-18 July 1996).

Jiggins, Janice, *Changing the Boundaries: Women-Centered Perspectives on Population and the Environment* (Washington: Island Press, 1994).

Karl, Marilee, *Women and Empowerment: Participation and Decision-Making* (London: Zed Press, 1995).

Liswood, Laura A., *Women World Leaders* (New York: Pandora, September 1995).

Lokayan Bulletin, "Political Participation in Women: Towards Beijing Voices from India," *Lokayan Bulletin,* 12_(July-October 1995).{Special Issue}

Narayan, Uma "Working Together Across Difference: Some Considerations on Emotions and

Political Practice," *Hypatia,* vol. 3, No. 2 (Summer 1988).

Rule, Wilma and Norma C. Noonan, *Russian Women in Politics and Society* (Westport, CT: Greenwood Press, 1996).

Waylen, Georgina, *Gender in Third World Politics* (Boulder, CO: Lynne Rienner Publishers, 1996).

United Nations, *Women in Politics and Decision-Making in the Late Twentieth Century* (Sales No. E. 91. IV.3 92-1-130144-0) (New York: United Nations).

性自主與生育權

Bolan, Reed, *Promoting Reproductive Rights: A Global Mandate* (New York: Center for Reproductive Law and Policy, 1997).

Coliver, Sandra ed., *The Rights to Know: Human Rights and Access to Reproductive Health Information* (Philadelphia: University of Pennsylvania, 1995).

Cook, Rebecca, *Women's Health and Human Rights: The Promotion and Protection of Women's Health Through International Human Rights Law* (Geneva: World Health Organization, 1994).

Copelon, Rhonda and B. E. Hernandez, *Sexual and Reproductive Rights and Health as Human Rights: Concepts and Strategies - An Introduction for Activists* (New York: City University of New York Law School, International Human Rights Clinic, 1996).

Corrêa, Sonia with Rebecca Reichmann, *Population and Reproductive Rights: Feminist Perspectives from the South* (St. Michael, Barbados: Development Alternatives with Women for a New Era (DAWN); London: Zed Books, 1994).

Dixon-Mueller, Ruth, *Population Policy and Women's Rights: Transforming Reproductive Choice* (Westport, CT: Praeger, 1993).

Freedman, Lynn and Steven Isaacs, "Human Rights and Reproductive Choice," *Studies in Family Planning,* No. 24 (1993), pp. 18-30.

Fried, Susana and Ilana Landsberg-Lewis, "Sexual Rights from Concept to Strategy," in Kelly D. Askin and Dorean Koeing eds., *Women's International Human Rights: A Reference Guide* (New York: Transnational Publishers, 1999).

Gessen, Masha, *The Rights of Lesbians and Gay Men in the Russian Federation* [San Francisco, CA: International Gay and Lesbian Human Rights Commission (IGLHRC), 1994].

Hardon, Anita ed., *Reproductive Rights in Practice: A Feminist Report on Quality of Care* (London: Zed Books, 1997).

Hardon, Anita ed., *Monitoring Family Planning and Reproductive Rights: A Manual for Empowerment* (London: Zed Books, 1997).

Human Rights Watch, "Sterilization of Romany Women," in *Struggling for Ethnic Identity:*

250

Czechoslovakia's Endangered Species (New York: Helsinki Watch, Human Rights Watch, 1992).

Maschke, Karen J., ed., *Reproduction, Sexuality, and the Family* (New York: Garland Pub., 1997).

Mertus, Julie and Simon Heller, "Norplant Meets the New Eugenicists: The Impermissibility of Coerced Contraception," *St. Louis Public Law Review,* vol. XI, No. 2 (1992).

Miller, Alice M., Ann Janette Rosga, and Meg Satterthwaite, "Health, Human Rights and Lesbian Experience," *Health and Human Rights: An International Quarterly Journal* (vol. 1, No. 4), pp. 428-448.

Murphy-Lawless, Jo, "Fertility, Bodies and Politics: The Irish Case," *Reproductive Health Matters,* No. 2 (November 1993).

Park, Chai Bin and Nam-Hoon Cho, "Consequences of Son Preference in a Low-Fertility Society: Imbalance of Sex Ration at Birth in Korea," *Population and Development Review,* vol. 21, No. 1 (March 1995).

Petchesky, Rosalind P. and Karen Judd, *Negotiating Reproductive Rights: Women's Perspectives Across Countries and Culturse* (London: Zed Books, 1998).

Rosenbloom, Rachel, ed., with a foreword by Charlotte Bunch, *Unspoken Rules: Sexual Orientation and Women's Human Rights* (London and NY: Cassell, 1996).

Sabala and Kranti, Mira Sadgopal ed., *No Shariram Nadhi: My Body is Mine* (Bombay: Saptahik Mudran, 1995).

Sanchez, M. T., "We Are Part of a Broad Social Movement," *Women's Health Network,* 3-4/1995 (July-December 1995).

Testimony of Dr. Pablo Rodriguez, Medical Director of Planned Parenthood of Rhode Island, 161 Cong. Rec. H 10063, vol. 139, No. 161, Freedom of Access to Clinic Entrance Act of 1993 (FACE).

暴力與剝削
（概論）

Asia Watch and the Women's Human Rights Project, *Double Jeopardy: Police Abuse of Women in Pakistan: A Report* (New York: Human Rights Watch, 1992).

Boyer, Debra and David Fine, "Sexual Abuse as a Factor in Adolescent Pregnancy and Child Maltreatment," *Family Planning Perspectives,* No. 24 (Jan/Feb 1992), pp. 4-12.

Brasileiro, Ana Maria, ed., *Women Against Violence: Breaking the Silence: Reflection on Experience in Latin America and the Caribbean* (New York: UNIFEM, 1997).

Bunch, Charlotte, and Roxanna Carrillo, *Gender Violence: A Development and Human Rights*

Issue (New Brunswick, NJ: Center for Women's Global Leadership, 1991).

Bunch, Charlotte, Roxanna, Carrillo, and Rima Shore, "Violence Against Women," *Women in the Third World: An Encyclopedia of Contemporary Issues* (New York: Garland Publishing, 1998).

Carrillo, Roxanna, *Battered Dreams: Violence Against Women as an Obstacle to Development* (New York: UNIFEM, 1992).

Center for Women's Global Leadership, *Gender Violence and Women's Human Rights in Africa: A Symposium* (New Brunswick, NJ: Center for Women's Global Leadership, 1994).

Coomaraswarmy, Radhika, *Report(s)Submitted by the Special Rapporteur on Violence Against Women, Its Causes and Consequences, Ms.Radhika Coomaraswarmy, in Accordance with Commission on Human Rights Resolution,* U.N. Doc. E/CN.4/1995/42 (1995); UN Doc. E/CN.4/1996/53 (1996); U.N. Doc. E/CN.4/1997/47 (1997), E/CN.4/1998/54 (1998).

Coomaraswamy, Radhika, "Of Kali Born: Violence and the Law in Sri Lanka," in Schuler, Margaret ed., *Freedom from Violence: Women's Strategies from Around the World* (New York: UNIFEM, 1992).

Copelon, Rhonda, Intimate Terror: Understanding Domestic Violence as Torture, p. 116-152 in Rebecca Cook, ed., *Human Rights of Women: National and International Perspectives* (Philadelphia, PA: University of Pennsylvania Press, 1994).

Creighton, Allan with Paul Kiver, *Helping Teens Stop Violence: A Practical Guide for Educators, Counselors, and Parents* (Hunter House, 1992).

Davies Miranda ed., *Women and Violence: Realities and Reponses Worldwide* (London: Zed Books, Ltd., 1994).

Eastern and Central Africa Women in Development Network (ECA-WIDNET), ed., *Violence Against Women: Trainers Manual* (Nairobi, Kenya: Paulines Publications Africa, 1997).

Ekotto, Ngobo, "Women, Economics and Violence: The Case of Cameroon," in *Speaking About Rights, Newsletter of Canadian Human Rights Foundation* (1996), pp. 13-15.

Heise, Lori, "Violence Against Women: Global Organization for Change," in Edleson, Jeffrey and Zvi Eisikovits eds., *The Future of Intervention with Battered Women and Their Families* (London: Sage Pub., 1996).

Heise Lori, Adrienne Germain and Jacqueline Pitanguy, *Violence Against Women: The Hidden Health Burden* (Washington, D.C.: World Bank, 1994).

Heise, Lori Alanagh Raikes and Charlotte Watts, "Violence Against Women: A Neglected Public Health Issue in Less Developed Countries," *Social Science & Medicine,* vol. 39, No. 9 (1994), pp. 1165-1179.

Jilani, Hina, "Whose Laws? Human Rights and Violence," in Schuler, Margaret ed., *Freedom from Violence: Women's Strategies from Around the World* (New York: UNIFEM, 1992).

251

Minnesota Advocates for Human Rights, *Minnesota Advocates for Human Rights Curriculum on Domestic Abuse* (Minneapolis, MN: Minnesota Advocates for Human Rights, 1996).

Thomas, Dorothy Q., *All Too Familiar: Sexual Abuse of Women in U.S. State Prisons* (New York: Human Rights Watch., 1996).

Thomas, Dorothy Q. and Michele E. Beasley," Domestic Violence as a Human Rights Issue," *Human Rights Quarterly* (Baltimore, MD: Johns Hopkins University Press, 1993), pp. 36-62.

United Nations, *Reports Submitted by Radhika Coomaraswamy, Special Rapporteur on Violence Against Women, Its Causes and Consequences,* Doc. E/CN.4/1995/42 (1995); Doc. E/CN.4/1996/53 (1996); Doc. E/CN.4/1997/47 (1997), E/CN.4/1998/54 (1998) (Geneva: Commission on Human Rights, 1995, 1996, 1997, 1998).

Watts, Charlotte, Susanna Osam and Everjoice Win, eds., *The Private Is Public: A Study of Violence Against Women in Southern Africa* [Harare, Zimbabwe: Women in Law and Development in Africa (WiLDAF), 1995].

Women, Law and Development International, *State Responses to Domestic Violence: Current Status and Needed Improvements* (Washington, D.C.: Women Law and Development, 1996).

（戰爭與衝突情況）

Askin, Kelly Dawn, *War Crimes Against Women: Prosecution in International War Crimes Tribunals* (The Hague: M. Nijhoff, 1997).

B.A.B.E. – Be active, Be Emancipated, "Status of Women's Rights in Croatia" (Zagreb: B.a.B. e., Autumn 1994).

Blatt, Deborah, "Recognizing Rape as a Method of Torture," *NYU Review of Law and Social Change* (New York: New York University Law Publications, 1992).

Butegwa, Florence, Stella N. Mukasa and Susan Mogere, *Human Rights of women in Conflict Situations* (Harare, Zimbabwe: Women in Law and Development in Africa (WiLDAF), 1995).

Center for Reproductive Law and Policy, *Meeting the Health Care Needs of Women Survivors of the Balkan Conflict* (New York: Center for Reproductive Law and Policy, 1993).

Green, Jennifer Rhonda Copelon, Patrick Cotter and Beth Stephens, "Affecting the Rules for the Prosecution of Rape and Other Gender-Based Violence Before the International Criminal Tribunal for the Former Yugoslavia: A Feminist Proposal and Critique," *Hastings Women's Law Journal,* vol. 5, No. 2 (CA: University of CA, Hastings College of Law, Summer 1994).

Human Rights Watch/Africa, *Shattered Lives: Sexual Violence During the Rwandan Genocide* and Its Aftermath (New York: Human Rights Watch, 1996).

Kirk Robin, Untold Terror: Violence Against Women in Peru's Armed Conflict / A Report by Americans Watch and the Women's Rights Project (New York: Human Rights Watch, 1992).

Richter-Lyonette, Eleanor ed., In the Aftermath of Rape: Women's Rights, War Crimes and Genocide (Givrins, Switzerland: The Coordination of Women's Advocacy, 1996).

Richters, Johanna Maria, Women, Culture, and Violence: A Development, Health and Human Rights Issue [Leiden, The Netherlands: The Netherlands Women and Autonomu Centre (VENA), Leiden University, 1994].

Sajor Indai Lourdes, Common Grounds: Violence Against Women in War and Armed Conflict Situations (Quezon City: Asian Center for Women's Human Rights, 1998).

Scott, Pippa and May Anne Schwalbe, "A Living Wall: Former Yugoslavia: Zagreb, Slavonski Brod & Sarajevo, 13-18 October, 1993," Report to the Women's Commission for Refugee Women and Children (New York: 1993).

Stiglmayer, Alexandra ed., with translations by Marion Faber and foreword by Roy Gutman, Mass Rape: The War Against Women in Bosnia-Herzegovina (Lincoln: University of Nebraska Press, 1994).

Thomas, Dorothy Q. and Regan E. Ralph, "Rape in War: Challenging the Tradition of Impunity," SAIS Review (Washington, D.C.: Johns Hopkins University Foreign Policy, 1994).

（婦女人口買賣）

Altink, Sietske, Stolen Lives: Trading Women in Sex and Slavery (London: Harrington Park Press, 1996).

Asia Watch and the Women's Rights Project, A Modem Form of Slavery: Trafficking of Burmese Women and Girls into Brothels in Thailand (New York: Human Rights Watch, 1993).

Lap-Chew, Lin, "Trafficking in Women: Strategies within a Human Rights Framework," Working Paper (The Netherlands: Foundation Against Trafficking in Women, 1996).

Skrobanek, Siriporn, Nattaya Boonpakdee and Chutima Jantateroo, The Traffic in Women: Human Realities of the International Sex Trade (London: Zed Press, 1997).

Wijers, Marjan and Lin Lap Chew, Trafficking in Women: Forced Labour and Slavery-Like Practices in Marriage, Domestic Labour, and Prostitution (Utrecht: Foundation Against Women, 1997).

名詞索引

本索引所附數字，包括正文版面兩側標示之原文書頁數與相關活動編號。活動編號前冠以"Ex"以資區別。例如，Ex. 11.5 表示第十一章活動五。

國家圖書館出版品預行編目資料

婦女人權學習手冊：在地行動與全球聯結 /Julie Mertus, Nancy
Flowers, Mallika Dutt 著；葉德蘭審訂，林慈郁譯. 台大婦女
研究室編譯. -- 初版. -- 臺北市：心理, 2004 [民 93]
　面；公分. --（性別教育系列；32005）
參考書目：面　含索引
譯自：Local action global change : Learning about
　　　the human rights of women and girls
ISBN 978-957-702-745-0（平裝）

1. 女權 - 手冊, 便覽等

544.52026　　　　　　　　　　　　　　　　93021277

性別教育系列 32005

婦女人權學習手冊：在地行動與全球聯結

作　　者：Julie Mertus, Nancy Flowers and Mallika Dutt
審 訂 者：葉德蘭
譯　　者：林慈郁
法律名詞諮詢：廖福特　　　　　社工名詞諮詢：余漢儀
編　　譯：台大婦女研究室　　　編　　輯：鄧純芳、陳文婷
經費贊助：台大婦女研究室、教育部社教司、內政部社會司第五科
總 編 輯：林敬堯
發 行 人：洪有義
出 版 者：心理出版社股份有限公司
地　　址：台北市大安區和平東路一段 180 號 7 樓
電　　話：(02) 23671490
傳　　真：(02) 23671457
郵撥帳號：19293172　心理出版社股份有限公司
網　　址：http://www.psy.com.tw
電子信箱：psychoco@ms15.hinet.net
駐美代表：Lisa Wu（Tel：973　546-5845）
排 版 者：臻圓打字印刷有限公司
印 刷 者：東縉彩色印刷有限公司
初版一刷：2005 年 1 月
初版三刷：2013 年 3 月
I S B N：978-957-702-745-0
定　　價：新台幣 550 元